大人の人間関係
心理の迷宮大事典

How to Read People’s Minds Just by Looking at Them!
Psychology You Can Really Use

おもしろ心理学会［編］

青春出版社

人間関係は〝先手必勝〟！
知っているだけで、圧倒的に差がつく800項

誰でも、多かれ少なかれ人間関係にまつわる〝ストレス〟を抱えているものです。どういう接し方、関わり方がベストなのか、その時々の状況判断が必要になりますが、相手あってのことだけに、これがなかなかうまくいかない……。

本書では、相手の見た目や体の動き、表情、言葉遣いなどを観察し、心のサインを正確に読み取る方法を紹介していきます。

謎めいた「心理の迷宮」に分け入り、あらゆる人間のタイプ別の傾向と対策を集めた、新しい人間関係の教科書――。たとえば、相手が本当に話を聞いているかどうかを判定する方法や、逆ギレタイプに効く「のれんに腕押し作戦」、ピンチを乗り切るためのポーカーフェイスのつくり方など、今日から使えるコツが満載です。

この一冊が手元にあれば、人間関係がスムーズになるのはもちろん、自分の思い通りの「結果」をもたらしてくれることでしょう。

２０１９年４月

おもしろ心理学会

大人の人間関係 心理の迷宮大事典■目次

第一部 大人の観察力——心のサインはここをこう見る

Step1 表情としぐさから心理を読む方法

Step3 行動から心理を読む方法

Step4 外見から心理を読む方法

第二部　大人の操縦力――心に働きかけて、相手を動かす

Step8 効きすぎ注意！ 禁断の心理術

■カバー写真　nuvolanevicata/shutterstock.com
■本文写真　Djent/shutterstock.com
frankie's/shtterstock.com
■ＤＴＰ　フジマックオフィス
■制作　新井イッセー事務所

第一部

大人の観察力

心のサインはここをこう見る

Step1

表情としぐさから心理を読む方法

1 目の動きを読む

打ち解けた相手がわざと視線をはずすワケ

誰かとコミュニケーションをとりたいとき、アイコンタクトはじつに有効な手段のひとつだ。

この人とは何だかよく目が合うなあと感じるなら、それは相手があなたに関心を持っている証拠だ。もっとも、それが友好的なものか敵対するものなのかを判断するには、相手をよく観察する必要がある。

たとえば、ぶしつけではない程度に目の奥のほうをのぞくような感じでしっかりと目線を合わせてくる場合には安心していい。

これはあなたとつながりを持ちたいという気持ちの表れで、親密で友好な関係になることを望んでいるのだ。頻繁に目が合うと気恥ずかしいかもしれないが、だからといってすぐに目をそらすのは相手に不快感を与えてしまうので気をつけたい。

ところで、打ち解けたなと思ったあたりで、あえて視線をはずして話をしてくる人がいたら、これはあなたの心をさらにオープンにしたいと思っているサインかもしれない。

視線によって生み出された〝つながり〟を消されると人は不安になり、今度は自分から歩み寄って、より内心をさらけ出したくなるものだからだ。

顔をのぞきこんでくる人の〝下心〟の秘密

話をしているときに相手の目を見て話すことは基本的な礼儀だが、一方で「凝視するのはよくない」とか「目の少し下あたりを見るくらいでちょうどいい」などともいわれる。

それほど人は他人の視線には敏感だといえる。

だが、なかには不自然なくらいにこちらの顔をのぞきこんで視線を合わせようとする人がいる。もしも、こんな人に出会ったら要注意である。

なぜかというと無理に視線を合わせようとする人は、どうにかして信用を得たいと思っていることがあるからだ。自分の話がどのくらい伝わったか、その反応を見るために顔をのぞきこんでくるのである。

よくいえば熱心だが、相手をどうにかして丸め込みたいという下心も透けて見える。たとえは悪いが、マルチ商法の勧誘などにありがちな光景である。

これはマナーとしてもけっして褒められたものではないので、無視するなり、嫌悪感を示すなりしてできるだけ回避したい。

面倒だからといって相手のいいなりになっているとロクなことにならないだろう。

人の話を聞くとき宙をにらむのはじつはその話に集中している

真剣な話をしているときに、相手がこちらの目を見ないで遠くをじっと見つめていたりしたら、そっぽを向かれたと感じるかもしれない。しかし、そこで「ねえ、聞いてるの!?」などと責めてはいけない。

遠くのほうを見つめたり、視点を定めずに宙をにらむような目つきをしているのは、じつは話に集中しているからだ。

じっくりと話を聞きながら頭の中で話を整理しようとすると、人は特定のものをじっと見なくなる。

それは、たとえば相手の顔をじっくりと見てしまうと、「今日は肌が荒れているな…」とか「左右の目の大きさ、こんなに違ってたっけ？」などとよけいなことを考えてしまって、話に意識を集中できなくなってしまうからだ。

むしろ、相手の視線が自分の頭の上のほうであちこち動いていると感じたときのほうが、話半分にしか聞いてないことが多いのである。

顔の権力ゾーンに目を向ける人は支配したがっている？

誰かと向かい合って話をしているとき、相手の心理状態が表れるのが視線を向ける位置だ。

ある実験によれば、相手が視線を向ける位置を大きく3つの領域に分けると、自分との関係をパターン化することができるという。

まず、上半身から顔全体という広い範囲に視線を向けるのは、相手をよく知ろうとする心理の表れだ。

とくに初対面のときなどは、相手のことをじろじろ見てしまいがちだが、これは興味を持って知り合いたいという気持ちが働くわけで、いわば自然な状態だといえる。

次に、相手が額の真ん中と両目の3点を頂点にした三角形のゾーンに視線を置いて話しているなら、支配と服従という関係をつくろうとしている。この三角形を「権力ゾーン」といい、ここに目を向けられた人は強い緊張感を覚えることになるのだ。

また、両目と口を頂点とした三角形を中心に視線を置いている場合は、相手がかなりリラックスしている状態だ。

この三角形を「社交ゾーン」といい、親しい者同士で相手の気持ちを理解しようという意欲の表れでもある。

なかなか視線が合わない相手の意外な胸の内

親しくなりたいと思っていても、なかなかオープンにコミュニケーションをとれない内気な人がいる。こういう人は上目遣いで相手を見ることが多く、視線もあまり合わせないことがある。

だからといって、拒絶しているのかと思うのは早計だ。彼らは自分に自信がないため、真正面から相手に視線を合わせることが苦手なだけなのだ。

そもそも、下から見上げるような視線には、相手の優位性を認めているという服従の意味が込められている。

この人の機嫌を損ねたくない、失敗したくないといった恐怖心があるせいで、視線をちゃんと合わせることをためらっているのである。けっして嫌っているわけではないのだ。

こうしたタイプに対しては、そのまま見下ろすような視線で接してはいけない。それではいっそう縮み上がらせる結果になってしまうからだ。

目線の高さを合わせ、あくまでもソフトに話すことが肝心で、そうすれば彼らもしだいに心を開いてくれるだろう。

真剣に話しているのに横目で見られたら信用されていないサイン？

色っぽい流し目ならともかく、人から横目で見られるのはあまりいい気分ではない。とくに真剣な話をしている最中に、話し相手から横目で見られたら、その人との関係性を見直したほうがいいかもしれない。

人のことを横目で見るのは、相手のことを信用していないというサインだ。たしかに話は聞いているが、信用はしていないという無言のメッセージなのだ。

これは、横並びに一緒に座っているときに顔をほとんど動かさずに黒目だけを動かして見られた場合や、一瞬だけ横目でにらまれたときも同じである。

　今後も長くつき合っていかなければならない相手であれば、なぜ信頼されていないのか、いままでの行動を少し振り返ってみる必要があるだろう。

商談の席で相手の目が真横に動いたら何のサイン？

商談には駆け引きがつきものだが、話がスムーズに進まないときに「どうもこの担当者は本心を語っていないのではないか？」と感じることはないだろうか。

　そんなときは、前述のように相手の目の動きをよく見てみるといい。まさに目は口ほどにものをいうからだ。

　とくに、大きな決断をしなければならないことを聞かれたとき、それに答えようとする瞬間の目の動きは正直で、それが一瞬どの方向を向いたかを見逃さなければ、その人の本心を見抜くことができる。

　たとえば、取引金額を提示したときに、口では「妥当なところですね」と言いながらも、その直前に目を真横に向けたら内心では拒否していると考えていい。目を真横に水平に動かすのは「拒否」の気持ちを表しているのだ。

　大事な交渉をリードするためには、少なくともこちらの提案に対する相手の気持ちが肯定的なのか、否定的なのかという基本的な感触についての判断は間違えないようにしたい。

　そのための大事なチェックポイントが、「目を真横に動かしていないか」ということなのだ。

ウソをついているかひと目で見抜く「目つき」の法則

人の目を必要以上に凝視したり、まばたきもせずに大きく目を見開きながら「本当です」と断言されたら、その人は間違いなくウソを言っていると思っていい。

　まるでにらみつけるように他人の目を凝視するのは、ウソがバレては困るから相手に考える隙を与えないように威嚇《いかく》しているのだ。

　また、大きく目を見開いて相手を凝視するのは、自分の心の葛藤を表している。ウソがバレそうだから本当はすぐにでも視線を外したいのだが、いま外してしまうとウソだと見抜かれてしまうかもしれない…。そんな複雑な心境が、よりいっそう目に力を入れさせてしまっているのだ。

ちなみに、しつこい販売員がこんな目をしていたら、何か大事なことを隠して売り抜けようとしていると思って間違いない。そんな輩には絶対に引っかからないように気をつけたいものだ。

アゴを引いて上目遣いになったら「反論」がはじまる⁉

目はじつに雄弁な器官だが、目を見ているだけで相手の気持ちや次に言うことが予測できることもある。

いままで穏やかに話していた相手が、もしもアゴを引いて、しかも上目遣いになったら、自分に対して何か反論があると思っていいだろう。

アゴを引くと、話している相手のほうに頭上を向ける姿勢になる。これは犬や猫がケンカを始めるときの格好に似ている。

つまり、身体のなかでもっとも硬い頭を相手に向けることで相手を威嚇し、同時に「このまま突っ込んでいくぞ」という攻撃の意思を示しているわけだ。

人間の場合も同じ心理が働く。相手に対して何か反論があり、「意見を戦わせることになりそうだ」と思ったら、無意識のうちに威嚇し攻撃する体勢をとってしまうのだ。

この威嚇や攻撃の意思がある場合、アゴを引いても目だけは相手からそらさない。だから、自然に上目遣いになるのである。

話している相手がそんな様子を見せたら、それを受けて立つ心の準備をしたほうがいいかもしれない。もちろん同じ体勢をとって相手に対抗するのもいいだろう。

キョロキョロする人の話はなぜ眉ツバなのか？

一緒にいる人がキョロキョロとせわしなく視線を動かしているのは、あまり気分がよくないものだ。

じつは、こういう人の話は眉にツバをつけて聞いたほうがいいことがある。

というのも、会話の最中には自然な形で適度なアイコンタクトが行われるが、本当のことを話しているときには、人はそれほど視線を動かさないからだ。

それに対して、つくり話をするときは落ち着きのない目の動きが増える。当然のことながら、相手の顔に視線が向けられる頻度は低くなる。

また、次に自分が話すことを考えている場合も多いので、相手の話はほとんど頭に入っていない可能性も高い。

調子のいい受け答えをしていたとしても視線がキョロキョロと泳いでいたら、頭のなかでは別のことを空想している可能性が高い。

盛り上がるような話題を探しているのかもしれないが、そもそも社会人としてのマナーが欠けているといわざるを得ない。あまり信用しないほうが無難である。

男と女の視線のそらし方の違いは何の違い？

人と話をしているときには、視線が合ったりそれたりすることが繰り返される。こうしたアイコンタクトを心理学では「視線交錯」と呼ぶ。

ただ、同じアイコンタクトでも男性と女性では意味が異なることがある。

たとえば、あなたが話していることに対して相手が「いいアイデアだと思いますよ」と言ったとしよう。

このとき、あなたとしっかり視線を合わせているなら、相手は本当に賛成していると考えていいだろう。

しかし、微妙に視線をそらせていた場合には、言葉とは裏腹に否定的な意見を持っている可能性が高い。

これは男性によく見られる傾向で、本心と言葉が一致していないとき、男性はつい視線をそらしてしまいがちなのだ。

一方、相手が女性だったケースでは判断が少々難しくなる。女性は本心を隠すために、あえてしっかりと視線を合わせる場合もあるからだ。

瞳孔が開いて目がキラキラしているのでなければ、本心は別のところにあるかもしれない。

もっとも、内向的な性格のため

に視線を合わせたがらない人もいるので、そのあたりは相手をよく見極めよう。

話の最中に突然、右上に視線を移したら…

顔は話をしている人のほうを向いているのに、目玉だけをせわしなくキョロキョロと動かすタイプがいる。

これは、何か気になることがあって、話に集中していないときに表れるしぐさだ。

なかでも、一瞬だけ右上のほうを見るのは、何か大事なことを思い出したときだ。

たとえば約束していたことを思い出したり、何か忘れ物をしたのに気づいたときなどに、思わず「あっ」と右上の方に視線を移すことがある。

その後にそわそわと落ち着かなくなったら、間違いなく何かを思い出したはずである。

また、話を聞いている途中に、「あ〜、それね」などと言いながら左上のほうを見るのは、痛いところを突かれて困っているサインだ。

左上を見た目線がなかなか相手のほうに戻らず、あちこちをさまよっているようなら、どうやってこの場を切り抜ければいいか…と策を練っている最中だ。

もし自分のペースに話をもっていきたいのなら、相手が反撃の策を見つける前に一気に畳みかけてしまえばいい。

会議中にじっと見つめてくる人は何を目論んでいる？

打ち合わせや会議をしているときに、自分のことをじっと見つめてくる人がいたらどんな気持ちになるだろうか。

相手が異性ならちょっとドキドキしてしまうが、ここで勘違いをしてはいけない。それはあなたにも口を開いてほしいという意思表示かもしれない。

みんなでアイデアを出し合うようなシチュエーションでは、できるだけたくさんの意見が求められる。

しかし、もともと無口な性格だったり、緊張や不安があったりすると人はなかなか積極的に発言できないものだ。

そんな人に「あなたの意見をお願いします」と直接的な言葉をかけると、かえって萎縮してしまうことがある。

こんなとき、視線によって訴えかける方法は効果的だ。というのも、人は自分に視線を向けられると、何か話さなければならないような気になるからである。

つまり、相手は見つめるという行為でソフトに発言することを促しているのだ。

話し始めると視線ははずされるかもしれないが、これはあなたに居心地の悪さを感じさせないための気遣いだ。ちゃんと話は聞いているので心配する必要はない。

話す前に目が合って首を傾げるのは暗黙のうちに好意を伝えるしぐさ

初めて会ってまだ話もしていない人なのに、なぜか仲良くなれそうな予感がすることはないだろうか。

こんな場合、まだ言葉を交わしていなくても、すでに相手が無意識のうちにしているしぐさでコミュニケーションが始まっているのだ。

たとえば、何気なく目が合ったときに相手が肩をすくめたり、首を傾げたりするのは相手に好意があるときにするしぐさである。これらのしぐさを見ると、その人に近づくことを暗黙のうちに了解されていると感じるのだ。

逆に、視線が合ったときにサッと目をそらされたり、無表情だったりすると拒絶されていると感じるものだ。

相手が送ってくる無意識のシグナルを見逃さなければ、初対面の人ともうまくつき合うことができるはずだ。

軽いアイコンタクトがとれる人は気遣いができる人

他人の目を見つめるという行為にはふたつの相反する作用がある。好意を表現するという効果がある一方、闘争心や支配欲といった攻撃的な感情を伝える作用も併せ持っているのだ。

とりわけ、必要以上にじっと見つめられながら自分にとって不利なことを言われると、人はそれを攻撃的な意思表示だと受けとって身構えてしまうことになる。

間違いを指摘されたり、批判をされたりすると、ついカチンときて反抗的になってしまうのは、視線の使い方にも問題があるといえるだろう。

何でもいいから相手の目を見つめさえすればいいというわけではないのだ。

こうした誤解を生みやすいケースで目の動きを上手に使える人は、相手に対する気遣いができる人だといっていい。たとえば軽くアイコンタクトをとる程度にとどめておいて長く凝視《ぎょうし》しないのだ。

これで攻撃的なイメージはかなり軽減されるはずだ。

こういう場合はあなたをやり込めよう、ねじ伏せようという意図は込められていない。その言葉には素直に耳を傾けておいたほうがいいだろう。

見下ろそうとするのは優位に立ちたいと思っている証拠

言葉遣いも態度も穏やかで、こちらの話もよく聞いてくれている。それなのに、なぜか圧倒されるような気がして落ち着かない――。

こんな居心地の悪さを感じたときには、きっと相手があなたを見下ろすような格好になっているはずだ。

向かい合って話す際の目線の位置は、上から見下ろす、互いに水平になっている、下から見上げるの３つに分けられる。このなかで最も相手にパワーを感じさせるのが高い位置から見下ろす視線だ。

そして、このような視線を投げかけてくる人は、相手よりも優位に立ちたい、相手を支配したいと考えているフシがある。

たとえば、商談の場なら自分に有利な形で交渉を進めたいとか、少しでも安い値段で商品を購入したいなどと目論んでいるわけだ。

もちろん、身長によって視線の位置は異なってくる。ただ、座っているときにはよほどの身長差がない限り、それほど視線の位置はずれないはずだ。

話している最中に相手が急に背筋を伸ばして見下ろしてきたら、あなたに対する支配欲求が高まっているとみたほうがいい。

朝帰りの夫がしきりに目をこするのは浮気の動揺を隠すためだった！

人はウソをついているとき、つい目のあたりに手をやってしまう。

たとえば、浮気を疑われている夫が妻から朝帰りのワケを問い詰められ、しきりに目をこすりながら「仕事で徹夜だったんだ」などと答えたら、まずウソだと思って間違いない。

また、眉間を親指でかきながら、手をひさしのようにして目の上を覆ってみたり、両手で顔をこすりながら話をするのもウソをついている可能性が高い。いずれも目に表れる心の動揺を隠すためのしぐさだからだ。

相手がこのような動きを始めたら、信じたふりをして泳がせておこう。そのうちにしっぽをつかめるかもしれない。

瞳孔を開いているのは興味津々のサインだった！

どんなに隠そうと思っても人の本音というのは目に表れてしまうものだ。とくに自分ではコントロールができない瞳孔は非常に正直だ。

一般に瞳孔は明るいところでは閉じて、暗いところでは開くものだが、そのときの心理状態によっては明るいところでも瞳孔が開いてしまうことがある。

それは、目の前に興味や関心があるモノが示されたときだ。人は興味をそそられるモノを見せられると、知らないうちに瞳孔が開いて瞳が自然と輝きを帯びてくる。

だから、表面的な相手の態度に惑わされずに、まず瞳の動きをよく観察することが大切だ。

話をしている最中に相手の瞳孔が開いていたら、その話題については興味津々だということになる。そのサインを見逃さずに話を盛り上げれば、好感度もぐっとアップするだろう。

逆に、瞳孔が開いていなかったら関心がない証拠だ。早めに違う話題に切り替えるほうが得策だろう。

これは恋愛でも同じことがいえる。もし意中の人があなたを見る目が輝いていない場合は、残念ながら脈なしの可能性が高い。

2　手の動きを読む

手の動き方ひとつで相手のウソが見破れる！

好きではない相手と一緒にいても、笑顔をつくって話がはずんでいるように見せかけることはできる。

しかし、無防備になりがちな手はウソをつけない。手の動きひとつで、その人がウソをついているかどうかがわかるのだ。

人は不安を抱えていたりウソをつこうとすると、無意識のうちに手を動かしてしまう習性を持っている。

小刻みに手を動かす、指の動きに落ち着きがない、イスのひじ掛けを強く握りしめるといった動作に気づいたら、慎重になったほうがいい。「浮気なんてしていない」と言いながらこんなしぐさが出ていたら、その人の言葉にはウソがあるかもしれない。

ちなみに、手のひらをこすり合わせるしぐさはその早さで意味合いが違ってくる。

せわしなく動かす場合は本心を見せているが、ゆっくりこすり合わせているなら何かたくらんでいる可能性がある。

また、手をテーブルの下などに隠しているのは、本心を悟られまいとするしぐさのひとつである。

不安や緊張、あるいはこちらに対する警戒心が解けていない場合に多く、親密な素振りを見せていても、心は開いていないというわけだ。

両手を頭のうしろにしてふんぞり返るのはその場を仕切りたがっている！

組んだ手に後頭部を乗せてひじを左右に大きく張り、背もたれにグッと寄りかかってイスに座る——。リラックスした会議の席などで、こんなポーズをとっている人はいないだろうか。

これは、縄張りを主張する姿勢だ。その場を仕切っている人物で、会議の決定権も持っている、いわばリーダーだけに許されるポーズといっていい。

その証拠に、自分より格上の人が会議の部屋に入ってきたら、このポーズをやめてさっと姿勢を正すからだ。

もしも、上下関係のない集まりの中でこのポーズをとる人がいたら、自分がこの場を仕切りたがっていると思って間違いない。

腕組みをする人のそれぞれのウラ事情

同じしぐさでも何通りもの意味があることがある。そのひとつが腕組みだ。

腕組みは不安や不快感、あるいは恐怖などを感じたときに、自分をガードするための一種のバリケードであるといわれることが多い。「ここから先には入るな！」と拒否をしているわけだ。

しかし、必ずしも相手に対して否定しているとはいえない面もある。というのも、人は自分の考えに没頭しているときにも腕組みをすることがあるからだ。

話をしている途中で相手が腕組みをしてじっと考え込んでいたら慌ててしまうかもしれないが、これはじっくり考えているのだから邪魔をするなというサインでもある。ここは焦らず、ゆっくりと会話を進めるべきだろう。

ちなみに、手を脇の下に挟み込んで親指だけが見えているような腕組みも拒絶ではない。冷静にものごとを見ている姿勢なので、落ち着いて話せばよりよい結果を生み出すことができるはずだ。

この姿勢が見てとれたら、こちらも腕組みをしてどっしりと待ち受けるくらいの気持ちでいたいものだ。

手の置き場所ひとつで相手の「手の内」がわかる！

座っているときに手をどこに置くか――。そんなこと、いちいち考えたこともないという人もいるだろう。しかし、テーブル席に座って話をしているときなどは、手を置く位置で信頼を損なってしまうことがあるのだ。

最も悪い印象を与えるのが、相手から手が見えない場所に置いておくことだ。

「手の内を隠す」という言葉があるように、手を隠していると本心を明かさない人という印象を与えるのだ。そのため、親しみにくい人と思われ、何時間話しても両者の距離を詰めることはできない。

逆に、いつも手をテーブルの上に置いていて、会話に合わせて自然に動いていればそれだけでごまかしのない人と見られるのだ。

強い自信を胸に秘めた人がやりがちな「尖塔のポーズ」の謎

ディスカッションの席などで、よくテーブルにひじをついて両手の指先だけを強く合わせる、いわゆる〝尖塔のポーズ〟をとっている人がいる。

自分が話をしているときも、他の参加者の話を聞いているときもほとんどこの姿勢を崩さない人がいたら、この集まりにおける中心人物だと思って間違いない。

尖塔のポーズをとるのは強い自信の表れで、その場にいる他の誰よりも正しい知識や考えを持っていると自認しているのだ。

しかも尖塔のポーズをされると、それを見ている周囲の人間も知らず知らずのうちに一目置いてしまうという効果がある。

何かを説明するときなどにやってみると、思わぬ説得力が生まれるはずだ。

手を引っ込めながら話すのは、「戦いたくない」サイン!?

チームを組んでプロジェクトを進めていたりすると、ときには意見の違いなどで言い争いになったりすることもある。

あまりにエスカレートすると、そのうち乱闘騒ぎになるのではないかとハラハラしてしまうが、言い争っている当人が自分の腕をもう片方の手でつかむなどしていればその心配はない。

こんなふうに無意識のうちに手を引っ込めているのは、自分は戦う意思はないということを示しているのだ。さらに、自分の身を守りたい気持ちの表れでもあるので、目の前の相手に手出しすることはない。

頭の後ろで手を組む人、イスの後ろで手を組む人の謎

話の途中に頭の後ろで手を組むのは、一見、伸びをしているようでどこにも不自然さは見られな

い。だが、じつはかなり飽きているサインでもある。

さらに身体を動かすようなら、相当退屈していると思っていい。

自分にとっては興味深い話でも、相手が同じように面白がっているとは限らない。こういうときにはさっさと話を終わらせるか、ほかの話題に切り替えたほうが無難である。

飽き飽きしていることは、手を組むというほんの小さなしぐさからでも読みとれるわけだ。

ところが、同じ手を組む行為でもイスの後ろで手を組み始めたら、まったく違う意味になる。

そこには、気持ちを切り替えてもう少し話を聞きたいという本音が隠されているのだ。そんなときには、少し休憩をとったり、お茶を淹れたりして仕切り直ししてみるといい。

手の組み方によって、対応のしかたも異なってくる。頭の後ろかイスの後ろかという見た目の違いがあるので、サインを読み間違える心配はないだろう。

額に手を当てて考え込むのは断るきっかけを探している！

やたらと顔を触る人の話は多少疑って聞かなければならない。ウソをついたり秘密があるときには、それを隠そうとして顔を触るしぐさが増えるからだ。

ただし、額に手を当てるしぐさにはちょっと違った意味がある。

うっかりしたとか、しまったという気持ちを表すときにも額をピシャッと叩いたりするが、これは気さくな性格の持ち主がよくやる行為だ。

しかし、額に手を当ててじっと考え込むような場合には、困惑しているとみたほうがいい。しかもこれは、どちらかといえば心理的にはネガティブな状態にある。

本人は相手の話にあまり乗り気でなく、どうやって断ったらいいだろうかと思案しているケースも多い。

このしぐさが出始めたら、よくない返事が返ってくる可能性を考えるべきだ。そんなときは仕事でも恋愛でも、ここはいったん引き下がったほうがベターだろう。

そこで結論が出なくても、次のチャンスはある。相手との距離感を見極めた行動をとることも成功のコツだ。そのためにも、こうした小さなメッセージを見逃してはいけないのである。

手のひらでヒザをさすり始めたらウソをつきたがっている!?

イスに座っている人に質問したときに、質問に答えながらしきりに手のひらでヒザをさすっていたら、その答えはウソである可能性が高い。

ヒザをさするしぐさというのは、たいていの場合、嫌悪感とともに表れる。たとえば、どうしても本当のことが言えない事情があり、不本意ながらウソをつき通さなければならない場合などだ。

このようなときは、誰しもウソがばれないように緊張している。すると、足に力が入ってしまうので、緊張をほぐそうとしてヒザに手が伸びてしまうのだ。

手のひら全体で太ももをぎゅっと握ったり、強くさすったり、さする回数が増えるのは緊張感が高まっている証拠でもあるので、話が核心に迫っていることを見抜くこともできる。

「本心をしゃべれないときに口の端を触る」の法則

ふだんのクセとは違うしぐさを頻繁に目にすると違和感を覚えるものである。

たとえば友人と飲みに行って、やけに口の端を触ることが多いことに気づいたら「コイツ、ウソをついているのか？」と勘ぐってしまうかもしれない。

たしかにやましさがあるときは口元に手がいく動作が増えるとはいえ、すぐさまウソと結びつけるのは早計だ。ただし、この友人が隠しごとをしているのはたしかで、隠しているのはおそらく本音だ。

会話がはずんでくれば、つい何でもしゃべってしまいたくなる。しかし、これは話してはいけないという内容については、脳からストップの命令がくる。この矛盾した状態が口を押さえるというあいまいなしぐさとなって表れるのだ。

たとえば結婚が決まったものの、彼女からまだ内緒にしておいてねとクギを刺されていた場合などはうかつにしゃべることはできない。そこで、口からこぼれそうになる喜びを懸命にこらえているわけである。

上唇に指で触れるのも似たような意味だが、こちらは不快感を隠そうとする行動だ。上唇が持ち上がった不機嫌そうな顔を相手に見せないためである。

ビジュアル・ハンドから強調ポイントを見抜くコツ

会話をしていると、大きな身振りと手振りを交えて話す人がいる。こういうタイプは感情表現が上手で、自分の言いたいことを巧みに伝える名人だ。

大きな動作は注目を集めるうえ、情報をわかりやすくする効果がある。

たとえば、「この間、○センチの魚を釣ったんだ」というよりも、両手を広げて「こんなに大きな魚が釣れたんだ！」と表現したほうが、聞き手には大きさもそのときの喜びも実感として伝わる。

言葉に手振りを加えることで、より説得力が増すわけだ。

スピーチなどをする際の手振りをビジュアル・ハンドと呼ぶが、ケネディ元大統領はこうした手の使い方の名手だったといわれている。彼はビジュアル・ハンドによって力強さまで表現したのだ。

つまり、伝えたいことによって手の動きは変わってくる。ここに注目すれば相手が何を強調したいのかもわかってしまうのだ。

上から下へ動かすならパワーや権威を、反対に下から上に動かす場合は温和な性格ややさしさをアピールしている。また、両手を横に広げているときには共感を得たいと考えている。

二の腕をさりげなく触る人の共通点

ボディタッチは心の距離を縮めるのに有効な手段だが、日本人にはあまり馴染みのない習慣でもある。

そのため、やたらと身体に触れられたら、親しみが湧くよりも先に不信感や嫌悪感が芽生えるのではないだろうか。

ところが、他人に触れられても気にならない部分がある。それが二の腕だ。

二の腕に触れられると、多くの

人は安心感を覚えるのだという。不安を感じたときに自分で自分の二の腕を抱え込むのも、この行為によって安心感を得るためなのだ。

したがって、二の腕へのタッチは相手の警戒心を解き、逆に好感を抱かせる効果があるのである。

呼びかけるときやモノを渡すときなどに、さりげなく二の腕にタッチしてくるような人はあなたと親しくなりたいと考えているとみていいだろう。

もし異性が二の腕に触れてきたら、脈ありと思っていいかもしれない。

ただし、なかにはあなたを利用しようというたくらみを持って、触れてくる人もいないとはいい切れない。

親近感を抱いた相手にはくれぐれも裏切られないよう用心すべきである。

コーヒーカップの置き方でわかる!? ココロのサイン

コーヒーカップを利き手と反対側に置くのは、目の前の相手に嫌悪感を抱いている場合がある。

テーブルを挟んで向かい合ってコーヒーを飲むとき、カップは手に取りやすいように自分の目の前か、もしくは利き手側のほうに置くのがふつうだ。

それをわざわざ利き手と反対側に置くのは、目の前の相手を快く思ってないのかもしれない。

利き手と反対側に置くと、カップを取るたびに腕が体の前を横切ることになる。この行動には、相手との空間を隔てたいという気持ちが表れているのだ。

さらに、腕を体の前で横切らせたままでカップを握りしめていたら、その気持ちはますます強いといえる。

それはズバリ、あなたのことが好きではないというサインなのである。

逆に、カップを持った手をテーブルの真ん中あたりまで出して体を乗り出していれば、もっと近づきたいというサインなので心を開いて話をしてみるといいだろう。

片腕をつかむしぐさに見え隠れする本音とは？

同じような年格好のふたりがい

た場合、彼らの間に上下関係があるのかないのかを見分けるのは難しい。

だが、もし一方の人物が自分の片腕を反対側の手でつかむようなしぐさをしていたら、こちらのほうが部下とみていい。

じつは、地位が低い人や弱い立場にある人、あるいは心に不安を抱えている人はこのポーズをしやすいのである。

幼い頃は不安や恐怖を感じると、親が抱きしめて安心感を与えてくれた。しかし、大人になったらたとえ強いストレスがあっても同じようにはしてもらえない。

そこで、自分で自分に触れる〝自己タッチ〟で、その欲求を満たそうとしているのである。とはいえ、両腕で自分を抱え込むのは人前でははばかられる行為だ。

そのため、片腕をつかむというポーズになるわけである。

ちなみに、男性の場合は急所あたりを手で隠すというしぐさとなって表れることもある。

複数の人間がいたら、堂々として見える人、強そうに見える人は、たいてい一番地位が高い人だ。パッと見の印象はなかなか侮れないといえる。

テーブルをトントン叩き始めたら要注意のワケ

ちょっと意識してみるとわかるが、話をしているときに自分も相手も想像以上に手を動かしていることに気づく。まったく手を動かさないで話をするのはかえって難しいのだろう。

本人はまったく意味なく動かしているつもりでも、じつはそこには深層心理が隠れているものなのだ。身体のなかでも自由にいろいろな動きができる手は、言葉以上におしゃべりだといえる。

そこで、そんな手の動きがどんな本音を表すのかを知っておくと、仕事でもプライベートでも場の空気を敏感に読めるようになる。

たとえば、ペンや指先でテーブルをトントンと叩くしぐさに気づいたら要注意である。これは長話を早く切り上げたいサインだからだ。

あなたの話に興味がないのかもしれないし、次の予定が詰まっているのかもしれない。ここでダラダラと話し続けても、いい結果にはつながらないはずだ。

こんなサインが出たら、そろそろお開きにしたほうがいいだろう。顔色をうかがうよりも、指先に注意したほうが相手の心を容易に察知できる場合もあるのだ。

ポケットに親指をひっかける人は消極的なタイプだった!?

最近では「いいね！」のマークとしても有名な親指を立てるポーズだが、これは自分のいまの状況に自信がある人がよく使うしぐさだ。

指のなかでも親指は人の心理がよく表れる。たとえば、両手の指を組んだ状態で親指だけを立てているのは前向きな気持ちの表れで、指を組んだまま親指を手のひらのなかに入れるのは気持ちが後ろ向きになっていることの表れだという。

また男性のなかには、立っているときに親指をズボンのポケットにひっかけている人がいるが、これも周囲に消極的な印象を与えるポーズだ。

堂々とした態度が必要な場面では、けっしてやってはいけないしぐさだ。

手のひらを開いたり、閉じたりする人の深層心理

人の感情は、手の動きのなかにも読みとることができる。

たとえば、交渉のときはお互いが自分に有利な展開になるように本音を隠して駆け引きをする。言葉と本音は別のところにあるといったケースも珍しくはないだろう。

そこで、こういう場面では手の動きを見て相手の真意をつかむといい。

もし、相手が手のひらを合わせて、開いたり閉じたりしていたら要注意である。これは、退屈していたり、イライラしていたりするときのサインだからだ。

わかりやすいサインだから見逃す心配はないと思うが、こういうときは相手が交渉の内容に不満を抱いているか、興味がなくて早く話を切り上げたいと望んでいる可能性が高い。

このサインを無視して食い下がっても嫌がられるだけで、交渉が

進展することはまずないだろう。決断を迫ってもノーと返事されるのが関の山だし、それでもしつこく粘るようなら相手を怒らせることにもなりかねない。

こういう場合は早めに交渉を中断し、作戦を立て直してから後日改めて出直したほうが得策だろう。

指をパチパチと鳴らすのは自信がない人だった！

指先をパチパチ！と弾いて音を鳴らすクセのある人は見栄っ張りに多く、自意識が強い傾向にある。

といっても、指を鳴らす行為は周囲の関心を引くために意識的にやっているのではない。本人も気づかず無意識に行っているのである。

じつは、このタイプは体面をひどく気にする一方で、自分に自信が持てないという人が多い。「他人からよく見られたい」という願望があるのに「自分に自信が持てない」という不安との狭間で、常に心が揺れ動いているのだ。

指を鳴らすクセは、こうした不安定な心理状態を落ち着かせようとする無意識の行動なのである。

誰かと話をしていても「自分の話は面白くないんじゃないか」と不安になるため、会話の隙間を埋めたり自分をとり繕うために自然と指を鳴らしてしまうのだ。

周囲に指を鳴らすクセのある人がいたらキザなヤツだと思わず、自分に自信がなくて不安なのだろうと察して温かい目で見てやることだ。

ただし、レストランで店員を呼ぶときなどに意識的に指を鳴らす人はそういう〝スタイル〟だと考えたほうがよいだろう。

相手を指差すのは気弱さを隠すポーズだった！

他人を差し示すとき、手のひらが上を向いているか下を向いているかで、その人の印象はまるで変わってくる。受け取り手としては当然、手のひらが上を向いている人のほうに親しみを覚えるだろう。

それもそのはずで、手のひらを上に向ける人は相手を立てることができるタイプで、下を向ける人は自分の権威を強調したいタイプなのだ。

とりわけ人さし指やペン先を突きつける場合には、相手を服従させたいという気持ちが強い。

心理学的にみると、このポーズは棒で殴りかかる姿勢を象徴しており、威嚇や挑戦の意味を持っている。

ただ、本当に実力のある人なら、こんなポーズをとらなくても相手は従ってくれるはずだ。あえて指を差すのは、じつは自分のほうが弱い立場にあることを自覚しているからなのだ。それを隠すために脅しのポーズをとり、虚勢を張っているのである。

手のひらを下に向けるナチスの敬礼は、その顕著な例だといえるだろう。

いずれにしろ、他人を指差す人は相手に対する思いやりに欠けている場合が多い。慎重につき合うべきだろう。

どんな状況でも電車の手すりを離さない人の心理とは？

毎日のように電車に乗っていると、いつの間にか乗り方にクセのようなものがついてくる。

たとえば車両のなかほどまで進む人、扉を入ってすぐのスペースを好む人などさまざまだが、なかにはすぐに降りるわけでもないのに、ずっと扉の横に陣取って手すりにつかまっている人がいる。

しかも、駅に着いて乗り降りする人が多くても、絶対に手すりを離さない。そんな人は、かなりの頑固者だとみていいだろう。

電車に乗ったときだけでなく、仕事でも私生活でも自分がこうと決めたら考えを曲げないタイプで、自分の考えと違う意見にあまり耳を傾けない。

しかし考えてみれば、右に左に揺れ動く電車のなかでしっかりと固定されているのが手すりである。頑固な人は、その揺るぎのなさにシンパシーを覚えるのかもしれない。

一方で、つり革につかまりたがる人は、手すりにつかまりたがる人とは正反対の性格の持ち主だ。

どんな状況にも柔軟に対応でき、人と話を合わせるのも得意なので、頑固な人とも表面上はうまくやっていけるはずだ。

聞きたくない話を聞かされるとき、なぜ人は手で目をふさぐのか？

自分には無関係な、たわいもない噂話で盛り上がるのは簡単なストレス解消にもってこいだ。

だが、その場にしきりに手で目をふさぐしぐさをする人がいたら、もしかするとその噂話はその人にとって無関係ではないのかもしれない。

人は聞きたくない話を聞かされるとき、無意識に手で目をふさいだりする。これは、一説には脳を休ませるためだといわれている。

聞きたくない話で嫌な気分になるのを無意識にシャットアウトしているしぐさと考えられるのだ。

また、指先でまぶたを触るのも、同じように話の内容に不快感を持っているサインである。

もしかすると、噂話のネタになっている人物と仲がよかったり、じつは周囲にはあまり知られていないだけで姻戚関係にあるという可能性もある。

いずれにしても、ただの噂話だと思って言いたい放題しゃべっていると、相手を傷つけてしまうかもしれないので要注意だ。

ネックレスをいじるのはその話にイラついているから？

会話をしている最中に女性がずっとネックレスを指先でいじったり、ねじったりしていたら、もしかするとその話は聞きたくないと思っているのかもしれない。

なぜなら、首元に手を持っていくのはイライラを鎮めようとしている証拠だからだ。

ネックレスを触ろうとすると、手は自然と首に当たる。こうすると不思議と気持ちが落ち着くので、ついネックレスを触ってしまうのだ。

だから、もしイライラしている原因が話の内容であれば、話題を変えたとたんにネックレスから手は離れるはずだ。

もし、話題を変えても治まらないのなら、その場所に居心地の悪さを感じているのか、それとも一緒にいる相手そのものにイラついている可能性もある。

いずれにしても精神的に不安定な状態であるのは間違いないので、こんなときはさっさと話を切り上げて退散するに限るのだ。

握手で相手のガードをはずすことは可能か？

お辞儀の文化を持つ日本に対して、欧米は握手の文化だ。

初対面でも旧知の仲でも、日本人はまず「どうも」と会釈して挨拶を交わすが、欧米人は迷わずスッと手を差し伸べてくる。日本人にはあまりスキンシップの習慣がないので、いきなり握手を求められると戸惑うことも多い。

ところで、最初に握手を求めてくる人の心のなかはどうなっているのだろうか。

これは、目の前にいる人と信頼関係を築きたい、あるいは本音を知りたいという心理の表れである。「握手」という行為は、双方の関係性に影響を与えるのだ。

ある心理学の実験によれば、単に言葉を交わす挨拶に比べ、握手をしたほうが一種の責任感や連帯感が生まれるという興味深いデータもあるのだ。

握手をすることで、相手に対して「誠実でなければならない」とか「ウソはつけない」という気持ちが芽生えやすくなる。握手には相手の心のガードを解く作用があるわけだ。

ちなみに、握手ではなく、さりげなく肩にタッチするなどの行為も同じ意味を持っている。

3 足の動きを読む

組んだ足の向き方でわかるメッセージとは？

目上の人や緊張を強いられる相手と同席した場合には、足はきちんと揃えて座るものだが、多少リラックスできる間柄なら足を組むこともあるだろう。

この足の組み方には、相手に対する関心の度合いが見え隠れしていることをご存じだろうか。もっともわかりやすいのは、並んで座った場合だ。

上になった足が自分のほうに向けられていれば、相手に好感を抱いていたり、話の内容に興味を持っていることを示す。

逆に、上の足が自分とは反対側を向いているなら、あまり関心を抱いていないということになる。これは組んだ足で自分をガードし、相手との距離を保とうとしている心情の表れなのだ。

もし、相手の組んだ足が自分のほうを向いていないことに気づいたら、話題を変えるなどの工夫が必要かもしれない。

こうした足の組み方は無意識のうちにやっている場合が多く、相手も居心地のいい座り方をしているだけだと思っている場合が多い。

しかし、そこには本人すら気づいていない無言のメッセージが込められているのである。

脚を交差させている人は一緒にいる人を信用しているか

しっかりと地に足を着けた仁王立ちとは逆に、片足に体重を乗せてヒザやふくらはぎあたりで脚を交差させて立つというのは非常にバランスが悪い立ちポーズだ。

この立ち方をしている人の心理は攻撃的な仁王立ちの真逆で、その場に一緒にいる人を信頼している。こんなにバランスの悪い立ち方をしていても、攻撃されるような心配がないと安心していることを示しているのだ。

たとえば立食パーティーなどでこんなポーズの人がいたら、リラックスしてその場を楽しんでいる証拠だ。

また、カップルが同じように足を交差させて立っていたら、互いに好意を寄せあっていることがわかるのだ。

組んだ足の動きが止まったらヤバいことが起きる!?

落ち着きがない性格なのか、それともただの癖なのか、脚を組んだときに上に乗せたほうの足をぶらぶらと動かす人がいる。そしてこの足がピタリと止まったら、目の前で何か〝ヤバい〟ことが起きているとみていい。

動物は危険をキャッチすると、動きを止めて本能的に死んだふりをしたりするが、これと同じようにぶらぶらと動かしている足が止まったのは、本能的に危険を察知してフリーズしてしまっているのだ。

会いたくない人を見つけてしまったとか、話が核心に迫りつつあるなど何かしら身に危険が迫っていることを感じているのはたしかで、相手の弱みを握るのも簡単だ。

下半身を見れば緊張のレベルがズバリわかる！

飼い主に従順な犬と違い、猫は警戒心が強く人になかなかなつかない。そんな猫が腹を見せて寝そべったときは、リラックスしている証拠だといわれている。

腹を見せる行動はきわめて無防備なので、安全な場所と相手にしかできないからだ。

ちなみに、人間にもこれと同じことがいえる。

手や足を広げてイスに座っている人がいたら、その人は安心して開放的な気分になっているといっていい。

自分の手足を広げるということは、懐がガラ空き状態になるので緊張していない証拠なのだ。

一方で、両ひざをつけて肩をすぼめるようにしている人がいたら、その人は緊張状態にあるとみていい。

こういうときは、立っているときでも片方の足に重心をかけたりせずに直立不動に近い姿勢をとってしまうのだ。

仕事中に相手がこのような状態

にあるなら、こちらは逆に少し手足を広げてリラックスするといい。

それだけでその場の空気はあなたに優位なものになるので、交渉も有利に進められるはずだ。

靴の先があさっての方を向いていたら話に飽きたサイン

会社の廊下などで、ちょうど話したいと思っていた同僚や先輩・後輩にばったり出くわし、チャンスとばかりにあれこれと質問攻めにしてしまうことはないだろうか。

そんな立ち話のときに、相手の靴の先が片方は自分の方を向いているのにもう片方が直角に開いていたら、その人は早く話を切りあげてほしいと思っている。

靴の方向はそのまま行きたい方向を示しているので、話が終わったと見るや、さっさとそっちの方角に急いでいってしまうだろう。

逆に両足とも自分の方を向いていたら、落ち着いて話ができる状態にあるということなのだ。

歩き方とその人の人柄にはどんな関係がある？

仕事で重大なミスを犯してしまうと、思わず声が詰まってしまい、冷や汗タラリ…。あまりの動揺で動き方までぎこちなくなってしまうものだ。

しかし、そんなときにも「大丈夫、それは○○すれば何とかなる」と冷静にフォローしてくれる同僚や先輩がいたら、頼もしいことこのうえない。

だが、そう言いながらも去っていく後ろ姿が不自然なほどせかせかしていたら、それは「大丈夫ではない」証拠である。

ピンチに立たされたとき、人はどんなに平静を装ったとしても、歩き方にまでは意識を集中できないからだ。

つまり、歩き方はその人の本心を表す鏡だといってもいい。口では平気と言いながらもせかせかと歩いていってしまうのは相当焦っているというサインなのだ。

また、ふだんは気遣いのできる優しい男性が、一緒に歩くときだけ自分のペースでスタスタと歩くようであれば、その優しさはつくられた一面であると考えていい。

本当に気遣いできるなら、相手

の歩調に合わせて歩くことが自然にできるからだ。

歩き方には人柄が如実にあらわれるのである。

足の組み方から人の性格はどこまでわかるか

何をしているときでも、つい無意識に足を組んでしまうという人は多い。

じつは、臨床心理学者のジョン・ブレイザー博士によると、座ったときの足の組み方はその人の性格を顕著に表しているのだという。

たとえば、上に乗せた足を、もう片方の足に絡めるようにしていたら自分の仕事に対して完璧さを求めるタイプだ。

博士の調査では、足を絡めて組む人の多くが仕事を完璧にこなすものの、心のどこかに不安を抱えている傾向が見てとれたそうである。

また、組んだ足をブラブラとさせる人には競争心が旺盛なタイプが多く、そもそも足を組まずにきちんと揃えて座る人には、整理好きで真面目な性格の持ち主が多かったという。

これらの傾向はとくに女性に強く見られたが、相手の性格を知る手がかりとして気に留めておきたいところだ。

ところで、リラックスしているわけでもないのに意図的に足を組む人がいる。これは目の前の相手より優位に立とうとして、あえて余裕のある態度を見せつけようとしていることが考えられる。

足を投げ出して座るのは相手を〝上から目線〟で見ている

イスに浅めに腰かけて背中を背もたれにもたれかけ、両足を前の方に長々と伸ばす――。リラックスしているときというのは、誰しもこんな座り方をするものだ。

だが、真剣な話をしているときや、人から注意を受けているときにもこんな座り方をするのは、相手を上から目線で見ているとみて間違いない。相手より優位に立とうとしているため、自分がこの場を支配しているのだと態度で示しているのである。

上司や目上の人がこのような座り方をしていても問題ないが、部下や後輩が身を投げ出して座っていたら要注意。きちんと座り直すように注意しても態度が改まらないようなら、トラブルメーカーになる可能性があるので用心したほうがいい。

姿勢と足のポジションで相手の本気度がわかる!

何とか了解をとりつけようと懸命に説得しているのに、どうにも相手の気持ちが読めない…。そんなときは、その人の姿勢と足の動きに注意してみよう。

相手の身体がまっすぐこちらを向き、膝頭が少し開いている姿勢をとっていたら脈ありとみていい。これは「オープン・ポジション」といって、相手の意見を肯定的に受け止めているサインだからだ。

一方、足を組んで身体を斜にかまえているのは「クローズド・ポジション」といって、内容そのものを拒絶しているか、話に乗り気ではないというサインだ。

さらに、話を聞きながら相手がやたらと足を組み替えたり、そわそわと貧乏ゆすりを始めたら、ここはいったん引き下がったほうがいい。

なぜなら頻繁に足を組み替えたり、貧乏ゆすりをするなどのしぐさは、イライラした気分を抑えようとしている証拠だからだ。

それに気づかずにしつこく話を続けていると、それまで積み重ねてきた関係まで御破算になりかねない。

人が足を組み替えるのは20分間に4回までがふつうだという。それ以上になったら、そろそろ潮時だと考えよう。

4 顔と表情を読む

「深くうなずくのは納得しているから」の大ウソ

うなずくというしぐさは、「あなたを認めていますよ」というサインだが、うなずきにもいろいろあり、それぞれが違った気持ちを表している。

たとえば、素早くうなずくなら話の先を促しているし、深くうなずいているなら感じ入っている、じっくり話を聞いているということになる。

では、回数は少ないものの、いちいち深くうなずくという場合はどうだろうか。

取り立てて不自然さはないが、これを意図的に行っている相手には注意が必要だ。

その場の主導権を握って優位に立ちたいと考えているかもしれないからだ。

うなずかれることが少ないと話し手は不安になり、もっと認めてもらいたいと必死になるが、緊張を強いられたあとなどに深くうなずいてもらえると、より大きな安心感を得ることができる。

そこで、つい相手の意のままに動いてしまうのだ。

緊張と緩和を上手に使い分けると他人を動かしやすくなる。相手のうなずきにつられないよう用心したいものだ。

相手のタブーに触れてしまったかどうか知る方法

親に叱られている子供が口をとがらせて、頬をプッと膨らませていることがある。

こんなふくれっつらをしていたら、「反省していない！」とさらに小言を言われたりするものだが、これは怒られていることに納得がいかないという子供なりの意思表示だ。

絶対に謝らないぞ、と決心している表れでもある。

ちなみに、これは大人にも当てはまる。言いたくないことがあったり、不快感を抱いていると顔の下半分がこわばってくる。すると、どうしても口を真一文字に結んだ表情になりがちなのである。

ただ、大人の場合は子供よりも少々複雑だ。頬を膨らませるほか、歯を食いしばる、頬の内側に舌を押しつける、あるいは唇を噛みしめるなども同じ意味を持っている。いずれにしろ、口はきつく閉じているのが特徴である。

もし、友人が会話の最中にこういう表情を見せたら、触れてはほしくない話題を口にしてしまったのかもしれない。そんなときは話を変えるなり、素直に謝るなどして気分転換させてあげよう。

相手が話を聞いているかどうか判定するコツ

うんうんとしきりにうなずいてくれる友人を前にすると、コイツとは共感できる部分が多いと感じるものだ。

たしかにうなずくことは肯定を意味する場合が多いとはいえ、ときには機械的にしているというケースもある。

それがどちらなのかを見分けるポイントは、うなずくタイミングにある。

たとえば、クライアントに新商品の提案をしているとしよう。

このとき、相手が話の脈絡とまったく関係ないところでよくうなずくようだったら、あなたの話はほとんど聞いてもらえていないと諦めたほうがいい。

先方はあなたの提案に興味がないか、あるいは次の打ち合わせの予定が詰まっているか、いずれにしても早く話を終わらせたがっているということだ。

とはいえ、あからさまに飽きているという態度は見せられない。そこで、そんな本音を悟られないように、表面上は話を聞いているというフリをしているにすぎないのである。

こんなときは別の提案に切り替えるか、早々に退散しよう。長々と同じ話を続けてもいい成果は残せないはずである。

初対面の人の性格は右を向くか左を向くかで見抜く！

人は物事を考えるとき、知らず知らずのうちに顔を動かしているものだ。無意識のうちにする行動なので本人は気づきにくいのだが、この動きに注目してみたい。ちょっと面白い発見があるはずだ。

たとえば、こちらの質問に対して右を向いて考える人は、どちらかといえば短気で攻撃性が高いといえる。また頻繁に右を向くなら、グイグイと押してくるタイプだ。

一見、つき合いにくそうにも思えるが、困難に直面したときにはこのバイタリティがプラスに働き、積極的に乗り越えていける力を持っている。

逆に左を向く人は、いやなことがあっても不快感を表に出さないタイプだ。我慢強い性格で、正面切って対立することは少ないはずである。

だが、積極的でないぶん、このタイプは困難にぶつかるとすぐに諦めてしまう傾向がある。また、不満や怒りを内に閉じ込めてしまうため、精神的な問題を抱えやすいともいわれている。

このように観察すれば、相手を知る手がかりになるが、ただし、これは右利きの人のパターンで、左利きは反対の動きになることを覚えておきたい。

顔だけが笑っている笑顔はやっぱり〝つくり笑い〟だった！

笑顔は人間関係をスムーズにすることに大きな役割を果たす。仏頂面の人より笑顔の人と一緒にいたほうがいいと感じるのは当たり前のことだ。

しかし、いつも笑顔なのに「なんだかうさん臭い」と感じる人がいるものだ。この場合、十中八九、その笑顔はつくりものだ。

心からの笑顔とは顔の表情だけでなく、身体全体のボディランゲージを伴うことが多い。つまり、身じろぎもせずに顔だけが笑っている場合は、心から笑っているのではなくつくり笑いなのだ。

また、自然な笑顔の場合はまず口元が緩み、その後目元が笑うものなので、もし目と口が同時に笑っている場合は、やはりつくり笑いである可能性が高いのである。

表情がコロコロ変わる人に気をつけたほうがいい理由

外国人からすると日本人は何を考えているのかわかりにくい民族

らしい。

たしかに、欧米人のようにズバズバと本音を言い合ったりもしないし、喜びや悲しみを大げさに表現したりもしない。無表情なポーカーフェイスは、さぞやとっつきにくいだろう。

しかし、だからといって喜怒哀楽を表に出す人のほうが正直者でいい人なのかというとそうともいえない。

百面相のごとく表情が変わる人は、むしろ要注意だ。

日本だけに限らず、社会生活を営むうえでは他人に対する気遣いや協調性が必要だ。ときには個人的な感情を表に出さず、腹のなかでぐっとこらえることが必要な場面もあるだろう。

その点、喜びも悲しみも怒りもすべて顔に出てしまう人は、わかりやすい反面、感情を隠そうともしない自分勝手な人だ。

たとえば、嫌いな人が不幸な目に遭ったときに笑いをこらえられず「喜んで何が悪い?」などと、平然と言い放ったりする。

心が読めないポーカーフェイスも扱いにくいが、つき合って振り回されるのはむしろこの百面相タイプだ。

いちいち反応していたら、こちらのほうが心身ともに疲れきってしまうので、軽く受け流すといいだろう。

ひとりだけ盛り上がっている飲み会で周囲がとる表情と態度とは?

会食や飲み会などで、ひとりだけが延々としゃべり続けていて、周りの人はときどき相槌を打ったり、ニコニコしながら聞いているだけという光景を見かけることがある。

こういう場合、本人以外はたいてい退屈していたりするものだ。いくらニコニコと笑っているように見えても、心から笑っていないことは頬を見ればかわる。

本気で笑っているときには大頬骨筋という頬の筋肉が高く盛り上がるが、愛想笑いをしているときはこの筋肉がほとんど動かないのである。

どんなに目元が笑っていて、口角が上がっていたとしても、大頬骨筋に動きがなければ、心の中では早くお開きになるのを待ち望んでいるはずなのだ。

眉をひそめる相手と議論してはいけないワケ

男性でも女性でも弁が立つ人はいるものだが、とくに男性は口が達者な女性を苦手とする人が多いのではないだろうか。

男同士のように荒っぽい口論をするわけにもいかないし、かといってやり込められるのも面白くない。

できれば波風を立てず、穏便にスルーしたいというのが本音だろう。

そこでひとつアドバイスだが、もし、あなたの言い分にいちいち眉をひそめる女性がいたら、その相手とはけっして議論をしてはならない。

「今年のボーナスは期待できないかもね」「そう？　ネガティブな感情を持つと自分が損するわよ！」「ツバメが低く飛んでいるから明日は雨かな」「えー、そんな話聞いたこともないわ！」

こんなふうに、眉をひそめて否定してくる女性は〝しっかり者のいいお母さん〟のようでありたいという願望が強い。

だから、まるで世間知らずの子供を諭すかのように反論してくるのだ。

しかも自分の知らないことはけっして認めず、何をいわれても頑として譲らないところがある。

こういう相手とはヘタに議論せず「なるほど」とか「そうだね」などと、当たり障りのない受け答えでやり過ごすといい。

まったく関心がない人を前にするとなぜ冷笑するのか？

心のなかで起きている感情が顔に表れるときというのは、一瞬であることが多い。人前ではいつもきちんとしてなければという意識の高い人は、なかなか隙を見せないが、ふとしたときに心が顔に表れる。

その代表的なものが、人をバカにしているときの冷笑だ。目には冷たい光が宿っているのに、口角がきゅっと上がる。また、黒目をグルリと回したうえで横目で宙をにらむこともある。

とにかく、相手を不快にする無礼極まるこの笑い方は「君のことなどまったく関心がない、関係ないね」という気持ちの表れだ。つき合わなくてもいい相手なのであれば、さっさと関係を断ち切ることをお勧めする。

笑顔が本物かどうかを見抜くチェックポイント

仏頂面をしている人よりも、笑顔を絶やさない人のほうがつき合いやすいものである。笑顔は人間関係を円滑にする重要なコミュニケーション・ツールのひとつだ。

だが、その笑顔を全面的に信用していいかというとそれは別問題である。人は他人に知られたくない内面を隠すために意図的に笑ってみせることもあるからだ。

たとえ、満面の笑みをたたえていても、片方の眉だけが上がっているとか、唇の片方の端だけが持ち上がっているなら、ウソをついていたり、人には言えない何かを抱え込んでいる可能性がある。

なぜなら、自然につくり出される表情というのは左右が対称になって表れるものだからだ。

つまり、片方の眉だけが上がるような非対称の笑顔は、本音を包み隠したつくり笑いということになる。

怒りにしろ悲しみにしろ、顔の左右、あるいは上下にアンバランスな部分がある場合は意図的につくった表情だといえる。

ようするに、顔の左右のバランスをチェックすれば、その笑顔が本物かどうかを見抜けるのである。

ちなみに、作為的につくった表情は顔の左側に出やすいといわれている。

頭を左右に振りながら「好き」という人の本心は？

「そのアイデアは素晴らしい」とか、「あなたの言い分ももっともだ」などと言われると、誰だって自分の主張が認められていると感じるだろう。

でも、本当にそうなのだろうか。

じつは、こんなふうに言いながら頭を左右に振っていたら、その言葉にはウソが混じっているかもしれない。

小さい子供は頭を横に振って拒絶の意思表示をする。いわゆる、いやいやのしぐさだ。当然、大人が頭を左右に振る動作にも、ネガティブな感情が込められていることが多い。

もちろん、大きく頭を振り回すことはしないだろうが、ゆっくりと左右に振ったり、首をかしげたりといった小さな動作としてあらわれることが多い。これらはソフトな否定表現だと思っていいだろう。

この微妙なシグナルを人は敏感に察知することもあるらしい。アメリカ大統領選の際、テレビ討論で頭を左右に振らない候補者は、相手の言い分を認めたとみなされる確率が高いというデータがあるそうだ。

もしも頭を左右に振りながら「好きよ」と言われたなら、簡単に信用してはいけないのである。

一瞬でも鼻にしわが寄ったらイヤイヤつき合っている!

みんなで楽しく旅行のプランを立てているときなどに、誰かが一瞬鼻にしわを寄せたら、その人は旅行に行きたくないか、一緒に行きたくない人がそのなかにいる可能性がある。

鼻にしわを寄せるのは不快であることのサインだ。口では楽しみにしているようなことを言いながらも、一瞬でも鼻にしわを寄せたら、本当はイヤイヤつき合っていることを物語っている。

ただし、本人もこのしぐさをしたことに気づいていなかったりするので、誰かに自分の気持ちを見られているとは思っていない。

それを裏づけるためには、「本当は乗り気じゃないんじゃない?」とこっそり囁いてみよう。読心術でも使っているのではないかと驚かれるかもしれない。

考えごとをしているときの頭の傾きからわかる人の性格

物思いにふけっているときの友人の頭にちょっと注目してみてほしい。考えごとをしているときというのは、人はよく頭を動かしているからだ。

一見、無意味な動きに思えるものの、このとき右を向いて考えるか、左を向いて考えるかで大きな違いがある。

もし、その友人が左を向いたなら、社交的で開放的な性格だといえるだろう。

なぜ、こんなことがいえるのかといえば、それは脳の働きに関係しているからだ。

ふだんから右脳を使っている人ほど左を向く傾向が強い。右脳は感性や想像力を司るところなので、他人の感情を察して共感できる能力に長けているのだ。

一方、右を向く人というのはやや消極的で人間関係にはクールに見えるものの、数字や計算に強く、現実的にものごとを進めるのが得意だ。

どちらがいいということではないが、右を向きながら「涙もろくて…」などという人はウソをついている可能性もある。

余談ではあるが、上下どちらを向くかでも性格は読み取れる。上を向いて考える人は明るい性格で、下を向いて考える人は落ち込みやすい性格に多い。

ど忘れしたときの頭上を見上げるポーズが持つ意味

映画の話をしていて、俳優の顔は頭に浮かんでいるのに名前が思い出せないことがある。

こんなときにやってしまうのが、考えあぐねてつい頭上を見上げてしまうというケースだ。

なぜ、このようなポーズをするのだろうか。

人は集中して考えようとするときに目を閉じる傾向があるが、じつはこの天を仰ぐ行為も同じ意味を持っている。

顔を上に向けることで、話をしている相手とのアイコンタクトを遮断したり、視界に余計なものが入ってこないようにしているのだ。

こうして、記憶を探ることに意識を集中させようとしているのである。

目を閉じたり、下を向いたりしないのは、それをすると目の前にいる相手に失礼にあたるからで、いわばそういう気遣いができる人だといっていい。

もしも相手がイスの背もたれに身体を預けて、反り返るくらい極端な姿勢をとったときには、思い出すのに四苦八苦している合図だ。

こんなときはせかさずに、十分に考える時間を与えてあげるといいだろう。

重苦しい場で大笑いできる人の心理分析

楽しいときばかりではなく、人は照れ隠しや気まずさをごまかすためにも笑うことがある。あるいは悲しみをこらえていて、涙をこぼさないために無理に笑顔をつくる場合もある。

笑うという行為はなかなか複雑な一面を持っているのだ。

ところで、その場の空気が重苦しいときほど、大きな声で「ハッハッハッハ！」と笑ってごまかす人がいる。

そんな人を空気が読めない人だとか、無神経な人だなどと白い目で見るべきではない。

その人はけっして空気が読めない人ではなく、サービス精神が旺盛でよく気が回る人かもしれないからだ。

場を盛り上げるために気を遣って、あえて大きな声で笑っていると考えればいいのである。

ブラジルのサンパウロ大学のサラ博士によれば、口元だけで笑う人よりも、声を出して笑うタイプのほうが人づき合いも上手だという。

しかも、人を動かす能力に長けていて、リーダーにも向いているそうだ。

こういう人は細かなフォローが得意だから、じつは一緒に仕事をしていても安心できるタイプでもあるのだ。

表情が乏しい人にはどうして神経質が多いのか

その人が楽しいと思っているのか怒っているのか、表情を見ればだいたい察しはつくものだ。感情の起伏によって人の表情はくるくると変化するからだ。

ところが、ときには驚くほど表情が変わらない人もいる。こういうタイプが何を考えているかは非常につかみづらいものだが、性格を推測することは可能だ。

たとえば、表情の変化が乏しい人には神経質なタイプが多い。これはアメリカのハイディ・リッジオという学者が研究の末に導き出した結論だ。

このタイプはまた、喜怒哀楽の

感情を自分の内側に抑え込んでいることが多い。しかも、多くのストレスやうっぷんを抱え込んでしまうので、いつもピリピリと神経をとがらせることになるのだ。

喜怒哀楽に対する感性も鈍いため、どういう対応をすれば相手に不快感を与えないかがわからない。したがって、小さなことでもすぐ不機嫌になり、人づき合いもうまくいかないのである。

この手のタイプとつき合うときには、神経を逆なでしないように注意したい。

あごヒゲをたくわえた人の隠された心理

最近は男性でもエステに通う人が増えており、スベスベな肌への欲求は女性だけのものではなくなってきた。さすがにそこまではしないという人でも、朝になってヒゲを剃るくらいはするだろう。

しかし、なかには口元やあごにヒゲをたくわえている男性もいる。ヒゲを生やすのにはどんな理由があるのだろうか。

あごヒゲには、威厳や力強さ、男らしさをアピールする効果がある。したがって、周囲からの信頼も集めやすくなるわけだ。

そのいい例が、アメリカの大統領だったリンカーンである。あの立派なあごヒゲを生やしたおかげで威厳が増して、選挙に大勝したともいわれている。

しかし、あごヒゲのある人が男らしいかというと、実際には逆の場合もある。素の自分に自信がないからこそ、ヒゲで威厳を持たせたい、信頼できる人物に見られたいと考えている可能性も高い。

一方、口ヒゲを生やす人には違った心理が働いている。口ヒゲの手入れを怠らない人は、理想的な自分を演出するナルシストの傾向があるのだ。

もっとも、無精ヒゲにそんな意味がないのはいうまでもない。

相手が急に無表情になるのは何のサイン？

目を見開いたり、眉が寄っていたり…、話の内容によって表情はくるくると変化するものだが、急に相手が無表情になったら、どことなく居心地の悪さを感じるのではないだろうか。じつは、これは支配力を誇示しているサインなのだ。

人間の脳には無意識のうちに相手の表情を読み取る力がある。それによって自分が歓迎されているか、拒絶されているかを察知しているのである。

だから、相手が無表情だと拒否されているのかもしれないと感じ、困惑してしまうのだ。しかも、無表情のままだと何を考えているのかわからないから、ますます不安が募ってしまう。

こうなると人は気まずさを感じて自分の考えや主張を引っ込める。

つまり、作為的に無表情をつくることで、相手は自分優位の関係を築こうとしているのである。

たとえば、グチっている最中に友人が無表情になってきたら、早々に切り上げたほうがいい。その話にウンザリしているという無言のプレッシャーでもあるからだ。

ちなみに、無表情という手段を使うのは、感情が顔に出やすい女性よりも男性のほうが多いようである。

眉毛の濃さで性格が判断できるというのは本当か

本来、眉は汗やゴミが目に入るのを防ぐ役割を担うものだったといわれるが、実際にはその機能はあまり役に立っていないようである。

むしろ、感情や性格を表す役割のほうが大きいといえるのではないだろうか。

子供の頃、眉尻をつり上げている母親の顔を見た瞬間に、「怒られる！」と感じとって首をすくめた覚えはないだろうか。

また、いつも眉間にシワを寄せていれば、気難しい人だということがすぐにわかる。

では、眉の濃さというのは性格に関係しているのだろうか。

一般的に眉の濃い人は温かみがあり、薄い人は冷酷そうな印象を受ける。

こう感じてしまうのは、眉の動きからその人の感情を読み取っているためで、眉が薄いと動きがわかりづらいため、どんなことにも心を動かさない冷たい人に見えてしまうのである。

たとえば、眉を剃っている人が

コワそうに見えるのも、感情の動きがわからないからだ。

体毛の濃い薄いは個人差があるので一概にはいえないが、眉の動きが少なければ情に厚いとはいえないだろう。

鼻の高さと人の性格には関係があるか？

いかにも得意げな様子を「鼻たかだか」というが、実際に、鼻の高い人はプライドが高く、自分に自信を持っている人が多い。自信があるから人づき合いにも積極的で交友関係も広い。

仕事などでもグイグイと周囲を引っ張っていくリーダーシップのある人は鼻が高い傾向がある。

プライドの高さをうまく使えば、優れたリーダーとしての活躍が期待できるのがこのタイプなのである。

ただし、失敗をして鼻を折られるような事態に直面すると、なかなか立ち直れないというひ弱な一面も併せ持っているので注意したい。

その一方で、鼻が低い人は周囲に対して腰も低く、謙虚な人が多い。

鼻の高い人のように強烈なリーダーシップはなくても、穏やかに周囲をまとめていけるのが鼻の低い人なのである。

あまり自己主張することもないので、一見すると地味で目立たないが、仕事をコツコツと誠実にこなしていくので気がつくと周囲から厚い信頼を得ている。

失敗しても地道に努力を重ねていく粘り強さがあるから、どちらかといえばタフなのはこちらのタイプだといえる。

イケメンは情が薄いというのは本当か

よく人間の顔にはその人の生き様や内面が表れるという。

しかし世間には、いかにも人のよさそうな人が凶悪事件の犯人だったりすることもないわけではない。

見た目の印象だけで性格を予測するのはやはり危険ということだろう。

たとえば、さわやかなイケメンタイプは女性だけでなく男性からも好感を持たれるが、こういう人が必ずしも性格的にさわやかかといえば、そうでもない。

人間の顔というのは面白いもので、苦労をすればシワが増えるように、経験の数だけ味が出るものだ。

その点、さわやかな雰囲気の顔を持つ人は、見ようによっては表情が常にクールで、どこか浮世離れしているようなところがある。

一概にはいえないが、こういう顔は人生経験が少ないことによる場合がある。濃密な人間関係を嫌ったり、自分だけの高い理想をかたくなに掲げていたりというケースだ。

したがって、うっかり近づくと予想外の情の薄さにガッカリすることもある。

さわやかな人だからといって、その人の中身にまで期待するのは酷なのである。

ふくよかな顔の持ち主は意外にも小心者だった⁉

頬がふっくらとしていて鼻が丸くて大きく、たっぷりとしたあごの顔といって思い浮かぶのは、やはり七福神の恵比寿様ではないだろうか。

そんな豊かさを象徴するようなイメージのせいか、恵比寿様にそっくりなふくよかな顔をした人は幸せを運んできてくれそうな気がする。

だが、実際にはそうともいい切れない面がある。このような丸みを帯びた顔の人は、見た目とは裏腹に意外と小心者であることが多いのだ。

そのため、最も平凡な人生を送るのが、この顔立ちの人なのである。

野心を抱いて周囲と競り合うこともないので、出世街道をひた走るなどということも考えにくい。かといって事業を起こして大成功を収めてやろうというような気概もない。

つまり、最も波風が立たない安定した人生を送っている人に多いのが、ふくよかな顔の人なのである。

とはいえ、何が幸せかはその人しだい。ドラマティックな展開などなくても、安定した暮らしがしたいという人にとっては最高のパートナーであることには違いない。

外から見てもわからない〝福耳タイプ〟の性格診断

耳たぶが肉厚で垂れ下がっている人は「福耳」といわれ、お金や幸運に恵まれるというが、これはあながち間違ってはいない。

なぜなら、耳が大きい人のほうが出世する傾向があるからだ。耳の大きい人は周囲の話によく耳を傾ける人が多く、他人のアドバイスを参考にして自分の成長への糧にできるのである。

協調性のある人も多く、他人の意見をバランスよく取り入れて周囲をうまくまとめていくことができる。そのため、リーダーとして組織や集団の上に立って出世していく可能性が高いというわけだ。

一方で、耳の小さい人はあまり周囲のいうことを聞かない傾向がある。

よくいえばマイペースで独自の世界観を持っているのだが、見方を変えると独善的で、「こうしたい」と思ったら他人の意見などお構いなしに突っ走ってしまうところがある。

芸術家などクリエイティブな仕事では大きく開花する人もいるが、会社などの組織のなかでは自分勝手に仕事を進めてしまうことがあるので煙たがられるタイプといえるかもしれない。

あごにできた〝梅干し〟は悲しみのメッセージ!?

口元に力を入れてギュッと結ぶと、あごの部分が少しだけ盛り上がってシワが寄る。鏡を見ればよくわかるが、まさに梅干しのようなシワだ。

この〝梅干し〟ができている友人を見たら、そっと慰めてあげる気遣いを持ちたい。悲しみや辛さをぐっとこらえていると、自然とあごに梅干しが浮き上がってきてしまうのだ。

それと同時に、下唇が持ち上げられて口の両端が下がっていれば、その悲しみはかなり大きいといえる。嫌悪を感じたときにも口角は下がるものの、梅干しとセットならそれは悲しみのあらわれなのだ。

また、両端が下がった八の字の眉になったり、目の下にシワができたりすることも悲しみのサインだ。ときには唇が震えることもある。

もっと悲しみが深くなれば表情筋を動かす力もなくなり、頬がそげ落ちたような悲痛な表情になってしまうこともある。

涙を流したりせず、悲しみをぐっと我慢してしまう人は抱えている思いが周囲に伝わりにくい。だが、梅干しと口角にはこらえようとする悲しみが顕著にあらわれているのである。

亀が頭を引っ込めるしぐさは心が不安でいっぱいのサイン

子供はこっぴどく叱られると、両肩を耳のあたりまで上げて首を隠そうとするが、大人でもこのようなしぐさをする場合がある。

まるで亀が甲羅に頭を隠すかのようなこのしぐさは、不安や自信のなさに心が支配されていることの表れだ。

こんな場合には、追い打ちをかけるのは得策ではない。特に、気の弱いタイプなら心が折れてしまうこともある。

本人が自分の不甲斐なさを痛いほど自覚しているのなら、むやみに怒鳴って委縮させたりせず、今しばらく見守るというスタンスをとったほうがいいだろう。

5 口の動きと声を読む

片方の口角を上げた笑いを信じてはいけない

ハードボイルド映画のなかで、主人公が片方の頬でニヤリとすればそれは不敵な笑みに見えるかもしれない。その表情が、俳優のシブさやかっこよさをより引き立てる場合もあるだろう。

しかし、ふだんの生活でこの表情に出くわした場合は、シブいなどといってはいられない。

たとえば、後輩が片方の口角を斜めに引き上げながら「先輩、さすがですね」と言ってきたとしたら、その言葉を鵜呑みにするのは禁物だ。後輩のセリフは皮肉だと受け止めたほうがいい。

本心から感心しているときには、顔の左右でバランスがとれた表情になる。それがアンバランスな表情になるのは、軽蔑や嫌悪を隠している証拠である。

このふたつの表情は非常によく似ているが、片方の口角だけを上げてゆがんだ口元になっていたら、軽蔑の度合いが強いといえるのだ。

しかも、あごを上げて上から見下ろすような視線が加わっていれば、それは間違いなく軽蔑しているとみていい。

こういう表情をよくする人は、ものごとを批判的に見る皮肉屋でもある。言葉の陰に隠れた真意を見抜くべきだろう。

唇をギュッと閉じたらまず浮気を疑ってみる

引き締まった口元といえば、凛々《りり》しいとか意思の強い人物といった印象を与えることが多い。けっしてマイナスのイメージはないだろう。

ところが、話をしている最中に相手の唇が急に真一文字に結ばれてしまったら、そこにはそういった性格とは別の心理が隠されている。

その人は恥ずかしさを感じていたり、何かきまりが悪い思いをしているのだ。

誰でも都合の悪いことには触れてほしくない。そんなかたくなな態度が唇にあらわれてしまうのである。

唇がギュッと閉じられたら、あなたには言えない隠しごとをしているのかもしれない。もちろん、自分の秘密を守りたい場合にもこれらの動作には気をつけたい。

上手に隠しているつもりでも、ネガティブな感情は思いのほかしぐさとなってあらわれてしまうものなのだ。

口元の印象から性格を判断する裏ワザ

一般的に、大きな口の人は豪快な性格で周りをグイグイと引っ張っていくタイプで、逆に小さな口の人は細かなところに気配りができる人といわれる。

また、唇がキュッと引き締まっていると強い意思の持ち主で、半開きだとボンヤリとしていて緊張感に欠ける性格だという。

つまり、〝見たまま〟の印象がその人の性格を表しているのである。

だから、それほど大きな口ではない人が、大きく口を開けて豪快に笑っていたり、逆にどこから見ても大きな口の人があまり大口を開けないように意識しているようなら、それは相手に与えたい印象を無意識のうちに操作しているのかもしれない。

これは、デート中の女性にも見られる光景で、たとえば、口をあまり開けずに食事をすることで女性らしい印象を与えたいという心理が働いているといえる。

もし、対面している相手の実際の口の大きさと動きに違和感があるときには、無言のメッセージがあるかもしれないので注視してみよう。

唇を丹念にケアする人が狙う心理効果とは？

身だしなみに気を使うことは社会人として当然である。

髪は乱れていないか、ヒゲの剃り残しはないかと鏡の前でチェックをするだろうが、唇にまで気を配っている男性はどれくらいいるだろう。

唇のケアを心がけている男性は、「ハロー効果」の威力をよく知っている人かもしれない。

人は外見で相手を判断してしまうところがある。姿形のいい人を目にすると、きっと仕事ができるに違いないとか、性格がいいんだろうなと思ってしまうという具合だ。これをハロー効果と呼ぶ。

美人が得をするといわれるのは、このハロー効果が影響しているためだ。

面と向かっていると、顔のさまざまなパーツに目がいく。このときガサガサで不健康そうな唇をした人と、血色のいいツヤのある唇をしている人を比べたら、かさついているほうが印象は下がってしまうだろう。

小さな違いだが、人に与える印象はけっこう違ってくるのである。

唇をなめるという行為に秘められたふたつの意味

話をしているときに、舌先で唇をちょっとなめる人を見かけることがある。

やっている本人は気づいていないことも多いのだが、人が唇をなめるのはどうも赤ちゃんが母親の乳首を吸っていた頃の名残らしい。

これは何かに興味を引かれたり、親愛の情があるときに出る行動だとされている。したがって、話の内容に乗り気だったり、あるいは話をしている相手に好意を寄せているなど心を許しているサインだといっていいだろう。

実際、打ち解けた間柄でなければ他人に舌を見せることはない。何か失敗をしたときにペロッと舌を出してみせることがあるが、たいていは親しい友人や家族の前でするしぐさだろう。

ただし、緊張をしているとかストレスを感じているといった正反対の感情を持っているときでも、同じことをしていることがある。

これを勘違いしてとらえないためには、目の〝表情〟をチェックするといい。瞳を大きく見開いていたり、目が輝いていればあなたに好意的な感情を抱いていることになる。

あごに力が入っているのはよくない前触れ⁉

会話中、相手のあごをよく見る

と相手の心理状態がにじみ出ていることがある。たとえば、あごに力が入るほど口をぎゅっと結んでいる状態のときは、強いストレスを感じているときだ。

気持ちがリラックスしていれば、ふつうあごには力が入らない。口は閉じていても、上の歯と下の歯はくっつかずに軽く開いている状態になる。それが歯を食いしばってあごに力が入っているということは、かなりの緊張状態にあるといっていい。

また、あごをしゃくるように上に上げるしぐさをしたら、こちらを威圧していると考えていい。あごをしゃくるポーズは偉そうに見えるものだが、相手は無意識のうちにそれを利用して自分を強く演出しようとしているのである。

交渉中であれば、こちらの提案に不満を抱いていて攻撃的になっているのかもしれない。そのまま商談を進めても反撃に出られてうまくいかない可能性が高い。

唇を巻き込むようにするのはどんな心理？

口を閉ざすといえば何もしゃべらないことを、唇を噛むといえば悔しさや怒りをこらえている様子を意味する。このように口や唇にまつわる言葉はたくさんある。それだけ人間の口元は表情が豊かだということだろう。

では、上下の唇を口のなかに巻き込むようにしている人は何を考えているのだろうか。これは、本音を包み隠しているときによく見られるしぐさである。

ただ、気をつけなければいけないのは、このケースはウソをついているとは限らないということだ。怒りでも悲しみでも、とにかく感情を抑えているという場合もあるからだ。

口を開いたら正直な感情が爆発してしまうかもしれないため、強く口を結んでそれを抑え込んでいるのである。

これと似ているのが、下唇を巻き込んで上の歯で噛みしめている場合だ。このケースは意味は違ってきて、何かしら良心の呵責《かしゃく》を感じて、居心地の悪い思いをしている可能性が高い。

ちょっとした違いに気づかないと対応を間違えてしまう恐れがあるので、注意深く観察したい。

Step2
相手のことばから心理を読む方法

1 口癖を読む

「悪いようにはしないから」は信じていいのか

説得のテクニックにもいろいろあるが、たまにある。

「悪いようにはしないから」という口説き文句で相手を落とそうとする人を見かける。

たとえば、大事な契約を決めかねているときや、大金が絡む話が出たときなどに出てくる言葉だが、何となくこのフレーズを囁かれると「うまいこといって口説こうとしているのか？」と、かえって警戒するという人も多いのではないだろうか。

じつは、その危惧は大いに当たっているのであこのいい回しはさも相手を思いやっているかのように聞こえるが、実際はその逆で、損得の基準は自分にしかない。

つまり、「悪いようにはしない」とは「自分にとって悪いようにはしない」を意味しているのである。

日頃からお世話になっている親類や、信頼できる上司ならともかく、たいして親しくもない人がこの言葉を連発して近づいてくるようならその話には絶対に乗らないほうがいい。

相手が得をするだけならまだいいが、ヘタをすればこちらが泥をかぶる羽目になることもある。

やりもしないのに、「絶対ムリ！」と言えちゃう人の心の中は？

少し頑張ればできることでも、いざ行動する前から「絶対ムリ！」と投げ出してしまう人がいる。たとえば、ちょっと探せば見つかりそうなものでも探す前から「絶対、見つからないよ！」など決めてかかる人だ。

このような諦めの言葉は、まだ成長過程にある子供が口にすることが多い。つまり、行動する前に諦めてしまうのは、じつは依存心が強く自立できていない証拠なのである。

子供なら親が代わりに探してくれるだろうと期待するように、諦めた様子を見せれば誰かがやってくれるだろうと思っているのだ。

いい大人になってもそんなふうに考えている相手に対しての心がまえは、子供なんだな…と思って距離を置いてつき合うことにつきる。

「ようするに」を連発する人が抱える支配欲求とは？

社内ミーティングやプライベートの飲み会などで話をしていると、話し上手な人、聞き上手な人、場をなごませる人など、いつの間にか役割分担ができあがっていることがある。

そんななか、何かにつけその場を仕切ろうとする

「まとめ役」はたいていひとりくらいはいるものだが、そういう人がよく発する口癖が「ようするに」だ。

誰かが順序立てて話をしているのに「ようするに君が言いたいのはこういうことだろう？」などと口を挟む。

このタイプは、その場を支配したいという「支配欲求」を持っている。

一般的に「ようするに」という言葉は、話し手の説明がまどろっこしくて要点がわかりづらいときに、司会役やリーダーが助け舟を出す意味合いで使われることが多い。

だが支配欲求が強い人は、相手の話のわかりやすさや上下関係に関係なく、この言葉を連発するのである。

なかには「ようするに」が口癖のわりに、うまく要約できていない人もいる。

そういう人には、ときどきツッコミを入れつつも「まとめ役になりたいんだな」と、温かく見守るのが大人の対応だ。

「とりあえず」を繰り返す人はいい加減なタイプ!?

日本語には、時代を経て元来の意味から転じて異なる意味へと変化して使われている言葉が多い。

たとえば「とりあえず」という言葉も、昔は「すぐに」という意味で使われていたが、いまは「さしあたって」とか「ひとまず」と、どちらかというと「間に合わせ」や「その場しのぎ」のニュアンスが強くなっている。

マナー講習などでは、上司や取引先に対しては失礼にあたるため、使用を控えるよう指導することもあるほどだ。

しかしながら、この言葉を乱発する人はやはりいる。そういう人は、何につけても真剣さに欠ける傾向がある。根っからの不真面目というわけではないが、どこかいい加減なのだ。

たとえば「あの案件、どうなってる？」と聞けば、「とりあえず進めてるよ」と返してきたり、「今度の送別会どうする？」と聞けば、「とりあえずよろしく」などと意味不明な答えが返ってきたりする。

この言葉は物事を深く考えていないときに発しやすい。これが口癖になっているということは、日頃から思慮が浅いといわざるを得ないのだ。

「ま、いっか」を真に受けるのが危険なワケ

明らかにこちらに非があり、ドキドキしながら謝罪に行くと、「ま、いっか。しかたないよ、うん」と拍子抜けするような反応が返ってくることがある。

こうなると相手にはいい印象を抱きがちだが、よくよく観察してみると「ま、いっか」はどうやら相手の口癖になっている様子。果たして、どういう人なのだろうか。

じつは、「ま、いっか」という言葉は誰に向けるかでニュアンスが変わったりする。

たとえば、自分の仕事に対して「ま、いっか」となれば、それはいい加減さの表れにほかならない。

だが、これを他人との関わりのなかで使うと、「こちらが妥協しますよ」「こちらが譲りますよ」というアピールになる。

なかにはこれを逆手にとって、優位性を保つために使っている人もいる。つまり「負けるが勝ち」を選ぶ懐の深さを、意図的に演出しているともいえるのだ。

こういう場合は「ま、いっか」と言いながら、内心ではいつまでも根に持っている可能性が高い。

「ま、いっか」を口癖にしている人の「ま、いっか」をそのままの意味で解釈するのは危険が伴うことを覚えておこう。

「〜してくれる？」を連発する人はクセモノ⁉

頼み上手は仕事上手というわけではないが、デキる人は「これ、お願い」と仕事を周囲に振るのがう

まい。

だが、同じお願いでも安易に「〜してくれる?」を連発するのは人を不愉快にさせるものだ。

自分にはわからない専門的な知識ならともかく、パソコンで検索するなどして調べればすぐに誰でもわかるようなことでも、「これ調べてくれる?」とか「教えてくれる?」と聞いてくる。こんな人は間違いなくクセモノである。

このように安易に周囲をアテにする人は、他人に依存することを何らおかしいとは思わない性格の持ち主だ。

たいてい本人はあっけらかんとしているため、一見悪気がなさそうにも見えるが、そこには「相手がすでに知識を得ているのであれば、わざわざ自分の手をわずらわせることはない」と考えるズルさがある。

もちろん、それによって相手がどう思うかなど、まったく気にもしないのだ。

そのくせ、こういう人は自分がアテにされることは好まないから始末に負えないものがある。適当にかわして、距離を置きながらつき合うのが無難だろう。

「知ってる」が口グセの人は無気力で知識が浅い?

どんな話題でも「それ、知ってる、知ってる」と知ったかぶりをする人がいるが、よくよく話を聞いてみるとどこかで聞きかじっただけの曖昧な情報だったりするものだ。

このように「知ってる」が口癖の人は、じつは博識でも何でもなく、好奇心が足りないだけだったりする。

いまやテレビやインターネットを眺めていれば、広くて浅い知識はいくらでも身につけることができる。

だが、そのなかに自分の興味を引く内容があれば、もう少し掘り下げて調べてみようと思うものだ。

そうして深い知識を得たことなら「知っている」

と言えるが、そうでないことは「聞いたことがある」程度に答えるのがふつうだ。

だが、こういうタイプはさらに掘り下げて調べたり、物事の本質に迫ってみようという気力もないから、「聞いたことがある＝知っている」のひと言で片づけてしまうのである。

「カワイイ！」を連発する人の本音とは？

同僚の服装や髪型に対してならまだしも、会社の備品から、ついには上司までをも「カワイイ！」と言ってのけてしまう女性社員がいたら要注意だ。

そんな女性はボキャブラリーが少ないことはもとより、想像力に欠けていると疑ったほうがいい。

いうまでもないことだが、ものの感じ方は人それぞれで、感情を表現する言葉はいくらでもある。

だが、「カワイイ！」しか言わないという人は、たいてい他人にも「カワイイよね？」と同意を求める。

つまり、世の中にはいろいろな人がいて、人はそれぞれ違った感情を持っているということに気づいたり、なぜ自分とは違うのかという想像力を持ち合わせていない。

残念ながら、自分とは違う価値観の人とのコミュニケーションをとる能力に欠けているといえる。

とはいえ、そんなタイプが数人集まれば、ひとつの〝共通言語〟で通じ合えるのだからこんなにラクで便利なことはない。

そうして、小さなコミュニティで楽しく過ごしていれば悪いことではないのだろう。

何にでも「イエス」というタイプの秘められた思惑

自分の意見に対する相手の反応は誰でも気になるところだ。

どんなささいな内容であっても「それは違う」と否定されるより、「その通りだと思います」とうなずいてもらえれば、自分も肯定されたようで悪い気はしない。

ところがなかには、とりあえず相手に同意して「はいはい」と肯定するのがクセになっている人もいる。

こういう人は、けっしてあなたの意見に賛同しているわけではないので鵜呑みにしないことだ。

何にでもイエスの反応を示す人は、単に「いい人と思われたい」「好感を持たれたい」から肯定しているにすぎない。

つまり、相手の意見を否定しないことで、自分の評価をアップさせるのが目的なのである。

キツイいい方をすれば、自分の考えを持たない八方美人なので、相手を肯定しておきながら、明日はその相手と敵対する否定派の意見に「はいはい」と同意したとしても不思議ではないのだ。

もちろん、すべてのリアクションを疑ってかかることはないが、信用し過ぎて泣きをみてからでは遅い。世間話程度ならいいが、こういう人に真面目な悩み相談などはしないほうが賢明だろう。

すぐに「わかった」と言う人のカンタン攻略法

一を聞いて十を知るではないが、人の話を頭の部分だけを聞いて即座に「わかった」と言う人は一見、頭がよさそうに見える。

ただ、本当に頭がいいかどうかは、きちんと話を理解しているかどうかでわかる。

いくらわかったと口では言っていても、相手が言わんとしていることの9割を間違えて解釈していては、話を聞いているうちには入らない。

このように人の話を最後まで聞かずに理解した気になる人というのは、頭の回転は速いのだが、やはりどうしても見極めが甘い。いざというときに「言った」「言わない」のトラブルにもなりかねないのだ。

このように早合点しやすいタイプの人は、話すスピードも速くてせわしなく、さらに飽きるのも早い。とにかくさまざまな情報を聞きかじり、首を突っ込みたがるので、ひとつのことに集中して最後までやり遂げるのが苦手なのだ。

だから、すぐに「わかった」という人に話を理解してもらいたかったら、できるだけ簡潔な文書にして手渡すことだ。

ダラダラとした文章が並んでいると、最初の部分だけ読んでわかった気分になってしまうので気をつけたい。

自分のことを何と呼ぶかで性格がわかる！

公の場では自分のことを「わたし」と呼ぶ人も、プライベートでは自分なりの一人称を持っている。

たとえば男性なら「俺」か「ぼく」が一般的だが、「俺」は性格的にサバサバとしていて、人づき合いを好むタイプだ。

一方「ぼく」を日常的に使う人は、気まぐれな面を持つわがままなタイプで、甘えてくるかと思いきや、計算高い一面もあるので要注意である。

これと似た気質を持つのが、「アタシ」を連発する女性だ。

適度に使うのはいいが、何にでもアタシをつけるのは、小さい子供が「アタチ」と言うのと同じで幼い印象を受ける。

それもそのはず、「アタシ」という言葉は幼児性の表れでもある。名前を自分の呼び名にしているのと同じで、甘えてことをすませようとする依存型といえるのだ。

逆に、「わたし」をプライベートでも必要以上に使う人は、男女を問わず自分を大人っぽくみせようとしている人が多い。

どれも会話で自然に出る程度ならいいが、口癖のように連発する人には、こうした気質が隠れていることを覚えておきたい。

「時間がない」とこぼす人ほど動きにムダが多い

毎日、バタバタと動き回っていて、「ああ、もう時間がない」とつぶやいている人をつぶさに観察してみると面白いことがわかる。

時間がないと言っている人に限って動きにムダが多いのだ。

時間配分がうまく、大きな仕事の合間にパズルのように細かな仕事を組み込むことができるタイプの人は、頭のなかが整理されているので動きにもムダがない。

だが、常にバタバタと慌ただしい人ほど、思いつきで行動していることが多い。一度立ち上がったら、そのときにできる複数のことを同時にやってしまえばいいのだが、ひとつのことを終えてから、「さてと…」と次のことを考えるために動きも時間も大幅にロスしてしまうのだ。

ただ、本人はそのムダさはもちろん、周囲から評価されていないことにも気づいていないことが多い。

そんな人に仕事をお願いする際には、「お忙しいところすみませんが」のひと言を忘れないようにしたい。

「私には能力がない」と卑下する人の願いとは？

「自分は仕事がデキる人間だ」と声高にアピールするような、いわゆる自己評価の高い人は鼻につくが、逆に、何かにつけて「私は能力がないから」とか「私にはできない」と卑下するような人も困ってしまうものである。

このように「自分の無能さ」をアピールすることが習慣になっている人の真意は、自分を卑下して相手の好意を誘導することにある。簡単にいえば自分を下げることで、相手に持ち上げてもらいたいのである。

もちろん、本人が自分を本当に無能だと思っているのかといえば、それはノーである。あくまで相手に「いや、そんなことはない。あなたはデキる人ですよ」と言ってもらうのが狙いなのだ。

だから、相手が自分を見下す言葉を発したときに、「うーん、そうかもね」などとうっかり返そうものなら、相手はひどく気分を害するだろう。

気に食わない相手なら、あえて同意してやり込めてしまうという意地悪な対処法もあるが、そこは大人同士、波風立てずにつき合っていきたいものだ。

こんなときは、ご希望通り「いや、そんなことはないよ」と返すのが無難だろう。

「ウチの～」が口癖の相手とどうつき合う?

どこの会社にも、「ウチの会社」「ウチの部署」「ウチのグループ」などという言い方をする社員がいる。

たとえば、自分の妻を「ウチの女房が」と言う人は多いだろう。ここでの「ウチ」はもちろん「身内」を指すものだが、それと同じように「ウチの会社」「ウチの部署」と表現するのは強い身内意識の表れだ。

つまり、会話の最中にそのワードが出るたびに「あなたはウチ（身内）ではなく、外の人ですよ」とアピールされているようなものなのである。

彼らはよそ者を排除しようとする傾向があり、交渉相手としてはなかなか難物だといえる。では、もしも「ウチの」を連発するような相手と対峙しなくてはならないときはどうすればいいか。

こういう相手とは性急にことを進めようとしてはいけない。まずは少しずつ距離を縮め、親近感を持ってもらえるよう努力するのが得策だ。

だが、いったん打ち解けて懐に飛び込むことができれば、このタイプほど頼もしい味方になってくれる人はいない。気がつけばあなたも相手がいうところの「ウチ」に組み入れられているはずだ。

リスクマネージメントができない人の口癖のナゾ

日頃から「大丈夫、大丈夫!」というセリフが口癖の人に対しては、明るくてポジティブという好印象を抱きやすいが、じつは要注意人物でもあるということを忘れてはならない。

というのも、この口癖が習慣になっている人は、リスクマネージメントができないタイプである可能性が高いからだ。

この手の人が「大丈夫」という言葉を繰り返すのは、どこかで「自分だけは大丈夫」という根拠のない自信がある。

だから、ふつうなら躊躇してしまうような、ハイリスク・ハイリターンな投資やビジネスにも、「自分だけは大丈夫」と考えてどんどん乗ってしまう。

仮にこのタイプと一緒に仕事をすることになったら、こちらが手綱を引き締めてコントロールするしかない。

相手が「大丈夫、大丈夫！」と暴走しそうになったら、「こういうデメリットも考えられるけど、どう思う？」といったんクールダウンさせる時間をとったほうがいい。

これは親切心というよりも、道連れにされないための自衛策だ。リスクマネージメントできない人とつき合うときこそ、リスクマネージメントが必要というわけだ。

ウマが合う人と口癖が似るのにはワケがある！

よく、仲がよくてうまくいっている夫婦はだんだん顔が似てくるといわれる。

もちろん科学的な根拠はないが、たとえばどちらかの笑い方がいつの間にか相手にうつり、雰囲気が似るということは大いに考えられそうだ。

だが、「うつる」という点では、表情よりも先にくるのが口癖だろう。

相手の口癖をいつの間にか自分がマネていた。あるいは、逆に自分の口癖を相手がマネていた。もしもこんな現象が起こったら、自分とその相手は波長が合っている証拠だ。

これは専門的には「シンクロニー傾向」などと呼ばれるもので、親しい者同士のしぐさが似てくることを意味する。

たしかに、相手のことが嫌いであれば、口癖やしぐさが似ることはない。嫌いな人の言動には誰でも過敏になるので、むしろ、絶対にうつってなるものかと警戒してしまうのだ。

一方、波長の合う相手と口癖が似るのは無意識のうちにしているケースがほとんどである。相手を好意的に受け入れていれば、意図的でなくても自然にシンクロしてしまうというわけだ。

予想外のことに出くわすとすぐ逃げ出す人がよく口にする言葉とは？

自分ができることには手を出すが、少しでも能力を超えたことには絶対に近づかない。こういう人がよく使うのが「いまさら」とか「もう遅い」という言葉だ。

これは、裏を返せば「失敗するのが怖い」という心理の表れで、どちらかというと生まれ持った能力が高い人のほうが陥りやすい。

それまでは特別な努力をしなくても、いつもある程度の結果を出すことができたために、努力して失敗を克服するという経験をしてこなかったのが原因だ。

そのため、予想外の事態に対応するのが極端に苦手で、自分では手に負えないと感じた問題に直面するとチャレンジせずに逃げ出してしまう。

結果的に、「いまさらムリに決まっている」とか「もう遅いよ」が口癖の残念な人になってしまうのだ。

「〜みたいな」を繰り返す人はやっかいなタイプ⁉

会話の最中に「〜みたいな」「〜とか」を頻繁に使う人がいる。

しかも、よく聞いてみると「みたい」をつけるのが不自然なほど限定的なケースに対して使っていたり、「とか」で表すほど複数のケースの話でもなかったりする。このような物言いをする人とはいったいどういうタイプなのだろうか。

答えは2パターンある。ひとつは、あいまいにぼかすことで人間関係のプレッシャーから逃れようとする人だ。性格的には「ほどほど」をよしとして、物事を突き詰めないタイプだともいえる。

もうひとつは、それも含めて計算ずくの人である。何も考えていないフリをすることで人畜無害を装う。そうすることで、相手に嫌われないよう防衛線を張っているのだ。

どちらかといえば後者のほうがやっかいだが、かといってこちらが害を被ることもない。当たらず障らずにしておけば、とくに問題はないだろう。

〝若者ことば〟に隠された外から見えない本音

日本語の乱れを嘆く人は多いが、若者の言葉遣いはじつにみごとにその時代の世相を反映するものだ。言葉は生き物という側面があり、昔から徐々に変化して用いられてきた。

ただし、一見自由に使われている若者ことばにも、じつは彼らの性格や本音が表れていることがある。

いくつか代表的な言葉遣いを挙げてみよう。まず、「〜てゆうか」という言葉をよく使う人は、相手を傷つけたくないという気配りがある反面、あいまいな主張しかできず、煮え切らないという側面もある。

あるいは「〜とか」や「〜みたいな」を語尾につける人は、自分の主張をぼかしたいという気持ちが強い。人間関係などもあまり深入りせず、ほどほどですませようという気持ちになりがちだ。

また「やっぱ」が口癖になっている人は、人当たりがよく協調性がある一方で、想像力に乏しく、考えが浅いというマイナス面を持つ人も多い。

ちなみに、「でも」「だから」という言葉には、自己主張の強さが隠されている。これが口癖の人は、自分中心になりがちな傾向があるタイプだといえるだろう。

相手のことを「あなた」と呼ぶ人はなぜ印象が悪いのか

初対面の人との会話では、なるべく相手の名前を呼んだほうが打ち解けやすいといわれている。

たとえば「ご出身はどちらですか？」と聞くよりも、「山田さんはどちらのご出身ですか？」とあえて名前を出したほうがより親密になるというものだ。

このやりとりからもわかるように、相手をどう呼ぶかはその人の性格や心理と関係していることが多い。

たとえば、名前を呼ぶのが親しみの表れであるなら、逆に壁を感じるのが「あなた」「そちらさま」といった呼び方だ。

何度も会っているのにこのような呼び方をする人は、相手といい関係を築こうという意思がないとみていい。

営業などで関係を深めたいときは、こちらから名前を呼んで距離を縮める方法があるが、そうでなければ、相手に合わせてほどほどの関係性を保っておけばいいだろう。

また、はっきりした上下関係がないのに相手を「きみ」と呼ぶ人は、横柄で上に立ちたいという欲求が強い人である。

こういう権威主義的な人は、性格的には臆病だったりするので、不愉快なときにははっきり意思表示するのが効果的だ。

「なぜなら」を足すだけで論理的なイメージを演出できる！

「私はこう思うんですよ。なぜなら…」と、まず自分の意見を述べた後に、すかさず「なぜなら」をつけ加える人がいる。

この「なぜなら」はロジカルシンキングのトレーニングで使うといいといわれるだけあって、たしかに物事を整理して論理的に説明するのに役に立つ言葉ではある。

だが、この単語を頻繁に使っているからといってその人が本当に論理的に考えているとは限らない。

なかには自らをロジカルな思考の持ち主であるかのように見せかけるために、わざと連呼している人もいるからだ。

単なる見せかけだけなのか、それとも本物なのかを判断するためには、「なぜなら」の後にどのような話の展開と結末があるのかをよく聞いてみることだ。

何となくそれっぽく聞こえるものの、ひたすら「なぜなら」で話を長引かせるばかりで、これといった結論がない場合はただの見せかけである。ただ、実際のところ「なぜなら」と連発されると、賢そうな人に見えるのも事実だ。

初対面の相手に「論理的な人だ」という印象を持たせたいというようなときには、この魔法の口癖を使うのも手である。

「〜だっただろ！」とキメつける相手から身を守るコツ

一度会った人の顔や名前は絶対に忘れないというビックリするほど物覚えのいい人がたまにいるが、人間は自分の言動に関しては意外と記憶があいまいになる。

じつは、その弱点を利用して、相手の記憶を自分の都合よく操縦しようとしてくる人がいる。その常套手段は「○○って言ってたよね？」とか「〜だったろ？」のような、決めつけた物言いだ。

もちろん昨日の今日で、してもいない約束を「約束したよね？」などと言われればこちらもだまされはしないが、たとえば長年取引している相手から「最初の頃、たしか値上げは絶対にしないって言ってましたよね？」などと、何年も前のやり取りを持ち出してきたりする。

するとこちらも「ん〜、…そう言ったような気がしますねえ」と、たしかに自分が言ったような気になってくる。こうなると「じゃあ、そういうことでいいですね」などと相手に都合がいいように話を展開してしまうのだ。

とくにビジネスでこれをやられると手痛い目に遭うのはこちらだ。記憶力が悪いと自覚している人はくれぐれも引っかからないよう気をつけたい。

2 話し方を読む

他人の欠点をあげつらう相手には「オウム返し」で対抗！

社会に出たからといって、全員が分別のある大人になるわけではない。残念ながら、なかにはいくつになっても非常識で、品のない言動を繰り返す人もいる。

　とくに他人の欠点を面白おかしくあげつらって、しまいには「俺ってウソがつけないタチだから」などと自分を正当化するようなタイプは始末に負えない。この手の話は、聞かされるこちらも不愉快きわまりないというものだろう。

　本心は「それはウソがつけないんじゃなくて品がないだけだろ」と一発かましてやりたいところだが、なかなかそうもいかない。だが、ちょっとした裏ワザを駆使すれば、少しは懲らしめてやることが可能だ。

　たとえば、相手が「あいつ、笑えないほど音痴なんだってよ。この前、カラオケに一緒に行ったヤツがびっくりして気を失いそうになったらしいわ」などと言ったら、「はっ？　笑えないほど音痴？　気を失う？」と、非常識な部分をオウム返しにしてやる。

　こういう人は勢いで無神経な発言をしているケースが多いので、それを改めてリピートされるとバツが悪くなるものだ。おそらく「い、いや、冗談だけどさ」とタジタジになるだろう。

ああいえばこういうタイプを上手に丸め込む法

テレビの討論番組を観ていると、チャンネルを変えてしまいたくなるときがある。

　出演者が他の出演者らの話をさえぎるようにムキになって反論し、複数の人の声が重なって何を言っているのかわからなくなってしまうからだ。

このように、世の中にはとにかく反論しなくては気がすまない人がいる。いわゆる「ああいえばこういうタイプ」だが、そういう人は相手が話している間に反論のネタを考えている。

だから、真摯に話し合おうとしても議論にならず、何も決まらないまま疲れだけが残ってしまうのである。

そういう人を相手にするときは、とにかく何も口を挟まずにしゃべりたいだけしゃべらせておくことだ。

それがあまりにも長いと苦痛でしかないが、相手は自分の欲していることを余さず話すのだから、必ずそこに攻略の糸口が見えてくるはずだ。

やたらとグチる人は他人に厳しく自分に甘いと心得る

口癖とは違うが、話し方がいつもパターン化しているような人がときどきいる。それはその人に会話のバリエーションがないというよりも、心理的、性格的なものに起因していることが多い。

たとえば、あなたの周りにやたらとグチっぽい人はいないだろうか。

人間関係、仕事、家族、果ては世の中に対しても、とにかくグチばかりいっている人の話は、聞いているほうが滅入ってくるが、こういうタイプは他人に厳しく自分には甘い傾向がある。

グチが多いということは、気に入らないことが多いということだ。つまり、自分の思いどおりにならない＝周囲が悪いという思考に染まっているため、当然、自分に対する評価は甘くなる。

また、自分のことばかり話す人は、自意識が過剰気味の人である。自分が注目されるのが大好きで、ほめられたい、興味を持ってほしいという欲求が強い。

ちなみに、時事ネタが好きな情報通タイプは「浅く広く」の人である。柔軟性がある反面、人づき合いに関しても浅く広くなので、期待をしすぎたりアテにすることはくれぐれも禁物だ。

隠しごとを見抜くとっておきのコツ

大人でも子供でも、隠しごとのひとつやふたつはあるものだが、相手が隠していることを探り出したいときに役立つのが、「コンプレックス指標」だ。これは、心理学の大家・ユングが連想テストによって導き出したことで有名な指標である。

簡単に説明すると、コンプレックス指標とは質問をされたときに答えるまでの時間の長さで表される。

もし、自分が避けたい話題や答えたくない質問をされると、答えるまでの時間が長くなる。この時間が長ければ長いほど、避けたいという心理は強いものと推察できるのだ。

また、コンプレックス指標のほかにも、相手の隠しごとを見抜くサインはいくつも存在する。

質問に対して見当違いの答えをしてはぐらかす、苦笑いを浮かべてごまかす、聞こえないふりやオウム返しをして聞き返す、といった行動が見られたときは、その話題には触れられたくないと考えていいだろう。

隠しごとの見当がついても気づかないふりをするか、追及するかはケースバイケースだが、いざというときに〝使える情報〟として手に入れておいて損はないだろう。

相手が言いにくいことを事前に察知するコツ

話をしている最中に、相手が急に動きを止めてまっすぐに視線を合わせてきたら、「これから話しにくいことを話す」というサインとみて間違いない。

誰にでも一度や二度は経験があると思うが、話しにくいことを話すのはとても勇気がいることだ。「今日こそは」と思いながらも、結局言い出すきっかけがつかめないままで終わってしまうこともある。

だから、相手がそんなサインを出してきたら、覚悟を決めた証拠なのだ。

しかし、話しにくそうにしているのだから、けっしていい話でないことはたしかである。

何かを断られるのか、それともヘンな噂話でも広がっているのだろうか…などと想像してしまうところだが、そこは相手の勇気を受け止めるだけの度量がほしい。

そこで、阿吽《あうん》の呼吸ではないが、ポーズにはポーズで気持ちを返すのだ。

同じように姿勢を正して相手の目をまっすぐに見れば、話を聞きますよというサインだと伝えることができる。

こうしてアイコンタクトで気持ちを送り合えるようになれば、言いにくいことでも打ち明けられる関係になれるのである。

逆切れタイプに効く「のれんに腕押し作戦」

何かに失敗したり、相手に失礼な態度をとってしまったら、ふつうの人なら真っ先に謝るものだ。ところが、なかには「あんたが悪いんだよ！」と逆ギレしたり、「どうせ私は頭が悪いし」などといじけたりする人がいる。

二度と会わない相手ならともかく、これが同僚や仲間だった場合、今後のつき合いにも影響しかねない。できれば険悪なムードのまま終わらせることだけは避けたいところだ。

自分の性格を自ら貶《おとし》めるようないい方をする人は、周囲の人間がすべて敵に見えてしまい、内心では攻撃されるかもしれないという不安が大きい。そのため「性格が悪い」というつけなくてもいい鎧を着て、相手を威嚇してしまうのである。

こういう人にストレートに反発すると、さらに攻撃本能を刺激してしまう。この手の人間と対峙するときは「そうはみえないけどなあ」とやんわり受け流すか、あえてノーリアクションで返すなど、〝のれんに腕押し〟で対処するといい。

よほど意固地な人でない限り、我に返って「自分も悪かったかもしれない」と心を開いてくれるはずだ。

理不尽な相手には既成事実→事後報告で攻める

いくら頼んでも結婚を認めてくれない頑固者の父親が、説得するよりも先に子供ができてしまい事後報告した結果、結婚に反対するどころか、孫にデレデレのおじいさんになってしまったという話がある。

この事例から学べるのは、理不尽な相手には事後報告もアリという処世術だ。

いくら誠意を尽くして話しても、まったく埒《らち》が明かないというケースはよくある。仕事でも部下の話にはいっさい耳を貸さない上司がたまにいるが、その説得に時間を費やしていたらビジネスチャンスが逃げてしまう。

そういう人にはもはや正攻法は通じないので、すべてのコトが終わってから事後報告にしたほうがいい場合もあるのだ。

「できちゃった婚」ではないが既成事実をつくり、もはや後戻りできない状態にして、しれっと「このようにしましたので」と報告してしまうのである。

相手の性格や事案にもよるが、案外このほうが「そうだったのか。やるな!」と、すんなり認められるケースも多い。

とくに、たいした理由もなく何でもかんでも理不尽に突っぱねるタイプには、このくらいの強引さが功を奏すのだ。

早口の人を黙らせる効果的なジェスチャーとは?

せっかちなタイプに多いといわれているのが、ときどき「まるで息継ぎをしていないんじゃないか」と心配になるほど早口な人だ。

そんな人との会話は完全に相手のペースで進んでいくが、こちらが口を挟む余地がないのではコミュニケーションにならない。

では、いったん会話を落ち着けたいと思ったときはどうするのが効果的だろうか。

こういう相手に「ちょっと待って」「落ち着いて」というのは得策ではない。早口の人は、基本的に話したいことが次から次へと浮かんでしまう頭の回転が速い人なので、相手の空気が読めないほどヌケているわけではない。「落ち着いて」などと直接的に言われたら、プライドを傷つけてしまう可能性がある。

それよりも、会話の流れを乱すジェスチャーを挟むのが効果的だ。

たとえば咳払いをしたり、大きく足を組み直すなど、相手が少しでも「アレ？」と思うようなしぐさをみせるのだ。

そうすると、一瞬スローダウンするので、そこで「そういえばさ」とさりげなく切り出せばいい。すると、会話の主導権を引き寄せられるのである。

勧誘の電話をすばやく切り上げる殺し文句

こちらの都合などお構いなしにかかってくるセールスの電話に悩まされた経験のある人は大勢いるだろう。あれやこれやといろいろな話題で長話をするくせに、なかなか肝心の話を切り出してこない。

はっきりと言ってくれれば、こちらも「買いません」「必要ありません」と断ることもできるのに、長話に根負けして、まんまと契約させられてしまい後悔することになる。途中で電話を切るタイミングをつかむのが難しいのだ。

セールスに限らず、だらだらと話してなかなか用件をいわないタイプの人はたまにいる。こういう人たちの話をすんなりと終わらせる方法は、「それで用件は？」と、はっきり尋ねることだ。

セールスの場合、相手は遠回りしながら、こちらが根負けするのを狙っている。だから、逆にこちらからズバリと質問すると、向こうも「じつは…」と最も大切な用件を切り出さざるを得なくなる。そうなるとこちらも断りやすいだろう。

この方法は無意味に長話をする人にも同じように通用する。いつ終わるかわからないような話に、わざわざつき合う必要はないのである。

任せたといいながら確認したがる上司への上手な対応術

自分の上司ならばやはり尊敬できる人柄であってほしいものだが、部下を信じて仕事を任せる〝器の大きな上司〟を思わせる言葉は鵜呑みにしてはいけない。

たとえば「君に任せた！」「君ならできる！」というような、あたかも自分の実力を認めてくれるかのようなフレーズである。

こんな言葉を好んで使う上司にこそ、うるさいくらいの経過報告が必要だ。なぜなら、この上司にとっては「自己保身」がすべてだからである。

とくに「任せた」と言いながらも細かいことまで確認したがるなら要注意だ。額面どおりに受けとって、こちらでどんどん進めた挙げ句に失敗すれば、この手のタイプは「部下が安請け合いした結果」だと、間違いなく責任逃れをする。

そして逆に成功すれば、それを任せた自分の手柄にしてしまうのだ。

こんな事態を防ぐには、上司には何事も逐一報告して進捗状況を共有する安全策をとろう。あとで「聞いてない」「知らなかった」などと言わせないように逃げ道をふさいでおくのだ。

「任せた！」は信頼の証ではなく、無責任さの表れかもしれないと警戒するくらいがちょうどいいのだ。

キーパーソンを見抜くには〝言葉尻〟をチェックする！

「私が担当です」と、挨拶された人と何度打ち合わせをしても、なかなか話が前に進まないことがある。

その原因は、おそらくその人がキーパーソンではないからだ。

ただの窓口として対応し、打ち合わせの内容を決定権のあるキーパーソンに伝達しているにすぎないのだ。

ただ、話が進まないからといって、必ずしもその人がキーパーソンでないとは限らないこともある。たとえば、コンペなどで仕事を進めていくときには、特定の会社とあまり親しげにするのははばかられるため、ポーカーフェイスを装っている可能性もあるのだ。

だが、その人が真の担当者かどうかは、言葉尻をよく聞くとわかる。

そもそもキーパーソンは漠然とした話をしないものだ。自分が当事者として仕事を進めているから話す内容が具体的で、聞いているだけで求められているものをはっきりとイメージすることができるのだ。

これがただの〝窓口〟だったら、断言することができないので、どうしても「ええ、そういうイメージだとは思うんですが…」などと言葉尻があいまいになってしまう。

仕事をスムーズに進めるなら、言葉尻が断定的な相手を見つけ出すことだ。

相手の指摘を認める人はどんな計算をしているのか

ふつう、人からミスを指摘されたり痛いところを突かれたりすると、自分の正当性を少しでも相手に認めさせるために「そんなことはない」とか「それは違う」と反論したくなるものだ。

だがたまに、弱点を指摘されてもまったく反論せずに「そのとおりです」「ごもっともなご指摘です」と、相手の言い分を完全に認めてしまう人がいる。

一見、弱気な人のようにも思えるが、じつは簡単に白旗を掲げることができるこのような人は相当ヤリ手なタイプでもある。

だいたい、自分の弱点を指摘されて血相を変えて反論したところで、互いの感情を逆なでするだけでまったく生産的ではない。

それよりも、痛いところを突かれたら、「さすがですね」と、その目のつけどころの鋭さをほめて相手を持ち上げておいたほうがいい。すると、さらに攻撃しようとしていた相手のエネルギーを吸収することができて、それ以上ムダなバトルに発展せずにすむからだ。

こうして相手の感情をコントロールできれば、その後の主導権まで握ることができる。逆にいえば、そこまで計算しているからこそ、冷静に白旗を掲げたフリができるのだ。

簡単に人を説得できる逆説の心理テクニック

何かと反発する人間を説得するのは、なかなか骨の折れる作業だ。ところが記憶のトリックを利用すると、たやすく人を従わせてしまうことができる。

たとえば、部屋を散らかしっぱなしにしている子供に掃除をさせるとしよう。

まずは「少しは片づけたらどうだ?」と注意する。それに子供が反発してきたら、「いや、おまえが気にならないならいいんだよ。忘れてくれ」と前言撤回してしまうのだ。あとは何も言わなくていい。

この場合、不快になる発言が取り消されたのだから、相手は反発する必要はなくなるが、心底晴れやかな気持ちになるかというとそうでもない。注意されたことだけは依然として記憶にとどまるため、何となくスッキリしない気分が残るのだ。

そして、片づけをせずにはいられなくなってしまうのである。

これは忘却防止のテクニックを使った説得術で「忘れてくれ」「気にするな」と言われると、人は逆に忘れられなくなり、気にしてしまう性質を利用している。

もちろん、子供だけでなく反抗的な態度をとる部下や何かとケンカ腰の恋人など大人にも効き目はあるので覚えておこう。

理不尽なクレームを切り抜ける心理話法

製造業やサービス業に設置されているのが「お客

さまコールセンター」である。

そこには日夜、消費者からの問い合わせや苦情が寄せられるわけだが、なかには明らかに理不尽な苦情を突きつけてくるクレーマーもいる。

「袋のなかに虫が入っていて、子供が食べて具合が悪くなった。責任者を出せ！」

苦情の対応には相手の話をとことん聞くというのがセオリーだが、このように要求がどんどん飛躍していくようなら重大な話を聞く姿勢で耳を傾けることだ。

「さようでございましたか！」「それはそれは、大変でございました」と、その苦情がいかにも大問題であるかのように対応するのである。

そもそも必要以上にクレームをつけてくる人というのは、無理難題の苦情をいうことで相手が困っているのを楽しんでいるフシもある。だから、まずはその欲望を満たしておき、それから詳しい状況を事細かに〝お伺い〟するのだ。

もし大げさに難癖をつけているのだとしたら、そのうちに話の辻褄が合わなくなってくる。そこをさらに追及するようにお伺いすれば引き下がってくれるはずだ。

「お叱りを覚悟のうえで…」と弱みをさらけ出す人の胸の内

自分はけっして賛成ではないのだが、会社の意向でどうしても取引先に理不尽な提案をしなければならない…。

顔を引きつらせながら目の前に座っている相手が、じつはそんな悶々とした気持ちを抱えているとしたら、話を切り出すときにきっとこんな前置きをするだろう。

「お叱りを覚悟のうえで申し上げますが…」

これは、相手が不快になることを告げなければならないときの常套句である。なぜ、わざわざこのような弱みをさらけ出すような前置きをするのだろうか。

それは、「絶対こういう態度に出ますよね」と相手の態度を先回りして伝えておくことで、それを回避しようとするためだ。

人は他人から「絶対に怒る」と断定されると、そのとおりの態度をとらないように感情を抑えようとする。

相手が見透かしたとおりになってたまるものかと思うからだ。

子供が親に悪さをしたことを告白するときにもよく使われる手段だが、この常套句を口にしている本人は、心底相手の反応を恐れて辛い思いをしているはずだ。

もし、「お叱りを覚悟のうえで…」と言われたら、相手の心情を汲み取って冷静に話を聞いてあげたい。

グループのひとりをほめるとトラブルになる!?

活躍が目覚ましい女性社員がいたのでみんなの前でそれとなくほめたら、急に社内の雰囲気が悪くなったという経験はないだろうか。


もちろん例外はあるが、一般的に女性は、同じ集団のなかでひとりだけが特別扱いされたときに、敏感に反応する。

一説では、女性の集団は平均的であってこそ成り立っているとされる。

それは街などで見かける女性グループを見てもわかる。

同じグループに属しているとファッション感覚が似ており、服装だけなく、髪の色やメイクまでそっくりである。

「私たち一緒だよね」というのが、その集団のステータスでもあるのだ。

そのため、どこかが突出してしまうことで全体のバランスが悪くなってしまうのである。

これが男性の集団だったら、それぞれの個性として受け止めて、ひとりが評価されることによって全体が底上げされたような気分になる。

だが女性の場合は、ひとりを贔屓《ひいき》したり、ほめたりするのは要注意なのである。

怒りを加速させるこんな言い方をしてはいけない

忙しそうにしている同僚に「あの仕事どうなった？」と聞いただけなのに、烈火のごとく怒った。こんな事態に陥ったときに一番してはならないのが「ど、どうしたの？」などとうろたえることだ。

怒りが頂点に達している人間というのは、自分が取り乱していることを自覚している。自分でイライラを抑えきれないからこそ、怒りを爆発させているのだ。

そこに周りの人間が絡んでくると、どんどん自己嫌悪に陥ってしまう。お願いだからなだめたり、たしなめたりしてほしくないと思っているのだ。

では、そうした相手にはどう対処すればいいのだろうか。

それは、本人の希望どおりうろたえず、なだめず、たしなめないことだ。平静を装って淡々と対応し、自然に鎮火するのを待つようにするといい。あわてて消火しようとすると、いったんは治まったとしても火種がくすぶり続ける原因になるのだ。

また、「それはひどいね」とか「大変だったね」などと相手に共感しながら話を聞くと鎮火は早くなる。だが、そんな高度なテクニックは使えないのであれば黙ってうなずいているに限るのだ。

おねだりがしつこい相手にはそれ以上のことを押しつける！

何かと慕ってくる後輩というのはかわいいものである反面、度が過ぎるとうっとうしくなってくるものだ。

そんな相手から「たまには、おいしいお店に連れってくださいよ」などとしつこくおねだりされるのもストレスが溜まるが、だからといって「また、今度」などと毎回お茶を濁していてはラチが明かない。

こんなしつこい後輩を撃退するためには、「じゃあ、いまから行こう」とそれなりの格好でなければ入店できないような高級店に誘ってみるといい。すると、心の準備ができていないので「え、今日はちょっと…」と断ってくる可能性が高い。

そもそも、しつこくおねだりする人というのは、本当にねだっているのではなく、挨拶代わりに口を開けば同じことを繰り返しているだけのことが多い。

つまり、それほど本気でいっているのではなく、自分より高い給料をもらっている相手へのやっかみも半分交じっていたりする。だが、そうとわかっていてもあまりにもしつこいとイライラが募る。

だから、そんなときには有無をいわせない態度で相手の要求以上のことを押しつけてみるといいだろう。

声のトーンから心理状態を判断する裏ワザ

話している最中に相手の声のトーンに注意を払って聞いてみるといい。というのも、やはり声のトーンにはそのときの心理状態が反映されやすいからである。

たとえば、人は興奮したり緊張したりすると、声がそれまでより一段と高くなる。すると、高ぶった感情をセーブしようとして声のトーンが無意識のうちに上がってしまうというわけだ。

だから、話しているときに急に相手の声のトーンが高くなったとしたら、それはその人を刺激するような話題があったと思っていい。

そのせいで相手は怒っているのか、もしくは喜びを隠せないでいるのか、いずれにしても感情の起伏があって声の調子が変わってしまったと考えられる。

それとは逆に、トーンが変わらずに安定しているのは、気持ちが落ち着いているからだ。これは相手がこちらに打ち解けてくれている証拠だともいえる。

だが、あまりに淡々としていて盛り上がりに欠けるようなときは例外も考えられる。この場合は相手がこちらの話に飽きていて、ただ表面的に話を合わせているだけのこともある。

興奮した相手を鎮める声の出し方、話し方

お互いがヒートアップしてきて言い争いになると、声の調子もだんだん激しさを増してくるものだ。相手に負けまいとする気持ちが、わめき散らすようなトーンを加速してしまうからだ。

そこで、興奮している人に対して同じようなトーンで対応しても、その場はいっこうに収まらなくなる。しかし、こんな場面でも落ち着いたトーンで話すことができるなら、その人は相手を自分のペースに巻き込む達人である。

人は無意識のうちに相手の声のトーンに合わせてしまう性質を持っている。これは「同質効果」と呼ばれる心理作用だ。

「じつはさ…」と声を潜めて話し出せば、自然と聞き手も声を落とすものである。それも同質効果が働いているためだ。

静かなトーンで落ち着いて話をすれば、知らず知らずのうちに相手はそのペースに乗せられてしまい、そのうち高ぶっていた気持ちも鎮まってくるというわけだ。

つまり、声のトーンを自在にコントロールできる人は、常に自分のペースでものごとを進められる人だといえる。

ちなみに、低い声でゆっくりと話すと相手より優位に立てる可能性が高い。

3 発言を読む〈基本編〉

「なるほど」は自分にもしゃべらせてというサイン

会話の最中にあいづちを打つことは欠かせない行為だが、「はい」や「ええ」だけではなかなか間が持たないのか、「なるほど」というフレーズがよく使われる。

この言葉には肯定的なニュアンスがあるが、じつは「そろそろ私もしゃべりたくなりました」というサインでもあるのだ。このひと言が出てきたら相手にも話す機会をつくってあげるといい。

なぜなら、「なるほど」の意味は抽象的でどちらかといえば「合いの手」に近いのである。

したがって、「なるほど」とうなずいてくれたからといって、話の内容が相手にきちんと伝わっているかといえば、そうでないことも十分あり得る。

とくに気の抜けた表情をしながら惰性で「なるほどなるほど」などと繰り返しているときは、相手は上っ面しか聞いていないと思ったほうがいいだろう。

また、このフレーズばかりが断続的に返ってくるようなら、自分だけが一方的に話している可能性も大いに考えられる。

その場合は、独りよがりの会話になっていないかどうか、いま一度流れを振り返ったほうがいいだろう。

質問に質問で返してきたら、相手の本音を裏読みする！

クイズでも授業でも、人は何か質問されると「○○です」と答えるものだ。だが、ときどきこちらが質問しているにもかかわらず、こんなふうに返答されることがある。

「この間、一緒に歩いていたの誰？」

「ああ、あれはねえ。それよりここにあった印鑑どこにやった？」

　このように論点が完全にずれた返答を返されたときには、相手が何か隠しごとをしていると考えて間違いない。

　さらに、「ちゃんと、元にあった場所に戻さないから…」などと話題をすりかえるようなら、間違いなく何かを隠しているはずだ。

　これは「転話法」という心理テクニックのひとつなのだが、話したくないことを持ち出されると人は無意識に質問を質問で返して、話の矛先を変えようとするのだ。

　このようなやりとりは、不祥事を起こした会社の記者会見などでも見ることができる。「被害はもっと重大な方向に向かっているのではないか」と記者に問い詰められて、「そういう発言が不安を増長させているのではないのですか？」といった具合だ。

　都合の悪いことを聞かれたとき人は質問に質問で返す。これさえ知っていれば、相手にコントロールされることはない。

「誰にも言わないで」という人の本当の狙い

　いまも昔も変わらぬテレビ番組の企画に「あの人は今」というものがある。かつて一世を風靡《ふうび》した有名人が、いまどこでどんな暮らしをしているのかを追う番組だ。

　この手の番組に人が興味を抱くのは、そこに必ず〝打ち明け話〟が盛り込まれているからだ。

「じつは、人気絶頂だった○○さんは…」ということまで世間に打ち明けていなかったエピソードを知りたくて、人はテレビの画面に釘づけになるのだ。

だが、そうなると番組製作者の思うツボだ。打ち明け話には、人を惹きつける効果があることを狙っての演出だからだ。

　同じように「これは誰にも言わないでほしいんだけど…」といいながら顔を近づけてくる人がいたら、何か気持ちを惹きつけたい理由があると考えたほうがいい。

だいたい、人は「誰にも言わないで」と言われれば言われるほど黙ってはおけないものだ。だから相手は言葉とは裏腹に、話が広まることを意図してしゃべっていることも考えられる。

もしも、その内容がうさん臭いものであるなら、言われたとおりに誰にもしゃべらないのが得策だ。

「何でも言ってくれ」はすでに守りに入っている証拠!?

ふだんは滅多に顔を合わせることもない管理職クラスの上役と同席するとなると、平社員としてはやはり緊張するものだ。

そんなときに、「まあ、そう硬くならずに。何か意見があれば何でも言ってくれ」と声をかけられたりしたら、その懐の大きさに感心してしまうところだろう。

だが、その言葉を真に受けて意見しようものなら、生意気な社員だと思われかねない。なぜなら、「何でも言ってくれ」はけっして本心ではないからだ。

多くの人は地位を獲得すると、あえて冒険をせずに守りに入ってしまうものだ。

だが、そういう人ほど、他人から「守りに入ったつまらない人間」だと思われたくないという気持ちが強い。だから、度量がある人間を装うために「俺が受け止めてやる」的な発言をしてしまうのである。

しかも、守りに入った人間というのは現状を変えようなどという考えはこれっぽっちも持ち合わせていない。変わってしまえば、自分の地位さえ保障されないからだ。

本当に会社の変革を望むのであれば、まずは現場の人間を同じ意見でまとめることだ。ひとりでは残念ながら自滅してしまうのがオチだろう。

飲み会に「行けたら行く」という人の深層心理

飲み会の出欠状況の確認をしているときに、「行けたら行きます」という返事をする人がいる。

たしかに予定がまだわからないときは口にしてしまいがちなセリフだが、これは幹事の立場からみれば大迷惑だ。

これが会費や席次などを決めなくてはならない集まりであればなおさらで、頭数に入れていいものかどうか迷ってしまう。

こういう人に何度確認してもあいまいな答えを繰り返したり、のらりくらりと引き延ばすようなら、その相手は信用できない人間だといえるかもしれない。

状況を少しでも理解しようとすれば、返事を保留することでどんな迷惑がかかるか容易に想像がつくはずなのだ。

このようにあいまいな返事をする人間は最初から頭数に入れないことだ。結局不参加だったりして、さらに迷惑を被るのはほかならぬ自分である。

「行けたら行くよ」と言われたらすぐ、「会費制だから返事は○日までにほしい。それまでに返事がなければ不参加と考えていいか」とはっきり告げておこう。あらかじめタイムリミットを設けてしまえば、無責任な答えに右往左往しないですむはずだ。

謝罪じゃないのに「すみません」と言う人の心の裏側

自分の過ちを認めて謝罪をするのは、人間関係を円滑にする重要なポイントだといえるが、謝る場面ではないのにすぐ「すみません」と口にする人には辟易《へきえき》する。

電話口で相手に「すみません、○○ですが」と言ったり、何かモノを取ろうとするときに「すみません、ちょっといいですか。すみません」などと繰り返す。

本人は無意識のうちにしているだろうが、この言葉を聞かされたほうはなんとなく悪いことをしたような気になる。では、本人は本当にすまないと思っているのかといえば、そうでないことがほとんどなのだ。

もちろん、最初から下手に出ているので横柄な人でないことはわかるが、この「すみません」はただのクセのようなもので、心はこもっていない。どちらかといえば、「先に謝ってこの場をしのごう」という自己保身の表れなのだ。

さらに、やっかいなことに、この手の人は本当に謝罪すべき場面では、きちんと頭を下げられなかったりする。

「彼はいつも腰が低いから、取引先ともうまくやっているだろう」などと好意的に見ていると、案外トラブルメーカーになったりもするので油断は禁物だ。

「というか…」と言う人が抱えているストレスとは？

あなたの会社には、自分の意見を口にするときにいちいち「というか…」や「というよりですね…」といった言葉をつけ加えるような社員はいないだろうか。

暗に相手の話を否定しているようで嫌味っぽく聞こえるが、じつはこのようなニュアンスの言葉を使う人は、どんな小さなことでも自己主張をしたい、自分のスタイルを貫きたいタイプである。

相手の意見を否定したいだけなら「それは違うんじゃないかな」とか、「ぼくはそうは思わないですね」などとはっきり言えばすむものだ。

しかし、彼らの場合は「それは違う。俺にも意見を言わせろ」という欲求はあるが、相手をはっきり否定する勇気はない。だから「というか…」「というよりですね…」といったぼやかした言葉が出てくるのだ。

このタイプは小心者でストレスを抱えやすいので、会議や大勢の人の前で口を開くと抑えが利かなくなって暴走したりすることがある。

できれば、その人が発言をする時間をあらかじめ用意し、溜まっている〝腹のなか〟をこまめに吐き出させてあげるように仕向けるといいだろう。

「不満があったら言ってほしい」という発言は本心か

ものわかりのよさはその人の懐の深さにもつなが

るが、相手が発する言葉でそれを評価するのはちょっと危険だ。口では寛大なことを言いながらも、腹のなかはまったく違うというタイプもいるからだ。

仮にあなたの職場に新しい上司がやってきて、こんなスピーチをしたとする。

「もしも私のやり方に不満があったらいつでも言ってくれ」

この発言から読みとれるのは、この上司は自分のやり方に相当な自信を持っているということだ。

同じニュアンスでも、前後の言葉で意味は変わってくる。たとえば、「ひとまずは私のやり方で進めますが、これまでの慣習などもあるだろうから不満があったらいつでも言ってください」である。

こんな言い方なら、この上司には本当に不満を聞く耳があると考えていいだろう。

だが、「不満があったらいつでも言ってくれ」という物言いには、「不満などあるはずがない」「文句は言わせない」という本音が見え隠れする。つまり、この上司は自分のやり方が完璧だと信じているのだ。

そのまま不満をぶつけようものなら、あなたの立場も危うくなるかもしれない。

「それとも？」は相手を術中にハメる高等戦術だった！

友人宅に招かれて酒を飲んでいるうちに、時計を見たらかなりの時間が過ぎてしまっていることに気づいた。

そんなときに、友人の妻から「もう少し何か用意しましょうか、それとも…？」と言われたら、「いやいや、もう帰りますから」と思わず腰を上げてしまうのではないだろうか。このとき、友人の妻は内心してやったりと思っているはずである。

じつは、この「それとも…？」のひと言には、他人を自分の意思通りに誘導する力があるのだ。

同じように「今日は家でカレーにする？　それとも？」と聞かれると、何となく外食をしたいといわれているような気もする。すると、「じゃあ、それなら」となってしまうわけだ。これで希望どおりの展開に相手を動かすことができるのだ。

同じように、「ハンバーガーと一緒にポテトもいかがですか?」よりは、「ハンバーガーだけでよろしいですか、それともポテトのセットになさいますか?」と言ったほうがセットを注文する客が増えるという。

ほとんどの人が気づいていないこんな簡単なひと言で、じつは意外と誘導されていたりするのだ。

グループへの帰属意識を高める「われわれは」の威力

警察モノのドキュメンタリー番組を観ていると、交通違反をしたドライバーに対して「われわれとしても見過ごすわけにはいかないんで」などと声をかける警察官の姿がよく映し出される。

ここでいうわれわれとは、もちろん警察のことだ。私があなたを許さないのではなく、警察全体が許さないのですよと言っているのである。

ところで、「われわれは」という言葉は、職場でもよく耳にする。たとえば、「われわれとしては一歩一歩着実に進めていくしかない」というような使われ方だ。

この場合の「われわれ」も、先の警察官同様、やはり組織を強調したいときに発せられる。つまり、その言葉を持ち出すことで一体感を強めたいと考えているのだ。

実際、この言葉が出れば、その意見はそこに居合わせたメンバーの総意だという印象になる。仮に、違う意見を持ったメンバーがいたとしても、だ。

もちろん、それを見越したうえであえてこの言葉を使い、異分子の帰属意識を高めようとするリーダーもいる。人間心理をうまく利用した、言葉の高等トリックといえるかもしれない。

「まあ、まあ」と横やりを入れてくる人の長所と短所

不景気になると交際費や交通費とともに、宣伝広告費もいの一番にカットされる。

そうなると、「アイデアで勝負だ」というかけ声とともに会社は社員から知恵を絞り出そうとするものだが、いいアイデアなどそう簡単に浮かんでくるものではない。

部署内で激しく議論していると、そのうちに煮詰まってきて、ついにはお互いにダメ出しの応酬になってしまうこともある。

ところが、そんなヒートアップした状態のときに、「まあ、まあ、そう感情的にならないで」とやけに冷静に話に割って入ってくる人がいないだろうか。

そういう人は、リーダーシップがあるように見せかけて、単に人から注目されたいという願望が強いだけなのかもしれない。

本当にリーダーシップのある人なら、それまでに出た意見をもとに自分の意見を述べるが、そうでない人は横やりを入れるだけで自分の意見さえ述べない。ただの目立ちたがり屋といっていいだろう。

だが、こういう人が議論に関係ないところで横やりを入れてくれるからこそ、悪い流れが断ち切られることもあるのだ。

そういう役割なのだと割り切ってしまえば、イライラせずにつき合えるだろう。

「人の気持ちを考えろ」とは「俺の気持ちを考えろ」ということ

日本には「察しの文化」があるといわれる。

そのベースにあるのは他人に対する気遣いだが、もちろん日本人でもときにはそれを無視して周囲に迷惑をかけてしまうこともある。

そんなとき、「人の気持ちを考えなさい」という人がいる。一見正論だが、ここにはそれを言う人の微妙な心理が隠されているのだ。

たとえば、親が悪さばかりをする子供にしつけの一環として、この言葉をいい聞かせるのはふつうのことだ。

だが、その裏には「あんたが悪さして嫌味をいわれる私の気持ちも考えてよ」という本音が潜んでいる。

上司が取引先からクレームがきた部下に対していうときも同じだ。

「おまえのミスで頭を下げなくてはならない俺の気持ちを考えろ」という意味なのである。

この場合、相手はモラルを説く以上に、自分の立場を案じて興奮している可能性が高い。

事情はどうあれ、形だけでも反省しているフリをしておいたほうがいいだろう。

「〜だと思ったから」という言い回しに見え隠れする真意

人との関わりを避けられない日々の暮らしでは、いつの間にか他人を傷つけてしまうことがある。

それでも、自分が悪いと思えば「ごめんなさい」と頭を下げればすむ話だ。

ところが、なかには言い訳がましく素直に反省できない人もいる。そんな人の常套句が「〜だと思ったから」という言い回しだ。

たとえば、大事な書類を揃えておくようにと頼んだのに、それをやらなかった相手を注意したとする。すると「いや、今日はまだ必要ないと思いましたので」などと返してくる。

あるいは、自分の部屋にあった雑誌を妻が勝手に処分してしまい、なぜ捨てたんだと指摘すると「だって、もう読まないと思ったから」との答えがくる。

こういった言い回しをする人は、いかなるときでも自分を正当化する自己中心的な性格の持ち主だ。けっして非を認めないので反省をする気もない。おそらくまた同じことを繰り返すだろう。

注意しても〝のれんに腕押し〟なので、イライラするだけ損なのだ。怒るところはビシッと怒って、以後、過度な期待はしないようにするしかない。

会うたびに〝丁寧さ〟が変わる人とのつき合い方

社会に出ればいやでも言葉遣いには気を使う。完璧な敬語を使いこなせなくても、できる限り丁寧な話し方をしようと心がけるのは社会人として当たり前のことだろう。

ところで、同じような言葉遣いでも、その丁寧さのさじ加減で相手がどういう人かが読み取れることがある。

たとえば、丁寧なのはいいが、ちょっと度を超してバカ丁寧な言葉遣いの人はいないだろうか。

必要以上にへりくだってバカ丁寧なことをいう人は、本心では相手を見下している可能性が高い。

また、よくあるのが会う度に丁寧さのレベルが変わる人である。

以前会ったときにはフランクに話しかけてきたのに、2度目はまるで初めて会うかのように丁寧な敬語を駆使する。そして、3度目はまた気さくな話し方に戻る…。

これは、相手との距離感をつかむのが苦手な証拠だ。この人はおそらく人間関係を構築するのがヘタな人である。

ちなみに、もう何度も会っているのにいっこうに丁寧さが抜けないようなら、相手はあなたとの関係に親密さを求めていないので必要以上に近づかないほうが賢明だ。

本当はコワいクチコミと噂の心理法則

たとえば、目の前に2本の木が立っているとする。誰が見ても右より左の木のほうが高いのは一目瞭然だが、一緒にいた人が「右のほうが高い」と断言した。そうすると、最初は左の木のほうが高いと確信していた人もだんだん揺らいできて「もしかして右のほうが高いかも」と感じてしまう…。

このように、その結論が正しいかどうかわからなくても「とりあえず合意しよう」という気持ちになるのは集団心理の特徴だ。その結果、集団のなかで偏見が拡張されていくことを「集団エゴイズム」と呼ぶ。

この心理がもたらす典型的な事例が噂話やクチコミである。

集団のなかで「あの店はおいしい」という意見が

盛り上がると、おいしいと感じない人もしだいに自分の感覚を疑い始め、最終的に「あの店はおいしい」というほうに同調してしまうのだ。

場合によってはこの集団エゴイズムが働くことで真実が歪められることもある。この心理を悪用すれば自分に有利な噂話を流布したり、クチコミを広めたりすることも容易だからだ。

それを考えれば、この手の話に全幅の信頼を置くのはちょっと危険かもしれない。

虎の威を借りたがるのは自尊心を満足させたがっている!?

「母親の同級生のいとこ自慢」など、思わず「それ、ただの他人でしょ!」とつっこみたくなるような自慢ならいいが、笑うに笑えないのが限りなく自分に近い兄弟や親戚のことをやたらと自慢する人だ。

こうした人が強く持っているのが、他人の栄光で自尊心を満足させたいという心理だ。自分には他人と勝負できるものがないから、自分とつながりのある人の功績を借りて、間接的に自分の評価を高めようとしているのである。

しかしそれは、残念なことに裏を返せば何の力もなく有名でもない自分を認めているのと同じなのだが、本人はそこには気づいていないのだ。

「聞いて聞いて」と切り出す人が本当に聞いてほしいこと

男女を問わず「ちょっと聞いて聞いて」と切り出したあとに続く話というのはあまり重要でないことが多い。

そのほとんどは誰かの噂話か、せいぜいちょっとした自慢話程度だ。

これを連発する人は、ゴシップが大好きで口が軽い傾向があり、信用できないタイプに多い。

こちらから大事な話を持ちかけても「ここだけの話」だったのが、いつの間にか「周知の事実」になりかねない。内密にしたいことはなるべく漏らさないようにするのが賢明だ。

そもそも「聞いて聞いて」や「ねえねえ」など、同じ言葉を2度繰り返してから話し始めるのは、何が何でも自分の話を聞いてほしいという気持ちの表れでもある。精神的に自立していそうなしっかり者に見えても、内面は依存心が強い場合もあるのだ。

ちなみに、このようなタイプの人は「あなたを信用して言うんだけどね」などと漏らしつつ、他の人にも同じようなセリフを平気で言っていることがある。

うっかり真に受けるとこちらが損をすることがあるのでご注意を。

弱っている人に最も効果を発揮するモノのいい方

なかなか結論を出せず、考えが行き詰まってしまったとき、「自分の代わりに誰かに決めてほしい」と思ったことは誰にでもあるだろう。

しかし、何か悩みがあるときや迷っていることがあるなら、やたらと断定的な口調で話す相手には注意したほうがいい。

もちろん、好意からアドバイスをしてくれていることもあるだろうが、気をつけないといつの間にか主導権を相手に握られてしまうことになる可能性がある。

自分の行動に絶対の自信を持っている人はあまりいない。とくに自分のなかに迷いがあると、自信たっぷりな相手の口ぶりに惑わされてその言葉を信じてしまうものだ。

女性を口説くのが上手いというプレイボーイにも、「君はぼくとつき合うべきだ」などと断定的に言い切るテクニックを使う人は多い。一見、単純で強引なやり方に思えるが、けっこう高い確率でナンパに成功するというのである。

この強引なやり方は相手の意志が弱体化しているときにこそ最も効果を発揮する。悪質な勧誘やセールスをする人にも、この心理を悪用する確信犯がいることを覚えておきたい。

4 発言を読む〈応用編〉

「言いたくないけど…」という発言に隠された思惑

大人になると、わざわざ他人の欠点に対して苦言を呈するようなおせっかいはしないものだ。だからこそ、自分に耳の痛くなるような忠告をあえてする人がいると、「自分では気づかなかった。言ってくれてありがとう」などと感謝したくなる。

しかし、なかには親切心ではなく、見下すつもりでそれを口にしている人もいる。その見分け方のひとつが、「言いたくはないけど」という言葉だ。

他人への忠告にこの言い回しを用いる人は「自分がわざわざ損な役回りを買ってやってるんだ」と恩に着せている感がある。

そこには「そうまでしなければならないほど、おまえはダメなやつなんだ」という本音が隠されているのだ。

さらに深読みすれば、こういう人は自分が他人から同じように「言いたくはないけど」と切り出されたら、とたんに不愉快になる傾向がある。他人には言うくせに、自分は言われたくはないのだ。

さらに「君のためを思って」という言葉を持ち出す人は、自分の考えを押しつけたがる自信家だ。相手のことを思ってというよりは、ただ相手を服従させたいだけなので振り回されないようにしたい。

「あのー」「えーと」が多い人が悩むジレンマ

しゃべることを生業《なりわい》にしている人ならともかく、ふつうの人がどんな場面でもよどみなくスラスラとしゃべれるかといえば、そうではない。

人前でスピーチするとなれば緊張もするし、どもったり、口ごもったりするのはしかたがないというものだろう。

だが、それを差し引いても「あのー」とか「えーと」を繰り返す人には、さすがにイライラしてしまうものだ。

もっとハッキリ話せよと尻のひとつも叩きたくなるが、しかし、その気持ちはいったん抑えたほうがいい。

「あのー」や「えーと」は、もっと上手に表現したいと苦悩しているサインでもある。自分のなかで適切な言葉を選びたいのに、スッと出てこない。こういったジレンマが、「あのー」や「えーと」を吐き出させているのである。

なかには話す内容そのものに自信がない人もいるが、そうでない場合も多い。だからこそ、ちゃんと相手に伝えたいというプレッシャーを必要以上に感じてしまうのだ。

少なくともだらけているわけではないので、あまり追い込まずに長い目で見守るのがいいだろう。

別れ際の「近いうちに」はまだ脈がある！

別れ際の挨拶には本音が出やすいものだ。

たとえば、取引先に新しい企画を提案したとする。それまで仏頂面で話を聞いていた相手が、別れ際に「では、近いうちに連絡します」と言ったらどうだろう。

それまでの相手の態度にもよるが、この言葉は「検討して連絡します」にもとれるし、「期待しないでほしい」ともとれる、微妙な言い回しである。

とはいえ、過度な期待は禁物なので「この企画はボツかな」と諦めてしまうところだが、じつは、まだ脈はあるのだ。

人は別れるときの挨拶を社交辞令で行う。そのため、本当に会いたくない人に「また会いましょう」や「近いうちに」といったニュアンスの言葉は使わない。それを相手が本気にされたら困るからである。

その気がないなら、ふつうは「失礼します」になる。それを「近いうちに連絡します」と相手がわざわざ言ってくるのは、それが社交辞令ではなく本音であることを示しているのである。

しかもこの場合、取引先自らが「連絡する」とまで言っている。相手が提案した企画に興味をそそられていることはまず間違いがないというわけだ。

ウンチクを語りたがるのは「自己呈示の自己宣伝」のなせるワザ！

ウンチクや知識を語りたがる人は意外と多い。自分の知識を自慢気にひけらかすその様子から、自信にあふれていると思われがちだが、実際はその逆だ。

必要以上に知識をひけらかすのは、他人に称賛されたいという欲求の表れだ。博学なところをアピールして、「すごいね」とか「物知りだね」とほめられたいのである。

これは「自己呈示の自己宣伝」という心理の表れで、周囲から称賛されて自分の自信のなさを補おうとしているのだ。

やたら自慢話が多いのも自分に自信がないというサインだといえる。

「弱い犬ほどよく吠える」の心理法則

自分の意見を否定されると「それはおかしい！」と食ってかかり、言動を非難されればそんなことはないと噛みつく。

自らの気の弱さが原因で、日頃から不甲斐ない思いをしている人からしてみれば、こんなに強気な態度に出られる人を少しうらやましく思うかもしれない。

しかし、自分もそんなふうに人に食ってかかってみたいなどと思うのはお門違いだ。

じつは、自分の非を咎《とが》められてすぐに食ってかかるタイプは、意外にも気が弱かったり、自分に自信がない人なのである。

よく考えてみると、食ってかかるというのは、自己主張をするというよりも相手の話の続きを阻止しようとする行動だ。

なぜなら、非難の言葉のあとには必ずなぜダメなのかという理由がついてくる。

それを聞きたくないし、受け止める勇気もない。精神的なコントロールができないから、食ってかかって相手の言葉を遮るのだ。弱い犬ほどよく吠えるのと同じである。

このようなタイプとつき合わなければならなくなったら、とにかくひるんだ態度を見せないことだ。淡々と冷静に対応して、何をいっても動じないところを見せつけておこう。

「困った」と言う人はなぜ、自分で解決しようとしないのか?

何かことが起きるたびに「困った、困った」と言う人に限って、解決に向けて動かないものだ。

人に「困っている」と相談を持ち掛けておいて、いろいろなアドバイスをもらったとしてもやはり動かない。

こんな人は、解決のために動くのが単純に面倒なだけなのだ。

たとえば、自宅の天井から雨漏りがしていたら、工務店やリフォーム会社に依頼して修理してもらえばすむのだが、「困った、困った」を繰り返す人は雨漏りしている天井を眺めているだけだ。

問題を解決しようと思ったら、なぜその問題が起きてしまったのかを考えたり、解決に向けての方法をあれこれ模索しなければならない。それをおっくうに感じ、逃げてしまうのである。

もし、人生の中で困難にぶつかっても、このタイプの人は乗り越えようとすることはなく、それよりも楽にできる別の方向を見つけようとするのだ。

「だから言ったのに」という人は相手の失敗を喜んでいる人

子供が水の入ったコップをテーブルの端に置いていて、ひじにあたって床にひっくり返すと大人は必ずこういうものだ。「だから言ったでしょ！」。

これは、テーブルの端にものを置くと落とす確率が高いことを大人は経験として知っていて、以前に何度も注意していることだからつい出てしまうセリフなのだが、まったく自分が経験したことがないことでも「だから言ったのに」と一刀両断に切り捨ててしまう人がいる。

そもそもこのセリフを口にする人は、ネガティブ発言も多い。誰かが何かにチャレンジしようとしたら「失敗するからやめておいたほうがいいよ」とか「そんなことするのに何の意味があるの？」などと言っては平気で水をさすのだ。

だから、その人が失敗するとうれしくなって、「だから言ったのに」と自分の正しさを嬉々として語り出すのである。

知ったかぶりする人をケムたがってはいけない!?

友人に「じつは夕べ、こんなことがあって…」と自分が体験したことを話していたのに、「へー、そうなんだ。でも、俺なんかもっとスゴイことがあったんだよ」と話を横取りされ、気づくと相手ペースの話題になっていることがある。

こういう人に対して、「本当に自分のことが大好きなんだな」と感想を持つ人が多いが、厳密にいうとその分析はハズレだ。

たしかに自己顕示欲が強いのは間違いないが、その陰には「どうか自分に注目してほしい」「認めてほしい」という気持ちが強く働いている。

これは裏を返せば、自分に自信がない証拠で、子供が「見て見て」と気を引くのと同じだと思えばいい。

また、人の話題になんでも「あー、それ知ってる」とか「そうそう」と乗っかってきて知ったかぶりをする人もまったく同じ輩といっていい。

こういった人たちは流行りものが好きで、話題のアイテムを手に入れたり、行列店に並んだりすることで周囲との同調を感じて安心する。

こんなときは毛嫌いをしないでひとつの情報源と

してみれば気も楽だろう。

何でも「でも…」と反対する人は自分を中心に考えている

すぐに「でも…」「だけど…」などの否定的な言葉を口にする人は、何に対しても消極的な性格だと思われがちだが、それだけではない。

どんな提案に対しても「でも」で否定する人は、じつは極端に自己中心的な性格だったりするのだ。

たとえば、何人かでイベント企画を話し合っているとしよう。そのうちのひとりが、「こんな企画はどうかな」とアイデアを出せば、全体的な状況を見ながらそれが実現可能かどうかの〝基準〟を判断していくものだ。

だが、「でも…」と反論する人は基準そのものが自分になっているから、自分ができないと思うと「でも、ムリ」と即座に判断を下す。

ほかの人がいくら大丈夫、できると言ったとしても、あくまでも自分が中心なのでほかの可能性が考えられなくなってしまうのである。

ちなみに、いつも自分のことばかり考えて苦しいと自覚しているのであれば、あえて他人のことを全力で考えるようにすれば、その息苦しさから解放されることがある。

すごくもないことに「すごいね」という人の心のメカニズム

営業成績で1位をとった同僚に「すごいね」などと称賛するのは違和感がないが、「新しいワンピースを買ったんだ」と話す同僚に「すごいね」と反応するのは、日本語としてはちょっとおかしい。

このように、ちっともすごくないことに対して「すごい」という言葉を出す人は、もはやこれが口癖になっている。だが、そこには本人もあまり気づいていない理由がある。

ここでの「すごい」は相手や物事に対する関心の度合いを示している。

とくに女性に多いが、友人や知人の話にいちいち

「へー、すごいね」と反応するのは、そうすることで自分への評価を上げてもらいたいという無意識の願望があるからなのだ。

しかも面白いことに、「すごい」「すごい」を連発する人の周りには、同じような人が集まってくる。まさに類は友を呼ぶで、みんなで「すごい」を言い合って安心しているのだ。

プライベートで言い合うだけなら問題はないが、ビジネスでもこのノリで話すようになっては問題だ。

もしもあなたが上司で目に余るようなら、やんわりとたしなめたほうがいいかもしれない。

打ち明け話をしてくる相手の本当の目的

年を重ねるとそれほどでもないが、若いうちは友達の数がやたらと気になって、友達づくりに精を出してしまうことがある。そんな時期によく出現するのが、誰にでも「じつは…」と打ち明ける女性たちである。

そもそも打ち明け話というのは、本当に親しい人との間で交わされるものだ。

なのに、誰にでも「じつは…」と話してしまうのは、友達がほしいと切実に願う思いの表れなのである。

つまり、誰にでも打ち明け話をするのは、その思いが強すぎて焦ってしまい、順番が逆になってしまっているのだ。

このような行動に走ってしまう女性は、おそらく初対面の人に打ち明け話をしたら、たまたまその話で盛り上がったという体験があるのだろう。

たしかに、心理学では「自己開示」といって、自分を開示することによって相手の心を開くという方法があるが、誰もが同調してくれるとは限らない。

聞きたくない話を延々とされると、相手にとってはただの打ち明け話の押し売りになってしまう。それがどんなに効果のある心理テクニックであっても、諸刃の剣になることも知っておきたい。

疲れているときの言い間違いに隠された本音

「なんで、あそこであんなことを言ってしまったのだろう…」

ふだんはどんなに慎重な性格の人でも、なぜか心にもないことを口走ってしまったという経験は一度くらいはあるのではないだろうか。

これは「錯誤行為」といわれるもので、無意識のうちにする間違いというのは、じつはその人の隠された〝本音〟であるといわれているのだ。

ふだん、言葉を発するときは、どんなにリラックスしてしゃべっているつもりでも、どこか相手に失礼にならないようにと意識している。

だが、疲れているときや興奮しているときなどは、意識のブレーキが正常に利かなくなってしまう。その緩みから、チラリと本音が顔を出してしまうのだ。聞き間違いも同じように、無意識のうちに出た自分の本音であることが多い。

あまりにも疲れが溜まっているときや、興奮状態にあるときは、揚げ足を取るのが好きなやっかいな上司や同僚には近づかないに限るのだ。

思い出話には相手の本質を読み解くヒントが隠されている

上司とふたりで出張し、仕事が終わって一緒に酒を酌み交わしたとする。ふだんは仕事の話しかしないマジメ一本やりの人だが、そんな上司がほろ酔い気分で「じつは俺、中学時代は教師も手を焼くワルでさ…」などと切り出してきたら、思わず「ええっ？」となるに違いない。

じつは、こうした思い出話には相手の本質を読み解くヒントがあるので、聞き流さないようにするといい。

性格にもよるが、他人に自分の本性をさらすのが苦手な人は少なくない。面と向かって「○○さんってどういう人なんですか？」と聞かれてスラスラと答えられる人などそうはいないだろう。

ところが、昔の自分となれば話は別だ。いまの自分のことは話せなくても、過去の自分のことは客観視できるものである。

しかも心理学的には、人の性格や本質は根っこのところでは変わらないというのがセオリーだ。

したがって「子供の頃は泣き虫で」という人は、どこかで打たれ弱いところがあるし、「負けず嫌いだった」という人は、いまでもやっぱりどこかに勝ち気な自分を隠し持っているのである。

反論するときの言葉の選び方に本性が現れる！

見た目やしぐさなど、相手の性格を見抜くポイントはいくつかあるが、ふだん何気なく交わす会話にも、その人の本性は表れるものだ。そこで注目したいのが、相手が反論するときの切り出し方だ。

たとえば、あなたが自分の意見をひとしきり述べたとしよう。それに対して「いや、そうではなくて」とダイレクトに否定してくるタイプであれば、この人は自己主張の強い相手だ。

好戦的というと言い過ぎだが、このまま討論になってもかまわない、自分の主張を押し切りたいという強い意思を持っている。

逆に、「なるほど、そうですね。でも…」というように、いったん相手を肯定してから反論する人は、自分に余裕のある人だ。気配りもできるので、周囲からは誠実な人柄だと評価されるタイプである。

たまに、議論がヒートアップしてくると「だからぁ～」と返してくる人がいるが、ここには「まだわからないのか」といういら立ちが込められている。

興奮しているとはいえ、この言葉を口にする人は自分勝手でわがままな一面がある。真っ向から対立すると、途中でキレたりもするので警戒したほうがいいだろう。

急に発言が少なくなるのは何のサイン？

「コンプレックス」いう言葉は、一般的には劣等感と同義で解釈されることが多い。

たとえば、背が低い人の場合は「ぼくは身長にコンプレックスがあるので」などと言ったりする。

だが本来は、「本人は自覚していないが、行動に影響を及ぼすもの」という解釈が正しい。

例を挙げれば、他人からマザコンと指摘されているが、自分では母親に依存していないし、影響を受けていないと思っている…。これがコンプレックスだ。

無意識が前提だけに、こうしたコンプレックスは何気ない態度にも表れやすい。

たとえば、仲間うちで異性の話題で盛り上がっているときに、ひとりだけ急に口数が少なくなったり、無理に話題を変えたり、あからさまに他の人と違う振る舞いを見せる人は、異性にコンプレックスを抱いている可能性が大きいのだ。

だからといって、本人が気づいていないものを、わざわざ「おまえ、コンプレックスでもあるのか?」などと冷やかすのはいただけない。

この手のコンプレックスは、誰でもひとつやふたつ抱えているものなのだ。

"泥船"から真っ先に逃げ出すのは安直な賛成派

自分の意見に賛成する人と反対する人では、もちろん賛成してくれる人のほうが好ましい。

誰でも自分の意見に異論を唱えられたり批判をされれば面白くはないだろう。

だが、だからといって安易に賛成する人には要注意だ。

こういう人は自分の意見を持たず、その場のノリだけで賛成していることも多いからである。

とくに「そうそう、ぼくもそう考えていたんだよ」とか「ぼくの言いたいことを全部言ってくれた」などと調子のいいことを言う人は、成功する側に便乗したいという心理が根底にある。

このタイプは失敗すれば責任は他人に押しつけて、泥船から真っ先に逃げ出してしまうのだ。

むしろ「この部分が弱い」「ここを修正したほう

がいい」と耳が痛いような苦言を呈してくれる人のほうが、責任感もあり最後まで協力的でいてくれる可能性が高いのである。

会議では安直な賛成よりも、反対意見や疑問を投げかけてくれる人の言葉にこそ、耳を傾けることが大事だ。

しゃべり続けてしまう人が抱える不安の正体

やたらとおしゃべりな人は性別問わずどこにでもいるが、じつはこういう人は議論をしても相手の説得に弱かったり、詐欺に引っかかりやすいタイプに多いといったら意外だろうか。

おしゃべりな人はフロイトのいう「口唇期《こうしん》」、つまり母乳を飲んでいた幼い時期に親から強いこだわりや執着心を持って育てられたことが要因となっている可能性がある。

それゆえに他人に対する依存心が強く、大人になっても他人から愛されたいと強く望む傾向がある。自分に興味を持ってもらえるように絶えず誰かとコミュニケーションをとろうと口数が増えてしまうのだ。

また、しゃべり続けてしまうのは沈黙が怖い、つまり不安感の強さの表れでもある。その不安な自分に優しくしてくれる人に対してはとことん弱く、その人の意見には簡単に心を許してしまう傾向がある。

たとえば、商談や大きな買い物など駆け引きが必要な場面で、意外と簡単に相手の口車に乗ってしまうのである。

口数の多い人というとついひるんでしまうがその必要はない。考えようによっては誰よりもくみし易い相手なのだ。

あえて2番手につけたほうが最後に勝てるケース

どんな場面でもライバルは気になる存在だ。互いに実力を認め合うような仲ならば切磋琢磨して励みにもなるだろうが、なかには人を押しのけてまで勝ちたい、自分の力を誇示したいという人もいる。

そんな負けず嫌いのライバルを相手に、まともに競い合っていたら疲れるだけだ。こんな場合には、あえて2番手に甘んじてみせるといい。

2番手というとリスクが少ないため、気持ちにゆとりが持てる。周囲の動向を観察することもできるし、トップのミスを反面教師として生かすこともできるからだ。

そこで「これが成功したのは○○さんの力だよね」「このチームのリーダーはおまえのほうが向いていると思うよ」などととりあえず花を持たせておくといい。相手は優越感を得て、あなたがトップの座を狙っていることなど気づきはしないはずだ。

もうひとつメリットがある。トップを譲ってもらった相手は、あなたに少なからず恩義を感じることになる。すると、恩義には恩義で返そうと思ってくれるのだ。

いつでも一番を競うのではなく、ときには一歩引いてみせて最後に出し抜く。これができれば立派な世渡り上手である。

「常識だよ」と言い切るタイプはスルーするのが正解

常識のある人と非常識な人ではどちらが嫌われるかといえば、もちろん非常識な人ではあるが、実際のところ、「常識」という定義もかなりあいまいだ。

ところ変わればではないが、ある場所では常識だったことが、違う場所では非常識になることも十分あり得る。地域や立場、シチュエーションなどに左右される変動的な側面があるのは間違いない。

それなのに、やたらと常識を振りかざしてくる人はいる。とくに相手を咎《とが》めるときに「そんなの常識じゃないか」とか「常識も知らないの？」というような言い方をする人がいるが、こういうタイプはズバリ、想像力に欠ける視野の狭い人だといっていいだろう。

こんな人のなかでは自分の知っている常識だけがすべてで、他の人はどうかという想像が働かない。

だから、たとえば流行りのアイドルを知らないだけで「ウソだろ？ それくらい常識だろう」と、人を非常識呼ばわりするのである。

凝り固まった価値観で他人を責めようとする人には反論してもムダだ。真剣にとりあわずスルーするのが正解だろう。

「世の中そんなに甘くない」という人が恐れていること

仕事や生き方に対して、いかにもなめたような口を叩く人もいれば、おせっかい焼きとはいわないまでも「世の中はそんなに甘くないぞ！」とたしなめる人もいる。年齢やキャリアの面で、自分のほうが経験豊富であればなおさら言いたいのだろう。

先輩や上司からこの言葉を言われれば素直に反省するしかないが、このフレーズを多用する人には意外な側面があることを覚えておこう。

それは「口では厳しいことを言いながら、当の本人が誰よりも失敗を恐れている」ということである。

甘いといわれる人間でも、さまざまな衝突や経験を繰り返しながら、学び、怒られ、傷つき、そして成長していくものである。

しかし、その甘さを指摘する人は、そうした衝突や経験で自分が傷つくのを何よりも恐怖に感じるのだ。だから、周囲の人間をやたら「甘い」と脅かすのである。

こういうタイプは危ない橋を渡らない代わりに、自信を持って人に話せるような成功体験もなかったりする。だから、一か八かの成長よりも、失敗しない人生へと導きたくなるのだろう。

「お世辞がいえない」と前置きする人はクセがある！

「ほめて育てよ」ではないが、人は子供だろうが大人だろうが、誰かにほめられれば悪い気はしない。悪意たっぷりにけなされるよりははるかにマシである。

ところが、なかには明らかにお世辞とわかるほめ言葉もある。そういうときに相手がきまって発してくるセリフといえば、「私はお世辞が言えないもので」というフレーズだ。

「お世辞が言えない」と前置きしたうえでこれでもかとほめてくる人は、典型的な太鼓持ち人間である。

というのも、本当にお世辞が言えない不器用な人は、それを宣言するようなことすらしない。わざわざ言い訳してくる人は、「自分はこうやって常にお世辞ばかり言って相手の機嫌をとっています」と自ら暴露しているようなものなのだ。

仕事関係の相手がこれを口にするときは、もちろん営業的な利益を得ることが狙いだし、異性関係ならばそこに何らかの下心が隠されていると考えていい。

こちらが本気にして浮かれれば、相手は心のなかで舌を出すはずだ。そんな幼稚なトラップに引っかからないよう、このフレーズを繰り出してくる相手には用心しよう。

口火を切る人はその場の主導権を握ろうとしている人⁉

雑談のときには聞き役に回っていたのに、話が本題に入ろうとしたとたんに身を乗り出して口を開く人がいる。

さて、その人は何を狙っているのだろうか。ズバリ、主導権を握ることである。

じつは、複数の人が集まっている場では、どのタイミングで発言するかでグループのなかの力関係が変わってくる。

たとえば、まだ誰も口火を切っていないときに、「今日の議題は○○だけど、その前に△△について話し合っておきたいんだが」と発言すると、意図した方向に流れを持っていくことができる。

だが、すでに本題が始まってから同じことをいっても、「今は○○の話が先だ」と流れを止めることは難しくなってしまう。

このように、会議などでは最初に提案された議題が主題となることが多い。つまり、口火を切った人が主導権を握れる確率が高くなるというわけだ。

これは、面倒な頼みごとを持ち込んできた相手をかわす場合などにも応用できる。

「ちょっと、いいかな…」と相手が言い終わる前に、「あ、ちょうどよかった。あの件はどうなったのかな」と口を挟めば会話の主導権をさらうことができるのだ。

話題が二転三転する人の心のなかをのぞいてみると…

話をしていると、話題がコロコロと変わってついていけないような相手に出食わすことがある。

こんなときはつい話を聞き流してしまうかもしれないが、じつはこのタイプは発想力が豊かでアイデアにあふれている。話の展開の早さは、裏返せば連想能力に長けているということだ。

たとえば、水族館の話をしていたらウナギのことが頭に浮かび、そこから日本産ウナギの不漁を連想して、さらに中国からの輸入ウナギにつながり、昨今の日中関係にまで連想が行きつく。

途中の思考過程をすべて省いて、水族館の話から日中関係にいきなり話が飛ぶので、一見何の脈絡もないような話題を次々に口にするように思われてしまうのだ。

このタイプには好奇心が強く、観察力や発想力にも優れた人が多いので、企画部などでは大いに力を発揮するはずだ。コロコロと変わる話のなかには、新しい企画のタネがふんだんに含まれている。

しかし、書類づくりや経費の計算など、一般的な事務作業が苦手という弱点もある。ここは個性を見極めて、適材適所の配置を試みてほしい。

5 発言を読む〈実戦編①〉

「大変でしたね」は占い師も使う決め手のフレーズ

聞き上手と話し上手の人がいたら、他人から信頼されるのは間違いなく聞き上手の人だろう。人間は、理解されているという安心感を抱くと相手に好感を抱くからだ。

この心理を利用して、人の心をつかむことができる人のわかりやすい口癖が「大変でしたね」という言葉だ。

大変でしたね、と言われた側に立って考えてみてほしい。仕事でもプライベートでも、誰しも大なり小なりいろいろな問題や辛いことを抱えているものだ。

それが「大変でしたね」という言葉を投げかけられることによって、自分の大変さを具体的に理解してもらったように受けとめてしまう。すると、その相手に好感を抱いてしまうのだ。

彼らが発する大変でしたねという言葉には、何の具体性もない。

しかし、あいまいだからこそ、万人の心をつかむ魔法のフレーズになるのだ。

それは、言われた側がそれぞれ勝手に解釈することができるからで、これは占い師なども用いるじつに基本的な人心掌握術でもある。

相手からの信頼を勝ち得る、まさに策士の裏ワザといっていいだろう。

ファーストネームで呼び合うことの真のメリット

初対面の人とすぐに腹を割って話すのは難しいものだ。そこで注目したいのが、カナダのマルルーニ元首相のやり方である。

彼は自国トロントで開かれたサミットで、会議の冒頭に各国首脳同士がファーストネームで呼び合うことを取り決めた。

もちろん、これはこうした会議では異例のことだが、マルルーニー氏はそうすることで会議場に流れる緊張を解きほぐし、腹を探り合うことなく語り合おうと考えたのである。

たしかに、「いかがでしょう、○○さん」などと名前を呼ばれたら、相手にいつも以上の誠意を感じる。しかし、こちらも偽らざる気持ちを話したくなってしまうに違いない。

アイデンティティのひとつである名前を覚えてくれたり呼んでくれたりすれば、人格も認められたような気になってしまうというのも大きな理由だろう。

比較的新しい体質の企業では部長や課長といった肩書きで呼ぶことを禁じているところもある。それはまさにこうした効果を狙ってのことだ。ファーストネームで呼ぶことは社内の風通しをよくする有効な手段でもあるのである。

相手の心をわしづかみにする“似た者同士”の心理法則

それまではさほど気にとめていなかった人でも、考えていることが同じだったり趣味が似通ったりしていると、がぜん親近感が湧くものである。

これは心理学では「共通項・類似性の原理」と呼ばれる現象で、自分と類似している人に出会うと「似た者同士」と認識して、一気に打ち解けるからである。

ということは、この心理を逆手にとれば相手の心をつかむのはさほど難しくないことになる。相手の言うことに合わせて、似た者同士だと思わせればいいからだ。

たとえば、「君もカレーに目がないんだ？　じつは俺もだよ」とか「あの映画で感動したポイントはぼくと同じだね」などと、不思議なくらいにあなたの好みと似ている人がいたら疑ったほうがいい。その人はわざとあなたに同調していることも考えられるのである。

　そもそも波長が合う者同士は、お互いに多くを語らなくてもわかるもの。あえて似ている部分を強調するまでもないのだ。

　これはもしや…と確信したら、「相手はそうまでしてあなたを仲間に引き入れたいと思っている」と判断していい。それはそれで悪い気はしないはずだ。

「ご存じだと思いますが」のひと言で自尊心をくすぐる法

　相手と話をしている途中で「もちろんご存じのこととは思いますが」と前置きされたら、どう思うだろうか。おそらく、つい身を乗り出して聞いてしまうに違いない。

　じつは、この言い方は相手を話に集中させるのに効果的である。実際は、相手は知らないことかもしれないが、こんなふうに切り出されたら「知りませんよ」とは言いにくいだろう。

　だから相手は「どんな話だろう」と話の内容に集中し、少しでも理解を深めようとする。これは知っていて当然と思われていることを知らないのをできれば相手に悟られたくないからだ。

　とくに「あなたなら当然ご存じですよね」というニュアンスでこられると、プレッシャーがかかる。これは「この人は自分のことをほかの人よりも一段上に見てくれているようだ」と感じさせるように自尊心をくすぐっているのだ。

　こうすることで、相手は自分の好感度の上昇を狙って人間関係を深めようとしているのだが、これに乗るか乗らないかはあなたしだい。心理テクニックのひとつだと心得ておくといいだろう。

意見の食い違う相手に要求をのませる「〜よね」の使い方

　誰かと話をするなら、自分の意見を否定されるよりは肯定されるほうがうれしいものだ。取るに足らない世間話ならともかく、それなりに自分の考えやアイデアを披露したのであれば「それは違うよ」とか「うーん？」と首をひねられるよりも、お愛想でもいいから「そうだね」と同意してもらえれば気分がいいはずだ。

もしも内容の是非にかかわらず、相手が語尾を「～よね」としてきたら、それは相手があなたに同意を求めている証拠である。

たとえば①「子育てには父親も参加すべきだと思う」②「子育てには父親も参加したほうがいいと思わない？」③「子育てには父親も参加したほうがいいと思うんだよね」という、この3通りの言い回しがあるとしよう。
①だと「ふーん」で終わってしまうかもしれないし、②だと真っ向から反対意見を展開されることもある。
ところが③の言い方なら、相手は「それはあなたの考えなんだね」という受け止め方になり、「なるほど」とか「そうだね」と肯定しやすくなる。仮に相手が違う意見を持っていたとしても、③は最も否定しにくい言い回しというわけだ。

ルールや序列に固執する人は空気を読むのが苦手？

「会議でお茶を出す順番は絶対にこの序列で！」とか「この仕事は必ずこの手順に従って！」とか、そこまで徹底しなくてもいいんじゃないかと思うほどルールや序列にやたらと固執する人がいる。

周囲からすると細かくて口うるさい人に感じるが、本人はそんなつもりはない。ただ、あいまいな状況を把握したり突発的な事柄に対応したりするのが苦手なので、自分がきちんと対応できるように固定化したパターンを崩したくないのである。

このタイプの人は、その場の空気を読んでコミュニケーションをとることも苦手だから、「意見を伺う順番はまずA部長、次はB課長…」などと、序列が明確で決まった段取りがあるほうが安心して仕事を進められるのだ。

あいまいな状況で複雑な人間関係を察することが難しいから、ルールや序列に従っていたほうがあれこれと頭を悩まさずに気が楽だというわけだ。

「責任は私が取る」のひと言がチームに与える連帯感の秘密

能力や世代の異なる部下たちをとりまとめ、ひとつの目標に向かわせる連帯感や責任感を生み出すのは、リーダーとしての資質が問われる重要な作業だ。

たとえば、星野仙一氏が阪神タイガースの監督時代によく口にしていたのは「全体の責任は私がとる」という言葉だ。つまり、敗戦の理由をけっして選手やコーチのせいにはしない。采配ミスも選手起用も、責任はすべて指揮官である自分にあると選手に言い続けたのだ。

こんな上司がいると部下たちには連帯感が生まれる。なぜかといえば、部下たちは責任感の強いリーダーを頼りがいがあると思い安心する。そして何とか指揮官の意に応えようと勇気を持って取り組む。その結果、一人ひとりに責任感が芽生えるからだ。

なかには「ミスは部下に押しつけて手柄は独り占め」などというダメな上司もいるが、この手の言葉はまさにその対極だ。

チームの責任は進んで背負い、個々の評価につながる責任は本人しだいという状態になれば、部下たちは安心して積極性を発揮できる。

おそらくデキるリーダーは、これらすべてを心得てこの言葉を発しているはずだ。

SNSをしょっちゅう更新するのは承認欲求が強すぎる⁉

人には誰しも、周囲の人から認められたいという欲求がある。人から認められることによって自分自身の存在価値を確認し、安心することができるからだ。

これを心理学では「承認欲求」というのだが、この欲求が強すぎるとたんに困った人になってしまう。

自分を認めてほしいがあまりに、〝自分アピール〟

がやめられなくなるからだ。あなたの周囲にもひとりやふたりは他人のことはおかまいなしで自分の話ばかりをする人がいないだろうか。

また、このタイプはＳＮＳも頻繁に更新する。承認欲求の強い人にとっては自分専用のメディアであるＳＮＳは欠かせないからだ。

だが、他人から認められることが更新のモチベーションになっているので、アップされている内容が本当かどうかは微妙なところだ。

もし、自分に当てはまる部分があると感じたら、何もかも人から認められる必要はないと意識を変える必要がある。

そうでなければ、他人から評価される道だけを選び続けて、人生をムダに終えてしまうことになるからだ。

自分で自分に相づちを打つ人の知られざる心理

話し方のクセでわかりやすいもののひとつが、自分で自分の話に相づちを打つというものだ。

「〜だよね。うん」などという話し方をする人が知り合いのなかにひとりやふたりはいるのではないだろうか。これは単なる話し方のクセと思うかもしれないが、じつは複雑な内面の表れなのだ。

相づちを打つというのは、相手の話に同調することを示している。つまり、相づちを自分で打つのは、自分の話を自己肯定していることになる。

このタイプは、どちらかというと頑固な人に多い。自分を常に肯定して認めているのだから当然ともいえるだろう。

しかし、その真意はといえば、否定的な反応を恐れる劣等感のかたまりという場合があるのだ。自分の話を真っ先に自分が肯定することで、相手にもその話を肯定させようとするのだ。

そうやって相手の否定的な反応を封じているのである。

本人もこの心理には気づいていないことが多い。頑固そうな印象とは裏腹に、性格的にもろいところがあるので、つき合うときには少し注意が必要だ。

6 発言を読む〈実戦編②〉

本音をうまく引き出せる「一般的には～」の使い方

人はなかなか本音を語らないものである。「こんなことを言って笑われたら嫌だな」とか「変なヤツだと思われたらどうしよう」などと周囲の評価が気になって、当たり障りのない答えを返してしまうからだ。

だが、アイデアをどんどん出してほしいときや、本当に知りたいことを聞きたいときには、ちょっとした工夫で引き出すことができる。

もしも突然、「あなたはこれについてどう思う?」と聞かれたら、「では、私の意見をひとつ」とはなりにくい。

だが「一般的には、どう受け止められると思う?」と聞かれたらどうか。

質問の対象者を他者に仮定することで、問いかけられたほうは「これは自分の意見ではなく、あくまでも他人の考えを推測したものだ」という安心感が生まれる。

そのため「うーん。どうかなあ。たいていの人は○○なんじゃないでしょうか?」と、答えやすくなるのである。

ところが面白いもので、この発言のなかには答えた人の本音が投影されているものなのだ。あえて、他人事として話を振られることで、あっさり本音が見抜かれてしまうというわけである。

腰が重い人には「どうせ無理だよね」が効く!

君には無理だよね、どうせ無理でしょうなどと何でもきめてかかるような人は、あまりいい印象を持たれない。

しかし、この挑発的な言葉は相手を動かすためにはじつに効果が高いのだ。

たとえばチームで何かを始めようとするとき、なかなか腰が上がらない人がいたら、つい励ましたり責めたりしてしまう。しかし、それではなかなか効果が出ない。

ぐずぐずして腰が上がらないというのは、そもそもその仕事に対して心理的な反発があるからなのだ。

人間は自分で決定するときに最もやる気が出る。他人から命令されても、やる気がでないばかりか、指示や命令に逆らったり、まったく逆の行動をとったりする。

その点、挑発のうまい人は、このことを経験的にわかっている。

「どうせ、できないんでしょう」という言葉で挑発されると、その言葉に反発したくなり、結果的に「絶対にやってやる」という気持ちになってしまうのだ。とくにインテリや自尊心が高い人ほど、この挑発には弱い傾向がある。

相手を本当に怒らせないギリギリの線で挑発してやる気にさせるのはなかなか真似できないテクニックだ。

「私、口下手でして」と切り出す人が隠していること

無口な男が好かれたのは、ひと昔前。いまは話題豊富でおしゃべりな人がモテるとも聞く。だが、なかにはどうしても口下手でしゃべるのが苦手だという人もいるだろう。

すると、そんな人は「私、口下手でして」と開口一番に切り出してくる。

これは一見潔くも見えるが、別の見方をすれば100パーセント言い訳だ。

つまり、自分で口下手だといっておけば、少々口数が少なくても許されるし、できれば司会やリーダーなど、人前で話すような役は回さないでくれと言っているようなものなのである。

たしかに、べらべらと話す人に比べて、しゃべることが不器用な人にはどこか誠実さを感じるのも事

実だ。

だが、中身もそうだろうと思ったら大間違いだ。仮に詭弁《きべん》を逆手にとって、誠実さを演出しているのだとすればかなりやっかいな人物である。

社会人ならせめて「口下手ですが、聞くほうは得意なので」などとフォローを入れてこそ誠実というものだろう。

ただ、一方的に試合放棄をするような相手とビジネスで関わるときは、こちらもそれなりの対応が強いられるのでご注意を。

かわい気のない部下が相談を持ちかけてくる意図は？

それほど親密ではない部下が突然、相談があると話しかけてきた。これを受けて「日頃あまりコミュニケーションはとれていないが、なるほど、俺の部下を思う気持ちは伝わっていたのだな」などと喜ぶのはまだ早い。

というのも、この部下には思わぬ下心が隠されている可能性があるからだ。

人は相談を持ちかけるとき、本当に相手を頼る場合もあるが、ふだんはさほど親密でないならそうとは言い切れない。

むしろ、相談に乗ってもらうことよりも、相談を持ちかけることであなたの信頼を勝ち取ることのほうが目的である可能性が高い。

もっといえば、「俺は信頼されている」という上司の自尊心をくすぐり、機嫌をとろうとしているだけなのだ。

こういう場合の相談は、すぐに解決できるような軽いものではなく、正解がなかったり、答えを出すのに少し時間がかかるような内容であることが多い。

たとえば、企画書の見直しや同僚との関係など、こちらが胃が痛くなるようなことではないが、できるだけ力を貸そうじゃないかと思わせる絶妙なラインをついてきて、上司を味方につけようとしているのである。

「何とかなりません？」に託された発言者の狙いとは？

金の切れ目は縁の切れ目というように、たとえ身内でも金の貸し借りは避けたいものだ。まして赤の他人であれば、その後の関係がこじれるのは目に見えている。

しかし、なかにはそれでも借金を平気で頼んでくるような人もいる。そういう相手には拒否の姿勢で通せばいいだけだが、なかには微妙な心理テクニックを仕掛けてくる人もいるので気をつけたい。

たとえば「借金が膨らんで困っている。いくらか都合してもらえないだろうか？」と言われれば、「いや、貸せる金なんてないから」と突っぱねることは簡単だ。

ところが「借金が膨らんで困っている。何とかならないだろうか？」と言われたら、話は少し変わってくる。

もしも相手が本当に困っているのなら、金は貸せなくとも他の方法で力になれないか。お人よしなら、ひとまず話だけは聞こうという気になるかもしれない。

相手の狙いはまさにこれで、相手に判断を委ねることで「頼ってくれてありがたい」という気持ちを芽生えさせたいのだ。

一度耳を傾けたが最後、あとはずるずると借金の話に持っていかれる。こんな巧妙な〝お願い〟にはくれぐれも用心したい。

他の人に投影させれば、言いにくいことがズバリいえる！

相手の本心が気になることはあっても、本人からそれを聞き出すのはたやすいことではない。面と向かって「本当はどう思っているの？」と聞いたところで、その質問が答えにくい内容であれば無難な回答でかわされてしまうだろう。

こういう場合、他者の存在を借りて質問すると意外と本音が引き出しやすい。たとえば、ある特定の人物の評判を聞くときなどがいい例だ。

たとえば、唐突に「Aさんのことをどう思う?」と聞かれたとする。あなたは相手によほどのことがない限り「まじめでいい人ですよ」のように当たり障りのない言葉を並べるだろう。

だが、「(同僚の)みんなはAさんのことをどう思っているの?」と質問されれば話は変わってくる。場合によっては「あまり評判がよくない」とか「煙たがられている」などと自分の本音を交えて返してしまうこともあるかもしれない。じつは、それを聞き出すことが相手の目的なのだ。

他者に投影させるだけで、言いにくいことを簡単に言えてしまうのが人間である。まんまと乗ってしまうと、知らぬ間に悪者にされてしまうこともあるので要注意だ。

おあずけを食う「ゼイガルニク効果」のメカニズム

面白いTVドラマに夢中になっていたのに、いいところで「つづく」の文字が出ると、誰だって「早く続きが観たい!」という欲求が湧き上がってくる。

これは心理学では「ゼイガルニク効果」と呼ばれ、物事が途中で中断されると物足りなさを感じる現象のことだ。

このジレンマを感じることで、次回への期待もがぜん高まってくる。推理ドラマなどで急展開したあとにCMが入るのもこれが理由だ。

もちろん、このような例はドラマなどに限った話ではない。

たとえば、恋人とのデートが仕事が入ったおかげで切り上げられたりすると、ガッカリすると同時に物足りなさを感じて「早くまた会いたい」という気持ちになる。

なかには、この心理効果を知ってか知らずか、いいムードになりかけたところで帰ろうとしたり、「そういえば相談があったんだけど…。でも、また今度にするね」などともったいぶる人もいる。

こうなると、アドバンテージは完全に相手のものだ。おあずけを食うほうは、中途半端な気持ちで次の機会をただ待つしかないのである。

イヤな気分にならずに自慢話とつき合う奥の手

自慢話はとかく嫌われるものだ。有頂天になっているのは本人だけで、聞かされる側はうんざりしているのが常である。

しかし、それを心得ているツワモノは、自慢したいことがあれば自分から話すのではなく、「第三者」を上手に使うことがあるから油断ならない。

合コンなどで自分の口から「じつはぼくは一流企業に勤めていて…」と自慢すればイヤミなヤツになるが、友人の口から「コイツは一流企業のエリートでさ」と語らせれば、女の子にも「すごーい」と素直に称賛される。

だから、そういう相手が仲のいい友人と同席する場合は、前もって「俺のことをほめてくれよ。代わりにおまえのあの自慢話をしてやるからさ」などと頼み込んでいるかもしれないのだ。

また、気心が知れた相手が同席しない場合は、まずひとりのメンバーをほめちぎる。人は他人から何かいいことをされると、同じ〝お返し〟をしたくなるので、そのうち黙っていても相手がほめてくれるのだ。

そこまで用意周到な相手はかなり計算高いタイプだが、人の心理に長けた人なら誘導するのはたやすいだろう。

「〜してはいけない」と指示する人の魂胆を見抜く

開けてはいけないといわれた玉手箱を開けてしまった浦島太郎のように、禁止されればもっとやりたくなってしまうのが人間の性だ。

この心理を逆手にとって人の心を操ることができるのは、かなりの高等テクニックを駆使する相手といえる。

たとえば、この番組は見ないほうがいいといわれたらどう感じるだろうか。どんな内容なのか気になって、かえって見たくなってしまうだろう。

人間には「～してはいけない」という言葉で何かを指示されたら、否定された内容ではなく、「～する」という行為のほうのイメージだけが潜在意識で強調されてしまうのだという。

つまり、否定的な表現ばかりをする人は、潜在意識に働きかけて相手の行動を思い通りに操ろうとする魂胆を持っている場合があるのだ。しかも、相手は操られていることに気づきにくい。

あれもだめ、これもだめという否定的な言葉の羅列を前にして、無性に何かをやってみたくなったとしたら、相手の思うツボにはまっているかもしれない。自問してみたほうがいいだろう。

“不幸ネタ”が止まらないのはじつは同情してもらいたいサイン

自分がいかに困っているかというネタだけで長々と話ができる人は、世の中にはけっこう多い。特に女性のなかには、何時間でも茶飲みができるくらいに“不幸ネタ”を持っている人もいる。

見方を変えれば、けっして不幸だとも言い切れないような些細な悩みなのだが、それを指摘すると「わかってない」と一喝されたうえに、さらに話を掘り下げられる。

ようするに、同情の言葉をかけてもらいたいのがこのタイプなのである。

「それは大変ね」とか「かわいそうに…」などのような慰めの言葉を聞くと、「やっぱり自分は不幸なんだ」と確認できて安心するのだ。

このようなエンドレスな愚痴の“攻撃”から解放されるためには、物理的に距離を置くしか方法はない。

「私っていい人でしょう」は詐欺師の常套句!?

世の中には「それを自分で言うか?」と思わず突っ込まずにはいられないような変わった人がいる。

たとえば自分で自分のことを「いい人」というような人のことだ。

他人から「あの人っていい人だよなあ」と噂されるような人は、おそらく評判通りの善人だろう。

だが、自分で自分を「俺っていいやつだから」とか「私っていい人でしょ？」などという人は、間違いなく要注意人物なのである。

というのも、こんなセリフを臆面もなくさらりといえる人は、過去にこのパターンで何かしらの利益を得てきた証拠だからだ。

もしも男性が女性に向かって「俺っていいやつだから、かわいい子は放っとけないんだよね」などと言えば、そこにあるのは下心のみだ。それでも相手はこの風変わりなアプローチでつい煙にまかれてしまう。

甘い誘い文句で相手をだます詐欺師も、じつはこれと似たようなセリフを常套句にしていたりする。

職場の飲み会を断る若手社員の本音はどこにある？

ひと昔前は職場の上司から飲み会の誘いがあれば、若手社員は有無を言わせず出席が決まっていたものだ。ところが、いまや飲み会を断る部下の話は珍しくない。

かつての年功序列を重視する世代は「上司の誘いを断るとは！」と腹立たしいだろうが、じつは断っている部下のほうからみると、それほど悪いことだと思っていない。

彼らにとってアフター5は完全にプライベートな時間で、仕事の延長のような飲み会に自腹で参加費を払ってまで出席する必要はないと考えているからだ。

こういう若手社員が増えているのは、「個人主義」が日本にも浸透してきたひとつの結果だといえる。所属している集団に無理をして合わせるよりも、個人的な趣味や予定に時間を使いたいのである。

だから、彼らにしてみたら職場の飲み会に参加するよりは、自宅でゲームでもしていたほうがいいのだ。

そのほうが飲み会代も節約できるし、職場の人間関係に煩わされずにひとりで好きなことを満喫できるというわけだ。

こういう若手社員を無理に誘っても、アルコールハラスメントだと言われてしまうのがオチだ。

歓送迎会や接待など、仕事を円滑にするために必要な飲み会には「仕事の一環だから」と誘っても、それ以外は無理強いしないほうが無難である。

喧騒のなかでも自分の悪口は耳に入る

人がたくさんいてザワついているから聞こえないだろうと、社員食堂などで上司の悪口を口にしているととんでもないことになることがある。

なぜなら、人は賑やかな場所にいても、自分のことが話題になっているとなぜか耳に入ってしまうからだ。これを心理学では「カクテルパーティー効果」という。

カクテルパーティーは立ったまま酒や軽食を楽しむ形式のパーティーなので、当然のことながら会場のあちらこちらで大勢の人の会話や音楽が飛び交う。そんな喧騒のなかでもなぜか自分の名前が聞こえてきて、思わず振り返ってみたという経験のある人もいるだろう。

それも、不思議なことに直接呼びかけられたときよりも、誰かがどこかで自分のことを噂しているときのほうが敏感に察知しやすい。

人には、そんな動物的能力が誰にでも備わっている。どんなに小さな声でも、大勢の人のなかで他人の悪口や噂話をするのは慎むにこしたことはない。

忙しい人には「忙しいからこそ」で引き受けてもらう！

世の中には交渉上手な人がいるもので、難攻不落の相手と思われても、難なく頼みごとを聞いてもらっていたりする。

彼らが口にするキーワードは「〜だからこそ」だ。

よほど親しい間柄でない限り、何かしらお願いごとをするというのは気が引けるものだ。しかも、相手が断るに違いないと知っていたらますます頼みづらいだろう。

しかし、その断りの理由こそが攻めどころなのだ。たとえば、忙しいことを理由に仕事を断ったとしよう。

「忙しいことは重々承知の上でのお願いです。だからこそ、今回の件は○○さんにぜひお願いしたいのです」などと食い下がられたら、つい前言を撤回して引き受けてしまうのではないだろうか。

交渉上手な人というのは「忙しい」という拒絶の理由を、「忙しいからこそ」という引き受けるための積極的な理由に転換させてしまうのだ。

「〜だからこそ」というピンチをチャンスに変える発想の転換で、交渉をスムーズに進めることができるのである。

話は飲食をしながらがいいというこれだけの根拠

「お茶でも飲みませんか」「どこかで食事でも」など、やたらと飲食をすすめてくる人がいる。単なる世話好きか、食欲旺盛な人なのかと思いきや、人間の生理を巧みに利用した策士なのかもしれない。

空腹になるとイライラしたり怒りっぽくなるというのは、人間としての生理的な反応であり、誰しも多少は心当たりがあるはずだ。

あえて攻撃的なやりとりを望むなら話は別だが、生理学的にいえば話をうまくまとめたい場合、飲まず食わずの長時間の会議など愚の骨頂だと言わざるを得ない。

また、物を食べると、口・食道・胃・小腸・大腸などの消化器系が活発に働く。消化器系の臓器を働かせるのは、副交感神経の役割で、副交感神経はリラックスしているときに活発に働く神経でもある。

つまり、食べたり飲んだりすると消化器系を働かせるために副交感神経が働くようになって、結果的にリラックスして落ち着いた状態になるのだ。

お茶や食事を相手に勧めるというのは、空腹によるイライラを鎮めるうえに、副交感神経のリラックス効果を巧みに利用した交渉術なのである。

すんなりと指示に従わせるふたつのフレーズとは?

自分が指示したことを、相手がふたつ返事で引き受けてくれたらこんなに楽なことはないだろう。現実的にはひとつの指示すら実行させるのもひと苦労というケースのほうが多いからだ。

ところが、あれこれ指示を出していても、口うるさがられることなくスムーズに他人を動かせる人がいる。これは、効果的な指示の出し方を心得ているからだ。

じつは、人間は何かひとつの行動について、それをひとつのフレーズで言われるより、ふたつに分けて指示されたほうが断りにくくなるのだ。

たとえば、「こちらに来なさい」よりも、「立ち上がってこちらに来なさい」と言われるほうが、すんなりと指示に従ってしまうことがそうだ。

これは、一度にふたつの指示を与えられると、どちらから先に断ればいいのか混乱してしまうことが原因で、自信たっぷりな態度で断定的に言われればなおさらすんなりと従ってしまうのである。

畳みかけるように指示されてもつい言うとおりに動いてしまうのは、相手がただ口うるさいのではなく、巧みにこの心理を突いてくるからなのである。

電話の対応から面白いほどわかる人の性格

テレビ電話でもない限り、電話では当然相手の顔を見ることはできない。

しかし、表情から気持ちを伺うことができないぶん、声や話し方から相手の内面をより顕著に感じ取ることができる。

たとえば、抑揚のある話し方をする人は、男性の場合は情感が豊かで、他人に対する思いやりと優しさも持ち合わせている。女性の場合だと相手の感情を理解する能力に優れている。

一方、抑揚がない話し方の人は男女ともにあまり感情を出さない、引っ込み思案な傾向がある。

緊張した話し方をする人は、男性の場合は、気が短くて自己主張が強い傾向があるが、女性の場合は興奮しやすく、冷静沈着さに欠ける一面もある。

また声のトーンが高い人は基本的にわがままで、自己主張が強く、興奮しやすい傾向にある。逆に低い声で話す人は、冷静沈着で、自己抑制が強い。

早口で話す人は頭の回転が速く社交的だが、短気なところもあり先走りや早とちりをすることが多い。

顔が見えないからこそ、想像を膨らませて、相手の話に耳を傾けてみたい。

Step3

行動から心理を読む方法

1 体の動きとしぐさを読む

話に退屈している人のしぐさと対処法

いくら親しい間柄でも、面と向かってあなたの話は退屈だとは言いにくいものだ。しかし、もしかしたら相手の身体は退屈しているサインを出しているかもしれない。

たとえば、相手がよく目や鼻をこすったり、頬杖をついたりし始めたら、それはその人の心のなかに不満や動揺が生じていることを意味している。

これは、相手の話に集中していないのと同時に、無意識に顔を触ることで表情を読まれないようにしている行動だからだ。

あるいは、自分の身体の前で握りこぶしをつくっていたり、両手をものの上に置いて肘を張るような姿勢をとっていたら、それも退屈していたり、あなたの話をあまり聞きたがっていない証拠だ。

これらのしぐさは外部に対する拒絶を表しているからである。

そうしたしぐさに気づいたら、相手の興味を引くような話題を挟むなどして、とにかくリラックスできる環境をつくってあげるようにしたい。

もし、興味を持ってあなたの話を聞いていれば、このようなしぐさはあまり見られないので、自信を持って話を続けていいだろう。

交渉相手が前のめりになった瞬間を見逃さない！

ドラマや映画のクライマックスでは、つい身を乗り出して画面を凝視してしまうものだ。

これは、別に画面が見えづらいから乗り出すわけではなく、人は興味のある内容には思わず引き込まれて前のめりになってしまうからである。

だから、交渉中に相手が身を乗り出してきたら、そのときは絶好のチャンスだととらえていいだろう。顔では興味がないように装っていても上半身が前傾姿勢になっていたら、その話題に食いついてきた証拠なのだ。

ポイントは相手が前のめりになった瞬間で、いったい話のどの部分で興味を持ったのかがわかれば、そのところを重点的に説明することができるからだ。

そして、徐々に乗り気になったところで一気に畳みかけ、そのままクロージングに持ち込むのである。

一方、話の内容に興味がないときは、どちらかというと身体が後方寄りになる。

たとえば、相手がイスの背にもたれかかって聞いているようなら、あまり話に関心を持っていないと思っていいだろう。

こういうときはどんなに熱心に話しても空振りする恐れが強い。話題を変えて別の方向から話を進めてみよう。

ジャケットのボタンをかけ直すのは典型的なヒミツを隠すしぐさ

「あなたはどう思う？」と意見を求められた人が、急に姿勢を正して外していたジャケットのボタンをかけたり、襟元を整えたりしたら、本音がバレないように気持ちを落ち着けているサインだ。

　このように胸元をきちんと正そうとするのは、まさに胸の内を隠そうとしているのである。

　もしかすると、その場に集まっている人たちとは意見が合わないが、自分がここで反対意見を主張すると話がややこしくなりそうだから黙っておこうとか、こんな話し合いはムダだなどと否定的な気持ちを持っている可能性もある。

　もしくは、何かその場では言えない秘密を抱えていて、秘密がバレないように無意識に隠すしぐさをしたのかもしれない。

　いずれにせよ、きっとこの人は本音を話さないだろうなと勘ぐって意見を聞いたほうがいいだろう。

　逆にジャケットのボタンを外したら、リラックスして本音でつき合いたいと心を開いていることになる。

願いごとを聞いてもらえる不思議な「距離」の法則

　何か頼まれごとをされたとき、意に反してついＯＫをしてしまった経験はないだろうか。そこには意外なカラクリが隠されているのだ。

　アメリカで心理学を研究するグループがこんな実験をしたことがある。

　同じ内容の頼みごとを、相手と視線を合わせながら、「相手との距離を1メートルに近づけて」「相手との距離を45センチメートルに近づけて」それぞれ行ったところ、距離が近づくほどＹＥＳの確率が高くなったという。

　つまり、相手に何かをお願いするときは距離が近いほど受け入れてもらいやすいわけだ。

　もっといえば、相手にボディタッチをしながら頼めば、さらに効果がアップする。ボディタッチは文字通り体に触れることであり、心の触れ合いをもたらすからだ。

もちろん、他人やただの知り合いがベタベタと触れてきたら気持ちが悪いだけだろう。しかし、常識的な範囲で軽く触れながらという程度なら不快感はないはずだ。

もしも腕を絡ませながら「どこかへ連れて行って」と彼女にねだられたら、願いをすんなり聞き入れてしまうかもしれない。

肩のすくめ方から相手の真剣さをチェックする方法

肩を落としてうなだれている人を見ると、何か落ち込むようなことがあったのだとすぐにわかる。手足のように大きな動作はできないものの、肩にもその人の心理があらわれるからだ。

そんな肩の動きのひとつに「肩をすくめる」というポーズがある。このしぐさはなかなか雄弁だ。

はっきりと言葉にしなくても、「わかりません」「お手上げです」といったメッセージを伝えてくれるからだ。

ところが、上司の問いかけに対して、部下が片方だけ肩をすくめたときには注意が必要だ。

大きく両肩を上げる行為には、はっきりとした意思が示されるが、片方しか肩をすくめないのは、自信のなさを表わしているともいえるのだ。

問いかけたことについてあまり真剣に考えていない場合は、自信たっぷりに大きく両肩を上げる動作ができない。そのため、あいまいな肩のすくめ方になることも多いのである。

自分の言ったことを部下がまじめにとらえているかどうかは、肩のすくめ方を見ればわかってしまうのだ。

相手の上半身の向きからわかる衝撃の事実

誰かと横に並んで会話をするときに、図らずもわかってしまうのが、自分に対する信頼度である。じつは、相手の上半身の向きを見れば、こちらへの信頼度が一目瞭然に読み取れてしまうのだ。

もし、首だけをひねってこちらを向き、上半身は違う方向を向いていたとしたら、それほど親しい仲だと思っていないフシがある。

というのも、この姿勢だと胸が

自分のほうを向いていないからである。

胸には心臓という急所があるから、人は自然とそれを防御しようとする。胸をこちらに向けて話さないのは、警戒心を抱いている証拠だといえるのだ。

一方で、顔だけをこちらに向けるのでなく、上半身をしっかりとこちら側に向けて話してくれていたら、それはガードを緩めてくれているということだ。

自分のことを信頼してくれている気持ちの表れだと受け取っていいだろう。

ただし、相手が上司など目上の人の場合は例外もある。部下に対してはとくに気を使う必要もないから顔だけを向けて話すという人もいるから、この場合は別に警戒しているというわけではない。

本心は言葉よりもボディランゲージにあらわれる！

人は言葉を使ってコミュニケーションをとる。そのため、話の内容によって相手を判断しがちだが、言葉はもっとも取り繕うのが簡単で、一番信用できない判断材料ともいえるのだ。

そこで、相手の本心を知りたいと思うなら、全身から発せられるメッセージに敏感にならなければならない。

動物行動学者のモリスは、人間の動作でコントロールしやすい順番は次のようになると分析している。

言葉、表情、意図的な手振り、無意識にする手振り、姿勢、足の動き、発汗や顔色など生理的反応の順だ。

これらがすべて一致したサインを出していれば、その人は本心を語っていることになる。

しかし、これらのうちのどこかにちぐはぐな反応が出ていたら、その言葉は信用できない可能性も高い。

ちなみに、心理学者のメラビアンによれば、人が相手から情報を得る場合、9割以上を表情や声の調子から読み取り、話している内容には1割以下しか重きを置いていないという。

人と話をするときには、言葉と同じように全身をチェックしたほうがいい。

青信号で我先に歩き出す人はせっかちで面倒見がいいタイプ

街中を歩いていると、横断歩道の前で赤信号に足止めされることはよくある。

信号待ちをしているうちにしだいに人が集まってきて、もうすぐ青に変わろうとするそのとき――。前に立っている人々の間をすり抜けて一番前に出たかと思うと、信号が変わるやいなや先頭に立って歩き出す人がいる。

このような人は、せっかちだが面倒見がいいタイプだ。

逆に、人ごみのなかほどにいて、みんなが横断歩道を渡り始めてからようやく動き出す人は慎重派で、人からせかされることにストレスを感じるタイプである。

また、東京・渋谷のスクランブル交差点のような混み合った横断歩道であっても、正面から来た人にいっこうにかまうことなく、自分の行きたい道を一直線に進むのは、独りよがりで自分勝手な性格であることを表している。

あまりにもマイペースなので、一緒に何かをしようとするとかなりストレスを感じるはずだ。

腰が低いとなぜ周囲から受け入れられやすいのか

よく謙虚な人を「腰が低い」というが、実際にそういう人の姿勢を見ると、いくぶん猫背にしているなど腰の位置を低くしている人が多い。

このタイプの人は愛想がよく、相手にへりくだった態度を見せられるので、会社などでは上司に目をかけられやすい。

また、営業先でも好印象を与えられるため、控えめな印象なのに思いのほか出世することがある。成功した人の多くが腰の低い人だというのもうなずける。

なかには自分に自信がないために猫背気味でうつむきがちな人もいるが、こういう人は顔も下を向きがちであまり愛想もよくないから、謙虚で腰の低い人とは区別できるだろう。

一方で、ふんぞり返るようにして肩肘を張っている人は、自信家でプライドが高い傾向がある。堂々としているのでビジネスで相手と渡り合うときにはいいが、営業には不向きなタイプといえる。

必要以上に背筋をのばして自分を大きく見せようとするのは、相手を威圧するしぐさでもある。これは弱い自分を隠したいという気持ちのあらわれで、見栄っ張りで周囲に弱音を吐けない性格を表している。

深々とお辞儀をする人の目的と本音は？

お辞儀というのは微妙なもので、ただの儀礼的なお辞儀もあれば、その人の心理を如実に伝えるものもある。

同じくらいの地位で、それほどへりくだる必要もない相手の場合は、だいたい15度くらいにお辞儀をするのがふつうだ。

逆に、深々とお辞儀をするのは相手が自分よりもかなり目上であり、立場が高い人に対してする場合だ。相手を持ち上げ、優位に立たせようとする気持ちの表れでもある。

謝っているときやお礼を伝えたいときにも、同じように深々としたお辞儀になってしまうことがある。謝罪の気持ちが深ければ深いほど、つまり自分を少しでもへりくだった立場にしたいときにはそのぶん、お辞儀の角度も深くなるのだ。

だから、挨拶したときに必要以上に深々とお辞儀をされるようであれば、「この人はこちらを優位な立場にしたいと考えている」と判断していいだろう。

お互いの人間関係を知る重要なヒントになるはずだ。

もちろん、こちらを持ち上げようとする気持ちには打算が働く場合もある。そこは慎重に見極めたほうがいいだろう。

心配性の人というのはなぜ落ち着いて見えるのか

心配性の人というと、いつも動きがおどおどしていて、どこか落ち着きがないようなイメージを思い描いてしまいがちだ。

ところが本当に心配性な人というのは、見た目は落ち着いている。心のなかでは何か悪いことが起こるのではないかと常に緊張していて心休まることがないのだが、そんな自分を抑えているために言葉数も少なく、一見、落ち着いた人だという印象を与えるのだ。

しかし、よく観察してみるとやはりその傾向は行動の端々に表れている。

たとえば、誰かに冷たい態度を取られたりすると、すぐに自分が何か気に障ることをしたのではないかと考え、相手がとった態度のことをいつまでも覚えている。

また、友人や知人がいない場所に行くのが不安で、そういうところでは自分は何もできないと思ったりするのも心配性の人の特徴だ。

このようなタイプに「心配しなくても大丈夫！」などと明るく声をかけてもムダである。心のなかにあることがすべて不安と結びついているので、心配事を解消したところで、すべてが無事に解決するというわけにはいかないのである。

むしろ不安を聞いて共感してくれる人の存在が、心配の種を減らすのに役立つのだ。

話し相手が左右に揺れているときの注意点

相手が時計をチラチラと気にし出したらそろそろ話を切り上げる潮時だとみていいが、そんなあからさまな素振りをしていなくてもある動作を注視するだけで相手の心中を察することができる。

たとえば、身体が左右に揺れているように感じたら、それは「帰りたい」、あるいは「あなたに帰ってほしい」という意思を示している。

この揺れは体重移動をさせているために起こるものだ。片方の足に重心をかけるのは立ち上がろうとする準備なのだが、しかし現実には話を打ち切って立ち上がるわけにもいかないだろう。

そんな複雑な心境が、左右交互の足に体重をかけるという動作に表れてしまうのである。いわば、お尻が落ち着かない状態になっているわけだ。

もちろん、長時間座っていれば身体がこわばって、少しくらい身動きしたくなることもあるだろう。

だが、頻繁にこの体重移動を見せ始めたらコリをほぐしているのではなく、帰りたがっているとみたほうがいい。

こんなときは、早々に話を終わりにしたほうが相手もほっとするに違いない。

ゆったり動く人は自分を大きく見せたがっている！

大物といわれるような人物や人生経験を積んだ年配者の動作は、たいていゆったりとしていて落ち着きがある。言葉はなくとも、立ち居振る舞いから威厳を感じられるものだ。

こうした動作は年とともに自然と身につくものだが、しかし、年齢的には若いのに一つひとつの動作がゆっくりしている人がいる。いったいどんな人なのだろうか。

もともと性格がのんびりしているといったケースもあるにはあるが、意図的にコントロールしている場合は、風格や貫録をアピールしたいと考えているフシがある。

キビキビと動いている人は、活力があるとかやる気にあふれているといった好印象を与える一方で、ともすると経験が少ない若輩者だと軽んじられてしまう恐れもある。

そういう印象を回避するために、あえてスローな動作を心がけて落ち着いていることを演出するのである。

実際、せかせかと歩いている人よりも、ゆったりとした足取りの人のほうが余裕が感じられるものだ。

所作のスピードを落とすだけで、相手は人間的にも重厚だろうと思い込んでしまうのである。

写真嫌いと写りたがり屋はどちらも自信家⁉

人は誰でも多かれ少なかれ他人にどう見られているか気にしているものだが、それが過剰になると人づき合いがギクシャクしてしまう。

では、自分はどれくらい人の目を意識しているのか考えたことがあるだろうか。そんな自意識の高さを簡単に見分ける方法がある。それは、写真に対する反応だ。

携帯やスマホに高性能なデジカメ機能が搭載されるようになってから気軽に写真を撮る機会は増えたが、なかには被写体になるのは勘弁してほしいという人もいる。

その理由は、写真に写った自分

の姿を見るのがイヤだという理由が多い。自分がイメージしているとおりの姿に写ってないので、プリントされた自分を見てガッカリしてしまうというのだ。

　だが多少、写りの良し悪しがあっても、写真に写っているのは等身大の自分である。そんな自分を直視できないというタイプの人は、相当自意識が高いといえる。

　かといって、写真に撮られるのが好きな人の自意識が低いのかといえばそうではない。同様に自意識が高いのだが、こちらは自信のある自意識過剰タイプである。

　つまり、自分の姿を客観的に見ることができる写真を意識しすぎるということ自体が、自意識が強いといえるのだ。

ど忘れしたときに思い出す確率が倍になる方法

友人と話をしていて、キャストもストーリーもわかっているのに、その映画のタイトルだけがどうしても出てこない…。そんな、ど忘れの経験は誰にもあるはずだ。

　あと一歩のところで思い出せないのはもどかしいものだが、もしその友達が手足を動かしながら考えているなら懸命に思い出そうとしているに違いない。

　じつは、人間はじっとしているよりも、身体を動かしながらのほうが記憶をたどりやすいのである。

　たとえば、オーストラリアの心理学者がこんな実験をしたことがある。

　2週間前のできごとを思い出す際、手足を動かした場合と動かさない場合でどのくらいの違いが出るかを比較してみた。すると、手足を動かしたほうが2倍も思い出す確率が高かったのだ。

　また、人は言葉よりも先に身体が動くことが多い。

「ほら、あの…」と言葉を探している間に、手が思い描いているものを表現してしまうといった具合だ。

　傍から見ていると少々滑稽に思えるが、これは必死で考えている証拠。そんなときは、思い出す手助けをしてあげよう。

腰を曲げずに挨拶する人の深層心理

ふだんはそれほど意識していないだけに、つい本音が表れてしまうのが腰周りである。

たとえば、部下が挨拶してきたとする。その部下が首だけをちょこんと下げて腰を曲げずに挨拶してきたとしたら、それはこちらに敬意を払っていない証拠である。

多少なりとも敬意を持っているなら、体は自然に動くものだ。そんなに深々とでなくても、少しは腰を前に曲げてお辞儀をするはずだからである。

だから、首だけでちょこんと挨拶をするようなら、口ではいくらゴマをすってきたとしても本音ではたいして敬っていないということなのだ。

また、立ち話をしているときに相手が腰に手を置くポーズをとっているとしたら、それは心身ともにリラックスしている状態だと思っていい。

緊張しているときは、無意識のうちにこぶしを握ったり、腕組みをしたりして自分を防御するものだ。しかし、腰に手を当てているポーズにはまるで警戒心がない。

つまり、自分をオープンにしている、気を許しているという気持ちの表れというわけである。

背の高い人は得をする、その心理的根拠

ひと昔前には女性が好む男性のタイプを「三高」といっていたが、いまでも背が高い男性はそれだけで魅力的だと思われている。

ところで、男性の高身長というのは恋愛対象としての魅力だけでなく、社会的地位をある程度推察する材料にもなる。

新入社員の採用を想定したある実験では、身長の異なる同じ条件のふたりの応募者を比べると、背が高いほうを選んだのは72パーセントにものぼった。

また、アメリカの雑誌「ウォール・ストリート・ジャーナル」の調査によると、ある大学の身長190センチメートル以上の男性は、170センチメートル以下の男性より10パーセント以上多い給料を得ていた。

背が高いと、子供の頃から周囲

よりも「大人」として見られ、仕事を任されたり、人の上に立つ役割を任されることが多い。

その結果、リーダーシップが身につき、就職や仕事に有利になり、社会的地位がおのずと上がりやすくなるのかもしれない。

また、高身長の人はプライドが高く、向上心が強いという実験結果もある。もちろん決めつけることは禁物だが、少なくとも何らかの判断材料にはなるだろう。

ぽっちゃり？ 痩せ型？ 体型から人の性格を読むコツ

ぽっちゃりした体型の人は穏やかそうとか、痩せている人はギスギスしていそうなどと、人の第一印象は見た目だけで判断されることが多い。

だが、実際につき合ってみると、当たらずといえども遠からずということもある。

体型と性格との関連性を調査したドイツの精神学者クレッチマーによると、肥満型の人にはそのイメージどおり親しみやすい人、痩せ型の人は神経質であまり社交的ではないという、まさにイメージに近い傾向が見られたという。

だからといって太っている人はいつも人間関係で得をしていて、痩せている人は損をしているのかといえばそうではない。

肥満型の人は、気分のいいときは人あたりがいいものの、そうでないときは気持ちの浮き沈みが大きくて扱いづらい面がある。

一方で、痩せ型の人は自分の世界に閉じこもるのが好きで、もともと他人への興味が薄く、その日の気分によってつき合い方にムラが出ることは少ない。

感情に振り回されることなく、淡々としたつき合いをしたい仕事の相手としては、痩せ型の人のほうがやりやすかったりするのである。

2 あの行動には理由がある1

早起きの人は時間に厳しいというのは本当？

いつもより早めに起きて早朝の時間を有効に使う「朝活」が流行って久しいが、早起きして活動できる人は「やるべきことは早いうちに片づけたい」という気持ちが強い人だ。

スケジュールをしっかり立ててなんでも迅速にこなそうとするタイプで、たとえるなら、夏休みの宿題を7月中にすべて終わらせてしまうような人である。

さっさと物事を進めていきたいので、自分とは正反対の、時間にルーズな人には手厳しい。寝坊して約束に遅刻なんてことはご法度だから、早起きタイプの人と待ち合わせするときには要注意なのである。

裏を返せば、こちらが時間に注意してさえいれば、仕事を一緒にするのに頼もしい相手でもある。きちんとタイムスケジュールを管理してくれるから、お願いした仕事も納期に遅れることはない。それどころか、納期よりもずっと早めに納めてくることもあるはずだ。

実際、アメリカ・ミシガン大学のバーバラ・ワッツ博士が調査したところによれば、早起きするタイプの人は夜型の人よりも成功者が多いという。時間を無駄にせずに、何かを達成したいという目標意識も強いからである。

行列のできる店にあえて並ぶのはカシコい判断だった！

「日本人は行列が好き」といった俗説もあるが、評判の飲食店やイベント会場などでは休日ともなれば長蛇の列ができるのもおなじみの光景だ。

たかが食事をするのに何十分も待つなんて時間の無駄という人もいるが、店舗の選択という側面から見れば、行列に並ぶというのはじつに理にかなった効率のよいやり方といえるのだ。

物事を判断するときに、基準と

なる要素が多くなればなるほど決断は難しくなる。そこであえて、限られた観点から単純化して物事を素早く判断するのが「ヒューリスティック」という手法だ。

つまり行列に並ぶという行為は、「多くの人が並んでいるのだから美味しい」という判断をしていることになる。

値段や雰囲気、メニューなど、判断基準を挙げていけばきりがなくなるところを、他人の行動のみを基準として店舗をすばやく決定するというじつに合理的な結論なのである。

鏡を頻繁に見る人は他人の目を気にしている！

街中でショーウィンドウや鏡があると、そこに映る自分の姿をつい見てしまう人は多いが、心理学では鏡を見る回数が多い人ほど「公的自己意識」が高いといわれている。

公的自己意識とは、他人から自分がどう見られているかを意識することだ。この意識が高い人は、髪型はおかしくないか、服装は乱れてないか、と周囲の目に映る自分の姿が気になる。だから鏡も頻繁に見るわけだ。

周囲に認められたい気持ちが強いから、服装がおしゃれだったりメイクや話し方にも気を使ったりする。結果として、魅力的で周囲から注目されるような人気者が多い。

自分がチャーミングに見えるよう、それなりの努力を重ねているのである。

たとえば、俳優やタレントなどの芸能人はもともと公的自己意識が高い人がなる傾向がある職業だが、職業柄もあって鏡を見る回数も多いから、ますます公的自己意識が高まる。

売れれば売れるほど鏡を見て自分を磨くようになり、さらに人気も増していくという好循環になっていると考えられる。

一方で、鏡をほとんど見ない人は公的自己意識も低い。「別に周囲からどう見られようが関係ない」と気にしないから、オシャレとはほど遠い人になる。

だから、もし自分をもっと魅力的に改造したければ、意識的に鏡の前に立つ回数を増やすといいだろう。

コレクションをやめられないのにはワケがあった！

家族のなかにコレクターがいて、家にモノが溢れて困っているという人は少なくない。

しかし、他人から見たらどうでもいいようなモノでも、コレクターにとっては大切な宝物である。こうした収集癖がある人は、モノを通して人とのコミュニケーションをとっている場合が多い。

同じ趣味の仲間とコレクションを持ち寄って自慢し合ったり、趣味について語り合ったりするのがコミュニケーション手段のひとつなのだ。

子供がおもちゃのメダルやゲームのカードを収集するのも、これと同じ心理だ。「自分はこんなに集めている！」と友だちに自慢することで自信を高めたり、コレクションを交換することでお互いの仲を深めたりしているわけだ。

また、「サンクコスト効果」によって収集をやめられない人もいる。サンクコストとは、すでに支払って取り戻せない費用のことで、これまでにコレクションに投じた費用や労力を考えると、やめるにやめられず収集を続けてしまうのである。

料理に手をつけない人は早く帰りたがっている！

商談や接待の場で飲み食いする機会は多い。その際、招待した客の食が進んでいるかどうかを注意して見ておきたい。

もしも箸が進み、酒も飲んでいるようなら首尾は上々だ。楽しい気分でいるからこそ食が進むからである。ある研究では、「楽しい気分になっているときは、不快な気分のときよりも3倍近くのジュースを飲む」という結果も出ている。

気分がいいことがわかれば、商談や接待には大きなチャンスになる。そして、2軒目、3軒目と場所を変えることで吉と出る可能性が高いはずだ。

逆に、料理にあまり手をつけず、注がれたビールも減っていないという場合は深追いは禁物である。退屈して、「早く帰りたい」と思っている可能性が高いからだ。

そんなときは無理に引き留めるようなことをせず、早々に切り上げたほうがいい。そして、日を改めてセッティングしてみよう。相手のコンディションをしっかりと見極められれば、次のチャンスで挽回できるかもしれない。

休みの日が怖くなる人のある特徴とは？

休日にはのんびりと自宅でくつろぐ人もいれば、アクティブに外出する人もいるだろう。どんな過ごし方をするにしても、休日になるのを楽しみにしながら日々の仕事に励んでいる人は多いはずだ。

ところが、なかには休日が近づくと不安になって、落ち着かなくなってしまう人もいる。これは「休日恐怖症」といわれる症状である。

休日恐怖症の人は、休みの日をどうやって過ごしていいかがわからない。仕事以外の趣味や交流関係がほとんどないので、会社に行かないときにするべきことが何も思いつかないのだ。

しかも、仕事中毒になっている場合も多いので、仕事をしていないとイライラして居ても立ってもいられなくなってしまうのである。

もし自分がこうした症状に思い当たるなら、要注意だ。休日恐怖症になりやすい人は、努力家で時間を無駄遣いすることが嫌いな傾向がある。自分でも気づかずにストレスや疲労を溜め込んで、心身ともに限界になっている場合もある。

せっかくの休日にゆっくり休むなどしてリフレッシュできないと、結局は仕事にも支障が出てくる。ときには頑張ることをやめて、何もしない時間を持つのも大切だ。

にわかスポーツファンが急増する心理的理由とは？

オリンピックやワールドカップなどの世界的なスポーツ大会で、日本代表チームが勝ち進んでいくと急増するのが〝にわかファン〟だ。

ふだんからそのスポーツを応援してきた根っからのファンのなかには「今まで興味がなかったくせに…」と苦々しく思う人もいるか

もしれないが、にわかファンが急増する背景には身内びいきをしてしまう人間心理が隠されている。

人は自分が所属している集団を「内集団」、つまり身内だと捉える傾向がある。そのうえで、内集団以外の「外集団」と差別して内集団に対して好意的な態度をとることを「内集団バイアス」という。

簡単にいえば、身内びいきの心理である。

そうして考えると国同士の対戦となるスポーツの国際大会では、日本人全体が内集団と捉えられ、対戦国の人は外集団として意識される。

応援しているうちに身内びいきの心理が強く働き、身内と思っている日本代表チームが勝ち進むことで自分の自尊心も満たされるのである。気がつけば、にわかファンになっているというわけだ。

心臓疾患を起こしやすいのはせっかちな野心家？

日本人の三大死因のひとつにも数えられる心筋梗塞などの心臓疾患だが、じつは心臓疾患にはなりやすい性格の人となりにくい性格の人がいる。

アメリカの研究者のフリードマンとローゼンマンによると、心臓疾患を起こしやすいのは、せっかちな野心家に多い。

目標を達成したいという意識や上昇志向が強く、常にせかせかと忙しくしている。負けず嫌いで攻撃的なタイプだ。

こうした性格の人はストレスや疲労を溜めやすく、イライラすることも多い。結果として心臓に負担がかかり、病気につながりやすいというのだ。

一方で、心臓疾患のリスクが低い人は、マイペースで競争を好まず、温厚な人柄である。

のんびりして仕事にのめり込むことがないから肉体的な疲労も軽く、争いが嫌いだから人間関係のストレスもあまりない。せっかちな人に比べて、心臓への負担は少なくてすむのである。

日本人には、どちらかといえば前者のタイプ多い。競争社会の中で生真面目に突っ走っている人は、まずは自分の性格を自覚してストレスやイライラを溜めないように心がけてみることだ。

仕事への意気込みはランチタイムに垣間見える？

昼食をとりながら会議をするランチ・ミーティングや、昼休み中に合コンをするランチ合コンが増えている。

食事をしながらのほうが相手との会話が弾み、お互いの距離も近くなるので、ランチは有効なコミュニケーション手段なのだ。

とはいえ、都合によってはひとりでランチをしている人も多いだろう。

そんなときに、どんなメニューを頼んでいるかで、その人の仕事への姿勢が見えてくる。

たとえば、立ち食いソバ屋などで短時間に食事をすませる人は、時間をできる限り有効に使いたい人だ。

とりあえず空腹を満たせればOKで、残った時間をフル活用したいのである。エネルギッシュで達成意欲が高い人でもある。

一方で、時間にゆとりを持ってしっかりとした食事をする人は、自分ひとりの時間を大切にしたいタイプだ。

食事が出てくるまでの間に読書をして情報収集したり、次の企画の案を考えたりして、ランチタイムを仕事のリフレッシュのためにうまく利用しているのだ。時間の使い方が上手だから、仕事ができる人も多い。

また、自分でつくったお弁当を持参する人は倹約家であるのはもちろん、毎朝早起きして弁当をつくれるほど努力家で持続力もある。地道にコツコツと仕事を積み重ねていく人である。

3 あの行動には理由がある2

パワハラを繰り返す上司は「自分は特別」な存在だと思っている!

部下に対して四六時中怒鳴り声を上げたり、個人攻撃を続けたりするパワハラ上司がいたら、職場の雰囲気は最悪といっていいだろう。

社員たちはいつ吊し上げられるかとビクビクしながら過ごすことになり、委縮してしまうはずだ。

パワハラを繰り返す人は、どこかで「自分は特別」だと思っているといわれている。

彼らは、常に他人より優位に立っていなければ気が済まず、嫉妬心や支配欲が強く、他人に共感することができない。

そして他人に対して威圧的な態度を取るのは、「相手が自分を怒らせるから悪い」と思っていて罪悪感を覚えないからなのだ。

こんな相手のいうことをまともに受け取っていたら身が持たない。真面目な人ほどこの攻撃をもろに食らってしまい、心を病んでしまうことすらある。

大切なのは、「対抗しよう」と思うことではなく、「関係を断ち切る」ことだ。自分だけで対処するよりも、周囲の力を借りて相手をシャットアウトする方法を探るのが懸命だ。

身勝手な行動が引き起こす「社会的ジレンマ」って何?

自分ひとりくらいいいだろうという軽い気持ちで、独りよがりの行動をとってしまうことは誰しも経験があるだろう。

たとえば、通勤ラッシュの駅を思い浮かべてみてほしい。

誰かが駆け込み乗車をすると、扉が閉まるのが一瞬遅れる。停車駅のすべてで同様なことが起きれば、電車の遅れはどんどん大きくなり、結果的にダイヤが大幅に乱れてしまうのだ。

このように、ひとりの利益のために行動したことが、社会的にマイナスの結果を招くことを「社会的ジレンマ」という。

この社会的ジレンマは、生活のありとあらゆる場面に存在するといっても過言ではない。

ゴミの分別やエアコンの設定温度、図書館の返却期限など、小さなルールを守るか守らないかにモラルが問われているのである。

飲み会でひとり黙々と飲む人は神経質で自意識が過剰!?

飲み会などで、隣に座った人が「物静かな人」を通り越して押し黙ったままなどという場面に遭遇することがある。

社会人であれば当たり障りのない会話術のひとつも身につけていてほしいものだが、いったいどのような心理状態が彼らをそうさせるのだろうか。

他人と会話をしたがらない人には大きく2つのパターンがある。

まずひとつ目は、内向性が高く、外の世界にあまり興味を示さない人だ。その場合、人づき合いは好まない人が多いので、あまりしつこく話しかけると不快感を与えることになる。

もうひとつは、周りに合わせることが苦手だったり、神経質で自意識過剰なタイプだ。この場合は、自分から話を振ることが極端に苦手な傾向がある。

しかし、会話に参加できずに無視されてしまうと、ことさらに傷つきやすい面もあるという厄介なタイプなのだ。

隣で押し黙っている人がいたらとりあえず話しかけてみて、本当に話したくないのかを見極めてみるといい。

どこのポジションをやりたがるかでわかるその人の性格とは?

サッカーなどほかのスポーツに比べて、野球はポジションによる役割が明確で子供にもわかりやすい。そのせいか、どこのポジションをやりたがるかでその子の性格がわかるという。

たとえば、一番目立つピッチャーをやりたがる子は当然目立ちたがり屋だ。自分の投げる一球からゲームが始まるのだから、選手や観客の視線が集中する瞬間はたまらないはずだ。

また、目立ちたいからキャプテンに立候補したりもするが、負けん気が強くわがままなところがある。

同じように、内野手をやりたがる子供も注目を集めたいタイプのひとりだが、こちらは芯が強くミスしてもめげない。

そして、キャッチャーは自分に自信があるので、他人からの批判を気にしない強さがある。また、守備よりもバッターボックスに立って攻撃するのが好きなのは派手好きで、地道な努力をするのは苦手なタイプだ。

おもしろいのは、どこの会社にもこのような性格を持ったまま成長した大人がいることである。

ひいきをする人は浅はかな人って本当？

保育園や幼稚園、果ては老人ホームまで、人間が集団のなかに属すときは、大なり小なり「ひいき」が生まれるものだ。「先生が○○ちゃんをひいきした」とか「あの人はいつも△△さんばかり優先している」などといった不満を感じたことのない人のほうが少ないのではないだろうか。

職場も同様で、上司が特定の部下をひいきしているというケースもよく見られるが、この上司は、周りの人間を「敵か味方か」に分けて判断していることが多い。つまり、個人的な好き嫌いを社内の人間関係に持ち込んで、その観点だけで判断しているのである。

この手のタイプは視野が狭く、自分の周りの小さな集団を世界のすべてとみなしてしまうことがある。会社の利益を考えて視野を大きく持てば、ひとつの部署などといった小さな集団の関係の悪化が、全社的な利益の妨げになることは容易に理解できるはずだ。

つまり、ひいきをする人というのは、視野が狭く、考え方も浅はかなのだということができるだろう。

空気を読みすぎる人が結局誰とも仲よくなれない理由

KYという言葉が流行ったが、その逆の「空気を読みすぎる」人が知り合いにいたとしたら、その場合もまた対応が難しいはずだ。

空気を読みすぎる人というのは、自分の発言や行動に対して他人がどう反応するのかを異常に気にしてしまう傾向にある。そして、他人の意見に添うように自分の意見ややり方を変えてしまうのだ。

この行動は周囲の人間の負担になるため「面倒くさい人」と思われて、いつしか距離を置かれてしまうようになるだろう。

空気を読む、読まないというのは、人が集まる状況でどれだけ他人を意識するかという対人志向性が関わっている。空気を読みすぎる人はその対人志向性が極端に高く、KYな人は逆に対人志向性が極端に低いということになる。

つまり、対人志向性はその度合いが極端に高くても低くても、対人関係に何らかの悪影響を与えてしまうというわけなのだ。

潜在能力を引き出してくれるオーバーアクションの効用

身振り手振りが大きいどころか、ちょっとオーバーじゃないかと思わず首をかしげたくなるような人がたまにいる。

本当にアクションの大きいだけなのかもしれないが、シチュエーションによってはもしかしたらわざとそう演じている可能性もある。

よく「火事場のバカ力」などというように、人間にはふだんは表に出てこない秘めた潜在能力がある。

それは身体的な能力だけでなく性格や気性も同じで、ふだんはおとなしい同僚が、あることが理由で手がつけられないほどキレまくっていた、などということもある。

前述のように、この眠れる能力を最大限に引き出す方法が、会話をしているときの身振り手振りなのだ。

砲丸投げの選手がウォーと叫びながらポーズを決めて自分自身を鼓舞するように、オーバーアクションをとることで、「俺は強いんだ」「俺はこれだけやれる」という自己暗示と自己PRをしているのだ。

世間ではこれを「ハッタリ」とも言うが、意外と功を奏するからバカにできない。

もちろん身振り手振りが大きければ大きいほど効果的なのはいうまでもない。

Step4 外見から心理を読む方法

1 服装を読む

普段着からズバリわかる「外の顔」と「内の顔」

自宅など他人の目が気にならないところにいるときの服装でわかるのが、その人の対人面における性格だ。

たとえば、Ｔシャツにジーンズなどそのままでも外出できる格好をしている人は、自宅にいてもあまりだらしなく見えることはない。適度にリラックスしつつ、柔軟で融通が利くという一面を持っている。

一方、自宅にいても外出着と変わらないようなきちんとした服装を好む人は常に人に気を配り、構えて生きている。周囲からはしっかりものなどと評価されるが、じつは対人不安が強くて、心から人と打ち解けるのが苦手なタイプといえる。

また上下のジャージやスウェットなど、あえてだらしなく見えるような部屋着を愛用している人は、気持ちの切り替えが下手な人が多い。外で気を張っているぶん、家で存分にリラックスしたいと思っている。

最も外の顔と内の顔が違うのは、家ではパジャマで過ごす人だ。他人と会う気はまったくなく、人目も気にしていない。

しかも、外では明るくふるまっていても内向的な傾向が強く、ふだんから人づき合いで無理をしている可能性が高い。ストレスを抱えがちなタイプである。

ワイシャツの色の好みから性格を判定するコツ

日本人男性のスーツの着こなしにはずいぶんとバリエーションが増えた。スーツやネクタイに合わせてワイシャツの色を選ぶのもいまや当たり前だが、そんな昨今でもワイシャツは白色しか着ないという人がいたら、その人は「無難が一番」という考えの持ち主だ。

もちろん、服のことを考えるのが面倒ということもあるだろうが、このタイプは考え方が面白みに欠けるので一緒にいて退屈になるのはたしかだ。

一方で、もはや白色に次ぐ定番色ともいえるブルーのワイシャツを好む人には、自分をスマートなビジネスパーソンに見せたいというこだわりがある。

また、パステルピンクのワイシャツを好む人は円満な人間関係を望んでいるので、穏やかな性格であることが多い。

黄色やクリーム色は、社交的で人間関係の幅を広げたいという心理の表れだ。

このように、ワイシャツとひと口に言っても、色の好みにその人の性格や気分が表れている。

あなたの職場を見渡してみると、どのような色のバランスになっているだろうか。

消防士や自衛官がモテるワケは制服にあった！

消防士や自衛官、警察官といえば、お見合いパーティーで女性から人気が高い職業のひとつである。ところで、これらの職業に共通するのは「制服」があることだ。

消防士が制服を着ていれば、それだけで勇敢で誠実そうに見える。家庭でも、家族を守ってくれる頼りがいのある夫や父親になってくれそうだというイメージに結びつくのだ。

これは心理学でいう「役割」の効果が大きい。人は社会的な地位や職業によってそれぞれの役割があり、それに沿った行動をするようになる。周囲も相手にその役割を期待する。

制服は、そうした役割をビジュアル的にわかりやすく規定してくれるアイテムだというわけだ。

だから、相手の性格をそれほど知らなくても、警察官の制服を着ていれば正義感が強い人に思えるし、ナースの制服を着ていれば優しい人だと期待する。職業に対するイメージは、その職業の制服を着ている人の印象にそのままつながっているのである。

スーツを見るだけでわかる社会順応度

日本人男性の勝負服といえばスーツにネクタイを締めたスタイルだが、たまにどんな場所でも自分のスタイルにこだわる人がいる。

じつは、男性が職場などの公式の場でスーツを着るかどうかは、その人の社会順応度を測る指標になる。

きちんとしたスーツを選ぶ人は、「職場ではスーツを着る」という社会通念を実践していて社会への順応度が高い。正当性や協調性を大切にし、会社組織や地域社会での役割意識も高いのでものごとを円滑に進められるタイプだが、保守的で生真面目、独創性に欠けるといった面もある。

また、スーツではなく、スラックスなどのパンツに色違いのジャケットを組み合わせることが多い非スーツ派の人は、一般的に社会通念にとらわれず個性を重んじる傾向がある。

主流であるスーツをあえて身につけないのは、自分の仕事に強い自信を持っているあらわれでもある。アイデアが豊富で独創的だが、独りよがりな面があり協調性に欠けることもある。場合によっては、組織のなかで軋轢を生んでしまうこともある。

スーツ派か否かは、職場における男性の生き様まで露わにしてしまうのである。

黒い服を好む人は上から目線タイプ？

他人の本当の性格などなかなかわかるものではないが、じつは、あるモノである程度は見極めることができる。

それは、相手が身につけている服や小物の色だ。

なかでもわかりやすいのは、季節を問わずに「着る服は黒」と決めつけているかのような人だ。

黒は色彩心理学によると、威圧感や主張の強さなどを表す色で、気品やスマートさ、高級感を思わせる一方で拒否や拒絶の印象を与える。

つまり、黒い服装を好んで選ぶ人というのは、どこかに相手に威圧感を与えたいという意識が働いているといえるのだ。

洋服だけでなく、時計や鞄、帽子など、黒一色で統一しているならば、かなりけんかっ早いタイプといっていい。そういう相手と接するときは、できるだけ下手に出て、相手を刺激しないほうがトラブルを避けられるかもしれない。

一方、黒の反対色である白い服を好む人は従順で、命令や指示を素直に受け入れやすい傾向がある。そんな相手に対しては少々強気に出たとしても、うまくいく可能性が高いだろう。

オンとオフのギャップが激しい人の本当の姿とは？

ボロボロのジーンズに派手なトップス、金髪にど派手なアクセサリーなど、ギョッとするほど奇抜なファッションを身にまとっている人は、内面も風変わりで常識外れな人だと思われがちだ。

　しかし、そんな型破りで目立つファッションとは裏腹に、中身は案外と常識的ということも多い。

　彼らが好む奇抜で個性的なファッションは、自分を変えたいという変身願望の表れでもあり、自分に面白みがないと感じていて、それをファッションで補おうとしているのである。

　また、ふだん仕事で制服を着たり、地味な格好をしている人ほど、私服になるとラフな服装や個性的で奇抜なオシャレを楽しむ傾向もある。

　その場合も、ふだんの自分の殻を脱ぎたいという気持ちの表れであり、オンとオフの装いのギャップが激しいほどその気持ちが強いといえるだろう。

　奇抜なファッションの印象から、つき合いにくい人というレッテルを貼られがちだが、話してみればいたって真面目で常識的な人だったというオチがつく可能性が高いのも面白いところだ。

似た服を選ぶ人には好感を抱く人間心理

　初対面なのに、なぜか好感を抱ける相手に出食わしたとしたら、とりあえず相手の服装をチェックしてみよう。自分と同じようなテイストの服を身につけてはいないだろうか。

　心理学には「類似性の法則」というものがあるが、人間は自分と似たようなタイプの相手に好感や親近感を抱きやすい。

　つまり、集団のなかで、人間関係ができていくときに顔や容姿、外見的特徴、ファッションなどが似ていると、自然とグループになりやすくなるのだ。

　カップルや友人同士で服装の趣味や好きなものが似通っているのは、この類似性の法則で説明できる。類は友を呼ぶというように、同じようなタイプは仲良くなりやすいのだ。

　また、服装の好みにも内面が表れるという考え方をすれば、似たような服装をしている人同士は、性格や考え方にも似たところがあるということができる。

この法則によれば、集団のなかで自分と同じような考えを持ちやすい相手を見抜くことができる。

覚えておけば、ビジネスもスムーズに進むかもしれない。

イメチェンを繰り返すのは自分のことがわからないから⁉

TPOに応じて服装の雰囲気を変えるのは社会人のマナーだが、服装の趣味が頻繁に変わる人がいる。

会うたびにイメージが変わってしまうので、服装から連想するその人の印象がなかなか定まらなかったりする。

しかも、こういう人は髪型などもガラリと変えてしまうので、周囲はなおさら戸惑ってしまう。

このように、しょっちゅうイメージチェンジをしている人というのは、じつは、自分自身でも自分のイメージをつかめないでいることが多いのだ。

いままでの自分がどうも気に入らない、もっと違う自分になりたいという気持ちが強いから、服装を変えて自己否定と変身を繰り返しながら自分探しに試行錯誤しているのだ。

言い方を変えれば、まだ自分というものを見極めきれていない発展途上の人ともいえる。

「自分はこういう人間だ、これが自分の生き方だ」というものがはっきり決まれば、着るものの趣味にも一定のイメージが決まる。

それまでは、周囲はファッションの七変化を見守るしかないのである。

モノトーン好きはクールな一面があるといわれるワケ

「自分に似合う色をわかっている」という人はあまり多くない。また、似合う色と好きな色が必ずしも一致するとも限らない。だからこそ、服選びには頭を悩ませてしまうものだ。

服に限らず、持ち物やインテリアなどに関しても色の好みにはさまざまな性格が表れる。

なかでも、黒や白を基調としたモノトーンの服装や家具などを好む人は、一般的に他人を寄せつけないクールさを持っている。

私生活では自分の領域をはっきりと決めて、そこに入り込まれることを嫌い、ペラペラと自分のことを語ったりもしない。

みんなが盛り上がっていてもひとりだけ冷めているような雰囲気を醸し出すのも、モノトーン好きな人だったりする。

間違っても羽目をはずして乱れたり、醜態をさらしたりするようなことはないので、なかなか親近感を抱かれることもない。

ただし、すべての人がそうかといえば決してそんなことはない。なかには「クールに見せたい」という理由からモノトーンを好んで着ている人もいるくらいだ。

その場合は、服の色だけでは隠せない人間味が見え隠れしているはずである。

流行にこだわる人の外から見えない願望とは？

流行のブランドにこだわる人は男女を問わず少なくない。

目まぐるしく変わる流行を敏感に取り入れているオシャレな人というイメージもあるが、流行しているということにこだわる人は、得てして「流行に遅れたくない、みんなと同じものを着ていたい」という心理が強いものだ。

そういう人は、流行が変われば当然持ち物や着るものも変わる。流行によって服装のイメージも一変してしまうのだ。

これは裏を返せば、ありのままの自分に自信がないということでもある。自分の個性や趣味にコンプレックスがあるから、つい流行に乗ったまま流されてしまうのだ。

だが、多くの人は多かれ少なかれコンプレックスを持っており、流行にこだわること自体は悪いことではない。

このようなタイプの人は与えられた仕事はきちんとこなすし、体制からはみ出すようなことはしない。

ただ、「みんなと同じ」だと安心するので積極性やバイタリティに欠けたり、冒険心が乏しいなどの物足りなさもある。

流行のブランドで身をかためる人が本当にほしいのは「安心」なのかもしれない。

着ている服でその人の願望がコワいほど見抜ける！

服装などに表れる色の好みは、「そうなりたいと思っている」気持ちを表していることが多い。

たとえば赤を好む人は、積極的で情熱的な性格だ。野心的で上昇志向も強く、実行力がある。恋愛に関しても積極的で、感情の起伏も激しく強引なところもある。

また、青を好む人は自制心が強く、クールで落ち着いた平穏な状態を好み、知的に振る舞う。感情的になることを避けるために、恋愛に関しては慎重なタイプだ。

白が好きな人は純粋で誠実、潔癖なタイプだ。妥協を嫌い、努力を惜しまない一方で、堅苦しく頑固な一面もある。

緑を好む人は穏やかで誠実な人が多く、コツコツと物事に取り組むタイプで、派手さはないものの忍耐力が強い。

茶を好む人は一見地味だが、かたい意思の持ち主だ。責任感が強く、面倒見もよく頼りがいもある。

黒を好む人は、知的で洗練された自信家で、俗っぽく見えることを嫌い、少々気難しい側面もある。

好みの色と性格が一致しないようであれば、その色の持つイメージに憧れていると考えていいだろう。

なぜ〝パワータイ〟はここ一番に強いのか

今日はプレゼンがあるという日に、上司が赤いネクタイを締めてきたら、かなり気合が入っているとみて間違いない。

なぜなら、赤いネクタイというのは力強さをアピールするとともに、「私に従えば間違いない」と相手を暗示にかけるパワーがあるからだ。

じつは、この赤いネクタイはアメリカでは別名〝パワータイ〟と呼ばれ、ジョン・F・ケネディやオバマ大統領も大統領選や就任演説などで着用している。

俗に「情熱の赤」などといわれるように、ネクタイに限らず赤色には強いエネルギーを感じさせる力があるのだ。

だから、プレゼンなどここが大一番というときに身につけると、自らを鼓舞することができて、さらに周りの人の心をも惹きつけることができる。

しかし、だからといって上司に習って同じように赤いネクタイを締めてプレゼンに同行するのはやめておいたほうがいい。

パワータイを締めた人間がずらりと並ぶと、お互いに威圧感と警戒心を抱かせることになりかねないからだ。

あくまでもパワータイは主役に譲り、同行者は薄い黄色や水色にとどめておこう。

ど派手なタイプが抱えている誰にもいえない不安とは？

ボディラインを強調するようなセクシーで派手な服装を好む女性は、気が強くて積極的などと見られがちだが、じつはその逆の場合も多い。過剰に派手な服装は対人不安の表れでもあるからだ。

心理学用語で、他者と自分を隔てるものとして認識している境界のことを「身体像境界」と呼ぶ。多くの場合は衣服がその境界にあたり、他人と接するときの距離感を保つための役割を果たしている。

しかし、なかにはこの境界の感覚が薄い人がいる。そうなると、他人との距離感をはかることができずに、人間関係を築きにくくなる。他人と自分の境目を認識しづらくなり、ちょっとした言葉に過剰なダメージを受けることもあるため、いつも他人に対して不安を抱えているのだ。

派手な服を身につけることは、その他人と自分の違いをはっきりさせる助けになる。さらに、皮膚により密着した服を着ることで無意識にその境界感覚を強めて、不安感を解消しようとしている場合があるのだ。

派手さやセクシーさと比例して、潜在的な不安感も強くなるので、見た目のイメージに惑わされず、細やかな接し方が必要な相手かもしれないと覚えておこう。

「ミニスカ派はオトコを意識している」の大誤解

いくつになっても太ももも露わなミニスカートをはいている女性は、セクシーさをアピールして男性の興味を引きたがっていると思う人が多いだろう。

もちろん、きれいな脚を見せつけること自体が男性へのアピールと考えるのは自然なことだ。

しかし、この構図がすべての女性に当てはまるととらえてしまうと、とんだ失敗をすることになりかねない。

男女にかかわらず、脚は男性性の象徴であるとされる。つまり、ミニスカートで脚を出すという行為には、自分のなかにある「男性的な部分を強調する」という心理が隠されているのだ。

いつでもミニスカートという女性は、自分が意識している以上に男性のように生きたい、力強い存在でいたいと思っていて、男性には対抗意識を持っていることも多い。冒頭に述べたセックスアピールとは真逆の心理を隠し持っているのだ。

このような女性は、友達や同僚から頼りにされる面倒見のいい性格で、仕事もできる。へたに軽薄なナンパなどしようものなら、強烈なしっぺ返しを受けるものと心得ておきたい。

2 ヘアスタイルを読む

ヘアスタイルを見れば その人の人生観が わかる！

銀行員ならばおカタいイメージ、デザイナーやカメラマンなら自由奔放なイメージと、男性は職業から性格を想像されることが多い。

そんな彼らの生き方を推察できるカギになるのが、ヘアスタイルだということをご存じだろうか。

銀行員なら短髪で七三にきっちりと分けているというように〝形式〟にのっとったヘアスタイルをしている人は、組織や集団に対して忠実だ。周囲にうまく合わせていける一方で周りから浮くことを嫌い、無難な道を選ぶという傾向がある。

そうかと思えばふつうの会社員なのにスキンヘッドなどの奇抜なヘアスタイルを選ぶ人は、自己肯定感が強い。他人からどう見られるかを重要視せず、自分の意思を貫くことに重さを置いている。やや強引でも仕事ができるリーダー的な存在だろう。

ただし、あえて職業から連想される定型の髪形をしないという人のなかには、周囲に強烈な印象を与えるのが目的という確信犯的タイプもいる。

彼らは目的のためなら手段を選ばず、功名心や競争意識が強いのでデキる半面、敵も多くなりがちなのである。

髪型を コロコロ変える人は 大人になりきれていない！

服装と同じでヘアスタイルにも流行があるが、流行に合わせてしょっちゅうヘアスタイルを変えている人は少々子供っぽい一面がある。

テレビや雑誌に載っている人気のモデルやアイドルの髪型を見て「この髪型にすれば、あの人みたいになれる」とすぐにマネをしてしまうのは、子供にはありがちな行動だ。

この心の動きは心理学的には「投影」といい、憧れの人になりたいという願望を、ヘアスタイルなどをマネることで満足させているのだ。

大人になってもそんな行動をとってしまう人は、自分の個性やスタイルがまだ定まっていない証拠といえる。

また、よくいえば流行に敏感で世の中の流れにうまく乗れる反面、他人に流されやすいという欠点もある。

こういう人が髪型を変えてきたら、自分の好感度を上げるチャンスだ。「今日の髪型かっこいいね」などと大げさにいって褒めてみよう。

本人は「そんなことないよ」と謙遜しつつも、内心では子供のようにはしゃいでいるはずだ。

あえて丸刈りにする男性の意外な素顔とは？

いまやオシャレな髪型としても定着してきている大人の坊主頭だが、場合によっては相手に威圧的な印象も与えることがある。あえて丸刈りにしようとするのはなぜなのか。

理由のひとつは、自分に貫録をつけたいからである。丸刈りの人をよく見ると、意外と優しい顔立ちをしている人が多い。しかも思いのほか気が弱くて、デリケートなタイプが少なくない。

だからこそ少しでも迫力をつけたいと髪を剃り、さらには髭を生やしたりサングラスをかけたりして、少しでも自分を強く見せるようにしているのだ。

もうひとつのパターンは、薄毛を気にしている場合だ。

男性が薄毛になってくると、残っている部分の髪の毛で薄い部分を覆い隠してごまかそうする人もいれば、カツラを被って隠そうとする人もいる。

どうせ薄毛ならいっそのこと全ての髪の毛を剃ってしまおうとスキンヘッドにしてしまう人は、潔い性格で、自分に自信を持っているタイプである。

どちらの理由で丸刈りにしているにしても、見かけほど怖い人ではないはずだ。

詫びて頭を丸める人はじつのところ戦略家って本当？

じつに日本的なお詫びの方法のひとつが、頭を丸めるというやり方だ。

スポーツ選手や人気アイドルが、成績不振やスキャンダルを理由に自ら丸坊主にした映像はけっこうインパクトがある。

頭を丸めるというのは、口先だけでなく行動で示したお詫びの方法として、相手に強烈な印象を与えることは間違いないだろう。

とにかく相手に大きな迷惑をかけたときに一番効果があるのは、平身低頭、言い訳せずに謝罪に徹することだ。

くどくど弁解をするよりも、潔くお詫びをしたほうが相手からの好感度が高いのは心理的にも明らかである。

そこで、頭を丸めるという一見過激な行動を心からの誠意の表れととってよいか、単なるインパクトを狙っただけの行動ととるかは判断の分かれるところだ。

たとえば前者であれば、少なくとも身を切って許しを請うという、思い切りのいいストレートな性格が伝わってくる。

もしも、確実に許しを得られることを計算したうえでの行動であるとすれば、かなり戦略的な思考を持った人物である可能性も高いだろう。

他人からよく思われたい人間心理はどこからくるか

家にいるときは伸びたTシャツにボサボサ頭という格好をしても、外出するときにはそれなりに身なりを整えるように、誰でも多かれ少なかれ他人にヘンな印象を与えたくないという願望を持っているものだ。

そんな気持ちの裏には、「印象管理」という意識が働いている。

これは、他人からよく思われたいがために、本当の自分よりも何割かアップした印象を与えようとする心理だ。

その典型的な例が女性のメイクだろう。なかには、誰にもすっぴん顔を見られたくないからと、絶対に人前でメイクを落とさない人もいるが、これは他人に与えたいイメージを自分自身でコントロールしているのだ。

また、この印象管理が行われるのはメイクや服装などの外見だけではない。

たとえば、図書館などで本を読んでいるときに、隣に人が座っただけで急に読書に集中できなくなることがある。

これは、無意識に〝他人に見せたい自分〟にコントロールしようとして、読書に没頭できなくなってしまうからだ。

人からどう見られているかを意識することは大切だが、あまり意識しすぎて印象管理にがんじがらめにならないように気をつけたい。

「薄毛」への対応でわかるその人のプライド

薄毛に悩んでいる人は少なくないといわれるが、薄毛に対する対処のしかたには、その人の性格が表れてしまうことがある。

たとえば無理矢理、他のところの髪を持ってきて薄い部分を覆い隠しているのは、自分の老いを認めたくない心理の表れでもある。このタイプの人は単純で、おだてに乗りやすい傾向がある。

かつらを愛用している人は、さらに若さへの執着が強い。しかも、明らかにかつらとわかるような状態なら自分を客観的に見られない人ともいえるが、一方でプライドが高く、理想の実現のためには努力を惜しまないという側面もある。

ちなみに、自分がかつらをつけていることを隠さず公言している人は、他人に対する気配りと大らかさを持ち合わせている。基本的に前向きなタイプといえるだろう。

スキンヘッドにしているなら、潔くさっぱりした性格だ。自信にあふれエネルギッシュだが、やや強引なところもある。

薄くなった髪を自然に残している場合は年相応に成熟しており、つき合いやすい。

薄毛の人は信頼されやすいというのも、心理学的にはうなずける話なのである。

ショート派とロング派を性格から読み解くと…

女性にとって、ヘアスタイルは大切な自己表現のひとつだ。そのため、ヘアスタイルにはその人の性格や心理状態が大きく反映されている。

大雑把ではあるが、一般的にショートヘアとロングヘアの好みで性格をはかることができる。

まずショートカットだが、これは顔全体を隠すことができないため、顔形だけでなく、内面にまで自信を持っている人が多い。いまの自分に満足している人が選ぶヘアスタイルだ。

活発な印象を与えるスタイルそのままに、活動的でオープンな性格の女性が多い。一方で、女らしさやしとやかさといった部分はやや控えめになる。

一方のロングヘアの女性は、髪の毛で顔の一部分が隠れてしまうが、これは単純に自信のなさを表すわけではない。

自分を抑制して、客観的に自分のイメージをつくり上げるという冷静さを持っている人が多いのだ。

しかも、ロングヘアはアレンジもしやすい。恋愛に対しても女性的な部分を積極的に出してくるタイプといえるだろう。

耳を見てその人の心理状態を判断する方法

男性でも女性でも、髪型に内面が現れるということは実例を挙げてきたが、ヘアスタイルにかかわらず注目してほしいのが耳が出ているかどうかである。

耳は外部からの情報を取り込む窓口の働きをする部分だ。その耳を髪の毛で覆ってしまうのは、外界と自分を遮断したい、ひとりきりになりたいという心理を表している。

ようするに、耳を髪の毛で覆うように隠している人は、人づき合いが苦手なタイプに多いのだ。

また、話の途中で相手が耳を髪で覆うようなしぐさを見せたら、「その話は聞きたくない」「ひとりになりたい」という心理の表れである。

そんなときは話題を変えるか、早々に話を切り上げるのが無難だろう。

逆に、話している最中に髪を耳にかけたり、こちらに耳を向けるように傾けたら「話に興味がある」という気持ちの表れでもある。仕事でも恋愛でも、脈ありのサインとして覚えておきたい。

目は口ほどにものをいうというが、耳も負けずに人の心理状態を物語るパーツなのである。

前髪の向こう側に見える隠しきれない本性とは？

前髪というのは下ろしているか上げているかで印象が大きく変わってくる。

そして、この前髪の上げ下ろしにも、その人の隠しきれない性格が出てしまうことがある。

まず、前髪を上げてさっぱりとおでこを出している人は、明るく活動的な性格で、人づき合いも上手な人が多い。

自分に自信があるので、気後れすることなく周囲に自分をアピールすることができる。

実際に、優秀なセールスマンのなかには短髪にしていたり整髪料などで前髪を上げたりして、おでこをしっかりと見せている人がいたりする。

女性でも前髪を垂らさずに上げている人は自分の容姿に自信があり、また内面にも自信があるので、仕事にもプライベートにも積極的な傾向がある。

反対に、前髪を下ろしている人は自分にあまり自信がなく、他人に対しても気後れしがちなタイプである。前髪を下ろすことで自分を隠し、周囲との間に壁をつくってしまうため、人前でオープンな自分をさらけ出せないのである。

3 靴を読む

ひもつきの靴かどうかで性格診断するコツ

足元を見ればその人のことがわかるとはよくいったもので、履いている靴にはその人の生活が如実に投影されている。

服装ほど注目を集めない靴なのに、きちんといい物を履いて手入れも行き届いているなら、何ごとにも手を抜かない人と推察できる。

逆に、どんなにオシャレな服装をしていても、汚れた靴を履いているようではズボラな生活がうかがえる。

同様に、履いている靴がひもがついているかどうかにも注目してほしい。

まず、ひもがない靴を履いている人だが、面倒臭いことやムダなことを嫌い、せっかちなタイプが多い。

毎朝、時間に余裕がなくて遅刻ギリギリで家を飛び出していくのもこのタイプだが、職場では実用性を重んじて合理的に行動したりする。

一方、ひもつきの靴を履いている人は何ごとも余裕を持ってこなすタイプだ。朝の慌ただしい時間のなかでも玄関で靴ひもをしっかり結ぶくらいの時間と心のゆとりを持っていて、精神的に大人の人が多い。

だがそんな一方で、慎重で保守的な一面を持っているがゆえに融通が利かないタイプともいえる。

靴の〝減り方〟を見て相手の対応を変える

職場の上司やライバルの性格を知りたいなら、さりげなく足元を見るといい。

靴のかかとの外側ばかりが減る人は気さくで社交的で、隠しごとが苦手なうえ、何ごとにおいても本音で語ることが多い。

反対に、かかとの内側が減る人は思慮深い秘密主義者なので、人当たりはソフトでもけっして腹を割って話さないタイプという場合が多い。こんな人と対峙するときは、本音を聞き出すまで時間をかける必要がある。

また、靴の左右で減り方が違うという人は、二面性を持っていることが多い。

そのときに見せている表情と本音が真逆の場合があるので、無関心を装っていてもじつは興味津々だったりすることもある。

そんな人と交渉ごとや取引をするときには、簡単にあきらめないほうがいいだろう。

気配りの人かどうかは靴を見ればわかる！

高級ホテルのホテルマンはまず客の靴を見るという。当然、高価で手入れが行き届いている靴を履いている人は、経済的に困っていないだろうというのは素人でも想像に難くない。

しかし、靴を見れば、その人の懐具合だけでなく内面までもうかがうことができるのだ。

靴は、身につける服飾品のなかでも最も下の、比較的目立たない位置にある。服やアクセサリーに比べれば、人目につきにくいポイントといっていいだろう。

この目立たない部分にお金や手間をかけるのは、細部にまで気を配れる細やかな神経の持ち主でもある。地味で小さな仕事でも細部までこだわって、しっかりと仕上げることができるはずだ。

それは、何も高級な靴を履いている人に限ったことではない。

手頃な価格の靴であっても、服装やシチュエーションに合わせて靴を履き分けることができる人は、同様に細かいところまで目が行き届く気配りができる人といえるだろう。

一見目立たない靴へのこだわりは、緻密さや細やかな気配りといった繊細な心理を浮き彫りにしているのである。

4 メガネとアクセサリーを読む

かけているメガネでわかる自分の魅せ方

メガネはその人の顔のイメージをつくるものだ。しかも、メガネしだいで自分の雰囲気を巧みに演出できたりもする。

逆にいえば、メガネ選びには「こう見られたい」という心理が働いているともいえるわけで、そこには「自分の本質を隠したい」という心理が働いているのである。

たとえば、黒ブチのフレームは個性的に見えるが、このメガネを選ぶ人は実際には存在感の薄い地味なタイプの人が多い。

そのため、自分のことをもっと強烈に周囲にアピールしたいという願望が強く、個性的な印象の黒ブチメガネをつい選んでしまうというわけだ。

同じように、柔らかい印象があるべっ甲のフレームを選ぶ人は、実際には堅物であることが多い。

本人も真面目でお堅い性格を自覚していて、心の底ではそんな自分を変えたいと思っている。だが、人の性格はそう簡単には変えることができないから、顔の印象くらいはメガネを使って柔らかく見せたいと願っているのである。

初対面のときなどはメガネを見れば、相手がどんなイメージを持ちたがっているかがわかる。

いつもサングラスをかけている人は何を隠したいのか

最近ではファッションアイテムのひとつとしてすっかり定着しているサングラスだが、とはいえ、室内にいるときでも夜でもサングラスを外そうとしない人がいる。

こういう人はおしゃれのためではなく、自分の心の弱さを隠そうとしているのかもしれない。

なぜなら、人の心の状態というのはたいてい目の表情を見ればわかるからだ。つまり、自分の目を隠そうとする行為は、動揺や不安を周囲に悟られたくないという強い気持ちの表れでもある。

しかも、いつでもどこでもサングラスが手放せないとなれば、どんなにいきがっている人でも本当はかなり気弱な人だといえるだろう。

試しにサングラスを外してもらえば目がおどおどしていたり、こちらの顔すらまともに見られないといったことがあるかもしれない。

サングラスをかけているからこそふつうに話すことができるわけで、強気な態度にも出られるというわけだ。

そう思うと、サングラスをかけた人を前にしたからといっても何も臆することはないだろう。

メガネかコンタクトレンズかで読み解く性格の違い

目はその人の印象を決定づける重要な体のパーツのひとつだ。だから、視力が悪くても、メガネをかけるかコンタクトレンズにするかで顔の印象は大きく違ってくるし、どちらを選ぶかで性格も違う。

たとえば、コンタクトレンズを選ぶ人は、自分のイメージをあまり変えたくない保守的な人が多く、また自信家でもある。

というのも、素顔を人前にさらせるというのは、素の自分を周囲にさらけ出せるのと同じ意味だからだ。つまり、外見のみならず自分の内面にも自信を持っているということができる。

一方、メガネを選ぶ人は大きく分けて2つのタイプに分かれる。

まず、自分の素顔や内面に自信が持てずに、「こうなりたい自分」にメガネをかけることで積極的に変身したいと思っている。このタイプの人は自分に自信がない一方で、変化を恐れない柔軟性がある。伊達メガネをかけているのもこのタイプの人に多い。

もうひとつのタイプは、外見には無頓着な自信家である。自分の内面に自信があるのであまり気にしない。メガネも、軽いか丈夫かなどの実用性で選ぶ合理的な人が多い。

女性のメガネ選びに隠された変身願望のナゾ

女性でコンタクトレンズではなくメガネをかけている人は、より知的に見られたいという願望の強い人かもしれない。

女性がメガネをかけていると真面目でお堅いというイメージを持たれることもあるのに、それでもあえてメガネを選ぶということは、モテることよりも知的であることを優先させているフシがある。

見方を変えれば、自分の知性に対して何らかの強いコンプレックスを抱えているとも考えられる。

しかし、そうはいってもオンナらしさも残しておきたいのも本音だろう。

たとえばメガネのなかでも、メタルフレームを選ぶ女性は知的な雰囲気を出しながらも、密かに「女性らしさ」もアピールしたいと望んでいる人でもある。

また、プラスチック素材のセルフレームを選ぶ女性は交友関係にもおしゃれにも積極的で、活発な人が多い。変身願望も強く、時と場合によって異なる色や形状のメガネをかけたりすることもある。

メガネをかけている女性はお堅いのではないかと最初から敬遠しないで、メガネ越しの素顔を観察してみると、意外な本音を隠していたりもするのである。

ブランド物で着飾る人が怯えているものとは？

いつもきらびやかにブランド物などで着飾っている人と、地味なくらいシンプルな格好をしている人がいるが、どちらが自分に自信を持っている人だろうか。

第一印象では、やはり着飾っている人ではないだろうか。パッと人目につくような高級品や光りものを堂々と身につけられる人は、他人の視線を浴びても動じない強さを持っているように見えるからだ。

だが、人の目を意識している人というのはじつは臆病であることが多い。

自分は他人と違って社会的なランクが高く、経済的にも恵まれていることを誇示したい。他の人と同じではないなどという心理が常に働いていて、ごくふつうの人に見られることに内心怯えているのだ。

逆に、ほとんどアクセサリーもつけず、一見地味な身なりの人のほうが内面は強かったりする。他人の目にどう映っているかをあまり気にせずに自分のペースで生きていけるので、ストレスも少なく精神的に安定しているからだ。

見た目の華やかさに惑わされないように、相手の中身をしっかりと見極めるようにしたい。

結婚指輪に潜む奥深くも恐ろしい情念とは?

「結婚指輪をしている男性は愛妻家」といわれることが多いが、じつは、そこにはもう少し奥深い心理が隠されている。

常に結婚指輪を身につけている人の心理として真っ先に挙げられるのは、男女を問わず自分と相手に対する「制約」だ。

結婚式という幸せの絶頂ともいえるシーンで交わされる結婚指輪だが、年を重ねると、それが幸せの象徴からふたりを縛る足かせのようになってくることがある。

結婚指輪を外さないというのは、もちろん愛情の証でもあるが、一方で目に見える形で愛情を確認していないと不安になるという関係ともとれなくはない。「浮気は許さない」というメッセージを発信している〝代弁者〟でもあるわけだ。

また、結婚指輪をしている人は、結婚という社会的な結びつきを重要視していて、お互いに束縛される関係を肯定的にとらえているフシがある。

常識的で規範意識も高い几帳面な性格だが、反面、窮屈でときに嫉妬深いという側面も備えている場合もある。

単なる既婚者の証にとどまらず、その人の心の奥に潜む情念も露わにしてしまう結婚指輪は、じつに恐ろしい存在なのである。

ピアスだらけの人は自分に対する不満度が高い⁉

女性だけでなく男性もピアスをしているということが珍しくなくなった昨今だが、それでも耳や鼻、唇など、いたるところピアスだらけという人はあまり一般的とはいえない存在だろう。

じつは、心理学的にはピアスにはあるメッセージが込められている場合がある。現状への不満を打破する術が見つからないことへの反抗心の表現手段のひとつなのだ。

ピアスの数はそのまま不満の度合いを表しているといっていい。つまり、顔中ピアスだらけという人は多くの不満を抱えている可能性があるのだ。

この不満感は多くの場合、自分の内面に向けられている。

その反動からか、自分を特別な存在に見せたいという欲求が強すぎるケースもある。

また、仲間意識が強く、よそ者を排除しようという傾向がある。それは、同じ不満を抱えるもの同士でいたわり合いたいという「親和欲求」の表れでもある。

へそや性器など、他者から見えない場所にピアスをつけているのは、他人との関わりよりも自分の世界を大切にしたいという心理の表れでもある。つまり自己陶酔型のナルシストともいえるかもしれない。

アンクレットと〝オンナ度〟の不思議な接点

手首につけるブレスレットと、足首につけるアンクレット。外してみればどちらも似たようなアクセサリーではあるが、アンクレットをつけている女性のほうが断然〝オンナ度〟が高く見えるのはどうしてだろうか。それは、身につけている女性の自信度の違いと考えていいだろう。

たとえば手首なら、もし他人からじろじろ見られることがあってもさほど抵抗は感じないが、足首は別である。

そもそもアンクレットの起源は奴隷の足かせだといわれている。そのため誰かの所有物であるという意味合いもあったのだ。

そんな起源に関係しているかどうかは別として、女性のなかには自分の脚を他人から注目されることを不快に感じる人がいる。

だから、そんな部分にわざわざキラリと光るアクセサリーをつけられる女性というのは、自分に自信を持っているタイプといっていいだろう。

ただ、街を闊歩する多くの女性が身につけている場合は、単にファッションとして流行っているだけのことである。くれぐれも勘違いしないように気をつけよう。

メタルフレームのメガネをかける人の素顔とは？

かつて「メガネは顔の一部です」というCMソングがあったが、たしかにメガネはその人の個性を映し出す大切なアイテムのひとつだ。

そのメガネにも流行はあるが、ビジネスパーソンの間で定番化しているのがメタルフレームのメガネである。

どこかクールでデキる男のイメージを演出できるため、このフレームを選ぶ人は多いが、じつはこのメタルフレームを好む人はクールどころか根っこは熱い感情を持ったタイプである場合が多い。

では、どうして冷たい印象を与えかねないメタルフレームをわざわざ選ぶのか。

それは、実際には妙な正義感に突き動かされて熱血漢を演じてしまうような、ちょっとくどい一面もあるため、クールなメガネをかけることで自分のイメージを中和しようとしている可能性がある。

だから、こういう人を飲みに誘うと、酔った勢いで泥臭い持論を展開したかと思えば、やけに人情味ある一面を見せたりと、思いがけない発見をすることがある。

シャープで都会的な人間だと決めつける前にちょっと誘ってみると、メガネの後ろ側に隠れた素顔が見られるかもしれない。

5 スマホを読む

頻繁に携帯メールをチェックする人の深層心理

友人と会って話しているときにも片手に携帯電話を持ちながら、メールがきていないかを頻繁にチェックする人は多い。

相手にしてみたら「自分よりメールのほうが気になるのか」と腹立たしくもなるが、実際にこういう人に限って話に集中していないことが多い。

どちらかというと寂しがり屋の人が多く、周囲から嫌われたくないという思いが強いために相手の反応ばかりを気にする。友人と会っているのもそのためなのだが、その最中でさえ自分がメールを送った相手からの反応が気になってしかたがない。

しかも、相手からの返信がなかなかこないと「怒っているのではないか」「嫌われたのではないか」と心配になって、そのことで頭がいっぱいになってしまうのだ。

とくに、グループチャットのように複数の相手と同時にメールのやり取りをしているときなどは「会話の流れに取り残されたくない」という気持ちが強くなり、ほかのことは上の空で携帯電話から目を離せなくなってしまうのである。

メールの相手の反応を気にするわりには目の前にいる相手への心遣いは薄く、身勝手極まりないタイプだ。

LINEをやめられない人の意外な共通点とは？

中高生から社会人まで、若い人たちの間ではすでに欠かせないコミュニケーションツールになっているのがＬＩＮＥやツイッター、フェイスブックなどのＳＮＳである。

ほとんどの人がやっているので、「やらないと取り残されてしまう」という焦燥感から始めた人も多いのではないだろうか。

だが、こうした焦燥感が強い人はそればかりになってしまう危険があるから要注意だ。

ほんの少しの間でもスマホを見なかったら「自分が見てない間に皆が盛り上がってたらどうしよう」などと不安になり、頻繁にチェックしてしまう。入浴中でも外出中でもスマホが気になってしかたがなくなるのだ。

とくに、女性は男性よりも「共感力」が高い。お互いに共感し合うことで連帯意識を強めていく。人によっては、「みんながしてるから私もしたい」と周囲に流されてしまう。

また、気が弱い人はグループのなかでリーダー的な存在の人の反応を気にして、その人がメッセージのやり取りをやめない限り自分もやり取りを続けてしまうケースもある。その挙句に、心身ともに疲れ果ててしまうことになるわけだ。

スマホを使う時間を決めるなど、SNSに振り回されないことが大切なのだ。

スマホゲームにハマッてしまう危ない心理

スマホのゲームアプリは「無料」をうたっているものが多いが、実際にゲームを始めてみると思わず課金をしてしまいたくなることがよくある。

なかには月に数万円から数十万円を課金する「課金中毒」の人もいて、以前、社会問題にもなったほどである。こうしたスマホゲームはプレイヤーが課金したくなる心理を巧みについている。

たとえば男性に多いのは、闘いに必要な体力や強くなれるアイテムを入手するために課金してしまうパターンだ。ゲームのなかではプレイヤーのランキングが表示されるので、「競争心」や「闘争心」が煽られるのである。

女性の場合は、自分の分身のキャラクターを装飾するためのアイテムを購入してしまう人が多い。レアで可愛いアイテムを入手することで、ほかのプレイヤーから「可愛い!」と褒められると自尊心が満足するのだ。

そのほか、希少アイテムをゲットできる場合なども少額から課金できるから「３００円くらいなら…」と財布の紐が緩んでしまう。希少アイテムが出ずに「あと1回だけ」と続けてしまうのだ。

もし心あたりがあるようならハマり過ぎには要注意だ。

誰からの友達申請でも一発ＯＫしてしまう人の本音とは？

ＳＮＳを利用していて困ることのひとつが、それほど親しくない人からの友達申請だろう。会社の上司や取引先、挙句の果てには元カレなど、承認するのに躊躇してしまう相手から申請されるときがある。

こういう相手がどういうつもりで申請しているのかといえば、ともかく数の上で友達を増やしたいと思っているだけだ。

たとえつき合いが浅くても、あるいはいまはつき合いがなくても、そんなことはいっこうにかまわないのである。

このタイプの人は、知らない人から友達申請がきても気軽に承認してしまう傾向がある。よく知らない人や覚えていないような相手でも、「友達が増やせるなら…」と、深く考えもせずに承認してしまうのである。

そうやって友達が増えれば増えるほど他人から承認されたいという「承認欲求」が満たされることになり、周囲に自分は人気者で顔が広いと自慢できて自尊心が満足するのだ。

だが、ＳＮＳの友達はやたらに増えてしまうと対応が面倒になることもある。また、知らない人からの申請は詐欺の可能性もある。うかつに申請や承認を続けていると、手痛い目にあうこともあるからくれぐれも気をつけよう。

相手のことが気になる人ほど絵文字を多用する!?

携帯電話のメールは顔文字や絵文字を簡単に挿入

できるぶん、ふつうの手紙と違って微妙な感情を表現しやすく、その人の性格が表れやすい。

絵文字を多用する人には女性が多いが、これは相手からどう思われるかを気にする人が多いからかもしれない。

「可愛いと思われたい」「優しい人だと思われたい」という気持ちから絵文字を使うというわけだ。

こういう人は自分をよりいい人に見せようとするために、異性も同性も関係なく絵文字を入れる傾向がある。

顔文字や絵文字つきのメールを送られると自分に特別な好意があるのではないかと勘違いする人もいるだろうが、それほど深い意味はない。

また、男性ではあまり絵文字を使わない人が多いが、これは一般に男性のほうが女性よりも共感性が低く、メールを単なる通信手段だとしか考えていないからである。

メールで細かい感情まで表す必要性を感じていないのだ。

なかには男性でも絵文字をやたらと駆使する人がいるが、こういう人は相手と感情を共有したいという気持ちが強いタイプだといえるだろう。

スマホのパスワード変更でわかる3つのタイプとは？

どんな機種かにかかわらず、携帯やスマホにはロックをかけている人が多い。

個人情報保護という視点から見ればこれはごく理にかなった行為だ。

一方で心理学の視点で見ると、ロックに使用するパスワードについておもしろいことがわかるのだ。

パスワードは一度設定してそのままの人も多いなか、こまめに変更する人がいる。

そのなかでいちばん単純なのが、単に変化を好み、パスワードを変えること自体を楽しんでいる人だ。彼らはパスワードだけでなく、ファッションや髪型、通勤経路や住居などをころころと変える傾向がある。

次は、警戒心が異常に強いタイプだ。彼らはこまめに変更することで、パスワードを見破られるリスクを減らしている。

パスワードとなる数字にも気を使い、意味のない数字の羅列になるように細心の注意を払う。リスク管理意識が高い人ということもできる。

問題なのは、携帯やスマホのなかに人にいえない秘密がある場合だ。なかを見られることを極度に恐れるため、パスワードをこまめに変更するのである。

もちろんパスワードの変更だけで〝クロ〟と判断することはできないが、日頃の行動と合わせて「怪しい」と感じたら、疑うだけの根拠にはなるかもしれない。

メールの返信が早い人は「できる大人」⁉

仕事でもプライベートでもメールは欠かせないコミュニケーションツールのひとつだが、じつはメールの返信の早さは仕事力に比例しているのだという。

返信が早い人というのは、自信家で決断力があり、仕事に関しても即断即決の「できる人」に多い。

メールの返信に限らず、反応が早い人というのは、自分に自信がある人が多いようだ。

たとえば、カナダの心理学者キャンベルは、25の質問を次々に浴びせかけてその答えを言わせるという実験を行っっているが、それによれば、自信がある人ほど答えるまでのスピードが速かった。

逆に、なかなか返信をくれない人というのは、優柔不断で自分の判断に自信が持てないタイプが多いという。

返信したほうがいいのか、どんな返信をしようかと迷っているうちに、どんどん返信が遅くなると考えればその推察も一理あるだろう。

仕事に関していえば、決断の早さや自信というのは欠かせないスキルである。メールの返信スピードが仕事力をはかる目安になるというのも納得できる話なのだ。

人前で大声で携帯をかける人は何を誇示したいのか

レストランや街中など人が大勢いる場所で、周囲の迷惑などまるで気にもとめずに携帯電話で大声で話している人を見かけることがある。

こういう人は自己中心的な性格なうえに、自己顕示欲が強い人だと思っていい。周囲にいる見ず知らずの人たちに対しても、自分の存在をやたらにアピールしたくてしかたがないのだ。

このタイプは喫茶店で注文するときも意味もなく大声でウェイターを呼んだり、部下を叱るときも相手の気持ちも考えずに人前で大声で怒鳴ったりすることがある。

しかも、周囲がそれを不快に思っていることにも気づかない。それどころか、そういう自分をかっこいいとさえ思っているので、態度を改めるつもりなんて毛頭ない人が多い。

言い換えれば、いわゆる空気の読めない人、相手の気持ちを理解できない人だということもできる。

そのため、電話でも一方的に自分の話ばかりをすることが多いが、それで相手が引いていたとしてもまったく気づかずにしゃべり続ける。自分を誇示することで頭がいっぱいなのかもしれない。

しきりに電話をかける人の心理分析

暇さえあれば携帯電話をかける人がいる。しかも、「最近どう?」とか「元気?」などと、あまり意味のない話が多いのだが、じつは、こんな人に限って広く浅い人間関係しか築けないことが多い。

つまり、深いつき合いができないから、自分から電話をしたのに当たり障りのない挨拶程度の会話しかできないのだ。

それにもかかわらず、仕事の合間や駅で電車を待っているときなど、わずかな時間でもつい誰かに電話をしてしまうのは、誰かとつながっていないと孤独や不安を感じてしまうからである。

ようするに、表面的な人間関係しか築けないことの寂しさや、そんな自分への劣等感から電話で誰かと話すことで「自分には友達が多い」と安心感を得ているわけだ。

こういう人は、本心ではもっと誰かと深いつき合いをしたいと望んでいる一方で、傷つくことを恐れて一歩踏み込んだ人間関係になることを無意識に避けている。

そのため、相手から相談をされても逃げてしまうことも多いのだ。

一見すると対人関係に積極的な人のように思えても、その裏には人づき合いに臆病な一面が隠されているのだ。

写メで自分を撮るタイプを分析すると…？

携帯電話のカメラで自分の顔ばかりを撮る人は、自分が大好きな人だ。

言い換えればナルシストで、常に周囲から自分がどう見えるのか気にかけている人が多い。理想の自分を追い求めていて、自己演出にも余念がなく、そんな素敵な自分を周囲の人たちにも知ってもらいたくてしかたがないのだ。

そのため、「いま、話題のレストランで食事をしています」といったコメントとともに、自分の写真を添付して友人に送ったりする。

友人にしてみればとりたてて知りたくもない情報なのだが、こういう人は「相手は自分に興味を持っている」と思い込んでいる傾向があるので、相手がどう思っているかなどはお構いなしである。

つまり、鈍感でむやみにポジティブな人だともいえるが、かといって、とくに悪気のあるタイプではなく、自慢話が多いことを除けばそれほど害もない。

一方で、携帯電話のカメラを使って友人や家族など自分以外の人物を撮る人は、周囲に気を使うタイプだ。その場の空気を読んで、適切に立ち回れる協調性のある人が多い。

最新機種を誰よりも先に手に入れたくなる人の深層心理

ｉＰｈｏｎｅの最新機種が発売されるたびにニュースに流れるのは、誰よりも早く手に入れたいと店頭に何時間も並ぶ人たちだ。

このように徹夜で並んでまでスマホやゲームの最新機種に飛びつく人たちは、その商品を手に入れることの楽しみに加えて、商品を通して自分のアイデンティティを確立しようとしている場合がある。

「このメーカーの最新機種を持っている自分」が最先端でイケてると思っているので、理想とする自分になるためには何としてでも新製品を手に入れたいのだ。そうすることで自尊心が満足するし、自分にも自信が持てる。

さらに、その商品をいち早く周囲やＳＮＳで自慢することで、ほかの人よりも優位に立ちたいという心理も働いている。

周囲から「最新機種をもう持ってるんだ！　すごい！」と称賛されることで優越感に浸れるというわけだ。

このタイプの人は、限定品などのレアな商品にも弱い。

「誰も持っていないなら、どうしてもゲットしたい！」と思わず飛びついてしまう傾向があるのだ。

会話の最中に携帯電話で他の人と話す人とのつき合い方

誰かと会っているときに携帯電話が鳴ったとする。それほど重要な話でもないのに、目の前にいる人を放っておいて長々と電話の相手と話し込んでしまう人は目先の興味にとらわれやすいタイプだといえる。

ふつう、誰かと会って話している最中に電話がかかってきたら、その場は手短に話してあとからかけ直すのが相手に対する礼儀だろう。

だが、このタイプの人は電話の相手に興味が向かってしまうと、会っている人のことなど頭のなかからすっかり消えてしまうようなのである。

会っている相手が待ちくたびれて、あからさまにイライラしてきても、電話の内容に夢中になっている間は自分の気持ちを優先させて長電話を続けてしまう。

しかも、会っている相手が不快な思いをしていることにもそれほど気がつかないので、電話を切ったあとも悪びれる様子もないことが多い。

こういう人は先に誰かと会う約束をしていても、他にもっと面白い誘いがあれば先約をキャンセルしてより興味がある誘いに乗ったりする。あまり信用できるタイプとはいえないだろう。

スマホに依存しているなら覚えておきたいこと

昔から「人はひとりでは生きていけない」と言われるが、そんな人間心理を具体化したのがツイッターやフェイスブックではないだろうか。

これらのソーシャルネットワークサービスが刺激したのは、人間なら誰もが持っている「帰属欲求」だ。

帰属欲求は、他人から受け入れられて集団の一員になったり、きちんとした組織に入ってそこで仲間といい仕事がしたいなどと望むことである。

世界中で爆発的に利用者が増えているのも、誰かとつながっていたい、他人に認めてもらいたいという欲求が簡単に満たされるからにほかならない。

ただ、誰もが持っている欲求とはいえ、やはり程度には差がある。このようなサービスにあまり興味が持てないという人は欲求が弱く、反対に誰かとつながっていないと不安でしかたがないからとすっかりハマってしまう人は帰属欲求がかなり強いといえる。

だが、帰属欲求があまりにも強いと、孤独を恐れるあまりいい大人になっても自分を持てなかったりもするので、たまには他人と距離を置いて自分を冷静に見つめる時間をつくるといいだろう。

カメラに向けたポーズで自信の度合いがわかる！

誰もがスマホを持つようになり、写真を撮ったり撮られたりする機会が増えたという人は多いだろう。

ところで、この写真を撮られるときの表情やポーズで、その人が自分に対してどれだけ自信を持っているかを読み取ることができる。

たとえば、自分に自信がある人は目をパッチリと開いてカメラのほうをしっかり見る。こういう人は自分の外見にも内面にも自信があるから、余裕で笑顔をレンズに向けられるのだ。

周囲に対してコンプレックスを感じることも少ないので社交的で、仕事でもプライベートでも活発に行動する人が多い。

反対に、自信がない人は伏せ目がちで、視線をカメラのほうに向けられない。できるだけ写らないようにと人の後ろに隠れるような素振りを見せることもある。

これは劣等感や不安から、何ごとにも消極的になっている証拠なのだ。

ちなみに、顔写りのいい角度やポーズを把握していて必ずその角度で写真を撮ってもらう人がいるが、このタイプは自意識が強く、常に周囲からよく見られたいと願っていることが多い。

親しいのにビジネスライクな返信をする人の心情は？

プライベートでやり取りするメールは、相手との仲が親密になるほどくだけていくものだ。

しかし、なかにはプライベートにもかかわらず、ビジネスメールさながらに堅苦しい文章を打ってくる人がいる。

内容も「了解しました」「よろしくお願いします」などと、用件だけで素っ気なかったり、文体にも敬語が使われていたりする。

こういう人は、メールの相手とそれほど親密になりたいとは望んでいないと考えられる。

なぜなら、親密になりたい相手には自然と自分自身のことをアピールしたくなるものだからだ。

相手ともっと親しくなりたいと思っていたら、たとえそれがビジネスメールだったとしても、「以前、お話していたお店に行ってきましたよ」などと、仕事とは直接関係ない自分の情報まで書いたりするものである。

プライベートのメールでも用件のみということは、相手にそれほど関心を持っていないことになる。こちらがいくら気を使ってもそれ以上に仲が深まることはないと思っていいだろう。

携帯電話と固定電話を使い分けるのはどんな人？

友人には携帯電話を使って話すのに、上司や恩師といった目上の人に電話をするときには「無礼があるといけないから」と、わざわざ固定電話を使う人がいる。

たしかに、携帯電話は電波の状況などでいきなり切れてしまうこともあるから、よほど大切な用件を話すときには固定電話からのほうが無難だろう。

だが、用件の重要度とは関係なく、相手が誰なのかによって携帯電話か固定電話かを使い分けているようなら、その人は権威に弱いタイプだといえる。

上下関係や序列にひどく敏感で、目上の人への失敗や無礼を必要以上に恐れてしまうのである。

こうしたむやみにへりくだった態度は、自分に自信がないことの表れでもある。もともと自信がないので、些細なことでも目上からどう思われるかが気になってしかたがないというわけだ。

また、権威に弱い一方で、自分と同等もしくは下だと思っている相手に対しては「コイツなら失礼があっても問題ない」と、軽んじた扱いをしてくるのもこのタイプに多くみられる。なめられると横柄な態度をとられることもあるから要注意だ。

携帯ストラップをやたらとつける人がアピールしたいこと

スマートフォンが普及してきてからはそれほど見かけなくなったが、以前の携帯電話ではストラップをジャラジャラと何個もつけている女性がよくいたものだ。

そんなにつけていては電話をするにもメールを打つにも邪魔になるだろうと思うが、本人はお構いなしにどんどんとストラップの数を増やしていくのだ。

ところで、こういう女性は寂しがり屋で、いつも誰かとつながっていたいと思っているタイプに多い。

「友達とお揃いで買ったモノ」「家族で旅行したときのお土産」など、ストラップの一つひとつに何かしらの思い出が詰まっているのだ。

そして、そのストラップを見ながら自分と友人たちとのつながりを再確認し、自分にはこんなに仲のいい友達や家族がいるのだと安心感を得ているのである。

また、こういう女性は「友達のいない人」だと周囲から思われることを極端に恐れているフシがある。

そのため、ジャラジャラとつけたストラップをこれ見よがしにつけて、「私にはこんなにたくさんの友達がいるのよ」と周囲にアピールしているのだ。

それでも携帯電話を持たない人はどんな人？

いまでは老若男女を問わず、ほとんどの人がスマホや携帯電話を持っているが、なかにはそんな世の中の流れにあえて逆らって携帯電話を持たない人もいる。

こういう人には、ブレないタイプが多い。たとえば流行に乗るのをひどく嫌うタイプで、誰もが携帯電話をいじっているいまの風潮が気に入らず、あえて違うことをしたいようなのだ。

根拠もなく「自分は周囲とは違う」という自信を持っていて、ほかの人たちと同じようなことはしたくないと思っているフシさえある。

対人関係に関しては、自信過剰な一面があって、携帯電話で頻繁にやりとりをしなくても「自分の交友関係は揺るがない」と不安を抱かないタイプか、もしくはもともと人づき合いが嫌いで連絡などとらなくてもいいとコミュニケーションを避けているタイプがいる。

どちらのタイプにしてもプライドが高いのは同じなのだが、たとえ携帯電話を持ちたくなっても「持たない」と周囲に公言してしまった手前、いまさらそのことを撤回できずにタイミングを逸しているのかもしれない。

「感じのいいメール」をいつも送ってくる人の深層心理

すっかり生活の一部になった無料メールアプリや短文投稿サイトだが、メッセージのやり取りをするなかでのトラブルはあとを絶たない。

なかにはメッセージのやり取りが事件にまで発展してしまうケースがあるが、その原因のひとつがいわゆる〝勘違い〟だ。

電話をしたり直接会って話をすれば、表情や声の調子などから相手の感情を察することができるが、メールの場合は文面だけで判断するしかない。

逆にいえば、本心では迷惑な相手だと思っていても、気持ちとは裏腹に相手を気遣うような文章にしたり、絵文字やスタンプを使って喜んでいるような〝細工〟も簡単にできる。

その意味では、いつも感じのいいメールを送ってくる人は、自分のことばが相手にどんな影響を与えるか、時間をかけて慎重に戦略をたてるタイプだ。真に受けず、冷静に対応する必要があるだろう。

6 身の回りのモノを読む

ショルダーバッグを愛用する人はデリケートな性格!?

いくらバッグを持つのが面倒といっても、やはりオフでもない限り手ぶらというわけにもいかないだろう。

ところで、たいていのビジネスパーソンはダーク系の色で機能性に優れたバッグを持っている人が多いが、肩からバッグを引っかけて歩くショルダータイプのバッグを選ぶ人がいる。

こんなスタイルを好む人は好奇心が旺盛で、自由な価値観を持つ人である。仕事一辺倒にならず、趣味などの自分の世界を大事にするタイプだ。

しかも、どれかひとつを偏重せずに、自分のなかでバランスをとりながらいつも新鮮な気持ちで毎日を送っていることが多い。

たしかに、ショルダーバッグを愛用している職業といえば、新聞記者やデザイナーなどモノづくりに携わる仕事が多いイメージがある。想像力や自由な発想が求められるという意味では、ショルダーバッグの「両手がふさがらずに自由に動かせる」という利点も好まれる理由かもしれない。

ただし、このタイプはデリケートな一面も持ち合わせている。仕事や家庭で何かつまずくとたちまちバランス感覚が崩れて、趣味の世界に走りがちになる場合があることも頭に入れておこう。

財布を見れば隠し切れない本性がハッキリわかる！

外出をするときに誰もが肌身離さず持っているものといえば財布だろう。じつは、財布には持ち主の内面が投影されていることがある。

たとえば、カードを使用頻度の高い順に並べて入れていたり、お札の向きもしっかりと同じ方向に向けて入れているような財布を持っている人は、自分の生活もしっかりとコントロールできる人であることが多い。几帳面で、きれい好きな人だといっていいだろう。

一方で、レシートや不要なポイントカードなどで膨れ上がった財布を持っている人は、心配性で所有欲が強い傾向がある。モノが捨てられないタイプで、部屋なども片づけられずに散らかっていたりする。

また、高価な財布を持っている人はしっかりした経済観念があり、浪費もしない。いい財布を長く使う、合理的な人でもある。

そして、財布を持たずにお金を裸で持ち歩く人は、現実逃避しやすい傾向があり、計画性が低いタイプでもある。

デートや仕事相手と会うときなど相手が財布を出す機会があるとしたら、さりげなくチェックしてみるといい。隠し切れない相手の本質が見えてくるかもしれない。

出世するかしないかは傘を見れば一目瞭然?

梅雨や台風シーズンになると、会社の傘立てにもずらっと傘が並ぶことになる。いつもは気にもとめない他人の傘だが、一度、誰がどんな傘を使っているかをチェックしてみれば、その人の出世意欲が見えてくる。

なぜなら、心理学では傘は権威や権力の象徴だからだ。強い勢力の支配下に置かれることを「大企業の傘下に入る」などと表すが、どんな傘を使っているかを見れば、その人がどれだけ権力を広げたいかがわかるのである。

たとえば、ブランド物の立派な傘を持っている人は、見栄っ張りで、出世意欲が強いタイプだ。

いまは上司の指示に従順に従っていても、いずれは周囲を自分の傘下に収めようと虎視眈々と狙っている可能性が高い。

一方で、100円ショップなどで売っているようなビニール傘を使っている人は、モノへのこだわりも出世へのこだわりも薄い人である。

「とりあえず雨に濡れなければいい」という姿勢は、仕事にも通じている。実務的には効率よく仕事をこなしても出世意欲はゼロで、権力争いなどには無頓着な人だと考えられる。

愛読書を見ればその人の傾向と対策がズバリわかる！

読書好きな人であっても、読む本の傾向というのはおのずと決まってくるものだ。

愛読書としてどんなジャンルの本を選ぶかということでも、その人の内面を推し量ることができる。

ビジネスパーソンには、戦国物、歴史物が好きという人が多いが、このタイプの人は出世欲が強く攻撃心を秘めている。

いま勤めている会社や職場を戦国時代に置き換えて、戦略を練るのが楽しいというロマンチストともいえるだろう。

また、ベストセラーばかり手に取る人は、ミーハーな側面もあるが、現実的なパワーにあふれ、強い行動力を持っている。時代の流れを敏感につかむことができる反面、上司とぶつかることもあるかもしれない。

ビジネス書を次々に読破しているという人は根は真面目なのだが、分析力に欠けていることがある。なかなか仕事がうまくいかない不安感をビジネス書を読むことによって解消しようとしているフシがある。

ちなみに、カバーをかけずに本を読む人は、周囲に自分の内面をさらけ出すことに抵抗がない可能性がある。

どんな手帳を使っているかに性格はあらわれる！

ビジネス手帳はバッグに入れて持ち歩くのにも便利で、装飾も少なくてシンプルだ。経済的で手軽なので愛用している人も多いだろう。

一方、本人の使用目的に合わせて用紙をセットしたり差し替えることができるシステム手帳は、自分好みの使いやすい手帳にアレンジできるのでムダがない。

両方を比較すると、ビジネス手帳を使う人は、スケジュールを調整するという手帳としての最低限の役割を果たせばそれでいいとする実利主義的なタイプが多い。

他方、システム手帳を愛用している人は何事も合理的に考えるタイプで、どちらかというと理論派の傾向があるようだ。

というのも、いろいろなメモ欄があったり、年単位のスケジュールから週間予定表に至るまで必要な情報をびっしり詰め込めるシステム手帳は、コンパクトなビジネス手帳に比べると持ち歩くのに不便なときもある。

しかし、仕事もプライベートも、じつはすべてこの1冊でカバーできるので、ビジネス手帳に比べるといろいろ調べる手間が省けてむしろ合理的というわけだ。手帳ひとつをとっても性格がよく表れるのである。

持ち主の性格は旅行バッグのなかを見るとわかる！

バッグのなかには、持っている本人が必要としている物が入っている。だから、その中身を見てみると持ち主の性格がわかるのだ。

とくに旅行バッグの中身には性格が表れやすい。なかでも、いろいろなものが入った重そうなバッグを持ってくる人は心配性だ。常に〝何かあった場合〟を想定して、完全装備しておかないと安心できないのである。

逆に、必要最低限のものだけを持ってくる人は、何か不測の事態が起きても「どうにかなるさ」と重く受け止めないタイプだ。

こういう人は、ふだんから持ち物が少なく、財布とスマホをポケットに入れて手ぶらで出かけることもある。

ただ、必要なものがあればどこかで買えばいいと思っているので、不経済でお金をあまり大事にしないタイプともいえる。

手帳の書き込み方から心のなかを見抜く技術

その人の性格がひと目でわかってしまうのに手帳の書き方がある。

たとえば、スケジュールの欄に予定を細かくびっしりと書き込んでいる人は、何も予定がないと落ち着かないタイプだ。

「忙しいからゆっくりする時間がほしい」などと口では言いつつ、いざ予定がないと急に不安になってしまう。無理矢理にでも予定を入れていないと、孤独感や劣等感に襲われてしまうのだ。

こういう人は、常にせわしなく行動しているから心に余裕があまりない。そのため、イライラしていることも多く、土壇場で予定をキャンセルされたりすると想像以上に怒ることもある。

また、仕事のスケジュールのほかにもその日に起こったことやそのときの自分の気持ち、食事のメニューなどを日記代わりに細かく手帳に書き込む人がいる。

このタイプは、そうやって書き込んだ情報を意味もなくあとから何度も読み返したりするが、これは将来の予定よりも〝思い出のなかの自分〟にばかり意識が向いている証拠だといえる。

周囲と積極的に関わっていくより、自分の世界に閉じこもっていたいという内向的な性格の表れでもある。

相手の持ち物でステータスを判断するのはどんな人？

やたらと他人の持っているモノをチェックする人は、モノの価値を通して相手を値踏みしている人である。

Aさんの時計はどこそこのブランドだとか、B子のバッグは海外でしか買えない限定品だとかをすかさずチェックして、「この時計をしているならAさんは年収もいいんだろう」「あのバッグを持ってるなんて流行の最先端をいってる！」などと、持ち主がどういう人かを品定めしているのだ。

だから、自分もいいモノを買い揃えていないと自信が持てずに不安になる。「B子があのバッグを持ってるなら、私はもっと格上のブランドのレアなバッグをゲットしたい！」と、モノで相手に差をつけようとするわけだ。

こういう人は、小さい頃から「私はこんなにおもちゃを持っているけど、あの子はあれしか持ってない」など、持ち物でステータスを決めてきた傾向がある。

これは幼い子供にはありがちな傾向だが、ふつうの人は成長していくうちに相手の持ち物よりも、考え方などもっと抽象的な事柄で人を判断するようになっていくのがふつうだ。

それができずに大人になってからもモノが対人関係の判断基準になっているということは、その人が精神的に幼い頃のままだといえるのである。

自分のスタイルにこだわりを持つ人が選ぶペンとは？

仕事中に何かをメモするときには、手軽で書きやすいボールペンを使うという人が多いだろう。しかし、なかにはこだわって自分だけの筆記具を使う人もいる。

たとえば、万年筆を使う人は何にでもこだわる傾向がある。

というのも、万年筆はボールペンと違ってノックをすればペン先が簡単に出てくるわけでもないし、書いたあともインクが乾きにくい。仕事などで手帳にさっとメモしたりするには、あまり実用的とはいえない筆記具だ。

それにもかかわらず、あえて万年筆を選んで使っているのは、自分のスタイルに強いこだわりを持っている表れでもある。合理的なタイプとはいえず、自分の生活習慣を変えたがらない保守的な人に多い。

なかでも、「万年筆はこれに限るよ」などと言いながら高級万年筆を使っている人は、とくにその傾向が強いといえる。

また、シャープペンシルを使っている人には几帳面なタイプが多い。シャープペンシルは間違えても消すことができるし、鉛筆と違って線の太さが一定でかすれることも少ない。何でもきちんとしたい、真面目な性格が垣間見えるのである。

名刺交換のときに相手の性格が判断できる！

名刺をもらって相手の名前を見てすぐに「いいお名前ですね」と言う人がいる。その人がプライドの高い人かそうでないかをその場で判断することができるからだというのだが、たしかにプライドの高い人は自分の名前を好きな人が多い。

そこで、「はい、気に入っています」とか「ええ、なかなかいい名前でしょう」といった返事がきたら、この人はプライドの高い人だと思って間違いないだろう。

プライドの高い人は、そこをうまくくすぐれば自分の味方にすることもできるし、イヤなことを全部任せることもできる。うまく持ち上げれば、いいパートナーになれる可能性だってある。

一方で、名前を褒めたところで「自分では、あまり好きではありません」とか「もっと違う名前がよかったんですが」と言ってきたら、この人は何ごとにも悲観的な傾向があるタイプだといえる。

「どうせ自分は何をしても失敗する」などと、自分を卑下していて仕事にも消極的になってしまうのだ。

こういう人は積極性に欠けるので、大きな仕事を一緒にしてもなかなか動いてくれないから気をつけたほうがいいだろう。

腕時計をしている人としていない人の性格上の違いとは？

ファッションアイテムのひとつでもある腕時計だ

が、腕時計をしている人というのは、していない人に比べて人生において大きな差をつけているという。

これはアメリカの心理学者によって行われた実験でわかったことなのだが、腕時計をしている人は、していない人よりも人生にしっかりとした目的意識があり、時間をムダなく過ごしているというのだ。

こういう人は仕事においてもプライベートにおいても、きっちりと自分で時間の管理ができるうえ、計画性がある。

時間をうまく節約して、余った時間を自分の趣味や好きなことにも使えるから、生活にも張りがあって生き生きとしている人が多いのだ。

一方で、腕時計をしない人は時間や人間関係に縛られるのを嫌って自由気ままに過ごしたいというタイプが多く、人によっては計画性がなく人生における目的意識も低い場合がある。

さらに、目の前のことをとりあえずこなしていればいいという考えをしがちともいわれる。プライベートではこちらを束縛してこないので、気楽につき合えるだろう。

腕時計を見ると相手の経済力がわかるってホント?

合コンの席で女性が男性をチェックするポイントのひとつに腕時計があるという。どんな腕時計をしているかで相手の財力や生活スタイルを把握するのだ。

この判断のしかたはあながち間違ってはいない。なぜなら、どんな腕時計をしているかで相手の心理がわかるからだ。

たとえば、ロレックスなどブランドものの高級時計をしている人は地位や面子を重んじるタイプだ。

品質が高いものを選んで、長く大切に使おうとすることからも手堅く合理的な人だとも判断できる。

一方、ブランドものでない腕時計を選んでいる人は、壊れたらすぐまた別の時計を買い替えればいいと考えることが多く、物事に執着せず実用性を重視する人が多い。

このように、腕時計ひとつからいろいろなことがわかるのだが、注意したいのは腕時計で財力の判断をすることだ。

というのも、ローンを組んで高級時計を買っている人もいれば、低価格の時計で済ませてがっちり貯金している人もいる。

安い時計をしているからと見くびっていたら、どこかの会社の社長だということもあり得るかもしれない。

「できる人」のカバンのなかはなぜ乱雑なのか

カバンのなかには必要最小限のモノしか入っていなくてスッキリしている、という人はいかにも仕事がデキる人に見える。

かといって、愛読書や雑誌、新聞、小物などを無造作に入れている人が仕事ができないかといえばそんなことはない。案外、仕事がデキる人なのだ。

なぜかというと、それらの情報のなかには何かの"きっかけ"が潜んでいるものだからだ。

新しい仕事のアイデアはもちろん、交渉のときの会話のきっかけや、自分の人生に対する指針なども潜んでいるのだ。

ちょっとした空き時間や電車のなかなどでそれを出して目を通すと、いつの間にか情報通にもなれるし、話題の豊富な人にもなれるというわけだ。

だから、相手のカバンのなかがちらっと見えたときに、そこにごちゃごちゃといろいろな資料が入っていたとしても、それだけで「整理する能力のない人だから、仕事もデキない人に違いない」と思い込むのは早計だ。

こういう人は話の引き出しが多いうえ、営業職に向いている場合も多い。トップセールスマンということもあり得るのだ。

新聞の読み方でわかるリラックス度

昼食後にすることといえば、同僚とおしゃべりをしたり、買い物に出てみたり、なかには朝ゆっくりと読めなかった新聞を広げている人もいる。

そんな新聞を読んでいる人の姿勢から、相手のリラックス度がわかるのを知っているだろうか。

たとえば、新聞を両手に持ってガバッと広げて読んでいる人は、リラックスした気分で昼休みを過ごしている。

また、デスクの上に新聞を広げて頬杖をついて読んでいたら、小さなストレスを感じているかもしれない。

さらに、頬杖をついた手で髪の毛や耳をしきりに触るなど、体の一部に触れていたら要注意だ。何か納得できないものを抱えていてイライラしている可能性がある。

最も心配なのは、パラパラと新聞をめくっているときだ。新聞をこんなふうにめくっているということは、記事の内容はほとんど頭に入っていない。

つまり、一見読んでいるように見えるが心ここにあらずで、何か大きな不安や悩みがあるかもしれない。

上司や同僚に相談ごとがあるなら、新聞を読む姿勢を見てからにしたほうがいい。

商談中の相手がネクタイを締め直すとなぜ要注意なのか

商談中の相手がネクタイを締め直したり、身につけているものに触れるなどのしぐさを見せたら要注意だ。

なぜなら、そうしたしぐさは相手がこちらの話にストレスや不快感を覚えているシグナルでもあるからだ。

ネクタイを締め直したり服装の乱れを整えようとするときは、相手が自分の気を引き締めようとしていると考えられる。

つまり、こちらの話に納得せずに、その内容について反撃しようと体勢を整えているかもしれないからだ。

また、ネクタイを締め直すしぐさには注意を喚起しようとする心理も働いている。「自分はこの交渉内容に納得していない」ということを、さりげなくアピールしているわけで、それに気づかずにそのまま話を進めても相手をさらにいら立たせるだけという可能性もある。

このまま一方的に交渉を続けると、ご破算になる可能性もある。こんなときには何がストレスになったかを考えて、提案内容や交渉の方法を変えたほうがいいだろう。

場合によっては、その日の交渉は中断して、改めて出直したほうがいい結果につながるかもしれない。

ネクタイを緩めるタイミングが絶妙な男性は仕事ができる！

取引先などから会社に戻ってきたとたんに、ネクタイを緩める男性は少なくない。場合によっては、ベルトまで緩めるという人もいるだろう。

これは、ただ単に首周りやウェスト周りがきついからするわけではない。じつは、ネクタイを緩めることで、無意識のうちに社外モードから社内モードへと巧みにスイッチを切り替えているのである。

こういう人は営業先ではキリっとネクタイを締めてデキる営業マンを演出し、社内に戻って報告書を作るときなどはネクタイやベルトを緩めてリラックスしてから取り組もうとする。

つまり、社外でのよそいきの顔と社内での素の顔をうまく使い分けているというわけだ。

社外でも社内でも常によそいきの顔で緊張が続けばストレスは溜まる一方だが、このタイプは気分を上手に切り替えることができる。仕事にもそれほどストレスを抱えずに打ち込むことができるのだ。

反対に、社内でもしっかりとネクタイを締めている人は生真面目な性格で、何ごとに対しても手を抜けない。気分転換が苦手なタイプだといえる。

身近な小物をやたらと触る人はあまのじゃくタイプ⁉

ボールペンを指先でくるくる回している人をよく見かけるが、ペンでも携帯電話でも身近な小物をやたらと触る人にはあるひとつの傾向がある。

アラバマ大学のチャールズ・ジュベールの研究によれば、こういうクセを持っている人は何にでも反発したがるタイプだという。

といっても、本心から反発しているわけではなく、心のなかではイエスと言いたいと思っているのだが、口をついて出る言葉はノーだというあまのじゃく体質だ。

少々やっかいな性質ではあるものの、本心は言葉とは正反対だとわかっていれば扱いにくいことはない。イエスかノーかではなく、どちらがいいかといった選択肢を示せば反発される回数も減るからだ。要は、反発できる要素をなくしてしまえばいいわけだ。

また、あまのじゃくとはちょっと異なるが、正面切って反発はできないけれど、言いたいことがあるタイプも身近にあるモノを触りがちだ。

言いたいけれど言えないというストレスを、身近なモノに触れることで無意識に解消しているのである。

ぬいぐるみに話しかける人は何をアピールしたいのか

子供の頃にお気に入りのぬいぐるみや人形を可愛がっていたという女性は多いだろう。それが年齢とともに興味が他のものに移って、ぬいぐるみは単なる飾り物になることもある。

しかし、なかには大人になっても少女の頃と同じようにぬいぐるみを可愛がり続ける女性もいる。

しかも、大切に扱っているという範囲を超えて「○○ちゃん、ただいま!」とぬいぐるみに挨拶したり、「今日、友達とケンカしちゃったの…」などと話しかけたりするのだ。

こういう女性は、少女のように純粋で可愛らしい自分を周囲にアピールしたいと思っている。だから、「この子、私の親友の○○ちゃん」と、何の違和感もなくぬいぐるみを友達に紹介したりするのだ。

また、このタイプは人とのコミュニケーションが苦手で、周囲に直接いえない気持ちをぬいぐるみに向かって話すことで、婉曲に伝えようとすることがある。

彼の目の前で「私、落ち込んでいるの」とぬいぐるみに話しかけていたら、それは彼へ向けて発した言葉である。慰めてほしいというサインだと受け取ろう。

ポケットに小銭をジャラジャラ入れる人はあればあるほど使うタイプ

小銭で膨んだ財布を持つのに抵抗があるのか、男性のなかには財布には札だけを入れて小銭を入れない人がいる。

レジなどで、まず札を出し、それからポケットに手を突っ込んで小銭をひとつかみ取り出して手のひらの上で硬貨を確認している姿を見かけたりするものだ。

ちりも積もれば山となるように、小銭もコツコツと貯めれば相当な額になるのに、それを意識していないのはお金に対する意識がかなり低いタイプといえる。

またこのタイプというのは、細かいことを考えるのが苦手なので、お金を稼ぐというとギャンブルなどで一攫千金を狙うという発想になる。

貯金をしたり、じっくりと投資をしてお金を増やすことなど面倒でまったく魅力を感じていないのだ。

いつも気持ちが大きくて一見、男らしく見えるかもしれないが、あればあるだけ使ってしまうので、お金の管理を任せるととんでもないことになりかねないので気をつけたい。

テーブルの上に文房具を押し広げる意図は？

交渉ごとや相手を説得したいときは、できるだけ自分が有利になるよう話を展開したいものだが、もしもその場で相手が手帳やペンなどをテーブルの上に大きく広げ始めたら注意したほうがいい。

というのも、人は境界線があるわけではないのに、自分のテリトリーに踏み込まれると心理的に受け身になるからだ。

テーブルを挟んで向かい合った相手が、手帳やペン、書類といった自分の持ち物をこちらの近くまでグイグイと押しやってきたら、それはテリトリーを〝侵害〟してきているとも考えられる。

そうやってテーブルの上を自分の持ち物でできるだけ広く使うことで、より多くの空間を支配し、こちらが知らないうちにアウェイの環境に置かれた気分になるように仕向けているかもしれないのだ。

こうなると、広げられたほうとしてはどうしても気後れしてしまい、消極的な態度になることも考えられる。

だから、もし相手が自分のテリトリーを侵害してきたと感じたら、コーヒーカップをどけるふりなどをしてさりげなく元に戻してみよう。そうすれば不自然さを感じさせないはずだ。

特集1

自分の心と向きあう100の技術〈基本編〉

タフに生き抜いている人はどこが違うか

001

今日も明日も感動を求めていい

身体は歳をとるとともに錆びついていくなどと言われますが、心も使わないままでいると身も心も錆びついてしまいます。

周りの人が感動していることに心を動かされなくなったり、どんなに美しい風景を見ても何とも思わない。それは、心がすでに錆びついている証拠です。

あなたのなかにたしかに存在した、本来のみずみずしい感性を取り戻すためには、五感に刺激を与え続けることです。

いい本を読み、美しいものを見て、おいしいものを食べる。**感動を求めて日々を過ごせば、毎日が充実したものになる**はずです。

002

視線を遠くに〝飛ばす〟と気持ちが軽くなる

いったん「苦しい」とか「つらい」という感情が芽生えてしまうと、何もかもすぐに投げ出したくなってしまいます。

そんな堪《こら》え性《しょう》のない自分を変えたいなら、**ちょっとだけ視線を遠くに向けて想像してみる**ことです。

いまやっていることはたしかに苦しくてつらいけれど、それがこの先どんなふうになっていくのかを思い浮かべてみるのです。

いったい何に、どんな形でつながっていくのかが見えてくれば気持ちはぐっと軽くなる。軽くなったぶん、余力も生まれてくるはずです。

その**余力こそが〝やり続ける力〟**なのです。

003

「自分磨き」ばかりでは自分を見失う

スキルアップというと、多くの人は社会や職場で必要とされている技術や能力ばかりを伸ばしたり磨こうとするものです。

たしかに時代の流れについていくことも大切です。でも、**社会のすう勢や時代の要求に自身を合わせてばかりいると、本来の自分を忘れてしまいます。**

人にはそれぞれ向き不向きや、もって生まれた資質があります。それを**輝かせることこそが本当の「自分磨き」**ではないでしょうか。

周囲に気を遣ってばかりでは、いつまでたっても自分らしく生きられません。

004

打たれ強い人はダメージを想定内におさめる

失敗を糧にするためには、「反省する」というプロセスは欠かせません。しかし、自分への〝ダメ出し〟も限度を超えると立ち直れなくなってしまいます。

大切なのは、**自分の失敗パターンを前もってシミュレーションしておく**こと。そうすれば、たいていの失敗は**「想定の範囲内」**ということになり、リカバリーに向けてすぐに動き出すことができます。

「我が身愚鈍《ぐどん》なればとて卑下《ひげ》することなかれ」という道元《どうげん》の言葉があります。大事なのはできるだけ**早く気持ちを切り替えて、次の一歩を踏み出す**ことです。

005

野生動物になった姿を想像して、悩みを小さくする

私たちはいま、さまざまな情報やモノに囲まれながら暮らしていますが、そのルーツは太古の昔にいたサルです。

元をたどれば自分もそこにつながっているのだと考えてみると、いま抱え込んでいるストレスがなぜかちっぽけなものに思えてきませんか。

毎日働いて、食べて、そして家族を愛するために生きているのだとシンプルに考えてみてください。

強いストレスを感じたときは「自分が野生動物だったら」と想像してみるのもひとつの方法です。

006

「緊張」を楽しめる人は、自分を信じることができる人

緊張している自分を楽しめといわれても、よほどキモの据わった人でないと無理だと思っていませんか。しかし、**どんなスーパースターであろうとも、ここ一番というときにはやはり平常心を失いそうになる**ものです。

それでも、緊張を楽しめる人というのは、「誰もが緊張して当たり前なのだから、自分が緊張するのはしかたがない」と、半ばあきらめにも似た考え方をします。

つまり、その**緊張も含めて自分自身を丸ごと受け入れている**からこそ自分を信じることができるのです。逆に、自分が信じられないと、つい「〜しないように」と避けるようにしてしまいます。すると、かえって反対の結果を招くことになります。

007

あなたが考えているほど、他人はあなたを見ていない

人間が社会的な生き物である以上、誰しも自分は他人からどう見られているかを気にしています。

しかし、それが過剰になりすぎてしまうと、人の目に自分が縛りつけられているような息苦しさを感じるようになります。

そんな〝症状〟に陥ってしまったときにひとつ言えることは、**「人はそれほど他人には注目していない」**ということです。自分が逆の立場に立てば、そのことがよくわかるはずです。

結局は自分のことが一番かわいいし、気になりますから、他人のことを見て気を揉《も》んでいる余裕などないのです。

008

自分の直感をあなどってはいけない

「この件、どうするか、明日まで調べて返事をくれ」などと、上司からいきなり指示されたらどうしますか？　とりあえず誰かに相談してみたり、何かヒントがないかとネットで調べる人もいるかもしれません。

こんなとき、**意外と頼りになるのが直感**です。

たとえば、通りすがりに見つけた店がおいしいかどうかを判断するときに、いままでの経験則や口コミなどで得た知識を頼りにパッと答えを導き出す人がいます。心理学でいうところの**「ヒューリスティックス」**です。

もちろん、直感が常に正しいというわけではありませんが、まったく根拠がないわけではありません。行き詰まったときには頼ってみる価値はあります。

009

ときには スケジュール帳を 白紙にしてみよう

仕事はもちろんのこと、友人との約束や趣味などでスケジュール帳を埋めているはずなのになぜか気持ちが満たされない…。そういう人は、**「退屈恐怖症」**なのかもしれません。

退屈するのがいやで予定を入れているうちに、予定をこなすこと自体が目的になってしまい、その時間を心から楽しめなくなっているのです。

こういうときには一度リセットすることが大切です。ときにはスケジュール帳を白紙にして、何も予定を入れないことです。

退屈恐怖症の人にとっては勇気のいる行動ですが、何も予定がないことが逆に自分を強くし、**心にゆとりと落ち着きが生まれる**はずです。

010

幸せな気持ちで布団に入ると、明日は今日より いい日になる

幸せな気持ちで眠りにつけば幸せを引き寄せることができるし、逆に悩んだり考えごとをしたままで寝てしまうと、現実でも同じような状況を引き寄せてしまうといわれます。

だから、一日の終わりは幸せな気分で眠りましょう。とはいっても、嫌なことがあった日に幸せを感じるというのも難しいものです。

そんなときのために、ベッドやふとんはいつも快適な状態を保っておきたいものです。落ち込んでいても、ふっかふかのふとんに潜り込んで「あ〜、極楽、極楽」と声に出せば、それまで沈み込んでいた気持ちも吹き飛びます。

そうすれば、**明日はきっといい日になる**はずです。

011

それでも「自分が幸せなら幸せ」と言おう

中国の思想家、孔子が出会った老人の話です。その老人は、恵まれない暮らしをしているのがひと目でわかる貧しい身なりをしているのに、ニコニコと楽しそうに琴《こと》を弾いていました。

何が楽しいのかと孔子が問うと、老人は**「人間に生まれてきて、こんなに長生きができて、琴を弾いて歌っていられる。こんなに幸せなことはない」**と言うのです。

私たちは他人と比べて、自分が幸か不幸かを推しはかろうとします。しかし、人がどう判断しようとも、**自分が幸せなら幸せ**なのです。

他人の物差しではかる必要はありません。

012

悩みが建設的なら結果は必ずプラスになる

悩むことの多い人生ですが、いたずらに悩んだところでいい結果にはつながりません。大切なのは、**建設的な悩み方ができるかどうか**です。

自分は何のために悩んでいるのか、どんな結果を出したいのかということを前提に意識していれば、それができるはずです。

小説家の坂口安吾は「すぐれた魂ほど大きく悩む」といいましたが、それが**建設的であれば、大いに悩むべき**です。

物事をよくしようとする**積極的で前向きな姿勢をもって悩み抜いて出した結果は、必ずプラスになる**からです。

013

顔を上げ、背筋を伸ばせば、心もシャキッとする

やる気も失せてくよくよと悩んでいるとき、自分がどんな表情や姿勢をしているか鏡に映してみてください。

見るからに「悩みがありそうな人」ではありませんか。逆に、意気揚々としているときは自然と背筋がピンと伸びて胸を張っています。

〝目は心の鏡〟といいますが、心の状態は身体に表れるものです。逆もまた真なりで、**姿勢を正すと自然に気持ちも引き締まる**のです。

そこで、悩んでいる自分に気づいたら、意識して姿勢を正してみてください。**顔を上げ、背筋を伸ばすだけで、いつしか目もキラキラ**してきます。

014

ツイていない時期には、正しい過ごし方がある

人生は運・不運だけでは語れませんが、そうはいってもど**ういうわけか運に恵まれない時期というのはやってくる**ものです。

ですが、そんな不遇を嘆くことはありません。ツイてない時期というのは、神からさえも見放されているように感じるものですが、それは逆に考えれば**自分の時間を自分だけのために使えるチャンス**でもあるのです。

だから思う存分、いままでできなかったことや、やってみたかったことをしてみませんか。自分に投資した分は、将来必ず、あなたに戻ってきます。

015

心の壁《メンタルブロック》は上手に取り除く

「お金がないから何もできない」などと、自ら動こうとしない理由をほかのことにすり替えてはいないでしょうか。

お金がなくても、頭を働かせれば代替案はいくらでもあるものです。

しかし、そこに思い至らないのは、**無意識のうちに自分で自分のなかに壁をつくっている**のです。

この壁のことを**「メンタルブロック」**と言いますが、心のなかにこれができると頭が固くなってしまい、その結果、強い思いこみを抱くようになります。

そうならないためには、**「本当にそうなのだろうか」と常に自問自答するクセをつける**ことです。

016

自分が陥っているスランプの「型」を分析する

スランプのときは悪あがきをするよりも、まず自分が陥っている**「スランプのタイプ」を分析する**ことです。

たとえば、いままでうまくいっていたことは「たまたま」だったということに気づいていないのが**「調和的体制型」**のスランプです。

原因は自分の力量不足なので、基本に戻って努力することでスランプから脱出できます。

疲れから陥るのが**「疲労的限界型」**のスランプです。この場合は、必死になるほど悪循環にはまります。そんなときにはひと休みして、気分をリフレッシュするのが効果的です。

夜明けのこない夜はないのだと信じて、気持ちを切り替えることです。

017

「着地点」を間違わなければ、イライラしない

予定どおりに物事が進まず、ついイライラしてしまうことがあります。それは、段取りのしかたに問題があるのかもしれません。

大切なのは、段取りを組み立てる際の**視点の定め方**です。たとえば、1か月という期限で成果を出さなければならない仕事があるとします。最初の1週間は「序盤」、月の半分までが「中盤」です。ここではまず全体の見通しを立てることに視点を置き、その後の構想をじっくり練ります。そうして中盤を過ぎたら、最終的な「落とし所」を想定しておきます。**着地点を見定めながら進む**ことで、期限どおりにある程度の成果を上げることができます。

見るべきときに見るべき場所を見ることは、成功のための必須項目です。

018

イヤだったことに、あえて向き合ってみる

大きな失敗をすると、それがトラウマになってついその作業を避けてしまうようになります。

しかし、失敗は誰にもつきものです。その度に苦手な作業が増えていたら自分で自分のことがイヤになってしまうでしょう。

それを克服するためには、**正面から徹底的に自分と向き合う**ことが重要です。**ミスをしたときの状況をとことん分析する**のです。すると、ミスの原因が何となく見えてくるはずです。

「失敗したところでやめてしまうから失敗になる。成功するところまで続ければそれは成功になる」という松下幸之助の言葉があります。**失敗した経験が成功への大きなステップになる**のです。

019

不調のときにどんな行動に出るかが「分かれ道」

誰のもとにも、好調と不調の波は周期的にやってきます。**調子がいいときには努力したぶんの成果が表れて、もっとがんばろうと上昇志向**になります。

ところが、**いったん不調の波がやってくると、そんなやる気が空回り**してしまいます。いくら努力しても報われず、きっと自分には向いていないのだとあきらめてしまうのがこのタイミングです。

一流になれる人というのは、不調の時期もやり方を変えません。いままでどおりにコツコツと努力を積み重ね、次にやってくるいい波に乗る準備を整えます。

調子がよくないときにどんな行動をとるかが人生の分かれ道なのです。

020

もう「すみません」は言わないと誓う

「すみません」は、ちょっと声をかけるときにも、お礼を言うときにも、それに謝るときにも使えて便利な言葉です。

でも、何でもかんでも「すみません」というのは考えものです。電車が揺れて足を踏まれたのに「すみません」、落とし物を拾ってもらっても「すみません」。これでは、**いいように扱われるだけの存在になってしまう**かもしれません。

自分に落ち度のないことで謝るのはやめましょう。**「すみません」を卒業すれば、それだけで堂々とした人になれる**のです。

021

「人間関係型」の人は常に「自分は」で考える

自分の目標を達成することよりも、周りの雰囲気をよくしようと心を配る人のことを社会心理学では**「人間関係型」**と分類します。

このタイプの人は、人と人とのつながりを重視するあまりに、他人の言動や感情に左右されて自分を見失ってしまいがちです。

もちろん、揉めごとばかりが起きている環境がいいわけではありませんが、**考え方の違いや、周囲と多少の摩擦はあってこそ組織や人間関係は活性化する**ものです。

大切なのは、あくまでも自分の評価は自分の物差しではかること。**「自分は」どうしたいのか、「自分は」何を伝えたいのか、「自分は」どう思うのか、**常に「自分は」と向きあって考えるようにしておきたいものです。

022

いい人ぶって疲れるなんて意味がない

嫌われたくないからいい人ぶってしまうのは、もっとも疲れる生き方です。とくに、最初にいい印象を与えてしまうと、それをなかなか崩せなくなって、いつもいい人を演じていなくてはなりません。

そんな自分に疲れたら、**自分を「小出し」**にしていきましょう。相手の期待に応えてばかりいないで、本当にダメなときは「いまさらそう言われてもそれはちょっと…」とか「今日はできそうにないのですが…」と、自分の限界をわかってもらえるように促します。

唐突に拒絶の姿勢を示すより、**相手が抱いている自分の印象を少しずつ修正していけばいいと考える**のです。

023

勝手な思い込みこそ自分の強みになる

一般に「思い込みの激しい性格」と聞けば、あまりいい印象はもたれないものです。他人の意見に耳を貸さなかったり、勝手に妄想に走ったりと、頑固でコントロールしにくいマイナスのイメージがつきまとうからでしょう。

しかし、**人間の性格なんてそうは変わらないもの。だったら、その思い込みをうまく利用する**という手もあります。

もう少しで成功するという一歩手前で挫折する人の大半は、自分の能力を信じ切れないことが原因です。どうせ思い込むなら、そのベクトルを自分の内側に向け、「自分はできる」と信じ込むのです。

自分が成功する妄想ならどんどんすべきです。

024

「内気」なことをマイナスにとらえてはいけない

気さくで明るくて、しかも行動力がある。現代ではそんな外向的な性格が理想とされる風潮にあります。

逆に、**内向きな性格は暗い、引っ込み思案などのマイナスイメージがつきまといがち**です。

たしかに、内向的な人は繊細でナーバスなところがありますが、そのぶん、**忍耐力や持続力に優れていて感性も豊か**です。

内気な性格は損、というのは単なる思い込みでしかなく、内向的な性格でも強い意志があればリーダーとなって活躍することもできるのです。

025

「二分割思考」に傾く人はグレーゾーンを設定する

何をするにも完璧でなければ気がすまない人は、物事をオール・オア・ナッシングでとらえることが多いようです。**100パーセントでなければゼロと同じと考えてしまう**のです。

こうした考え方を「**二分割思考**」といいます。これを人間関係にも当てはめてしまうと、自分で自分を追い込むことになってしまいます。

自分の意見に反対する人を「敵」などと決めつけてしまうと、どんどん敵を増やしてしまうでしょう。そうならないためには、**心のなかにグレーゾーンを設けておくこと**です。

実際の人間関係では、敵でも味方でもない人がほとんどです。そういう人たちをグレーゾーンにたくさん入れておけば、人づき合いに身構えることもなくなります。

026

怒りが爆発しそうになったときの自分のルールをつくる

ついカッとなって売り言葉に買い言葉で相手をののしったりすると、人間関係が台無しになってしまうことがあります。そうすると、損をするのは自分です。

その悪いクセを直すためには、**自分で簡単なルールを決める**ことからはじめます。

たとえば、カッとしそうになったら「大きく深呼吸する」とか「一歩下がる」など、怒りを爆発させないための自分なりのルールを決めておくのです。

そして、それを確実に意識的に実行するために、紙に書いてポケットやサイフに入れておきます。カッとなる前に、服の上から**紙の入れてあるところを触ってみてください**。**衝動を抑えられるように念じる**と効果的です。

027

自信過剰タイプほどハマってしまう〝罠〟がある

いつも遠慮がちに小さくおさまっているだけでは、大きなことは成し遂げられません。ときには自信過剰になることも大いにけっこうです。

ただし、本当に**自信のないことまで自信だけで乗り切ろうとするのは危険**です。やみくもに突っ走ってしまうと、周囲の人たちに大きな迷惑をかけるばかりか、取り返しのつかないことにもなりかねません。

いくら自信があることでも〝**能ある鷹は爪を隠す**〟**ことを肝に銘じ**て、少し謙虚なくらいのほうが物事はうまく進みます。

028

要領の悪い人は、そのことをまず自覚する

仕事をうまく進められない、どうしても時間がかかってしまう。そんな悩みを自分の能力のせいだと考えていませんか。

でも、よくよく原因を探ってみると、**単に要領が悪いせい**かもしれません。

これは、**「自分は要領が悪い」と自覚することで改善する**ことができます。

仕事をはじめる前にやるべきことの優先順位を明確にしておいたり、手順を簡単なチャートにしてまとめておいたりすることで、無駄のない時間配分が可能になります。

仕事は工夫しだいです。

029

姿勢をちょっと変えるだけで、自然と自信が湧いてくる

姿勢ひとつで人に与える印象はガラリと違ってきます。かなりのイケメンでどんなにスタイルがよくても、背中を丸めながらうつむき加減に歩いていては、**大事なことを任せられない人**とみなされてしまいます。

また、そんな評価をされるとますます自信を失い、肩が下がって猫背になって…と、姿勢がよけいに悪くなってしまうのです。

しかし、不思議なことに**姿勢をよくすれば心もまたいい状態になる**ものです。

自分に自信がない人は、姿勢をシャンとして胸を張るだけでいいのです。自然と自信が湧いてくるのが実感できるはずです。

030

心のなかの〝言い訳スペース〟は減らしておく

何か行動を起こさなければと思いつつ、何もしない人が考えていることといえば、どうやって言い訳をするかです。

「失敗したら損をするかもしれない」とか「まだいまは時期じゃない」などと、**できない理由を山ほどため込んでいる**のです。

これは、『イソップ寓話』に登場する、**手の届かないブドウを「あれはすっぱいからいらないよ」というきつねと同じ**です。

たしかに、マイナス面だけを見ていけば不安は大きくなってしまいますが、**物事にはメリットとデメリットの両方が存在する**もの。自分に勇気をもたせたかったら、心のなかの言い訳スペースを減らしていきましょう。

031

ストレスは、ときに必要なエネルギーになる

現代病の元凶のようにいわれているストレスですが、では、まったくストレスのない環境にいれば人間は健康になれるのかといえばそうではありません。

たとえば、快適な温度や湿度が保たれた静かな部屋でひとりで過ごしたとき、人は3日とこの環境に耐えられなかったという実験結果があります。

つまり、**何の刺激もない状態というのも精神の健康にとってはよくない**のです。

身に降りかかってくるストレスも、考えようによっては**「必要なエネルギー源」**だと考えれば、図太く生きていくことができるのです。

032

「一貫していること」にこだわると、失敗する

物事がうまくいかなくて悩んでいるとき、よく耳にするのが「自分らしさを忘れないで」といったアドバイスです。

たしかに、思い詰めて自分を見失っているときには心に響きますが、逆にこの**「自分らしさ」という言葉が足かせになる**場合もあります。

そもそも「自分らしさ」が自分の内側にあると思ったら、それは大きな勘違い。**自分らしさは周囲からの影響や物事の価値観に触れてこそ構築される**ものです。

その人らしさなんてものは置かれた状況によってぶれるのが当たり前だという前提に立てば、そこではじめて「自分らしい」選択ができるはずです。

033

イヤな予感は潜在意識が発するシグナル

虫が知らせてくれたおかげでピンチを回避できたという話は世界中にあります。嫌な予感というのはその人が過去に経験した情報をもとにして、**「これは危険だ！」と潜在意識が発しているシグナル**です。

つまり、不吉で嫌な予感がするときは、以前にも同じような経験をして失敗したことがあるということ。そんなときにはそのまま突き進まずに、**一度立ち止まって「何か問題はないか」と現状を見直す**ようにしてみるといいでしょう。

自分の内から発するシグナルに耳を澄ませば、似たような失敗を繰り返さずにすむようになるはずです。

034

自分自身を仕分けると、悩みの根元が見えてくる

漠然とした不安や悩みにさいなまれ、人生に行き詰まりを感じている――。そんなときは**自分自身を「仕分け」してみる**といいでしょう。

仕事や恋愛、家族、友人などの人間関係といった項目ごとに、現在置かれている**自分の状況を整理**していきます。すると、どこかに悩みや不安の原因となる要素が存在することがわかるはずです。

「解決策がわかっていないのではない。問題がわかっていないのだ」と言ったのはイギリスの作家チェスタートンです。**原因さえわかってしまえば、案外あっさりと現状を打破できる**ものなのです。

035

傷つけないために、ウソのつき方を知っておく

ウソをつくのはいいことではありませんが、相手を傷つけたり悲しませたりしないために、どうしてもウソをつかなければならないこともあるでしょう。

そんなウソを見破られないためには、**しっかりと相手の目を見て話すこと**です。たいていの人は、後ろめたさから視線をそらすからです。

そして、**そわそわと手を動かしたり、鼻や口元を触わらない**こと。というのも、これはウソをつくときの典型的なしぐさだからです。

たとえ本当のことを言っているような口ぶりで話をしても、目線やしぐさまで意識しなければウソも方便にはなりません。

036

関係に亀裂が入ったら、無理に修復せず、いったんペンディングする

対人関係においてマイナスの感情をもつようになると、心がひどく疲れるようになります。どうしてもソリの合わない上司や気に入らない同僚、常識知らずの部下など、職場だけでも悩みの種はごろごろ転がっているものです。

このような人間関係は無理に修復しようとせずに、とりあえず**ペンディングにすることで相手への関心を薄める**ことができます。

先送りはけっして悪いことではありません。消えることのない負の感情を少しでも小さくするための必要なモラトリアムなのです。

037

楽しくふるまうから、本当に楽しいことが起きる

自信を失って怖気づいてしまうと、本来もっている力さえ発揮できなくなってしまいます。そんなときは**「ピグマリオン効果」**の力を借りるのがおススメです。

ピグマリオン効果とは、「こうなってほしい」と強く期待すると相手がそのように動くという法則です。これを応用して、「自分ならできる！」と自分自身に強く自己暗示をかけるのです。

「楽しそうにふるまっていると、いつか本当に楽しくなる」というのはカーネギーの名言です。自己暗示の力は、あなどれないものがあるのです。

038

変化するのが当たり前、と考える

結婚という大きな変化を前にすると、ポジティブな変化であるにもかかわらず、不安を感じる人はたくさんいます。あるいは、身内や愛する人が死んだときに受けるストレスには計り知れないものがあります。

こうしていい変化も悪い変化もストレスになるのは、**その先どうなるのかがわからないから不安に感じてしまう**のです。

しかし、どんな変化も人間が生きていくうえで避けてとおることはできません。そうやっていままで生きてきたのですから、**変化を恐れることはない**のです。

039

相手への不満は、じつは、自分への不満なのかもしれない

長くつき合っていると、自分の恋人よりもまわりの異性のほうが魅力的に見えてくることがあります。その原因は、**自分自身への不満の表れ**かもしれません。

たとえば、長年連れ添っている夫婦がだんだん似てくるように、恋人同士でも交際期間が長いと生活習慣や行動などが似てきたりするものです。つまり、**自分が隠しておきたい部分がまるで鏡を見るように相手に見えてしまう**ために不満が溜まってしまうのです。

憎しみが映ればそれは自分にそのまま返り、微笑めば相手もそれを返してくれるのです。

思い当たるフシがあるなら、相手を責める前に鏡の前で自分自身とよく向き合ってみてください。

040

「完璧主義者」を見習って、自分の不完全さを許す

完璧主義者というと、何ごとも完璧を目指すと思うかもしれません。

ところが実際の完璧主義者は、部屋のなかや机の上が散らかっていたり、約束の時間を守れなかったりします。

これは、**「中途半端にしか片づけられないのならば、散らかったままでいい」**、**「完璧にできないのならば、はじめから何もしないほうがいい」という極端な考え**が働いてしまうからです。

そこまで完璧さを求めていない周囲の人からすればかなり迷惑な話でもありますが、ときには彼らを見習って「そこそこでもＯＫ」と**自分の〝不完全さ〟を許す**のも悪くはありません。

041

気の合わない相手とは、対立しない、でも合わせない

気の合わない相手とうまくつき合っていかなければいけないときは、まずは**「敵をよく知る」**ことからはじめましょう。お互いの、いったいどこが合わないかをよく分析し、そのうえで攻略法を考えるのです。

たとえば、相手のおせっかいなところが気にくわないというのであれば、自分からおせっかいなことを言われないようにすればいいのです。

あるいは、おせっかいを焼かれそうな気配がしたときは、**適当な理由をつけて席を立ってしまってもいい**でしょう。

そうすれば、たとえ気が合わなくても**表面上はうまくつき合っていく**ことができるはずです。

042

苦手な人が相手なら「リフレクティング」で乗り切る

苦手だけれどうまくつき合わなくてはいけない人と打ち合わせや接待で運悪く隣の席になってしまったときにはどう乗り切ればいいのでしょうか。そういう場合は**「リフレクティング」という会話テクニックを駆使する**ことです。

「この酒、美味しいね」と言われれば「美味しいですね」と返せばいいし、「この前のプレゼンはイマイチだったな」と言われれば、「はい、イマイチでした。次はがんばります」と言えばいいのです。

これだとたったひと言で話を合わせることができるうえ、少なくとも相手に悪い印象は与えません。**一時の辛抱と思って乗り切る**こともできるはずです。

043

事実だけを受け止めれば、ムダに悩まなくなる

「○○は××だと言ってたけど、本心は違うのでは…」と、他人の言ったことをあれこれ詮索しはじめるとキリがありません。

なにしろ、本人に確かめなければ本当のところは何もわからないし、**いくらひとりで考えても、それは徒労**というものです。

しかも、たいていは悪いほう、悪いほうへととらえがちです。

そこからの脱出方法はただひとつ、深読みするのをやめることです。「あの人はこう言った」という、その事実だけを受け止めることにしましょう。

044

正しい判断ができないのは、スキーマと固定観念の仕業

同じものを見ていても、見る人の感性によって注目するポイントは違ってきます。それは、その人の「スキーマ」が基準になっているからです。

スキーマとは、**これまでにその人が経験してきたことや知識によって形成された基準**です。

たとえば、明るくてジョーク好きのアメリカの友人がいたとすると、「アメリカ人＝明るくてジョーク好き」のように認識してしまうような状態をいいます。

ただ、このスキーマばかりが働きすぎると、**固定観念に凝り固まったステレオタイプ**になってしまいます。そうなると、斬新なアイデアなど浮かばなくなります。

045

素直に「ありがとう」と言うと、心がずっと軽くなる

人から何かをしてもらったときに、素直に「ありがとう」と言えますか。なかには、必要以上に身構えて、**相手を避けるような態度をとってしまう人もいます**。

ふだんから誰かに甘えたいという思いを持ちながら、それを人に悟られないようにしている人は、自分の本心にフタをしています。

ところが、思わぬところで好意を受けると、それまで閉じ込めていたものがフタを開けて飛び出しそうになります。そうなると、いままで保ってきた**他人との距離がうまく測れなくなって不安になってしまう**のです。

心にフタをするよりも、他人の好意には素直に**「ありがとう」と言ったほうが心は軽くなります**。

046

よくとるか、悪くとるかは、相手が決める

自分ではよかれと思ってやったことが、「もしかして相手にとってはおせっかいだったかもしれない」と、あとになって不安になったことはないでしょうか。

「親切」と「おせっかい」の間にはっきりとした境界線はありません。いってみれば**紙一重**なのです。

ただ、わかっているのはそれを**親切と感じるか、おせっかいと感じるかは相手の気持ちしだい**だということです。

それでも、やはり気になって声をかけたり、手を差し伸べたくなるときがあります。そんなときは、「おせっかいかもしれないけど…」とか「迷惑でなければ…」などと、ひと言つけ加えるのを忘れないようにしましょう。

047

深みにはまりそうなときは、天秤にかけるのをやめてみる

新しいプロジェクトなど、一度スタートしてしまうとストップをかけるのが難しいものです。**それまでに長い時間とコストがかかっているから**です。

これは心理学でいう「**サンクコスト効果**」で、**それまでにかけた労力や資金を考えると、引くに引けない気持ちになってしまう**のです。かけたコストが多く、その期間が長いほどその心理は強く働いてしまいます。

このままだとズルズルと深みにはまりそうだと感じたら、いままでかけてきた時間や労力を天秤にかけているのかもしれないと疑ってみてください。そうすると、案外すっぱりと手を切れるかもしれません。

048

人生に疑問が湧いたら、有意義な生き方ができる

人生には「これが正解」という生き方はありません。

昔と違って、いい成績をとっていい大学に入り、一流企業に入れたからといって幸せになれる保証はなくなってしまいました。

いままでがんばって努力を重ねてきた人ほど、**突然、自分の人生に疑問が湧いてくることもある**でしょう。

しかし、**自分の生き方に疑問を持ち、悩むことはけっしておかしなことではない**のです。むしろ、それをきっかけに今後の人生をよりよい方向に変えていくことができるのです。

049

疲れているときほど、身だしなみを整えよう

疲れているからといって、休日にパジャマのままでダラダラと過ごしていると、翌日にはますますやる気が出てこなくなります。

これは、「疲れた…」という**覇気のなさがずっと続いていて、まったく気分転換ができていないせい**です。

簡単に気分を変えるなら、まずは**きちんと着替えること**です。いつもと同じ時間に起きて顔を洗い、歯を磨いて髪を整えれば、それだけで心身がリセットできます。

気分というのは意外と優柔不断なので、簡単に思いどおりに操ることができるのです。

050

目覚まし時計なしで起きる習慣が、人生を変える

自立したいと思いながらも、つい誰かに頼ってしまう。そんな自分を変えたかったら、まずは**目覚まし時計なしで起きる勇気をもつ**ことです。

そんなことをしたら会社に遅刻してしまうじゃないかと思うかもしれませんが、**自分で自分をコントロールすることが自立**です。「そんなの絶対にムリ」などといって先延ばしにすれば、いつまでたっても自分を制御する術は身につきません。

平日に目覚まし時計をセットしないのが怖かったら、休日の朝からでもチャレンジしてみましょう。

第二部

大人の操縦力

心に働きかけて、相手を動かす

Step5

身近な人間関係で使える心理術

1 まずは心理的アプローチで攻めてみる

感情よりも効率性で考えれば人間関係が煩わしくならない

ちょっと厄介な仕事を頼まれたが、できればあまりやりたくない。だけど、断ったら相手は困るだろう…。

そんなふうに迷うなら、いますぐその仕事は断ったほうがいい。人に頼まれると断れないというタイプの人は一見優しい人と見られがちだが、じつは「人に嫌われるのが怖い」という心理が働いていている。

断ることによって職場の人間関係がギクシャクしてしまうのではないかなどと複雑に考えてしまうために、スピーディーな判断ができなくなってしまっているのである。

相手にしてみればできそうな人に仕事をお願いしたというだけだ。断られたら、ほかの人に頼めばいい。仕事は感情よりも効率性が大事であることを忘れてはいけない。

「悪口」を言っても嫌われない人の意外な共通点

人が集まればつい盛り上がってしまうのが他人の悪口だが、悪口を言うのにも、じつはテクニックがある。

それは言いっ放しにせず、どこかで必ずフォローを入れることだ。

たとえば「あいつは金にも女にもだらしない。あれじゃ誰からも嫌われる」と言ったあとに、「でも、じつは情に厚いところもあって、この前俺が落ち込んでたとき、わざわざ飲みに誘ってくれたんだよ」というように、必ず長所をつけ加えるのだ。

悪口は盛り上がりすぎると、言われた人よりも、言った人の印象が悪くなってしまう。そんなマイナスイメージを回避するためにも、言い過ぎたなと思ったら、最後のワンフレーズできちんとフォローを入れておくことが肝心なのだ。

相手を乗せるのがウマい人のこんなやり方

他人をほめるのが苦手という人は多い。突然、服装や趣味をほめたところで、どうせヨイショしようとしているのだろうと思われるのも癪《しゃく》だというのもその理由だろう。

だが、なかにはちょっとしたひと言で相手を喜ばせるのが上手い人もいる。そんな人は相手の「自我関与」をうまく突いているのである。

自我関与というのは、本人が「ここを見てほしい」とか「この部分に自信がある」と意識することだ。

たとえば、お気に入りのスーツを着て出社した日なら、誰しもそこをほめてほしいと思うだろう。本人がそう思っているのだから「ステキなスーツ、似合ってますね」とちょっと大げさにほめたところで、別に変に思われることはない。

だが、同じスーツでも、自分には似合っていないと思っている人だとそれほど喜ばれることはない。逆に痛くもない腹を勘ぐられることになりかねない。

よく観察していると、その人が何に自信を持っているのかはわかるようになる。どこをどのようにほめるかはしっかり見極めたい。

つまらなかった飲み会を楽しい記憶にすり替える方法

仕事がらみの飲み会は、できるだけ盛り上げて今後のビジネスに結びつけたいものだが、どんなに頑張ってもシラケたムードのままでお開きになってしまうことがある。

そんなときでも「今日はしくじった…」とあきらめることはない。帰り際にたったひと言「今日は楽しかったですね」と、ウソでもいいから満面に笑みをたたえて話しかければいいのである。

人の記憶は、最初より最後のほうが強く印象に残る。心理学ではこれを「残存効果」というが、帰り際の、つまり最後の最後の言葉は相手の心にしっかりと刻まれることになる。

たったひと言で、終わりよければすべてよしとなるのだ。

つい同じ行動をするのは親しさのバロメーター!?

休日のデートスポットにはたくさんのカップルが集まるが、とくに仲のよさそうなカップルの行動には面白い現象を見ることができる。

たとえば、会話にすっかり夢中になってしまい相手の動きを互いに意識していないにもかかわらず、一方が足を組むとつられるようにもう一方も足を組む。

あるいは飲み物に手を伸ばしてカップをテーブルに戻すのもほぼ同時というように、無意識のうちに相手と同じ行動をとっているのだ。

これは「同調行動」といって、

お互いに親しさを感じている相手との行動が一致するという現象だ。裏を返せば、楽しそうにデートをしているように見えるふたりでも、じつはどちらか一方だけが好意を寄せている場合や冷めかけたカップルや、まだつき合いはじめのぎこちない関係だったりすると、この同調行動は起こらないのだ。

逆に恋人同士でなくても、気の置けないグループなどでは複数の人が同じ行動をとっていることがある。同調行動は、親しさのバロメーターなのだ。

自分らしいリーダー像を確立すれば人の上に立つのは怖くない

向き不向きに関係なく、キャリアを重ねていくと人の上に立たざるを得ない立場になる。

「自分はリーダーには向いていない」と勝手に決めつけて落ち込む人も多いが、そういう人は自分が目標とするリーダー像に自らをあてはめ、そこに大きな隔たりを感じるから自信を喪失するのである。

冷静に周囲を見てみれば、リーダーといってもカリスマタイプや、グループの調和を優先するタイプなど、じつにさまざまなタイプがいることに気づくはずだ。

率先して牽引するのではなく、メンバーの一員として輪のなかに入っていき、一緒に成長しながら率いていくのも立派なリーダーだ。これならめざしやすいだろう。

3回に1回は断るといままでの人間関係が大きく変わる!

何かにつけ仕事をいいつけられて、いつも損な役回りをしていると感じるならば、3回に1回は思い切って頼まれごとを断ってみることだ。

仕事を押しつけられやすい人というのは、自尊感情が低く、自己主張が弱いタイプに多い。周囲に従順で、断れない性格の持ち主なのだ。くどくどと理由をつけずに、「今日は忙しくてできません」などという単純な断り方でいい。思い切って断ってみると、相手は意外なほどあっさり引き下がるものだ。

仕事を押しつけてくる人という

のは、あまり人のことは考えていないことが多い。断られたらほかの誰かに頼めばいいという程度にしか考えていないのだ。つまり、「断ったらどう思われるか」とくよくよ悩む必要はないのである。

「できません」のひと言が、いままでの人間関係を大きく変えるきっかけになる。そうすることで自尊感情も高まり、主張するべきときは主張することができるような自分になっていくのだ。

結果的にはお互いにストレスのない人間関係を築くことができるはずである。

違う世代の相手の心を一瞬でつかむ「話題」の法則

社会人になれば、世代の異なる人たちとのつき合いが増えてくる。共通の話題を探すのもひと苦労だが、その年齢差を乗り越えるには、あえて〝昔話〟を聞き出すようにするといい。

誰でも自分の昔話をするのは好きなものだ。「部長が学生だった頃は携帯電話もなかったですよね。待ち合わせとかは、どうしてたんですか？」などと意図的に話題を振れば、これ幸いと「あの頃はさぁ〜」と機嫌よく昔話に花を咲かせてくれるはずだ。

逆に、自分よりもずっと年下の場合も「最初に買ったレコードって何だった？」などと仕向ければ、「えっ、僕らの時代はＣＤですよ」などと、ひと笑いできる。

これならお手軽に盛り上がれるし、話が広がればあとは適当に相槌を打っておけばいいのだ。

相手に好感を持たれるベストな距離のとり方

初対面の人と話すとき、威圧感を与えたりなれなれしさを感じさせないためには、いったいどのくらいの距離を保てばいいだろうか。

それはズバリ、1メートルである。それ以上近くなると、人は本能的に自分のテリトリーを侵害されたと感じて警戒するようになるのだ。

たとえば、初対面の人にいきなり至近距離で顔を向けられ、あれこれ話をされたら煩わしく感じる。とはいえ、2メートルも離れて話すと今度は親しみを感じられず、かえってよそよそしい印象を与えてしまい、話も前に進めにくくなる。

お互いが気持ちよく話すには、遠からず近からずの「1メートル」がベストなのである。

気負わずに新しい環境になじむための心構えとは？

新しい環境に慣れるまでは、時間がかかるものだ。それが友達をつくるのが苦手な人となれば、なおさら親しく話せる人を見つけるのもひと苦労だろう。

こういう人は相手にどう思われるかは二の次で、とりあえず自分の周りにいる人たちに話しかけてみるといい。とくに「自分と共通点の多い人」を探すのが近道だ。

共通点が多い人や自分と似た感じの人とは、お互いに心を開きやすい。これは「類似性の要因」というもので、共通点が多ければ相手に好感を抱いて友達になりやすいのである。

心をオープンにして自分のことを話していけば、共通点のある人がそのうち話に乗ってくる。〝友達づくり〟などと気負わなくても、自然と友達が増えていくにちがいない。

話は遮らず、否定せず、相手にどんどんしゃべらせる

気になる人の本心を探りたいときの基本テクニックといえば、うまく相槌を打つことだ。

まず、その人の目を見ながらうなずく。「私はあなたの話に興味を持って聞いていますよ」という気持ちを伝えるのだ。

そして、話の流れを遮らない程度に、「うんうん」「そうなんだ」という合いの手を入れるだけでいい。肝心なのは、「話を遮らず」「否定せず」という2点だ。

そうして気をよくしてくれれば、本心を饒舌に語り始めるはずだ。さらに、熱心に話を聞いてくれるあなたに好意を抱くという副産物も期待できる。

晴れの日の人間心理で交渉を有利に！

人の気持ちはさまざまなことに左右されるものだ。じつは、天候もそのひとつで、その日の天候が

晴れなのか、あるいは雨なのかは、人間の感情に影響を与える大きな要素といえる。

当たり前だが、雨の日や曇りの日より、晴れた日のほうが機嫌がいいものである。天候がよくなればなるほど気分もよくなるので、重要な交渉に挑むときはできるだけ晴天の日を選ぶのがオススメだ。そのほうが快く承諾してもらえる可能性も高くなる。

ＯＫをもらえる確率を少しでも高くするためには、晴れて機嫌がいい日を狙って口説き落とすのがベストなのである。

いい人間関係を築くための適切な行動を知る

良好な人間関係に欠かせないのは、なんといっても信頼関係である。ところが、自分は信頼しているのに、相手はまだそこまでには至らない。

そのときにチェックしてほしいのは、自分がよかれと思った行動が、マト外れではなかったか、ということだ。

人は良好な関係を築きたい相手には、相手が喜ぶことをしたいと自然に考えるものだが、その内容は人によって異なる。

つまり、相手の信頼を得るには、相手の自分に対する期待はなにかを考えてみるといいのだ。

これは「恩を売る」ということではない。相手との関係性はあくまでも対等なのだから、「欲求に対する適切な行動の選択」なのである。

脈があるかどうかわからない相手の本心を確かめる奥の手

男女を問わず、親しくなりたい人と距離を縮めたいなら「情報の開示」が必要だ。

情報といってもさまざまであるが、自分が抱えている悩み、グチ、心配事などを伝えるという手もある。

たとえば、雑談の合間に仕事のグチをこぼし、「うっかり話してしまった」というそぶりを見せる。「あんまり他人にこぼすことってないんだけどな。なぜだろう？」とつぶやきながら、あくまで「あなたの前だからこそ自分をさらけ出せた」と思わせるのだ。

相手も距離を縮めたいと思って

いる場合は、「私でよければグチでも何でもこぼしてくださいよ」「じつは私も悩みがあって…」などと一気に距離が近づくはずだ。

仲間内で「浮いている」と感じるワケ

人間関係の悩みを抱えている人は多いが、なかでも自分はグループのなかでうまく溶け込めていないのではとか、仲間内で浮いているのではないかと気になっている人は、「公的自己意識」が強い人かもしれない。

公的自己意識が強い人は、自分が周囲からどう見られているかを気にする人だ。人目を気にして周囲に気を遣うのはいいのだが、この意識が強すぎると本来の自分を素直に見せられないようになってくる。

ちょっとしたことでも「いまの私の行動は浮いていたかな」と気になって、自然体でふるまえなくなるのである。こうしたら嫌われるかもとか、周囲の人の反応ばかりにとらわれて自分の意見や趣味を主張できなくなっている状態だ。

一方で、周囲を気にせず、わが道を行くのは「私的自己意識」が強い人だ。

このタイプは周囲から浮いていてもお構いなしだが、自己主張が激しくて協調性がないなどの問題がある。

どちらにしてもほどほどに持ち合わせるのが、人間関係がうまくいくコツである。

「肯定のあいづち」で相手との距離をぐっと縮める

気になる人と手っ取り早く親しくなりたいと思ったときに試してみたいのが、「肯定のあいづち」だ。

誰だって自分の話に興味を示してくれれば、気持ちよく話を続けることができる。すると、そのプラスの感情が相手との距離を縮めてくれるのである。

「うん、うん」という単なるあいづちよりも、「なるほど。さすがですね！」と肯定してもち上げるようにあいづちを打てば、満足度は格段にアップする。

逆に、同じあいづちでも避けたいのが「でも」などの否定的な言葉だ。会話の最中に「でも、それは…」と話の腰を折られれば、誰でも面白いはずがない。

親しくなりたい相手には、「でも…」と心のなかでは疑問を抱いても、口では「なるほどねぇ」と言ってうなずいておいたほうが早く打ちとけられるだろう。

グループに馴染めない人は馴染む前にまず行動

多くの人は、学校や職場で何らかのグループに属しているものだ。

そんななか、グループに馴染みたくても馴染めずに悩む人がいる。だが、そういう場合は最初から無理にそのグループを好きにならなくていい。

グループに馴染んで溶け込んでいくために必要なのは、仲間と行動を共にすることである。もっといえば「行動だけ」を共にすればいいのだ。たいして気持ちが入っていなくても一緒にいれば、いつしか心も変わってくる。

また、忘年会などの幹事でも「馴染んできたらやろう」ではなく、まず「やってみて馴染む」のである。積極的に役割を演じていくと、だんだん愛着が湧いてくるものなのだ。

「私だったら、こうする」と言うと、指摘を受け入れてもらいやすい

他人の間違いを指摘するのはなかなか難しい。自分にそのつもりはなくても、本人にしてみれば攻撃されたり批判されたように感じてしまうことがあるからだ。

そんな相手の間違いを指摘するのにいい方法がある。それは「私だったら、こうする」という言い回しだ。

間違いとして指摘するのではなく、自分を主語にした状況に置き換えることで、相手の気持ちを和らげて受け入れやすくするのだ。

これは「アサーション」という考え方で、アメリカの心理療法のなかから生まれたコミュニケーション・スキルのひとつである。

この方法をとれば、人間関係に摩擦も起きず、お互いにストレスも抑えられるというわけだ。

2 関係を変える心理の〝しかけ〟

わずらわしい他人の悪意や敵意を「受け流す」術

「隙あらば足を引っ張ってやろう」とか「なんとかして相手を追い落としてやろう」などとよからぬことを考えている輩はひとりやふたりいるものだ。

一方的に悪意のある態度をとられたなら、思わず報復したくなってしまうところだが、ここはぐっとこらえるべきだ。

ふたりの運送業者を被験者にしたある実験によれば、互いに運送ルートを邪魔し合ったときが一番効率の悪い結果になったという。

つまり、足を引っ張り合うと自分の仕事にも支障が出てしまうというわけである。嫌味なことをされたら、「自分を妬《ねた》んでいるのかな」「何か嫌なことでもあったのかもしれない」くらいに考えておけばいいのだ。

「熟考している」と勘違いしてもらえる「ポーズ」とは？

恋人であれ会社の同僚や上司であれ、話している人の言葉に耳を傾け、真剣に聞いていますよという態度を示すことは大切だ。

仮に話がつまらない場合でも、熟考しているポーズは見せたほうが印象はいい。やり方は簡単で、話を聞きながらアゴに軽く触れるだけだ。

人間のコミュニケーションは言語と非言語の両方で行われている。非言語というのは、身振り手振りなどのしぐさ、声のトーン、身なりなどの外的要因を指すが、このうち、しぐさが相手に与える影響はかなり大きいのだ。

アゴに手を当てているのが目に入れば「この人は、一生懸命考えてくれているんだな」と誠実さを感じてくれるのである。

同じ身振り手振りで人間関係がスムーズに深まる

初対面の相手と打ち解けるのは難しい。そこで、話すときは「私はあなたと親しくなりたいと思っています」というイメージを植えつける努力をしてみよう。

たとえば、「きのう、深夜まで残業しましてね」ときたら、「ああ、遅くまで残業されたんですか」と返す。これは「きちんと話を聞いています」というアピールになる。

また、会話は相手のペースに合わせるのが基本だ。一方がゆっくり話しているのに、一方では早口でせかせかとまくしたてる。これでは印象はよくならない。

また、相手の身振り手振りを真似するのも親近感を抱かせるのに効果的だ。いずれにせよ、誰かと親しくなるのには、何よりも会話での印象が大事なのである。

「多数派につきたい」心理を逆手にとる凄ワザ

「この店で飲もう」とひとりが言い出し、何人かがそれに賛成すると、残りの人たちも「そうだね」と同意することはよくあるが、ここには「同調」という集団心理が働いている。

人は誰でも「のけ者にされたくない」「大勢と同じことをしていれば安心」という気持ちを持っている。

そのため、たとえ異なった意見を持っていても大多数のなかでは主張しづらくなり、その結果、自分では意識しないうちに同調していることが多いのだ。

たとえば、会議で企画を通したいときは、こういった集団心理を利用するといい。先に根回しをして何人かの味方をつくっておき、あちこちから賛成の声があがるようにしておくのだ。そうすれば、それにつられて同調者が増えて企画を通せるのである。

気になるライバルには、あえて「譲歩」したほうがいいワケ

仕事でも恋愛でもライバルは気になる存在だが、なかには人を押しのけてまで勝ちたい、自分の力を誇示したいという人もいる。だが、そんな人とまともに競い合っていたら疲れるだけだ。こんな場合には、あえて2番手に甘んじてみせるといい。

トップに立つことができれば、

たしかに優越感に浸れて気分もいいだろうが、その反面、風当たりも強い。失敗すれば矢面に立たされるのはいつもトップと相場が決まっている。

その点、2番手はリスクが少ないため、気持ちにゆとりが持てる。

周囲の動向を観察することもできるし、トップのミスを反面教師として活かすこともできる。

ときには一歩引いてみせて、最後に出し抜くのが賢いやり方だ。

「イエス・イフ法」なら反対意見がスマートに言える！

言いたい放題が許される親友ならともかく、他人の意見に真っ向から反論するのは難しいものである。

そこで、おすすめなのが「イエス・イフ法」と呼ばれるトーク・テクニックだ。この方法は、最初に肯定し、そのあとに仮定の話をつなげるやり方だ。

「なるほど、その考えはいいね。ただ、もしも○○だとしたらどうなる？」と展開させるもので、相手は自分の意見を否定されたとは思わず、「Aもいいけど Bの場合は？」というような、自分の意見を土台にして、そこからアイデアが発展したかのような印象を受けるのである。

これなら強引に説き伏せられた印象も与えないので、相手を都合よくコントロールできるというわけだ。

オイシい話ほど他人に話すと「いいこと」がある！

ひょんなことから自分に有益な情報が手に入れば独り占めしたくなるものだが、それは一時の得にしかならない。ときには他人と分かち合うことも大切だ。

心理学の考え方に「返報性のルール」というのがある。これは、人は受けた恩に対しては恩義を感じて報いようとする性質があるというものだ。

たとえば、仕事中に自分しか知り得ないレアな情報を得たとき、それを独り占めせずに同僚にも教えてあげるのだ。

相手はあなたのとった行動に感謝するとともに、深く恩義を感じることになる。そして、何かの折にその恩を返そうとしてくれるはずだ。

「最近の若い人は」は好感度アップのチャンス

年配者が「最近の若い人は」と言い出したら、自分の評価を高めるチャンスだ。

この場合、言いたいことがあるのだが直接本人には言えないので「最近の若い人は…」と一般論にしているケースが多い。

そんなときは、相手の話によく耳を傾けて、誰に対してどんなことを言おうとしているのかを突き止めるといい。そして、上手に話にのりながら不満や困っていることなどを吐き出せるように仕向けるのだ。

自分が言われているつもりで素直に聞けば相手はそれでストレスを解消させることができるし、評価が上がるはずである。

愛想のいいタイプはヨイショに弱い！

誰にでも人当たりがよく、やたらと愛想がいいタイプは生まれついての楽天家のように思えるが、じつは努力を積み重ねてきた人が多い。しかし、彼らは「ヨイショ」に弱いという一面があるため、味方につけるのも簡単といえる。

そんな人はとりあえず、お世辞でもいいから持ち上げて自信を持たせておけばいい。陰ながら努力してきたことを認められたと感じれば、当然のことながら好意を抱いてくれるだろう。

いつも持ち上げておかなければならないのは少々疲れるが、こちらが困ったときには助け舟を出してくれるので大切にしたいタイプでもある。

客商売の人が陥りやすいパターンとは？

人間関係は円満であるに越したことはない。それを意識しすぎてか嫌われないようにと常に緊張している人は多い。

しかも、そこまで他人に対して気を使っているのに、かえって相手に不信感を与えてしまったりすることもある。

それは「過剰適応」に陥っているかもしれない。

過剰適応とは、他人の機嫌を損ねないようにと必要以上に腰を低くしたり、丁寧な言葉で対応してしまうことだ。

「すみません」が口癖になっていたり、ついペコペコと頭を下げてしまう。

不特定多数の客を相手にしているサービス業の人などが陥りやすいパターンである。

そうならないためには、少しぐらい嫌われてもしかたがないと開き直って、バカ丁寧な対応をやめてみるといい。

そうすれば、気持ちがラクになって自分らしさを取り戻すことができるはずだ。

何でも先延ばしにする人を決断させる心理術

「魚の頭と尻尾はくれてやれ」というのは、株の世界での有名な格言だ。

つまり、一番高値で売ろうとか、一番安値で買おうと欲張っていると必ず損をする。適当なところで手を打てということだ。

だが、株取引でなくてもこれがなかなかできる人がいない。とくに結婚となると、これからいい相手が現れるかもしれないと先延ばしにしているうちに婚期を逃してしまうこともある。

このような人は、理想が高いとか抜け目のない人と見られがちだがそうではない。単に優柔不断なのである。

いまよりもまだ先にいいことがあるのではないか、もっと上があるのではないかと見えもしない未来を想像して、自分の人生をいまここで確定してしまうのが怖いのだ。

このようなタイプは、仕事でも勇気を持って決断できずに結論も先延ばしにすることが多い。そんな人を決断させるためには、最後通牒を突きつけてみるといい。

「これ以上、大切な時間を無駄にするのであれば、おつき合いもこれまでということになりますが」とはっきりと伝えるのだ。

ここから先はないといわれると、大きな不安に包まれて目を覚ますだろう。

イスよりソファに座っているとなぜ、本音が出やすいのか？

相手の真意を測りかねるときは、ただ単に問いただしたところで本心を話してくれるとは限らない。何の策もなく話を進めても、結局本心はわからないままだ。

そこでまず意識したいのが、シチュエーションづくりだ。人間はリラックスしたときほど本音を漏らしやすくなる。つまり、立ち話より座って話すほうがいいのだ。

心理学的にも人は座った状態だと気が緩み、立った状態だと緊張するのだという。

気軽な立ち話のほうが、ざっくばらんに話ができると感じるのだが、その内容はどうしても当たり障りのない内容にとどまってしまう。

本心を見極めなければならない重要な話であればあるほど、座ってじっくり話せる環境をつくる必要があるのだ。もっといえば、硬い椅子より姿勢を崩しやすいゆったりとしたソファーのほうがいいだろう。

できる限りリラックスさせれば、本音を聞き出すこともたやすいのである。

周囲に早く溶け込むには相談を持ちかける

新しい職場などで早く周囲の人に溶け込みたいのに何を話したらいいのかわからない…。そんなときは、一番話しかけやすそうな人に相談を持ちかけてみてはどうだろう。

とはいえ、話の中身はそんなに深刻なものでなくてもいい。まずは、自分が不得手な仕事をスムーズにこなしている人にコツを聞いたり、パソコンやコピー機のもっと効率的な使い方はないかなどを相談してみるのだ。

人間は、自分を頼ってくれる相手に対しては特別な感情を抱くようになる。話しかけられたほうも心を開いて親切に教えてくれるようになるはずだ。

もちろん、上司との距離を縮めたいときにはもっと深刻な仕事の悩みを相談してみるといい。悩みを分かち合うことによって両者の間に親近感が湧いてきて、気軽に話ができる関係になるだろう。

最近はとかく上司と部下との関係が希薄だといわれるが、部下から積極的に相談を持ちかけることによって社内の雰囲気をよくすることにも貢献できるはずだ。

「3回までは許す」ことで心はもっとラクになる

どんなことでも、白か黒、あるいは1か0かでモノを考える人がいる。潔いといえば潔いが、こういう人は極端で非情な人という印象も否めない。

もしも、あなたがこの思考で凝り固まっているようなら、仏の顔も三度までではないが、自分のなかで何度目までなら猶予を与えるという考え方に切り替えたほうがいい。

たとえば、裏切りは人として許せない行為だが、事情しだいでは「許す」という選択肢もあるのだ。

それに、イチゼロ思考で心がガチガチになってしまうと、チャンスを棒に振ることもある。また、どうしても〝上から目線〟になるために印象は悪くなる一方だ。

もし自覚があるなら、一度は許してことの成り行きを見守る。こんな心の余裕を持つようにしよう。

他人の影響に振り回されやすい人が気をつけるべきこと

人間関係に気を配るのは大切なことだ。しかし、それを重視するあまり、相手の言葉や感情に左右されて自分を見失ってしまうのは本末転倒だ。

人間には自分の目標や、やりたいことを大事にする「目標達成型」と、自分のことよりも周りとのバランスを重視する「人間関係型」の人がいる。

ここで問題になるのは後者で、このタイプの人は、他者からの評価を自己評価に置き換えるので、相手から期待した評価が得られなかったりすると過剰にショックを受けるのだ。

他者の意見に振り回されても意味がない。あくまでも自分の評価は自分の物差しではかるということを覚えておこう。

Step6 ビジネスで差がつく心理術

1 他人を動かす基本のやり方

「人は頼みごとをされるのがうれしい」のだと思っていい

ひとりで仕事を抱えこみ、なかなか同僚や部下にSOSを出せない人はいるが、もし「頼みごとをするのは申し訳ない」と思っているのなら、それは勝手な思い込みでしかない。

ある実験によれば、面倒なことであればあるほど頼まれた人は頼んだ人に対して好感を持つという。理由は、「あの人は私を頼りにしているからお願いしたんだ」と、面倒を引き受けた自分を無意識に正当化させる心理が働くからである。

人に必要とされることには誰もが少なからず喜び

を感じる。だから、上司だろうが同僚だろうが、遠慮なく助けを求めていいのだ。

敵の敵を味方にすることの効用——バランス理論

組織がある程度大きくなると、どうしても気の合う人、合わない人が出てくる。それでもどうにかやり過ごすのが大人の社会というものだが、ときにはこの人とだけはどうしてもうまくやれないということもあるものだ。

とくにそれが上司だったりすると、どれだけ知恵を絞って仕事をしてもあれこれ批判されて思うように進まず、強いストレスに悩まされるということにもなりかねない。

そんなときには、その上司と同等の権限を持つ有力者とお近づきになっておくといい。しかも、その人物が上司と敵対しているような関係なら、おそらく簡単に親しい関係が築けるはずだ。

なぜなら、昔から「敵の敵は味方」といわれるように、自分が敵だと思っている人が敵視している人物は味方につけやすいからだ。

ちなみに、国と国との交渉である外交では「敵の敵は味方」が鉄則だといわれている。敵が敵国と見なしている国と手を組めば、敵に強烈な一撃を見舞うことができるからだ。

もちろんそこまで攻撃的な意図はなくても、たとえ直属の上司に嫌われていても、自分を認めてくれる人が社内にいるだけで精神的に受けるストレスは大きく軽減できる。

それに、自分の敵同士が手を組んでいるのがわかれば、上司もある程度は態度を慎まなくてはならないと気づくはずだ。

ぶつかり合った相手ほどわかり合える関係になれる

会議などで、みんながいいという意見に賛成しておけば間違いないだろうなどと考えることはある。これは「同調行動」と呼ばれる心理が働くためで、集団のなかで仲間はずれにされないように同じ行動をとっておこうというものだ。

だが、あまりに我慢を重ねては精神状態にもよくない。ときには自分の意見を主張することも必要だ。

もちろん、仲間はずれにされれば誰でも気分はよくないが、ぶつかり合った結果、もっとわかり合える関係に発展する場合もある。

そういう仲間に気軽に声をかけるようにすれば、「自分は孤独だ」と悩む必要もなくなるだろう。

専門用語を使わないと信用がアップする⁉

仕事では、あえて専門用語を使わないほうがいいことがある。なぜなら、わかりやすい言葉に置き換えて話すほうがかえって信用を得られることもあるからだ。

会社の同僚と毎日使っている専門用語やその業界だけでしか使わない言葉も、取引先にとっては聞き慣れない場合がある。その言葉が何を指しているのかわからないため、かえってバカにされた気持ちになるのだ。

また、知らない言葉を使われることで、相手はアウェイで試合をするような心理にさせられる。ホームでの試合ではないために萎縮して、警戒してしまうのだ。

どうしても専門用語を使わざるを得ないときは、その言葉の意味を手短に説明するといいだろう。

誰もが食いつく「ナンバーワン」が持つ威力とは？

どうにかしてこの商品を売りたいというときに、ものすごい威力を発揮する魔法の言葉がある。それが「ナンバーワン」だ。

人はともかく「1位」に弱い。2位や3位では「ふーん。そうなの…」と特段感心もしないのに、1位と聞いたとたんに「1位というからには多くの人に支持されていて、すごいにちがいない」と無条件に認めてしまうのだ。

だから、どうしても売り込みたいときには、「スピードではナンバーワン」とか「県内ではトップ」などと、どんなこじつけでもいいから「ナンバーワン」を見つけることだ。

それが難しければ、「トップクラス」「最大級」という言葉で濁すのも手である。

交渉決裂時には「ピーク・エンド」で次につなぐ！

営業先などで交渉が決裂すると、その場の空気は何となく重たいものになってしまうものだ。こういうとき、重苦しい空気のままでその会社をあとにするのではなく、次に期待が持てる明るい終わり方にするといい。そのためには、最後に「ありがとうございました」のひと言を添えるのだ。

この感謝の意を口にするかしないかで、交渉全体の印象は180度変わるのだ。

ダニエル・カーネマンが提唱した「ピーク・エンドの法則」によると、楽しかった経験や辛かった記憶は、ほぼ完全にそのピーク時と、終了時の快・不快の度合いで決まるといわれている。最後に与える印象があとの記憶に大きく関係するわけだ。

だから、たとえビジネス的に交渉は決裂しても、最後にいい印象を与えておけば、次の交渉のチャンスも十分にあるのである。

緊張すると〝キレ者〟になれるというのは本当？

どれだけ場数を踏んでいる人でもいざ商談となると緊張するものだ。だが、この緊張した状態にあるときこそ、大事な商談を成功させるチャンスでもある。

というのも、人が緊張しているときというのは、体の動きがぎこちなくなったり心拍数が上がるだけでなく、脳の中枢神経の働きが活発になっているのだ。

これは、いわゆる「覚醒水準」が高くなっているという状態で、この状態になると強いストレスを感じている反面、脳はかなり冴え渡ってくるのである。

つまり、どんな人でもいつもよりも数倍〝キレ者〟になれるということである。

だから、緊張していることをチャンスととらえて、攻めの姿勢で売り込んでみるといい。思考能力も高まっているから、相手の意図を的確にとらえた受け答えもできるはずだ。

ただし、緊張感がほぐれてリラックスしたとたんに覚醒水準は下がってしまうので、大事な場面では最後まで気を抜かずに緊張を保つようにしたい。

誰も座りたがらない席にこそ〝お宝〟が眠っている！

会議やミーティングなどで悩むのが席順だ。日本人は自分だけが目立つのを嫌う気質のせいか、上席を譲り合う傾向がある。

そこで、面白い実験結果を紹介しよう。アメリカのネバダ大学のダニエル・ジャクソン博士は、長方形のテーブルに6人を配置した座席表を作り、それを学生に見せて「このなかで誰がリーダーにふさわしいか」と質問した。

すると、7割以上の学生が長方形の短辺、いわゆる〝お誕生日席〟に座っている人物がリーダーにふさわしいと答えたのだ。

つまり、こういうケースではどこに座るかで周囲に与える印象は変わってくる。仮に、たいした実績を持っていなくても率先して目立つ席に座ってみよう。そうすればおのずと存在感が増すはずだ。

相手との共通点を見出してYESと言わせる営業術

なかなか譲歩を引き出せない交渉の席では、取引相手との共通点を事前に調べておいて突破口を見出すといい。

というのは、人はまだ会って間もない相手には、なかなか心を開きにくいからだ。

だが、ひとたび「学年が同じ」とか、「郷里が同じ」「趣味が同じ」などの共通点があれば、たちまち距離が近くなる。人間は誰しも〝似た者同士〟には親近感を抱くからだ。

だから、この心理をビジネスに活かさない手はない。交渉相手の情報を事前に丹念に調べ上げたうえで「共通点」を見つけ出せばいいというわけだ。

たとえば、趣味が渓流釣りだとわかったら「海釣りの経験しかないので、今度渓流釣りをご指導願えますか」などと水を向けてみる。どんな場合でも「お近づきになりたい」という姿勢を見せつけられれば、好感を抱くにちがいない。

最初から欠点をさらけ出せば相手に信用されやすくなる

売り込むときにうまい話だけを並べ立てる営業マンがいるが、それよりも10のうまい話のなかにひとつだけ悪い話を入れるようにするとうまくいく。

すると、それを聞いたほうは「悪い話もあらかじめ教えてくれるなんて、なかなか信頼できる人だ」と感じるはずだ。

自分を売り込むときも同様で、長所ばかりをアピールするより、「じつは、こういう欠点もあるんです」とマイナス点を最初に見せることで、信頼度や好感度はぐっと高くなるはずである。

共通の課題に取り組めば、苦手な人との距離を縮められる

もし職場にウマが合わない人がいたら、同じ目標を達成するために共同作業をしてみるといい。なぜなら、敵対関係を友好関係に変えるには、共通の課題や相互依存、目標の達成感の共有が重要だからだ。

たとえば、新商品を開発するために一緒にプロジェクトを組んだり、新規の取引を成立させるために一緒に営業をするなど、自ら積極的にそういう場をつくってみるのもひとつの手だろう。

お互いに話をするうちにいままで知らなかったさ

まざまな面が見えてくるだろうし、苦手な相手を理解するいい機会にもなるはずだ。

感謝→謝罪で、誘いを上手に断る話法

取引先や上司から飲みに行こうと誘われたが、どうしても行く気になれない——。

そんなときに相手の気分を害さずに断るには、謝罪の言葉の前に「感謝」の言葉を差し込んでみるといい。

たとえば、「お誘いいただきましてありがとうございます。しかし、申し訳ありませんが…」と続けてみるのだ。

こうすると、誘ってもらって大変に嬉しいのだが、という気持ちをまっ先に、さりげなくアピールすることができる。

これは、感謝→謝罪と続けることで、有無を言わせず断られたという印象を与えないという心理トリックだ。

しかも、感謝されたというインパクトのほうが強いために、それほど気分を害さないことになるのだ。

あえて強い自分を演出する「ハッタリ」の効用

交渉ごとやプレゼンのときなど、ビジネスでは自分を強く見せなくてはならない場面がある。そんなときは、身振り手振りをいつも以上にオーバーにするといい。

人間は、そそのかせば意外とその気になりやすい生き物である。

たとえば、ふだんは着ることのない派手なファッションを身につけると、それだけでいつもより気が大きくなって立ち居振る舞いに変化が現れたりする。心理学の世界ではこれを「ユニフォーム効果」と呼んでいる。

これを利用して、わざと書類をバシッと叩いてみせたり、「おまかせください」などと胸をドンと叩

いてみよう。

あたかも強い自分を演じるように行動すれば、自分でも強くなったかのように錯覚し、ハッタリも効くのである。

時計を見るクセがある人と交渉するときの注意点

腕時計をしているのに自分のデスクに時計を置いていたり、食事をしていても腕時計や携帯電話をテーブルの上に置いて常に時間を気にしていたり…。このタイプの人と仕事の話をする場合は、要点をまとめて手短にすることを心がけたい。

時計を見るのは野心家で上昇志向が強い人に多い。その反面、常に時間に追われているという切迫感を持っているのでストレスが溜まりやすく、ちょっとしたことで怒り出す傾向がある。

八つ当たりしてくることも少なくないので、大切な話はできるだけ短時間ですませるのがいいだろう。

聞く耳を持たない人に効果バツグンのやり方

どうも言動に配慮が欠けていて、いくら注意したところで直らないという部下がいたら「役割演技」を仕掛けてみることをおすすめする。

役割演技とはいわゆるロールプレイングのことで、仕事で起こりうる場面を想定して適切に対応できるように学習するものだが、ここでは問題の部下にはロールプレイングで演じさせるのではなく、他者が演じているのを審査するほうの役割を与えるのだ。

たとえば、新人研修などに参加させ、若手社員が電話応対しているシーンなどを審査させる。すると、まだ社会に慣れていない彼らの対応の誤りを見て、何が良くて悪いかの判断基準がわかってくる。

自分以外の人がその場にふさわしくない対応をしていることを目の当たりにしながら、自分の対応のマズさに気づくことができるのだ。

しかも、「いまの言い方は、上から目線に聞こえて悪い印象を与える」などと彼らに注意することで、いつの間にか自分が自分の言葉に説得されるという効果もある。

自分の身に置き換えてみなければ改善できないという相手には、ぜひ役割演技の審査を頼んでみよう。

数字を見せれば相手からの信頼感もアップする

漠然とした話は聞いている人をイライラさせるだけでなく、説得力にも欠ける。そこで、取引相手を懐柔したいと思うなら根拠となる「数字」を入れて話を進めていくといい。

たとえば、ただ単に「これでさらに利益がアップします」と言うより、「利益が3割増しになるのは確実です」と数字を示して、さらにその根拠となるデータを並べて説明すれば前向きに検討する気になってくれるはずだ。

数字を入れることで、話がより具体的になり現実味を帯びてくるうえ、3割増しという数字から現状との比較もできる。プランのイメージもよりはっきりとしたものになってくるのだ。

そうなれば、「この人に任せよう」という気持ちにさせることができるだろう。

「自己卑下的呈示」をしたほうが周囲の評価は高くなる

仕事で成果を収めて有頂天になりたい気持ちはわかるが、そんなときは、「今回は周囲の協力があったので」と、むしろ謙遜したほうがいい。

これを「自己卑下的呈示」というが、とりわけ能力があるにもかかわらず腰を低くすると、周囲の評価も高くなるのである。

この自己呈示とは、自分のある部分を意図的に見せたり見せなかったりすることで相手に特定の印象を与え、自分自身をより効果的に見せようとすることをいう。

自分の手柄をアピールするような自慢気な態度は「自己高揚的呈示」と呼ばれるが、こうした自己呈示は、周囲から高慢なやつだと反感を買う可能性が高いから注意したほうがいいだろう。

説得力をグンと高める情報の出し方、隠し方

私の友だちが友だちから聞いた話なんだけど…といった、いわゆる人づての話というのは、その根源をたどってみると、じつは出所が曖昧だったりする場合がある。

これはさまざまな調査からもわかっていることなのだが、情報というのは発信源から離れれば離れるほど、その信憑性はしだいに失われるものなのだ。

ということは、誰かを説得したいときには、できるだけ発信源に近い情報を使えば口説きやすいことになる。

「これは私が自分で調べたことですが…」とか、「参考までに、私の体験をお話しますと…」などと、自分自身が情報源であることが示せればベストである。

これならより現実味のある話だと思って、身を乗り出して聞いてくるはずだ。

2度の声がけが悩んでいる人の心を開かせる

職場の同僚が落ち込んでいたり、心配ごとがあるようなら声をかけてあげるのが一番だが、このとき、ちょっとしたやり方で本人の胸の内を聞き出すことができる。

それは2度、声をかけることだ。そんなに親しい間柄でない場合は、声をかけても「なんでもありません」と言われてしまうことがほとんどだろうが、その反面、本人はいま抱えているフラストレーションを誰かに聞いてもらいたいと内心では願っているものなのだ。

だから、あえてもう一度「やはり気になるので…。本当に大丈夫ですか？」などと、やんわりと声

をかけてみるといい。すると、心配しているという気持ちが相手に伝わり、「じつは…」と心中を明かしてくれるようになるはずだ。

最初に「仕事ができる」ことを印象づけるのが重要なワケ

ビジネスでは、最初に「この人は仕事ができる」と印象づけておくことが何よりも肝心だ。

なぜなら、一度「この人は仕事ができる」と認識されると、よほどの大失敗でもしないかぎり、そのイメージは覆されることがないからだ。

というのは、最初に下した評価を変えることは、すなわち「自分は人を見る目がない」と認めることになるからである。だから、能力に関する評価はそう簡単に変わらないのだ。

たとえ「できる」と認めた人が失敗をしたとしても「今回はたまたま」とか「扱った案件が悪かったのだ」などと良心的に解釈してくれる。自分の評価が誤っていたことを認めたがらないのだ。

転職を繰り返す人が気づかない「ハネムーン効果」のリミットは？

職場やプライベートで行き詰まったら、思い切って環境を変えれば新境地が開けて現状を打破できる気がする。

もちろんそのとおりといいたいところだが、ことはそう単純ではない。人間は新しい環境に置かれたときに自然とやる気や満足度が上がるものだが、これは「ハネムーン効果」と呼ばれるものだ。

ところがハネムーン効果には、タイムリミットがある。環境を変えて一時的に上がった満足度は、時間の経過とともに低下してしまうのだ。

「ハングオーバー効果」と呼ばれるこの心理状態は、新天地に馴れてしまうことで徐々に不満が増大した結果なのだ。

たとえば転職を繰り返す人は、この悪循環に気づかない人が多い。環境を変えただけでは、根本的な解決にはならないことを自覚しなければ腰を落ち着けることはできないだろう。

上司のココロを簡単に動かせる「人脈」の使い方

自分はこの分野には自信があるのに、なかなか上司から認めてもらえない…。もし、そんな悩みを抱えているとしたら、その得意分野を上司ではなく、上司とウマが合いそうな先輩や同僚にアピールしてみるといい。

人は同じ価値観を持つ人が「いい」といっているものに対して、信頼を寄せるという傾向があるからだ。

たとえば、ファッションリーダーといわれる有名人が身につけているものが、爆発的に売れたりすることがある。また、人気のあるコメンテーターの発言に多くの人が賛同して、いつしかそれがひとつの世論としてまかり通ったりするのも一例である。

これは「準拠集団」という心理で、自らが評価を下すよりも、信頼している他人の評価のほうが信頼できると感じるからだ。

だから、上司の心を動かしたかったら、その上司が信頼している相手から「○○さんはこの分野に向いているんじゃないでしょうか」と進言してもらえるように仕向けるのが一番だ。そうすれば、「そうか、キミがいうなら…」と上司の心を簡単に動かすことができる。

少し遠回りではあるが、直談判よりも効果があるので試してみてほしい。

時間の使い方で勝ち組になれば心理的負担はグンと減らせる

いつの世も努力ではどうにもならないことは存在するが、「時間」だけは誰にでも平等に与えられている。

ならば、その時間の使い方については努力をして勝ち組になれるようにしたいものだ。

同じ仕事でも半日で終わらせるのと、丸1日かかるのでは残った時間に歴然とした差が出る。

だが、段取りや手際、集中力など、取り組みしだいで誰でも半日で終わらせることは可能だ。

人間が集中できる時間はせいぜい2~3時間といわれている。たとえば、ひとりなら1日はかかりそうな仕事があったとしたら、数人に手伝ってもらって振り分ければ半日で終わるはずだ。

時間の勝ち組になるには、仕事の進め方に対するアイデアをたくさん持つこと。そして、そのための準備や段取りをすることが重要なのだ。

話の中身で勝負できないときは話すテンポを変える

テレビの通販番組で鍋や洗剤などの商品を紹介している出演者を見ると、その滑らかな語り口に思わず感心するが、気になるのはみな一様に早口だということだ。

じつは、早口でしゃべるのは説得テクニックのひとつである。

たとえば、通販番組の例であれば、商品の値段についてはむしろたっぷりと間をとって「たったの1万円です!」などと強調することが多いが、商品の説明自体は早口である。ゆっくり話すと視聴者の買う気をそいでしまうし、デメリットなどあら探しをする時間を与えてしまうからだ。

ぼんやりと「何だかよさそう」と思うだけで購入意欲は高まる。つまり「相手の首を縦に振らせたいけれど中味には自信がない」ときは、早口でしゃべったほうが望みはあるのだ。

弱気のときにこそ、オーバーアクションで攻めろ!

プレゼンや会議で発言するときにどうしても緊張してしまうという人は、手を大きく動かしたり、大げさなほどの表情をしてみたり、声に極端な抑揚をつけてみよう。こうすると、不思議と気持ちが強気な方向に向かっていくのだ。

実際、オーバーアクションには、自分が強くなったように思えてくる効果がある。

たとえば、動物も前足を上げて立ち上がったり、歯をむき出して声をあげたりして敵を威嚇するポーズをとるように、少々オーバーな動きは自分の気持ちを勢いづかせるものなのだ。

「共感してから判断をまかせる」のが反論のツボ

上司に無理矢理、仕事を押しつけられそうになったときに「ほかの仕事で手いっぱいでとても無理です」などと反論していないだろうか。

これでは上司もカチンとくるし、場合によっては人事査定にもかかわってくる。同じ断るにしても、否定のフレーズをいきなり前面に出さないようにするのが賢い答え方だ。

「わかりました。ただ、例の仕事も締め切り間近なのですが、どちらを優先させたらいいですか？」と言えば、ほかの仕事があると訴えるにしても反論には聞こえない。

重要なのは、最初に「わかりました」と共感することだ。そのうえで「でも、こういう理由があって…」と判断を委ねれば、面目を潰されたとは思わないだろう。

こちらの提案に返事がないときにはどうする？

やっとの思いで作成した企画書なのに相手はウンともスンとも言ってこない、手応えはあるのに、担当者から何の連絡もない…などということはめずらしくない。

しかし、ここで直接電話やメールをして「あの件はどうなりましたか？」などと聞くのは野暮だ。忙しいあまりに本当に連絡をしそびれていたのならいいが、はっきりとNOを突きつけるのを躊躇していることもある。

それでも、どうしても返事がほしいときは、わざと空メールを誤送信するという〝ウラの手〟を使って相手の反応を見てみよう。

すぐにメールでお詫びを入れるのがコツだが、そのときに「すみません。そういえば、あの件ですが…」などと探りを入れて相手の反応を確かめればいいのだ。

忙しい相手に話を聞いてもらうには「要点メモ」が効果的

忙しい相手に無理矢理、話を切り出しても最後まで聞いてもらえないいし、聞いてくれたとしても「考えておくよ」などとお茶を濁されてしまうのがオチだ。

そんなときは、伝えたい内容を記したメモを渡すのが効果的だ。メモならどんなに忙しい人でも、ちょっと手の空いたときに目を通してくれる確率が高い。伝えたい要点を的確にまとめて、「あとでちょっと目を通しておいてください」と渡すようにしたい。

そもそも人は耳で聞くより目で読んだほうが理解しやすい。とりあえず要点をメモで伝え、あとで時間をつくってもらってじっくり話をする、という方向に持っていければいうことなしだ。

「思い」を実現するには年上に相談してから広める

合コンが終わりかけた頃、二次会に行こうと言ったらお茶を濁されたのに、イケメンの友人が「行こうか!」と誘ったら女性陣は一発OK…などということは残念ながら珍しくない。

つまり、世の中にはどんなにいい話やアイデアでも、それを発案した人によっては受け入れてもらえないという現実がある。

したがって、仕事でどうしても実現したいプランがあるときは、そのことをまず年齢や立場が自分よりも上の人間に伝えて、その人から間接的に広めてもらうように仕向けるのが賢いやり方だ。

せっかくのアイデアが他人の手柄にはなってしまうが、陰でその場を動かしている黒幕は自分である。そう思えば、優越感にひたれるのではないだろうか。

「内観法」を応用して緊張しない心をつくる

面識のない人と会ったり責任の重い仕事を任されたりと、ビジネスパーソンはたびたび緊張に見舞われる。そうした緊張をほぐすためには、あえて正直に弱音を吐いてみるといい。

たとえば、「はじめてお会いするので緊張しています」「本当に自分にできるか不安です」など、胸の内に秘めた思いを吐露してしまうのだ。そうすると、言葉と一緒に緊張感も放出され、しだいに心に落ち着きをとり戻すことができる。

これは心理学の「内観法」を応用したもので、自分の心のなかを冷静に観察し、ありのままの気持ちを言葉にするという方法だ。

ときどき心の動きを口にすることによって胸のなかにつかえていたわだかまりがなくなり、同時に悩みが生じる余地もなくなるという。

低い評価をラクに覆すちょっとしたコツ

企業では上司が部下を評価する。評価の基準は仕事の実績や勤務態度などだが、どんなにがんばっても上司からいい評価がもらえないと悔しい思いをしている人も少なくないだろう。

そんな人は、上司が望ましいと思っている社員像について少し考えてみるといい。なぜなら、人が人を評価するときには、よほど他人のアラ捜しが好きな人でない限り「寛大効果」が働くからだ。

寛大効果というのは、自分や社会にとって望ましいと感じる部分は強調して評価し、望ましくない部分は控えめに評価するという傾向のことだ。

たとえば、きちんと身なりを整え、礼儀正しいことが社会人の基本だと考えている上司は、それができている部下を寛大に評価する。

それがたとえ会社の業績に直結することでなくても、どうしても自分が望ましいと思っている部分を評価に反映してしまうのが人間の感情なのだ。

だから、上司におもねるわけではないが、やはり上司の好みや大切に考えているポイントというものは把握しておいたほうがいい。

ストレスの少ない社会人生活を送るためには、このような人間心理を理解しておくことも大切なのだ。

若い部下にはボディ・ランゲージで「心の大きさ」を示す

部下に信頼されたいと思ったら、まず部下の意見をきちんと聞くことが大切だ。自分の意見に耳を傾けてくれる人には、誰でも心を開いて信頼を寄せるからだ。

そもそも、部下が「いま、お時間よろしいでしょうか」などと、いちいち改まった様子で話しかけてくるのなら、話しかけにくい雰囲気を漂わせている証拠だ。意識的に話しかけやすい雰囲気を出すようにするといいだろう。

そのためには、手足を軽く開いて座り、体全体でリラックスしたような姿勢をとろう。これは相手を受け入れるボディ・ランゲージだ。

部下との心理的な距離を縮めたいなら、最初に自分が相手を受け入れる姿勢を見せる必要があるのだ。

「目立つ長所」をあえて外してほめると信頼感を得られる

せっかくほめてあげるなら、「自分への信頼感」を得るようなほめ方をしたい。そのためには、他人がほめない長所を見つけるのが得策だ。

たとえば、営業成績がバツグンの部下に対して「報告書がいつも丁寧に書かれていて見やすいよ」とか、万人が認める美人に対しては、「細かな気配りをしてくれてありがとう」などと、もっとも目立つ長所をあえて外してほめるのだ。

本人がそれほど意識していないところをほめることで、「自分のことをちゃんと見てくれている」という印象を植えつけることができる。その結果、あなたの信頼感はぐっと高まるのである。

部下に慕われたければ「おごる」より「割り勘」がいい！

部下と飲みに行ったときに、飲み代は上司が払わなければならないと思っている人がいるが、こういう場合は、きっぱりと割り勘、もしくは自分が多めに持つといい。部下にもきっちりお金を出させる公平さが強調され、それがそのままその上司の人格を決定づけるからである。

支払いの額とあなたの人望は必ずしも比例しない。いつもおごっていると「あの上司は払いたがる」とか、「見栄っ張りだから」というマイナスのイメージを生んでしまうことがある。

年上だからといって無理して大盤振る舞いするよりも、そこはフェアに割り勘をしたほうが好感を持たれるということを頭に入れておきたい。

上司に好印象を与えるには朝型がいい？それとも夜型？

早起きは三文の徳などというが、対人関係においても早起きはいいこと尽くしだ。

たとえば、いつも時間ギリギリに出社してきて冴えない顔をしている人と、朝一番に出社している人ではどちらのイメージがいいだろうか。断然、いつもスッキリした顔をしている人である。

朝に強い人にはきらきらとまぶしい朝日を連想できるし、そこから「元気」や「健康」ひいては「自己管理ができる人」というイメージもついてくる。夜型人間だという人は、これを機に朝型にシフトしてみてはいかがだろう。

断りの文章はあえて紋切り型で！

ビジネスで断りの文章を書くときは、丁寧で紋切り型がオススメだ。

たとえば、就職活動中の不採用通知は典型的な紋切り型の文章で、「感情」の入り込む余地がない。というのは、切々と書かれた文章だと不合格者の気持ちを逆なでしたり、未練が残ってしまうからだ。

取引先に対しても、あまり気持ちが入った文章だと、受けとったほうもそれに応えようとして感情移入することになる。

すると、「こんなに親近感のある文章で期待させておいて、断るなんて！」と、逆に感情的になることもある。相手に反感を抱かれないためにも、ビジネス文書はあえて紋切り型のほうがいいのである。

初対面の人の心をつかむには、あえて「無知」を演じよう！

初対面の人と楽しく会話をして、なおかつ機嫌もとりたいと考えているなら、あえて無知を演じてみるのもひとつの手である。

人は聞き役に回るよりも、自分のペースで喋ったほうが「話が盛り上がって、楽しい時間を過ごせた」と感じるものだ。そうなれば初対面であっても「この人と話せて楽しかった」という印象を持つことになる。

こちらは「ほぉ、なるほど」「それは初耳です」などと、感心した様子で時折相槌を打って聞いていればいい。そうすれば無駄な努力をしないですむはずだ。

知っていることも知らないふりをして、「無知」を演じよう。

グチの多い相手には「無表情」をつくるのがいい

口を開けばグチばかり、上司のいないところではサボりまくる。

こういう部下や同僚に注意しても暖簾に腕押しで、効果は期待できない。

そこで、試してほしいのが無表情で支配力を誇示するというやり方だ。

人間の脳には無意識のうちに相手の表情を読み取る力がある。それによって自分が歓迎されているか、拒絶されているかを察知しているのである。

だから、相手が無表情だと拒否されているものだと勝手に思い込み、困惑してしまうのだ。

しかも無表情だと何を考えているのかわからないから、相手は不安になる。さらに気まずさを感じれば、きっとおとなしくなるだろう。

いわば、労せずして「場の空気を支配する」ということだ。

決められない人の背中をポンと押す「明示的説得」の技術

レストランで「パスタもいいけど、オムライスもいいな…」などと、メニューがなかなか決められない人を見ると、こちらまでイライラしてくる。こういう人に決断させるには、じつは次のような助言が一番だ。

「午後から人に会うんだろ？　にんにくが入ってるパスタよりオムライスがいいと思うよ」。

このようなモノの言い方は「明示的説得」といって、優柔不断なタイプの背中を押す効果がある。なぜなら「なぜ、そうすべきか」という理由がわかるからである。

優柔不断な人に欠けているのは決定力だ。だから、そこへ導くのには「○○だから、○○」という理由づけが必要なのである。

2つのことを同時に頼まれると断れなくなる人間心理の秘密

「買い物に行ってきて」とか「コピーをとって」とお願いをするのは意外と難しい。というのも、人は他人に指図されることには抵抗を感じるからだ。

ところが、ほんの少し言い方を変えるだけで、簡単に言うことを聞いてもらえる裏ワザがある。それは、単発で指示するのではなく、複数を組み合わせることだ。

たとえば「買い物に行ったついでに郵便も出して

きて」「コピーをとったら会議室に届けて」と言われると、お願いされたほうとしてはまずどれを断ればいいのか一瞬迷ってしまう。そして答えが出ないまま、何となくOKしてしまうのだ。

つまりこれは、YESと言わせる方法ではなく「NOと言わせない」方法なのである。

プライドの高い人をすぐに落とせるひと言

誰にでも少なからず自尊心はあるものだが、やたらにプライドが高い人は周囲もどう扱っていいのか悩むところだ。

たとえば、仕事の内容にも優劣をつけたいのか、雑務を頼めば「そんなもの、俺に頼むなよ」とばかりに嫌な顔をしたり、飲みに誘えば「おまえらにつき合っていられるか」と足蹴にする。

多くの人が関わりたくないと思うだろうが、じつはこういう人を簡単に落とせるフレーズがある。それが「助けてください」である。

プライドが高い人には、他人を下に見て優越感に浸りたいという願望が常にある。だから「この仕事はAさんにしかできません。助けてください」とか、「相談できるのはAさんだけです。ぼくを助けると思って飲みに行きましょう」などと声をかければ、首を横には振らないはずだ。むしろ上機嫌で協力してくれるだろう。

なぜ、偉そうにする相手にこちらがへりくだらないといけないのかといういら立ちを覚える人もいるだろうが、こんな簡単な言葉で相手を利用できると思えばお安いモノ。口では下手に出ておいて、心のなかでは優位になっていればいいのだ。

デキの悪い部下をかわいがる上司の深層心理

昔から「デキの悪い子供ほどかわいい」というが、上司がデキの悪い部下をかわいがっていたら、親心とはちょっと意味合いが違うと考えていい。

というのも、デキの悪い部下をかわいがっているのは自分にとって都合がいいからだ。

年功序列が崩れて成果主義になった会社では、上司も部下も関係なく同じ土俵で戦わなければならない。

つまり、自分にはたいした能力がないと思っている上司ほど、優秀な部下にその地位を脅かされることを恐れているのだ。

そこで、頼りないけど自分を慕ってくれる部下をそばに置いておくと、少しでもそんな不安を忘れることができる。また、自分の考えが及びもしない小難しい質問をされないですむという安心感もある。

つまり、デキの悪い部下は自らの不安への防衛壁としてそばに置かれているのだ。

もちろん、すべての上司がそんなよこしまな気持ちで部下をかわいがるわけではない。

だが、部下が一念発起してがんばり出したときに応援するより、むしろ横やりを入れてくるようなら間違いなく要注意人物だ。

反対意見が飛び出したら「ポジティブな言葉」で応戦する

会議中、自分の意見に反対意見をぶつけられたらいい気分はしないものだ。だが、そんなときは「ご意見ありがとうございます。それについては～と考えます」と切り返してみよう。

大切なのは、まず相手の反対意見を受け取めたというサインを出すことだ。「ありがとう」というポジティブな言葉で返すことで、反対意見を受け止める懐の深さや視野の広さをアピールすることができるし、反対意見を言った相手にも好印象を与えることができる。

もしも、ひるんでしまい「そうですね…」などと相手に合わせた受け答えをしたら、説得力はまったくなくなってしまう。

反対意見を受け止めたうえで、「それでも自分はこう思う」となれば、主張にさらなる説得力が生まれるはずだ。

2 人心掌握のプロのやり方

親しい相手が急に敬語を使い始めたら…

やっとのことで親しく話せるようになった取引先の担当者が、ここのところやたらと丁寧な敬語で応対してくると感じたら、それは何らかの理由で距離をおこうとしていると思って間違いない。

人は、気のおけない相手とは砕けた話し方をするが、それほど親しい間柄でなければたとえ相手が年下であっても敬語を使う。

つまり、心理的な距離感が話し言葉に表れてくるのだ。

だから、いままで親しく話をしていた人が急に敬語を使うようになったとしたら、何らかの理由で自分と距離をおきたがっているとみて間違いない。

また、長年親しくつき合っている得意客が急によそよそしい態度をとるようになったら、それはおそらく買いたくないというサインである。

とくに、それまではかなり金離れがよかった客であれば、いまは都合が悪いことをそれとなくほのめかしている可能性は高い。

そんなときは、客の心情を汲み取って強引にセールスをしないことだ。相手の気持ちに気づかずにあの手この手で売り込むと、それまでの信頼関係さえ失ってしまいかねないので気をつけよう。

そして、相手がしゃべり尽くして言うことがなくなってきた頃に、「じゃあ、こうしましょうか」と意を汲んだ提案をするといい。これでうまく丸め込むことができるのだ。

相手をやる気にさせるには失敗を待てばいい⁉

飛び込み営業やクレーム処理などは、若い社員にとってはやりたくない仕事の筆頭に挙げられる。では、この類の仕事をどうすればやる気にさせることができるか。それは、ズバリ、失敗するのをじっと待てばいい。

たとえば、あとひと押しで取れそうだった契約が自分のちょっとしたミスでお流れになって落ち込んでいたら、「しっかりしろ！　その悔しさを次の仕事にぶつけるんだ！」などと叱咤激励する一方で、誰もが嫌がる仕事をここぞとばかりに与えるのである。

そうすれば本人は汚名返上に燃えて、いままで尻込みしていた仕事にもチャレンジするようになる。相手しだいではあるが、若い部下をその気にさせるには、ミスをして落ち込んだときを狙えばいいのだ。

「9割指示で1割は自由に」が頼みごとのコツ

よく一から十まですべて段取りをしたうえで仕事を進める人がいるが、あまり賢いやり方とはいえない。とくに、負けん気の強い相手には一部分でいいので、自由に裁量できる部分をつくっておいたほうがいい。

何から何まで相手の指示通りに動くというのは、どうしても強制されたという印象を持たれる。逆に90パーセントは指示しても、残りの10パーセント程度の自由を残しておくことで強制されたという印象を薄めることができるのだ。

また、裁量権を与えられたことで「任された」という責任感が芽生えてきてやる気も生まれる。すべてを指示する場合より、クオリティの高い成果が得られるだろう。

「私たちは」と書かれると感情移入してしまう心理のナゾ

企画会議で、取引先の人の心を簡単に動かすことができる方法がある。それは、「私たちは」という言葉を使って企画書を書くことだ。

たとえば、「このプロジェクトのメリットは…」と書くところを、「このプロジェクトで私たちが受けるメリットは…」という文章にすると、その差は一目瞭然だ。

後者のように「私たち」という主語が入ることで圧倒的に感情移入しやすくなる。

つまり、「私たち～」と書いてあると、それを読んだ人は自然と連帯感を抱きやすくなり、お互いが仲間であるような錯覚に陥る。

しかも、「自分もそのプロジェクトチームの一員である」という自覚を芽生えさせることができるのだ。

「不快な物言い」が思わず本音をポロリとさせる

予算の折り合いがつかずに交渉が難航しそうなときは、あえて相手を不快にさせるような物言いをするといい。〝反発〟を招くことで、相手の本音を引き出すのだ。

もちろん、誤解を招くような発言をして相手を怒らせるのではなく、思わず反論したくなるようなギリギリの線で挑発するのである。

たとえば、「本音を言えば、ウチは手を引かせていただいてもいいんです」などとカマをかける。すると先方は、「この際だから言わせていただきますが、こちらとしてはここまでの予算しかないんです」と本音を露わにしてくるはずだ。

こうなればしめたものだ。あとは自分のシミュレーション通りに話を進めていけばいいだけだ。

「宿題」はその場を取り繕う魔法の決めゼリフ

取引先が「先日、○○社さんからこんな話を聞いたんですが、知ってますか？」と業界の最新事情をたずねてくることがある。

まったくの初耳だが、バカ正直に「いやあ、まったく知りません」などと答えようものなら、ライバル会社の担当者のほうが情報通だと思われてしまいかねない。かといって知ったかぶりをして話を合わせたとしても、あとでそれがバレたら信頼を失いかねない。

どうにかこの場を取り繕い、悪い印象を与えることなく逃げ切りたい。そんなときに使いたいのが「すみません。宿題とさせてください」というフレーズだ。

この言葉には「自分はその情報に明るくはないが、勉強したい気持ちはある。次回会うときまでには調べてきます」というニュアンスを含めることができる。

単純に「調べてきます」と答えることとの大きな違いは、「宿題」というワードを出すことで自分を低くみせ、結果的に相手を立てることができる点だ。

日本特有のあいまいなビジネス表現ではあるが、これを言われて気分を害する人はまずいない。師を仰ぐ弟子のように神妙な面持ちでこの決め台詞を放ってみよう。

一目置かれるリーダーが実践するたったひとつのやり方

いざ部下や後輩ができると、人を動かすのはけっこう難しいものだと気づく。

そこで、言葉の使い方ひとつで、思わずついていきたくなるリーダー像を演出できる方法を教えよう。それは、できるだけ否定語を使わないことである。

人は誰かに肯定されたい、認められたいという「承認欲求」を持っている。そんなときに「でも」のような否定語を使われると、頭から拒絶されたように受け取られかねない。

部下に「この日程は厳しいです」と泣きつかれたら、「でも、がんばれ」と言うのではなく、「たしかに厳しいな。だからこそ、がんばってくれ」と励ましてみよう。

たったこれだけで、部下が受ける印象はまったく変わってくるのだ。

覇気のない相手にはわざと焚きつけて反発させる!?

けっして能力がないわけではないのに、怠けているのか、あるいは闘争心がないのか、まるでやる気が見えない人がいる。こういうタイプは上司にとっても困りものだ。

そんなときに試してみてほしいのが、わざと焚きつけて発奮させる方法だ。

たとえば、難しいプロジェクトにあえてその問題の社員を起用する。

案の定、意欲が感じられなければ「やっぱり君には無理だったか。俺の人選ミスだな…」とわざと言ってみるのだ。

こんな言い方をされて自分を情けないと感じない人間はまずいない。

多くの場合、恥ずかしさとともに「なにくそ!」という反発心が芽生え、やる気のスイッチが入るのである。

無難な人を自分の思い通りの人物に育てるには?

「ほめて育てよ」は、部下を育てる手っ取り早い方法だが、何もかも無難にこなす社員に対しては逆にほめにくいものである。

こういうタイプをほめるときは、能力や外見ではなく内面をほめることだ。しかも、当たり障りのない抽象的なことでかまわない。

声が人より大きいのであれば「その明るさがいい」。同じ仕事を黙々と作業しているなら「集中力があるね」などと、どうにでも取れるようなことでいいのだ。

ちなみに、この心理には期待された通りの成果を出す「ピグマリオン効果」が作用している。

ほめられた=認められたという意識が働き、やる気を出すだけでなく、ほめてくれた人に対して勝手に好感を持つようになるのだ。

交渉相手がお腹のあたりを叩くのは商談成立のサイン

商談というのは、慣れないうちはとかく緊張するものだ。

こちらの意図がきちんと伝わっているだろうか、相手の気分を害していないだろうか、言葉遣いは適切だろうか…。

そんな必死の努力を重ねている最中に、相手がポンとお腹を叩いたら、まずはひと安心してもいい。

これは日本人の、それも男性特有のしぐさなのだが、そこには交渉相手としてはうれしい意味が込められているのだ。

じつは、このお腹をポンと叩くしぐさは、「よし、とりあえずOK」という気持ちの表れなのである。

商談の相手からさまざまな条件を聞き出し、ある程度納得した。このあたりで話をまとめようじゃないかというときに、無意識にポンとひと叩きするのである。

なので、このしぐさが出たら商談成立と考えていいだろう。

だが、これは老若男女の誰もがするしぐさではない。

先にも述べたように日本人男性特有のサインなので、外国人客やましてや女性に期待したところで意味がないことを覚えておきたい。

「考えておきます」は最強の拒否表現だった！

何度、営業に出向いても相手はいつも忙しそうで、「ああ、それね。一応考えておきます」という返事しかもらえなかったとしたら、それはつまり断られているのだと諦めたほうがいいだろう。

なぜ何度も「一応考えておく」と返事を繰り返すのかというと、それは相手に面と向かって「ノー」とはいいたくないからだ。

とくに人間関係に角を立てたくない人は、親しい間柄であっても「嫌い」を「苦手」と言ったり、「いらない」と断るときも「遠慮する」といった表現を使うなど、ストレートな言い方を避けたがる。

つまり、その人にとって「考えておく」を繰り返すというのは最大限の拒否の表現なのである。

本当に少し考える時間がほしいと思っているなら、いつなら時間があるからもう一度来てほしいなどと何かしらのリアクションがあるはずだ。

ちなみに、大阪の商売人の間でも飛び込み営業の相手に「考えときます」と返事するのは、「いりません」と同義とされている。

「そろそろ考えてもらえたかな?」などと期待して、何度も顔を出すとしつこいと思われるので注意したい。

上司にアピールするには仕事を「1日」だけ早く仕上げる

上司にさりげなく自分をアピールするには、頼まれた仕事を1日早く終わらせるといい。

たとえば、「5日で仕上げてほしい」と依頼された仕事は、それよりも1日早い4日目に提出できるようにする。

すると、上司は予定よりも1日早く書類が提出されたことで、「こいつ、がんばったな」と好評価をしてくれる。

ただし、これは予定より1日早いから効果があるのだ。あまりに早く書類が提出されると、上司は「やけに早いな」「書類の内容は大丈夫か?」と疑心暗鬼になる。

ふだんよりも入念に書類に目を通すことになり、そこでミスが見つかれば評価はまったく変わってしまうのだ。

部下の信頼を得るには「武勇伝」より「失敗談」!

上司と部下の関係性には難しいものがあるが、双方の間にある垣根を取り払うには、自分の失敗談を話してみるのがオススメだ。

「若い頃に取引で大失敗して会社に大損害を与えた」「女性にふられてやけ酒を飲んで、翌日会社を休んでしまった」など、過去の赤っ恥をどんどんとさらしてしまうのである。

恥部をさらけだすことは誰だって嫌なものだ。それをその部下だけに話をすることで、それまであった垣根が低くなるのだ。

すると「意外と人間味があるんだな」と身近に感じ、上司に対してますます親近感が湧いてくる。こう思わせることができれば、いままでよりずっと接しやすくなるのだ。

悲観主義者の上司を逆手にとって味方につける方法

何をするにつけても批判的なことを口にする人はいるが、これが上司や先輩だと反発するわけにはいかない。そういうときは発想の転換をして、その意見を利用させてもらおう。

物事を悲観的に考え、他人の意見を批判しなくては気がすまないというタイプは、ネガティブなものの見方をするとはいえ常に思考を働かせている。つまり、うがった見方をすれば、彼らの批判は最悪の事態を想定しているといってもいい。

そこで、会議などでまた批判的な言葉を連発したら、あくまでも冷静に「なぜ、うまくいかないと思われるのですか？」と逆に聞いてみるのだ。場合によっては、その意見を拾い上げ、起りうる最悪のシミュレーションに活用させてもらうのである。

年上の部下とうまくやる「リスペクト」のコツ

社会に出ると自分より年上の部下を持つことがある。こんなときの心境は複雑だが、気をつけなくてはならないのは、相手へのリスペクトを忘れてはならないということだ。

いくら実力主義とはいえ、年下の部下に注意するかのような口調ではやはり角が立つ。年上の部下は人間としては先輩だし、社会人としてのキャリアもそれなりにあるという自負を持っているからだ。

そこで、こんな場合はまず「○○さんのやり方は全員に見習わせたいですね。せっかくですから、何とか今月中には結果を出すようにしましょう」というように、最初に尊敬の念を示し、その後に本題を切り出すのだ。

そうすれば、年上の部下の自尊心も保たれ、きっとやる気を出してくれるはずだ。

カラオケが下手な上司を上手に持ち上げるポイント

ふだんはおとなしいのに、飲みに行くときまって「次はカラオケでも行くか！」と張り切る上司というのはどこの会社にもいるものだ。

ところが、そんなカラオケ好きな上司に限って、歌が下手だったりするのだから始末に負えない。こんなとき、どのように立ち回るのがいいだろうか。

正解は、「いや～、癒されます」とか「元気になりました」といった、当たり障りのない抽象的なほめ方をすることだ。

ほめるのが尽きたら「この曲は、サビがいいですね」とか、「懐かしいです。よく学生のときに聴いてました」などと、歌とは関係ない、とにかく前向きな感想を言えば、本人はご満悦なのである。

好奇心をかき立てる「ピーク・テクニック」の法則

職場でスピーチをする場面があったら「これから2分13秒のスピーチをいたします！」と、中途半端な数字を切り出してみよう。確実にみんなの注目を集めることができる。

これは「ピーク（好奇心をそそる）・テクニック」と呼ばれるやり方だ。

アメリカでは、道行く人に「お金をいただけないでしょうか？」と声をかけたときよりも、「17セントいただけないでしょうか？」と中途半端な数字を示したときのほうが、お金を渡す人は圧倒的に多かったという実験結果もある。

ふつうはキリのいい数字を持ち出すところだが、その常識をあえて崩す。そうすることで、いとも簡単に好奇心をかき立てることができるのである。

落ち込んだ同僚を励ますには「無条件のストローク」を

同僚が仕事で大きな失敗をやらかして、ガックリと落ち込んでいるときは〝その人自身〟をほめて気持ちを立て直してあげるといい。

相手のことを無条件で認めることを心理学では「無条件のストローク」というが、「○○さんは優しいところがあるから」などと、人格的に優れているところをほめることによって、自信をとり戻させるのだ。

自分自身を肯定されると、人は落ち込んでいる状態から脱することができる。そうなれば、「失敗は仕事上でのこと」と割り切れる。すると、また前向きに仕事に取り組むようになるはずだ。

ちょっとした相談で上司を自分の味方につける方法

重要な会議の前には、必ず上司の指示を仰ぐようにするとその上司を味方につけられる。たとえば、来期の売り上げ目標の設定や、客へのプレゼンテーションのとりまとめなど、大事な役割を任されたとしよう。

そうしたら、会議で発表するより前にまず上司に「このような方向で考えているのですが、会議ではどのように進めればいいでしょうか」と相談をするのだ。

頼られて悪い気になる人間はいない。相談されることで上司としての自尊心が満たされ、「この数字はもう少し高いほうが」などとアドバイスしてくれたり、「その方向でいいんじゃないか」などと同調してくれるようになるのだ。

こうなれば、少なくとも会議でこの上司が敵に回ることはない。むしろ、自分も事前に目を通した人間として、反対意見が出るような援護射撃をしてくれるはずだ。

「交渉に行き詰まったら合意を錯覚させろ」の法則

交渉が行き詰まり、話し合いが滞ってしまったというような難局を打開するのに有効な方法がある。それは、それまでの合意事項を確認するというごく当たり前のやり方だ。

交渉が停滞してしまう前にいくつか合意した項目がなかっただろうか。その合意事項をひとつずつ、丁寧に相手と確認していくのである。

それまで一緒に積み上げてきたことを強調すると、現在、行き詰まっている論点を実際より小さく、ささいなことに思わせることができる。

さらに「着地点が見えてきましたね。合意まであと一歩です」などと、交渉成立が近いことを口に出して強調すれば、相手は本当に合意寸前まできていると錯覚するのだ。

選択肢を絞って即断即決を促す

確実に相手を落としたければ、与える選択肢を絞ることだ。

よかれと思ってより多くの選択肢を提示すると、かえって迷う条件が多くなるからだ。

たとえば、同じ価格のAとBの二者択一なら、品質だけで選べばいい。

しかしそこに、まったく別の機能を備えたCが登場してくるとなると、単純に同じ要素を比べればいいという話ではなくなる。

しかも「ほかにも選択肢があるかも」という期待を抱かせてしまい、最終的な決定が遠ざかってしまうのだ。

その点「AかBのどちらか」で決断を迫れば、相手の迷いを消すことができる。すると、即断即決を促しやすくなるのである。

3つの原則を知って会議の流れを思いのままに！

会議の流れを自分の思い通りにしたいなら、ぜひとも知っておきたい法則がある。それは「スティンザーの3原則」といわれるものだ。これは、

①以前に自分と議論をかわした相手が会議に参加する場合、その人は自分の正面に座る傾向がみられる。

②ひとつの発言が出ると、そのあとに出る発言は反対意見が多い。

③議長のリーダーシップが弱いと参加者は正面に座った人と話したがり、逆に議長のリーダーシップが強いと参加者は隣の人と話しはじめる。

というものだ。

これらをあらかじめ踏まえたうえで会議に臨めば、会議の流れを望む方向に進めることも可能だろう。

お願いごとを事前におおげさに伝えておく「予告話法」とは？

「1時間もあれば終わるから頼むよ」と言われ、やってみると2時間以上もかかってしまったのと、「3時間はかかる面倒な仕事だけどお願いできないか」と頼まれて、2時間で終わるのとでは、引き受けた側の感情はまったく異なる。

ということは、お願いごとは前もっておおげさに予告しておいたほうがいいことになる。

心理学では「予告話法」といわれるが、手がかかるのをあらかじめ伝えておけば相手もそれなりの覚悟をする。仮に本当に大変だったとしても、覚悟のうえだから不満も最小限に抑えられるのだ。

そして、頼んだことが終わったあとには「お前ってやっぱり仕事できるな！」などとヨイショしておけば、まんざら悪い気はしないだろう。

あえてつまらない意見を出して会議を活発にする方法

会議中に「何か意見はありませんか？」と促しても誰も発言をしないことがある。

すると、下手に目立ちたくないという空気がその場を支配して、さらに発言しにくい雰囲気が生み出されてしまうのだ。

それを断ち切るには、トップバッターの発言が重要だ。

たとえば、「えっ、そんな発言でいいの？」というような、つまらない意見をあえて言ってみるのも手だ。

するとハードルが下がり、それにつられて新たな意見を出す人が出てくる。

そうすると自然に発言しやすい雰囲気になるので、議論が活発になる。結果的に会議をうまくコントロールできるようになるのである。

底力を期待するときは「部分強化」でやる気を出させる！

人を動かそうと思ったら、まずはその人がどういうタイプなのかを見極めるのが先決だ。

たとえば、野心家タイプにはギャンブルと同じように不定期報酬を与える。

「このプロジェクトを成功させればボーナス３倍！」などと持ち上げれば、たちまちやる気のスイッチがオンになるのだ。

運任せのギャンブルと違って仕事は実力しだいなので、思わぬ底力を見せてくれるかもしれない。

逆に、競争心のないタイプにはこの手は通用しない。

そういう人にはむしろ、固定給のように一定の間隔でご褒美を与えたほうがコンスタントに力を発揮してくれる。

ちょっとした工夫をするだけで、あなたに尽くしてくれるはずだ。

論拠に乏しい提案は騒々しい場所のほうが通りやすいワケ

自分でも論拠に乏しくて説得しづらいことを提案しなければならないときは、できるだけ騒がしい場所を選んで話をすればいい。

というのも、人は騒々しい場所では思考が妨害されて、正しい判断ができなくなることが多いからだ。

ほかのことに注意をそらして思考を邪魔することを「ディストラクション」というが、話の内容に自信がないときにはこの心理効果を最大限に用いるといい。

しかも、騒々しい場所で小声で語りかけると、相手は集中してこちらの言葉を聞こうとするために、説得力も上がる。

たとえ論拠に乏しくとも、もっともらしい顔で声をひそめて話せば、うまく丸め込むことができるかもしれない。

本番に弱い人に仕事を頼むときの〝だまし討ち〟とは？

試験になると緊張してしまい、いつもどおりの力が発揮できない本番に弱いタイプの人がいる。

だが、こういう人に、仮に「今日が試験」だということを知らせずに抜き打ちで試験をしたとすれば、高得点をとる可能性が高い。よけいなプレッシャーを感じることなく平常心で問題と向き合えるからだ。

「知らぬが仏」ではないが、本当のことを知らないほうがかえっていい結果につながることは多々ある。

部下に仕事を任せたいとき、「これはちょっと荷が重いかな」と思われるような仕事であれば、あえてそのことを言わずにいるという選択肢もありだ。〝だまし討ち〟にすることで本人の能力を引き出し、しっかり仕事をしてもらうのである。

理不尽な命令には複数で詰め寄って対抗

仕事をしていると、ときには横暴な上司の下で働かなければならないことがある。

いくら上司の命令とはいえ、とてもできないような理不尽な要求をされることもあるだろう。こういうときには、仲間を募って複数で直に詰め寄ってみよう。

職場では、上司のほうが権威者であることはいうまでもない。このため、1対1ではなかなか話もしづらいが、複数だと断然強気になれる。

また、できるだけ上司に近づいて話すのがコツだ。距離が近くなると、上司は部下に対してより親近感を感じるようになる。

その一方で相手は威圧感も感じざるを得なくなるので、無理難題を押しつけづらい心境に陥るのである。

期待感のあるウソでダメな部下を伸ばす方法

ウソも方便とはよくいったもので、ウソも使い方しだいで部下のやる気をおおいに引き出すことができる。

たとえば、取引先に部下を紹介するとき、ふだんは営業成績がいまひとつ上がらない社員をわざと「将来が期待できるわが社のホープです」と紹介する。

すると、紹介された本人は「上司はいつも自分のことをガミガミ怒鳴ってばかりいるけれど、本当はけっこう期待されているんだ」と思い込み、これまで以上に仕事にやる気が湧いてくるのだ。

ただし、あまり頻繁に使うと「どうせ、いつもの決まり文句だろう」とウラを読まれかねない。ここぞというときに使ってモチベーションを高めさせたいものだ。

「いまひとつ」のひと言が部下に与える影響とは？

部下からさまざまな提案やアイデアを引き出したいなら、たとえそれがよくない内容でも「いまひとつだな」などと答えてはいけない。

自分のアイデアやプランを「いまひとつ」と言われると、いくらがんばってみても自分の意見は採用されないと考えてしまい、しだいに発言することをためらうようになるからだ。

大事なのは〝ダメ出し〟だけで話を終わらせないことである。

それよりも、具体的にどこがおもしろくないのかを示すといい。

そうすれば、本人も「ここをもう一度考え直してみよう」という気になり、次のミーティングまでに新しいアイデアを積極的に提案するようになるだろう。

「すぐに評価」すれば仕事の効率はグンとアップする

もし、部下の仕事ぶりがダラダラしていて作業効率が悪いとしたら、それは上司が部下に評価を与えるタイミングを間違えているかもしれない。

心理学では「即時確認の原理」といって、仕事が終わったらすぐに評価を与えることが、作業の大幅な向上につながるといわれている。

すぐにほめられればやる気も湧くし、ミスを注意されても時間が経過していないので原因が何なのかもすぐにわかり、飲み込みも早い。

また、仕事がひと区切りつくたびに評価を与えていくと、さらに効率が上がるのだ。

仕事がひと通り終わってから評価されるより、途中の段階でコンスタントにチェックを受けることによって、部下はやる気を持続させることができるのだ。

カドを立てずに表情だけで「ノー」の意思表示をする方法

交渉中にどうしても断わらなくてはならないときは、その前に口を真一文字に結ぶといい。こうすることで、「拒否」の意思がより伝わりやすくなるからだ。

明らかに断りたいという意思を持っていても、ストレートに「嫌です」とか「やりません」では大人げない。そんなときは、まず「検討します」などと言葉を濁すのがふつうだ。

これは場の雰囲気を壊すまいとする配慮でもあるのだが、ビジネスの場面ではあいまいでわかりにくいばかりか、押しの強い相手だと簡単に押し切られてしまうことがある。そこで、アゴを引き、口を真一文字に結ぶのだ。

これは万国共通のしぐさで、言葉にできないなら、せめて表情だけでもハッキリさせたほうがいいだろう。口元の動きが人に与える印象はけっして小さくないのだ。

「怒ったあと」の上司に助け舟を出す方法

ミーティングなどで上司がどなっているときは、たとえそれが自分に向けられたわけでなくてもなかなか近づきにくいものである。

だが、たいていの人がそうであるように、怒ったあとの上司というのは「怒りすぎたかな」「感情的になりすぎて、まわりに不快感を与えていないだろうか」などと、いろいろ考えているものだ。つまり、逆に弱気になっていたり遠慮がちになっていることが多い。

そこで、その気持ちをうまく読みとり、積極的に話しかけてみるといい。意外にも明るい顔で「この状況で、よくぞ話しかけてくれた」と感謝されるどころか、絆が深まることもある。

ようするに、上司にうまい「助け舟」を出してやるのだ。

知識が浅い〝口だけ上司〟の上手なあしらい方は？

組織では必ずしも有能な人間が上司になるとは限らない。

部下には口うるさく言うのに、自分は責任逃ればかり、そのくせ口だけは達者というような、まったく手に負えないような人もいるはずだ。

そういう場合は、ずばり「幼稚な子供」だと思って接するのがベストだ。こちらが「親の気持ち」になってあしらえば、必要以上に腹を立てることもない。

たとえば、専門的な知識は浅いくせにまるで専門家気取りで話す上司には、「僕も何かの聞きかじりですが、最近の傾向は○○らしいですよ」というように、上司をさりげなくフォローするといい。

「こいつは自分の味方だな」と思わせておいたほうが何かと有利だし、評価も上向いてくるだろう。

「ポジティブな言葉」が相手の行動をいい結果へ導く

ポジティブな言葉は、人の心や行動を前向きにする。そのため、「○○をするな」と禁止口調になるよりも、「○○をしよう」という提案に置き換えて、なるべくネガティブな言葉は口にしないほうが、物事はいい結果につながるものだ。

たとえば、「今夜の接待、先方の社長を退屈させるなよ。それからへんなことを言うな。わかったな」などと否定的な言い方ばかりでは、言われたほうの部下としては「自分の発言や行動が相手を不愉快にさせるんじゃないか」と気になって、萎縮してしまいかねない。

それよりも「うんと楽しませてくれ。そのためには君もそれなりに楽しんでいいからな」くらいのことを言えば、部下ものびのびとふるまい、先方の印象もよくなるはずである。

モチベーションを高めるには具体的な目標を！

何にしても目標を設定することは、仕事のモチベーションを高めるために効果的な方法だが、重要なのは「具体的な目標」を立てることである。

たとえば「いままでよりいっそう努力すること」というのでは、そのためにはどうすればいいかがまったく見えてこない。やる気のない社員の士気は高まらないままだろう。

しかし、「先月の売上げの2割増し」などと、具体的な数値や行動そのものを目標に掲げると、社員は自分がどんな行動をし、どんな点で努力をすればいいのかがわかる。目標までの達成率もわかりやすいので、そのための行動を起こすことができる。

もし成績が伸びずに悩んでいる部下がいたら、その部下が達成可能なレベルの具体的な目標を与えてみるといい。

情報は自分なりの分析を加えると上司の記憶にとどまる

得意先で聞き込んできたライバル会社の情報は、上司にそのまま伝えてはいけない。それより、頭のなかで一度整理して自分なりの分析を加えたうえで話すといい。

たとえば、「A社は○○に新しい土地を購入したそうです」と言うよりも、「A社は○○に新しい土地を購入したそうです。規模や立地から推測すると新しい工場を建設するかもしれませんね」と、自分の判断をつけ加えるのである。

すると、上司にはA社が土地を購入したという情報だけでなく、「新工場を建設するかもしれない」というより重要な情報が記憶にとどまることになる。

そうすれば「あいつはなかなかの情報通だ」と思わせることができるのだ。

席順しだいで会議の流れを思い通りに操作できる

社内での打ち合わせなど、テーブルを囲んで行う会議では、席順しだいで話の流れを操作することも可能だ。

たとえば、物議を醸さずに進行させたいときは、ライバル同士を隣合わせに座らせてみればいい。すぐ隣に〝敵〟がいると論戦になりにくいからだ。

反対に、いろいろな意見を出させたり、わざと紛糾させるには、いつも隣合わせに座る仲のいい社員同士をあえて向い合わせに座らせてみるといい。

すると、「右に同じ」的意見ではなく、異なる活発な意見を引き出すことができるはずだ。

嫌な仕事のシグナルを察知して、信頼を得られるチャンスに変える

いつもは「○○君、ちょっと来てくれ」と自分の席まで部下を呼んで指示する上司が、わざわざ部下の席まで出向いて「ちょっといいか」と話しかけてきたら、そのときに頼まれた仕事は嫌な顔をせずに引き受けることだ。

なぜなら、ふだんから自分の席まで部下を呼び寄せる上司はプライドが高く、自分のほうが上であることを誇示したがる性格の人が多い。

その上司があえて出向いてくるということは、部下に対して無意識のうちに罪悪感を持っていると考えられる。

つまり、そのときに出される指示は理不尽で嫌な仕事の可能性が高いというわけだ。

上司は頼みにくい仕事をお願いしているわけだから、ここで無駄口を叩かずに引き受ければ信頼を得るチャンスになる。

リラックスさせたいなら「奥の席」を選ぶ

ビジネスでもプライベートでも、ふたりきりの食

事というのは多かれ少なかれ緊張するものだ。

その緊張を和らげて相手をリラックスさせたいなら、あらかじめ店の奥に位置するテーブルをリザーブしておくといい。そして当日は、壁を背にして相手を座らせるのだ。

これには理由が2つある。

まず、店の奥の席は店全体を見渡せるので安心感が得られる。さらに、人は壁を背にすると自分が周りから守られているような気になり、心が落ち着くのである。

こうして相手の緊張がほぐれれば、場のムードも和む。ランチでもディナーでも成功間違いなしである。

「真正面で近距離」の席が即決を促すカギ

短時間でいい返事を取りつけるには、座る位置も重要だ。前項の通り、壁を背にして相手を座らせて、自分はその真正面に腰を下ろすといい。

しかも、距離は近ければ近いほどいい。交渉の最中も身を乗り出すようにして相手との距離を縮め、目を見ながら話すのだ。

ここまでくれば、ひとまず精神的には優位に立つことができる。

そして頃合いを見計らって、「どうでしょう、そろそろ決断していただけませんか」と切り出してみよう。「もう少し考えさせてください」と言える人はそうはいないはずだ。

「怒る」ときにおさえておきたいタイミングの法則

部下の失態を見つけたときは、週末の退社直前に小言を言うといい。

本人にとってはせっかくの楽しい気分に水を差す形になるが、休日を挟むことで小言の内容を冷静に受け止め、なおかつ気持ちを切り替える時間を与えることができる。

しかしこれが月曜の朝なら、ただでさえ憂鬱な日にネチネチと言われるわけだから、落ち込んだ気持ちのままで1週間を過ごすことになってしまう。

部下に限らず、相手に苦言を呈するような場合は、言った直後に物理的に距離を置けるタイミングを選ぶといい。言われたほうとしても、たとえ頭に血がのぼってもクールダウンできる時間を持てるのだ。

満足させてやる気を引き出す「コントラスト効果」の秘密

人は何かを見たときに、無意識に先に見たものと比較する。最初に悪いもの〈A〉を見せ、次にいいもの〈B〉を見せることで、Bを本来の価値以上に評価してしまうのだ。

だから、コワモテの男性がお年寄りに席を譲ったりしている光景を見ていて好感を持てるのがそのいい例だ。

ふだんはどちらかといえばマイナス評価をされがちな人が、そのイメージと反対の行動をとると逆にプラスの評価をされることがある。これは心理学では「コントラスト効果」と呼ばれている。

このコントラスト効果は、人を動かすときにも使える。

たとえば、ボーナスを渡すときなどは最初に苦言を呈し、そのあとで「会社は君に期待している」と言葉を添えれば本人はやる気になるだろう。

アイデアがなくても会議の主導権を握れるおいしいモノ言い

会議で意見を言う人と言わない人では、当然のことながら意見を述べた人のほうが周囲からの評価は高くなる。だが、問題はそのタイミングだ。

たとえば、前半と後半のどっちで発言したほうがいいかといえば、断然後半である。議論が白熱してくれば、最初のほうで発言しても印象が薄くなってしまうからだ。

しかも人は、あとに聞いた情報が強く印象に残る。つまり、後半に発言した人のほうがアピール度が高いのだ。

ちなみに、会議が終わる頃に「ひと言いいでしょうか?」と言ってそれまでの意見を集約し、ちょっとコメントをつけ加えるというスゴ技もある。

最後においしいところを持っていけば、会議はあなたの意見で決まったような錯覚に陥るのである。

一匹狼を手なずけるには「休ませない」のが鉄則!

会社にはさまざまなタイプの人間がいるが、なかでも一匹狼は意外とやっかいだ。チームプレーが優先されるべき組織においては、部署のなかの空気がギクシャクする原因になるからである。

だが、もしもそんな人が自分の部下になったとしてもあわてることはない。じつは、このタイプは大量の仕事を与え続けることで、簡単におとなしくなる。

一匹狼タイプはプライドが高く、自分の前に立ちはだかるハードルが高ければ高いほど燃えるという熱いハートの持ち主でもある。

だから、難易度の高い仕事や、誰もやりたがらない仕事でも喜んで取り組んでくれる。社内でも評判の一匹狼を手なずけることができれば、あなたの評価もグンと上がるはずだ。

落ち込んでいる人が求めていることを瞬時に見抜く

落ち込んでいる人に「頑張れよ」などと励ましたところで、「人の気も知らないで気楽なこと言うな!」と反感を買われてしまうのが関の山だ。

それよりは、「大変だったな」とか「辛いよな」と深刻な表情をして、共感を示すほうが何倍も効き目がある。

というのは、人は辛いときや悲しいときには自分に同調してくれる人を求めるからだ。これは「同質の原理」と呼ばれる心理行動である。

また、似たような失敗談を披露するのも有効だ。そうすれば「そうか、辛い思いを味わっているのはオレだけじゃないのか」と勇気が出てくるだろうし、辛さを共有してくれたと親しみさえ覚える。

励ますよりも、共感するだけで自分の株も一気に上がるというわけだ。

できる大人が使い分ける2つの質問術

質問をするときには、クローズド・クエスチョンと、オープン・クエスチョンの2種類を使い分けるといい。

「リンゴとミカンのどっちが好き?」といったような、答えがあらかじめ設定されている質問がクローズド・クエスチョンで、「今晩は何が食べたい?」のように自由な回答をできるのがオープン・クエスチョンである。

たとえば、落ち込んでいる友だちには、「何かトラブルでもあった?」のようなオープン・クエスチョンがいい。そうすれば「うん、ちょっと仕事でミスしちゃって」とか、「上司とソリが合わなくて」と、悩んでいることを打ち明けやすくなる。

曖昧な問いかけだが、相手は勝手に「自分をわかってくれる」と信頼してくれるのだ。

「運命共同体」という言葉を効果的に使って取引成立!

取引先と大きな契約を結ぶ際、この人と一緒に仕事をしたいと思わせる効果的な言葉がある。それは「運命共同体」という言葉だ。

運命共同体の意味は、いうまでもなく「運命をともにしよう」ということである。取引先に対してこの言葉を使うと、「何があっても私は最後まで一緒に責任を負います」という意味になる。

大きなリスクを伴う仕事に着手する場合、誰しも失敗したら困るという不安がつきまとう。そこで「運命共同体」だと言われると、この人なら何か問題が起きても誠心誠意対応してくれるという安心感が生まれる。

さらに、責任感が強い人というイメージを植えつけ、取引成立に持ち込める可能性が高まるのだ。

㊙ワザ 超ポジティブな暗示でヤル気を引き出す

仕事を任せるときに「間違いのないように気をつけてくれよ」と注意したり、失敗してしょげている部下に「次はミスしないように頑張れ」と励ます上司がいる。

この上司に悪気はないが、この手のセリフはかえってミスを誘発する。なぜなら、ネガティブな暗示をかけてしまうからである。

失敗を減らしたいなら、逆にポジティブな暗示をかけたほうがいい。

「もっと失敗していいぞ！」「何でも勉強だ。どんどん失敗しろ」というように、失敗を奨励するような言い方をするのだ。

これで部下がリラックスすれば、ミスをされて迷惑を被るようなこともないだろう。

報酬を出すよりタダのほうが頼みごとを聞いてもらえる理由

人を動かすには見返りが必要かと思えば、じつはそうでもないというデータがある。

アメリカのある大学では、学生に簡単な実験に協力してもらうよう呼びかけ、その報酬を5種類に分けた。その内訳は、4つのグループにはそれぞれ内容に差をつけた現金か品物で、残る1グループは無報酬とした。

その結果、報酬を分け与えたグループでは報酬の差で働き具合に大きな違いが出ることはなく、むしろ無報酬のグループのほうが積極的に協力した人が多かったのだ。

報酬という対価を発生させると、相手はその金額を無意識に値踏みする。その点、ちょっとした頼みごとならタダのほうがむしろ気持ちよく引き受けてもらえる可能性が高いというわけだ。

上司から呼ばれたときにわかる部下の本当の気持ち

部下というのは、上司にそれなりに気を使った態度をとるものだ。だが、彼らが本心から上司に敬意を払っているかどうかはわからない。

たとえば、上司から名前を呼ばれたとき、イスに座ったまま顔だけ動かして返事をする人と、さっと立ち上がって返事をする人がいたとしよう。この2人、どちらのほうが上司に尊敬の念を抱いているだろうか。

これは明らかに後者である。しかも、その動作が機敏であるほど尊敬の度合いは強いとみていい。

いちいち立ち上がるのは面倒だし、座っていても用は足りるかもしれない。だが、そこであえて立ち上がるのは相手を立てている証拠である。

もっとも、それを計算に入れて行動しているなら、かなりのやり手だ。こうしたふるまいをされると相手は気分がよくなり、その人に対する好感度はアップするに違いないからだ。

ちなみに、自分の席に座ったまま部下を呼びつける上司は、常に自分が主導権を握っていないと不安なため、デスクという〝テリトリー〟から出られないのだ。

迷っている人を確実にオトす効果絶大のセールストーク

たとえば、出入りの営業担当者が新製品を持ってやってきたとする。それを買うか買わないかの判断はあなたに一任されているが、なかなか決め手にかけて踏ん切りがつかない。

すると、担当者が次のようなセリフで口説きにかかってきた。「この製品を購入すれば、初期に多少のコストはかかっても従業員の作業が格段に楽になるんですよ」。

じつは、このように「買うとみんなが幸せになる」という感覚に誘導しようとするのは、やり手の営業マンのセオリーだ。なぜなら、それが客にとって購買のための大義名分となるからである。

現在使っている製品がまだ壊れてもいないのに新しい製品に買い替えるのは、少なからず罪悪感がつきまとうものだ。その罪悪感を「みんなのため」だというエクスキューズを与えることによって、払拭させるという算段なのだ。

新車の購入に躊躇する男性には「いまより安全性が高くて、家族も安心」、食器洗い乾燥機の購入を迷う女性には「子供との会話が増やせる」など、家族や仲間の幸せをイメージさせるこんな言葉は、セールストークとしては効果絶大なのである。

第一印象で初対面の相手を味方につける方法

ビジネスの世界では第一印象が肝心だ。松下電器産業（現・パナソニック）の創業者の松下幸之助氏は初対面の相手を迎えるときは、「よくいらっしゃいました。お待ち申し上げておりました」と、最大級の敬意を表して迎えたという。

一流の経営者がこれほどまでに歓迎の意をもって対応してくれたら、誰でも好印象を抱く。人間は、相手がどれだけ自分のことを考えてくれたかで友好関係を深めていくものなのだ。

一方で、第一印象が最悪のものになってしまうと、それを良好な関係に変えていくには相当な時間がかかる。他人の心をグッとつかんで味方につけるには、どんな場合も最初が肝心だと心に刻んでおこう。

不機嫌な相手にユーモアで切り返すコツ

いつも不機嫌な表情をして叱り飛ばしているような人には、「ユーモア」で切り返してみるといい。すると、ふっと肩の力が抜けてつい心を開いてしまうことがあるのだ。

OA機器メーカー・リコーの元社長、市村清氏は、セールスをしていた時代に何度訪ねても不機嫌な取引先に「もう二度と来るなと言ったはずだ！」

と叱り飛ばされたという。

このとき、市村氏は「いいえ、また叱ってもらおうと思いまして」と、とっさに返答し、これをきっかけにしてついには契約にこぎつけた。

ふつうであれば、くじけてあきらめてしまうところをユーモアで切り返すという選択肢がいい結果を生んだのである。

「仮の話」「たとえばの話」は本音を探る言葉のトリック

ビジネスの話をしているときに、「たとえばの話なんですが…」とか「仮の話で恐縮ですが…」というような、仮定の話をすることは珍しくない。

とくに契約が目前のときなどは、「たとえば明日、書類にサインをいただくことはできますか？」とか、「仮に納期が前倒しになるとしたらどうですか？」など、さまざまな可能性を探る意味合いで飛び交ったりする。

しかし、ときには違う意図でこれらの言葉を向けられることもある。その意図とは、「相手の本音を探る」ことだ。

そういうときの「たとえば」はたいてい聞きにくい質問である。

「たとえばなんですが、独身の女性社員はどのくらいいるんですか？」「仮の話ですが、他の業者さんはウチより条件がよかったりするんですか？」など、ストレートに聞くとぶしつけに思えることも、仮の話として話すと何となく失礼さが薄まるような気がするのである。

しかし冷静に考えれば、「たとえば」でも「仮の話」でも何でもない。いわば、誰もが無意識に使っている言葉のトリックのようなものなのだ。

怒る前に知っておきたいタイプ別チェックリスト

部下や後輩をどう叱ればいいのか悩んでいる人は少なくない。ちょっと注意したくらいでは効果がないし、だからといってあまりにも強くいうと逆に恨まれたりもする。相手の性格によっても反応が異なるから、サジ加減が難しいところだ。

そんなときは、まず部下や後輩が失敗したときにどんな反応を見せるのかをチェックしてみるといい。

心理学では、不満やイライラを周囲の人にぶつけたりするのを「外罰的反応」というのだが、こういう反応に出るタイプなら人前で叱ったり注意するのは厳禁だ。

プライドが傷つけられたと感じてますますヘソを曲げてしまい、手がつけられなくなってしまう。このようなタイプは、別の場所に呼び出すなどして1対1になって叱るのがベストだろう。

また、必要以上に反省して落ち込んでしまう「内罰的反応」を見せるタイプなら、あまりしつこく責めないことだ。くどくどと叱ると「どうせ私なんか…」といじけてしまい、何事にも後ろ向きになってしまう。

その点、一番気を使わなくてもいいのが、「失敗したのはタイミングが悪かったせいだ」などと自分も周囲の人も責めない「無罰的反応」タイプだ。

何ごとも人のせいにせず、何だかんだといってごまかしてはその場をやり過ごそうとするので、上司から叱られてもたいしたダメージを受けないのだ。

ただし、このタイプは叱ったところで〝のれんに腕押し〟ということもあるので叱り方には工夫が必要だろう。

3 買う気にさせる心理トリック

「これくらいなら買ってもいい」と思わせる価格設定の秘密

商品の価格を決めるときには、客の「これくらいなら買ってもいい」という心理を取り込むといい。たとえば、新聞の購読料と理髪店での散髪代は、どちらも「毎月払ってもいい」という程度の値段に設定されている。このように、消費者の購買意欲をくすぐる値段設定は「心理的価格」といわれる。

一方、ブランド品や化粧品などでは、安いとかえってニセモノではないのかと疑われてしまうため、少々高い値段でも商品は売れたりする。これは「名声価格」といわれている。

また、端数が客に安い印象を与えるという傾向から、90円で売るよりもかえって98円の値をつけたほうが売れたりする「端数価格」といった値段のつけ方もある。それぞれの商品の特性に合った価格設定をすれば消費者の心をつかむことも可能なのだ。

魔法の数字「8」のトリックで商品を安く見せるには？

買い物客にお得感を与えるには、数字の持つイメージをうまく利用した価格設定をするといい。たとえば、「8」という数字は、それだけで商品を安く感じさせる魔法の数字である。

値段が980円で20円のおつりが返ってくるのと、同じ1000円札1枚を出しても何も返ってこないのとでは、お得感には大きな違いがある。そのインパクトを与えるために、980円という絶妙な価格設定をしているというわけだ。

逆に、1～4の数字はほとんど使われない。たとえば110円という価格だと、100円にわざわざ10円を上乗せしたような印象がある。買うほうにしてみればお得感からはほど遠くなってしまうのである。

注意と関心を引きつける「段ボールカット陳列」の演出

ディスカウントストアなどで、商品が棚に並べられることなく、段ボールの箱をカットしてそのまま陳列しているのを見かけることがある。

これは、「カットケース陳列」とか「段ボールカット陳列」などと呼ばれる、れっきとした陳列テクニックなのだ。

アメリカのビジネス書の著者であるホール氏によると、一般に消費者は「注意（Attention）→関心（Interest）→欲求（Desire）→記憶（Memory）→行動（Action）」と、5つの段階を経て商品を購入するという。

この段ボールカット陳列は「コストをカットしている」という印象を客に与え、最初のステップでもある「注意」と「関心」を持たせるにはもってこいの〝演出〟というわけだ。

「感謝セール」「創業祭」…、セールの売れ行きはネーミングしだい

「創業10周年に感謝して○○割り引き！」などというポップ広告をよく見かけるが、どうして安いのかを端的にアピールするのは欠かせない集客戦略のひとつだ。

ただし、単に安ければいいというわけではない。値段の正当性を理解してもらうようなセールを開催するのがオススメである。というのも、あまりに安すぎても「何か裏があるのでは…」と勘ぐってしまうのが消費者心理だ。

食の安全が消費者の関心事となっている現在、彼らは一にも二にも安心できる商品を買いたい。そんな消費者のニーズを満たしているのが、「水曜市」や「優勝感謝セール」などと名づけられたセールなのである。

ようするに、わかりやすくて、いくら安くなっているかがひと目でわかれば客の信用を得ることがで

きるのだ。

お客と絶妙な距離をとる接客のプロの㊙テクニック

たとえば、ふたりの人間がいた場合、彼らの親密度は距離を見ればすぐにわかってしまう。ふたりの距離が近ければ近いほど親しい間柄だといえるからだ。

前述のとおり、人には、ここから先は他人に踏み込んでほしくないというテリトリーがある。これを「パーソナル・スペース」といい、親密度によってこの範囲は異なってくる。

仕事上のつき合いなら約1・2〜3メートル、友人同士なら約50センチ〜1・2メートル、恋人や家族なら50センチ以下といった具合だ。

ふつうは互いの関係性を意識しながらこの距離を保って接してくる。

ところが、店で商品を選んでいたりすると、妙に近づいてあれこれと話しかけてくる店員がいる。これはパーソナル・スペースを逆手にとったセールステクニックだ。

見知らぬ人がいきなりパーソナル・スペースに入ってきたら緊張するのはたしかなのだが、相手にしてみればじつは近くから話したほうが人を説得しやすいのである。

手を伸ばせば届くくらいの距離というのは親近感をアピールする効果があるため、相手に好感を持ってもらいやすい。そこで、つい商品を買ってしまうわけである。

消費者にお得感を与えたいなら「値引き」より「おまけ」

家電量販店やドラッグストアなどで発行されるポイントカードだが、単に現金で値引きするより、ポイントカードを導入するほうが客の満足度は格段にアップしていく。

なぜなら、このポイントカードには、客に大きな割引感を与える効果があるからだ。

購入金額の一定の割合をポイントにしてキャッシュバックするという仕組みになっているが、冷静に考えてみると、1万円の買い物をして100ポイント、つまりは100円分をキャッシュバックされるのと、9900円で商品を買ったのと同じだと考えることができる。

だが、消費者は、支払いのときに財布から出る金額を抑えることよりも、ポイントが貯まっていくほうが「お金がもらえる」という楽しみを持つことができてうれしいのである。

レジ周りで「ついで買い」をさせる仕掛けとは？

買う予定などなかったものを思わず買ってしまう——。そんな衝動買いの〝魔力〟が潜んでいるのがレジ周りだ。

レジ周りに置いてある商品には、雑誌やガムなどのお菓子が多い。どれもそれほど高価なものではなく、ひとつやふたつ買っても痛手にはならないものばかりだ。

じつは、そこが大きなポイントなのだ。レジに並んでいる買い物客は、買い物が終わってホッとひと安心している、いわば緊張感が緩んでいる状態だ。

そこで、「必ずしも買わなくてもいいけれど、買ってもかまわない」という商品につい意識が向いてしまうのだ。

客にもうひとつ商品をプラスして買わせたいなら、レジ周りの商品を揃えてみることである。

「目玉商品」で引きつけて衝動買いをさせる秘密のテクニック

スーパーやデパートには、「お買い得品」や「セール品」といった目玉商品がよく並べられている。ときには、「え？　なんで、こんなに安いの!?」と驚いてしまうこともあるが、実際、目玉商品を売っても店にとってはたいした儲けにならない。

じつは、目玉商品は客を呼び込む巧妙な販売戦略のひとつだ。目玉商品そのものにつられて集客率が上がるのはもちろん、目玉商品を買った客は、ほかの商品もついでに買っていってくれるのである。

人間は得をしたと感じているときには、とくに買う気もなかったものでもつい買ってしまうという習性がある。いわゆる衝動買いである。

つまり、お買い得感をアピールするためのテクニックとして目玉商品をうまく利用すれば、客単価も上がるというわけだ。

購買意欲をあおるには赤線で修正する

赤の2重線で修正された値札には、消費者の購買意欲をあおる心理トリックが隠されている。

値札に定価と割引価格の両方が表示されていると、その違いが一目瞭然になり、客に与えるインパクトが大きくなって、割安感が増すのだ。

これを「コスト認知変化説」というが、消費者の心理は、その商品がいくらかという点ではなく、どれだけ得になっているのかという点に集中してしまうというわけである。

Tシャツを買いにきたはずが、なぜか店を出るときには割引の値札のついたジャケットも手にしていたなんてことになるのだ。

高い値段のものを買わせたいなら「小出し」の作戦が効くワケ

高価なものを売ろうとしてうまくいかない場合は、〝小出し〟にしてみるといい。

たとえば、美術の好きな人が、5巻ものの美術全集を3万円で注文したとしよう。数日後、その美術全集が入った箱が届いたが、なかには「いまなら残り20巻が15万円！」というパンフレットがあり、結局、その人はさらに15万円を出して全巻を手に入れたくなるのである。

よく考えてみれば、この美術全集は25巻で18万円ということになる。

もし書店で25巻18万円の全集を見ても「高いな」と思って買うのをためらってしまうが、最初に書店に並んでいたのが5巻だけで3万円なら、「買ってもいい」と考える人は多いはずだ。

ようするに、これが「せっかくここまで揃えたのだから、思い切って全部揃えよう」という消費者の心理を巧妙に利用した「小出し」の心理作戦なのである。

客を巧みに誘導する「噴水」と「シャワー」のダブル効果

買い物客をお目当てのフロアだけでなくほかの階にも誘導したいなら、〝噴水〟と〝シャワー〟のダブル効果で行き来させるといい。

たとえば、デパートの1階が化粧品売り場で占められているのは、閑散としている店よりは客が多くて活気のある店に足が向くからだ。

こうして女性たちでにぎわっているデパートにやってきた買い物客は、「ちょっと洋服でも見ていこうか」などと、上のフロアへと昇っていく。このように、下のフロアから上のフロアへ客の流れをつくることを「噴水効果」という。

また、最上階の特設フロアで行われる物産展などを目当てに来店した客は、今度はフロアを下りながらさらに買い物を続ける。これは逆に「シャワー効果」と呼ばれている。

つい買う気にさせるハイトーンボイスの秘密

客を買う気にさせたいときは、いつもよりハイトーンで話すようにするといい。

というのも、高い声には人の気持ちを高揚させ、購買意欲をあおる効果があるといわれている。たしかに低く落ち着いた声は心地いいが、同時に考える時間も与えてしまうのだ。

一方の高い声は元気で活気があり、それにつられてついノリで買わせてしまうのである。

また、語尾が上へ長く伸びるのは客に対するへりくだった表現になり、客を立てることで気持ちよくなってもらい、ついでに財布のヒモを緩めさせてしまうのだ。

その代表的な例がセールの呼び込みである。「お買い得で〜す」と高く、語尾が長く上へ伸びる声は、客の購買意欲をあおるのに最適なのだ。

喫茶店、ラーメン店…延々と居座る客の活用術

客がコーヒー1杯で延々と新聞を読み続けるのは、はた迷惑な行為のように見えるが、店にとってはマイナス面ばかりではない。

逆に、新聞やマンガを置くことでサービスを充実させて、客を座らせておくのも売り上げアップにつながるのだ。

たとえば、ラーメンを食べようとして、目の前に2つの店があるとする。

片方の店には客の姿がちらほら見えるが、もう一方の店は閑散としていたら、多くの人が多少なりとも客の入っている店を選ぶはずだ。

これは、客が入っていることでその店への安心感が生まれるからで、つまりは客が客を呼ぶのである。

「自己ハーディング」と「返報性のルール」で常連客を獲得する！

確実な売り上げを見込みたいなら、常連客を大事にするといい。

人間には、自分の過去の経験を通して、物事の善し悪しを判断する「自己ハーディング」という心理がある。

何度も通って常連になると、もうその店で買うことを迷ったりせず、ここでお金を使うのは正しいことだと判断してしまうというわけだ。

そして、だんだんと満足度が高まった客には前述の「返報性のルール」が生まれる。これだけ満足させてくれるのだから、ひいきの店にしようといったギブ・アンド・テイクの心理である。

さらに常連客として特別扱いされれば客も気をよくして「また来よう」と思うものだ。

メニューに学ぶプレゼン資料のレイアウトテクニック

プレゼンテーションの資料をつくるときには、最も注目してほしい内容を「左上」に配置することをオススメする。なぜなら、視線はふつう、左上から右上、そして左下から右下という流れで動いていくからだ。

じつはこれは人間の習性で、書籍や雑誌などの出版物でも一番目立つ写真や強調したい情報は左ページの上の位置に載せることが多い。

居酒屋やファミリーレストランのメニューも同じで、メニューを開くと客の視線は「Z」の文字をたどるように動いていく。だから、左上の〝一等地〟には、その店のオススメ料理、言い換えればその店がもっとも注文してほしい料理が大きく紹介されているのだ。

写真なども入れて豪華で目立つようにレイアウトすれば、注目度はさらにアップすることうけあいだ。

客のイメージを損なわせない「隠語」のパワーとは？

店に対するイメージを損ないたくないなら、「隠語」を使うのもひとつの有効な方法である。デパートやスーパーでは店員への業務連絡に隠語が使われていることが多いのも、客に対する心理的イメージを重視しているためだ。

たとえば、「万引き犯が店内にいる模様。注意せよ」などというアナウンスが流れたら、客はびっくりして買い物をする気など一気に失せてしまうだろう。

常連客にしても、いったん物騒な店だという評価を下したら次からは足を運んでくれなくなってしまうかもしれない。これを「評価バイアスの法則」という。

客に対する配慮のためにも、店員が自分たちだけにわかる隠語を使用するのは重要なのである。

お金をかけずに最大限の効果を得る「レディースデー」の威力

いつの時代も「口コミ」の力というのは、マーケティングのもっとも重要な要素のひとつだ。それを最大限に利用しているのが、「レディースデー」である。

一般的に、男性よりもはるかに高いコミュニケーション能力を持つ女性は、「口コミ力」も優れている。

「この間行ったお店、おいしかったのよ」「ここって、お得なの」などと、気に入った店を知人や友人に論評を加えて知らせてくれる可能性が高い。

お金をかけて大々的な宣伝広告を打つよりもずっと効果が高くなったりするのだ。

つまり、レディースデーと銘打ってお得なサービスをうたいながら女性を誘導すると、女性の口コミという強力な宣伝力となって返ってくることが期待できるのである。

人気商品のネーミングのカギは「ン」？

商品のネーミングはむずかしい。

類似品との差別化は図らなくてはならないが、長かったり複雑で何の商品だかわからなかったりすれば消費者に覚えてもらうことができない。売り上げにも影響が出かねない。

そこで参考にしたいのが、「ン」や「ー」（長音）などだ。これらの言葉は、リズムを与える効果音としての働きを持っている。

さらに、「ン」を発音するときの唇への刺激は人を楽しい気分にさせる。「ン」は、子供から高齢者まで好まれる音なのだ。

また、舌と上あごを密着させることで親密さも感じさせるという効果もあるという。つまりネーミングに「ン」が入ると、親しみを覚えやすくなるのである。

パッケージの色彩で人の消費行動を操れる⁉

客の消費行動を左右するポイントとして色彩はとても重要である。

たとえば、風邪薬のパッケージの多くにオレンジ色が使われているが、オレンジは太陽を連想させる色であり、見るからに暖かさを与えてくれる。風邪をひいている人は寒気を感じていることが多いが、そんな人にとって思わず手を伸ばしてしまう色なのである。

また、胃腸薬のパッケージには青や緑が多い。青や緑には、さわやかで涼しげなイメージがあり、植物の青々とした色にもつながる。生命を感じさせてくれるのだ。

胃腸薬を求めている人は、ふつう内臓が弱っていて気分がスッキリしないはず。そんな人にとって、さわやかで生命感あふれる緑や青はいかにも元気にさせてくれるように見えるわけだ。

人をイライラさせないちょうどいい「時間」とは？

長すぎず、かといって短すぎないちょうどいい時間を消費者にアピールしたい場合は、「3分」がベストだ。

カップラーメンもお湯を注いでからの待ち時間は3分だ。じつはカップラーメンは、待ち時間を1分や5分にすることも技術的には可能なのだという。

だが、カップにお湯を入れて待つ間に箸や飲み物などを用意していたりすると、1分間では短すぎる。

一方、5分だと何もしないでじっとカップラーメンを見つめているには長すぎる。その点、3分というのは、人がイライラせずに待つのにちょうどいい。

本のタイトルなどにもよく「3分でわかる〜」と銘打ったものが多いが、これもそうした心理的な効果を狙ったものなのだ。

ケタ外れな商品が消費者におよぼす思わぬ効果とは？

話題づくりをしたいなら、「いったい誰が買うのだろう？」と思うような超高価な商品を店のラインナップに加えるのもひとつの手である。

たとえば、大手デパートの福袋には、毎年必ず注目を集める超高価な福袋があるが、「自動車1台の福袋」「1億円のダイヤの入った福袋」などの福袋は必ずマスコミに取り上げられる。

買わないとわかっていても、つい「ちょっと見にいこうか」と出かけていって、そのついでに買うはずのなかった福袋を買ってしまう人もいるだろう。そういう意味でも、宣伝効果は抜群なのである。

「器」を利用すれば中身を多く見せられる！

人は実際の数字よりもその周辺にあるほかの要素と比較して、その「割合」でよくも悪くも判断してしまうことが多い。このことを利用すれば、客に実際の商品よりも中身を多く見せることも可能になる。

たとえば、注文したラーメンがスープも具もあふれんばかりに入っているのを見たら思わず「盛りがいい！」と感じてしまうが、これは店側の演出で、微妙に小さめの器を使っていることがある。

このとき人は実際のラーメンの量ではなく、ラーメンと器との割合を比較して判断しているからだ。同じ量でも小さめの器ならたくさん入っているように見えるし、大きめの器なら少ししか入っていないように感じるのである。

値段の印象を操作するアウトレットの心的カラクリ

その値段が高いか安いかは、それをどう受け止めるか、どんな印象を持つかによって変わるものだ。

たとえば、アウトレットは傷物や売れ残りの商品を割引価格で売る特売店だが、実際には定価で売っていることもある。だが、そこを巧みに「アウトレットストア＝安い」という印象を定着させているのだ。

店先のウィンドーに3万円の上等なセーターを飾り、店内に1万円のセーターを並べる手法もそのひとつ。ふつうなら1万円のセーターは高いと思う人でも、3万円のものを見た後なら、「安い、お買い得だ」と感じてしまうだろう。

最初に見たものが基準になるようにして、値段から受ける印象を操作しているのである。

大きい買い物をした客こそさらに売り上げを見込める

大きな買い物をした客は、さらにほかのモノを買う傾向がある。

たとえば、高級スーツを買った客に、「ご一緒にこちらのネクタイはいかがですか」などとすすめると、購入する確率が高まるのだ。

ここでポイントになるのは、最初に買ったものの値段だ。それが、いわばその場における基準値となる。その金額を基準にして、あらゆるものを「高いか安いか」で考えてしまうのだ。

つまり、この基準値が大きければ大きいほど、無駄な買い物もしてしまうことになる。大きい買い物をした客は、さらに売り上げが見込める上客になりうるというわけだ。

照明の色を赤くすれば「肉」が売れる

スーパーでは赤みがかった照明が使われている場所がある。それは、食肉売り場だ。これは、色彩が人間の心理におよぼす影響を利用した販売戦略である。

赤はエネルギーを暗示する色であり、人間の食欲をもっともそそる色なのだ。とくに、肉についてはその傾向が強い。

なかでも赤みがかった肉は、まだ新鮮で栄養価にあふれていることを示す。肉の色をより赤っぽく見せることで、人はその肉を食べたくなり、買いたくなる。だから、食肉売り場には赤い照明が使われているというわけだ。

商品をどう見せるのかによって買う人の購買意欲が大きく左右されるということのひとつの見本である。

マイナス分を強調すれば「お得感」を演出できる

同じ量の水をそれぞれ異なる形のコップに入れたとき、容量の大きいコップに入れたもののほうが水の量を少なく感じる。これは、器に対しての水の量が少なく見えるからだ。

前述したように、人は実際の数字よりもその周辺にあるほかの要素と比較して、その「割合」でよくも悪くも判断してしまうことが多い。

これを逆手に取れば、客の消費行動を刺激することができる。

たとえば、「いまなら1万円オフ！」などと、もとの値段から大幅にマイナスしたことを強調すれば、高額な商品でも「お得感」を演出できるのである。

女性にものを売りたければ「顕示的消費」を促せ！

女性をターゲットとした商品開発を考えるとき、覚えておきたいのが「顕示的消費行動」と呼ばれるものだ。

人は外見や肩書きで他人を評価しがちだ。たとえば、ブランド品を身につけていれば、「おしゃれ」「リッチ」などという評価が得られる。

また、そのブランド品を買うという行為は、地位や財力を誇示したいという「顕示的消費」と呼ばれている。ちなみに、顕示的消費行動は、男性よりも女性に強く見られるという。

女性の心の奥にある「見栄を張りたい」「見せびらかしたい」という気持ちを上手くすぐることが

できれば、少しぐらい高価な商品でも十分受け入れてくれるのである。

ここ一番で目を伏せ、声のトーンを下げれば相手を落とせる

セールストークには、客が買うかどうか迷っている気持ちを〝確定〟させるための「クロージングトーク」というやり方がある。

たとえばベテランのセールスマンになると、このとき意図的に客から目をそらす。そして、伏し目がちになって落ち着いた声でささやくのだ。

「買っておいてよかったと思っていただけると確信しています」

この目線と声のトーンで口説かれた客は安心し、買う決心をするのだ。

このことを知らずに目を見ながら強引に押しまくろうとすれば、かえって不安や不快を感じて引かれてしまうのでご注意を。

イチ押しの案にさりげなく誘導する「別案」の示し方

買い物の最中に、店員から強くすすめられるとかえって買う気が失せてしまうものである。というのも、これがいいと1点だけ強調されると、押しつけがましさを感じるからだ。

商品を売りたい、会議で企画を通したいなど、人を説得したい場面に遭遇したときは強引なやり方をしてはいけない。

その代わりに「こんなプランもあります」「こういう考え方をすることもできます」といった具合に、複数の案を提示しよう。

腹案も同時に示せば決定権は先方の手のなかにあることになり、こちらが「配慮しました」というポーズがつくれる。

最終的な判断を委ねる形をとれば、自分が納得して決めたと思わせられるので、相手も満足するのである。

作為的に「買いたい」心理にさせる実演販売のプロの妙技

客の気持ちを「これが買いたい」という方向へ意図的にコントロールしていくには、実演販売のプロの妙技を参考にするといい。

それには、第一に客を笑わせることだ。いったん笑いをとってしまえば客は立ち去りにくくなる。次に、実演をするたびに、「これって〜でしょう?」と確認をとる「確認話法」を使う。

客はうんうんとうなずいているうち、しだいに「この商品は素晴らしいものだ」という気持ちにさせられていくのだ。

そして商品の説明がひと通り終わったら、「買ってください」と勧めるのではなく、客に判断を委ねてしまう。

そうすれば、ひとりが買うと、あとは勝手にほかの客も買い出すのである。

子供に好かれる「原色」で親の財布のひもをゆるめる

少子化が進む日本では、両親や祖父母が子供ひとりにかけるお金も大きい。そう考えると、子供がほしがる商品はヒットにつながる可能性が高い。

そこで、子供の購買意欲を刺激したければ「原色」を使うといい。人間は生まれたばかりでは色の識別はほとんどできず、ようやく乳児期になってから赤い色から判別できるとされる。

つまり、子供は中間色のような淡い色ではなく、見分けやすい派手ではっきりした色を好むのだ。

色使いひとつで売り上げが大きく違ってくるのだから、色の選定はおろそかにできないのである。

無意識のうちに行動を起こさせる「カチッ・サー現象」のコワい話

「ハイクラスで高品質」「かつてないラグジュアリ

ーさ」など、特別感をアピールされるとつい「手に入れる価値があるものだ」と思い込むものだ。しかも、たいしてほしくもなかったものでも、このうえなく魅力的に見えてくる。

このような心地よいイメージを引き出す言葉は、無意識のうちに行動を起こさせる「カチッ・サー現象」のスイッチになる。

カチッ・サー現象というのは心理学用語で、テープレコーダのスイッチを入れると自動的にサーッというノイズが流れてくることに由来している。

聞くだけで人の心に働きかける言葉は、相手を操る魔法のスイッチになり得るのだ。

購入してほしいものは、まず触らせる

客に商品を購入してほしいと思ったら、まずは直接触ってもらうことだ。買う気のない客でも繰り返し触ることでその商品への親近感が増し、徐々に「買ってもいいかな」という気持ちになってくるからだ。

同様に、デパートなどでウィンドウショッピングをしているときに「どうぞ手にとってご覧になってください」と言われるがままについ手にとってしまうと、それほど買う気はなかったものでもなぜかほしくなってくる。

これは「触感」がつくり出す心理状態で、直接手に触れたものに対して「親しみ」を覚える習性から起きている。

買う気がなくても買わせてしまう二者択一の質問術

セールスというのは、苦手な人にとっては難しく感じられるものだ。あまりにも熱心に勧めると客の気持ちが冷めていくのがわかるし、だからといって黙って見ているだけでは相手の心を動かせない。

だが、質問の内容をひと工夫するだけで売り上げに結びつかせることもできる。それは、客が購入することを前提に二者択一の形で問いかけるという方

法である。

たとえば、新車の展示会などに訪れた人に対して、「どんなタイプの車をお探しですか？」と聞いたところで「いや、とくに…」と返答されれば何の情報も得られないにきまっている。そこから話を盛り上げるのは至難の業だろう。

ところが、「ファミリータイプとスポーツタイプでしたら、どちらがお好みですか？」と聞かれると、人は「どっちかな？」と考えて答えを出そうとする。

そこで、もし「子供が増えたからファミリータイプに変えようかと思って」と返事が返ってきたら、その後もひたすら二者択一で質問を重ねていくのだ。

ワゴンとミニバンではどちらがいいか、ハイブリッド車とガソリン車のどちらに乗ろうと思っているのか、車体の色はダーク系と明るい色ではどちらが好みか…。

客のほうとしてもこんなふうに質問されたほうが、いままで漠然としていたものが明確な形になって納得して買い物ができる。

二者択一をとらせるという質問上手になれば、セールスにムダなエネルギーを使わなくとも成果を挙げることができるのだ。

「ほかの人と同じでありたい」心理をくすぐるセールストーク

周囲の人がみんな持っているものを自分だけ持っていないとしたら、なぜか自分だけがとり残された気分になる。何が何でも同じものをほしいと思うようになるのではないだろうか。

これは、子供が「みんなも持っているから」と言っておねだりするのと同じ心理で、セールスのときはこの「ほかの人と同じでありたい」と思う心理をうまく刺激するといい。

たとえば、「今年はこの商品がブームです」と言いながら、ブームに乗り遅れたくないという気持ちに働きかけるといい。

このひと言で、ほかの人と同じでありたいと願う人ほど「それなら早く買わなくては」と焦るようになり、思わず買ってしまうものなのである。

購買意欲を高めたいなら隠された深層心理を刺激する！

商談をうまくまとめたいなら、深層心理を刺激する作戦に出るといい。それはズバリ、商品に対していいイメージを植えつけて購買意欲を高めるのだ。

なぜなら、人は何かを「ほしい」と思うとき、単にそのモノ自体がほしいというよりも、それを手に入れたらどうなるのか、その結果を想像してほしくなるからだ。

たとえば、モーター・ショーのキャンペーンガールが展示車の説明をするのは、この車に乗れば恰好よく見えて、こんな美人を乗せられると思わせる狙いもある。

これも深層心理に隠された〝美人にモテたい〟という欲求を利用して、商品にいいイメージを植えつけて消費に結びつけようとする戦略なのだ。

「プレミアム感」の演出で飛ぶようにモノが売れる！

人は入手困難なものほど、それに飛びつく傾向がある。「なかなか手に入らないものを自分が手に入れる」という快感に大きな魅力を感じるのだ。

たとえば、「いましか売られていない」「ここでしか買えない」という超限定品やレアものに対しては、つい財布のヒモを緩めてしまう。これを「スノッブ効果」という。

しかもこの場合は、「高価」だということが人を引きつける要因になる。

「なかなか手に入らないものを手に入れた、しかも、高い値段で」ということになれば、ますます価値が出る。他人に自慢するときにも「これは○○円だった！」と威張れるのだ。

つまり、価格は「価値」のうちなのだ。場合によっては、「プレミアム」という名前をつけて、特別な雰囲気を演出するだけで消費者の欲望を刺激できるのだ。

買いたい気持ちに火をつける決まり文句とは？

同じく消費者の購買意欲を刺激するのに効果的なのが、新築の住宅やマンションのチラシでよく見かける「完売」や「売約済み」などのコピーだ。

とくに、買おうかどうか迷っている場合には、これらのフレーズは絶大な効果を発揮する。「この機会を逃したら手に入れられないかもしれない」「先に買われてしまうかもしれない」という危機感が判断力を失わせてしまうのだ。

たとえば、戸数の多いマンションだと、たいてい何回かに分けて売り出されるため、1期目が完売しただけというケースもある。

しかし、このカラクリを知らない消費者は、「急がなくては売り切れてしまう」という思いに駆られて、我れ先にと購入してしまうのである。

「限定」と言われると買いたくなる心理法則

とくにほしかったものでもないのに、「限定品」と書かれた値札を目にしたとたんに商品を手にレジに向かってしまったという経験は、誰でも一度や二度はあるのではないだろうか。

また、「〇名様限り！」と大々的にチラシが配られると、その店に開店前から行列ができるのもよく見る光景だ。

このように、数を限定されるとお得感を覚えてしまうのは、「希少性の原理」という心理が働いているからだ。

実際にはそれほど必要なものではないのに、「いつでもどこでも手に入るわけではない」「このチャンスを逃すともう次はないかもしれない」という気持ちをかき立てられ、つい財布の紐を緩めてしまう。

それが、希少性の原理なのである。

逆にいえば、多くの人に希少性があると感じさせることができれば、販売する側は苦労することなく売り上げを上げることができる。限られた量しか採れないものだったり、製造に手間がかかって限られた数しかつくれないものであれば、十分にアピールする価値があるのだ。

ただ、世の中にはこのような心理を逆手にとって、多くの在庫がある商品をわざと限定品として売る店もないではない。だが、そんなウソは消費者には簡単にばれて信頼を失ってしまうのがオチなので安易に使わないほうがいいだろう。

ただ、本当に一定期間しか手に入らないものや、製造に手間がかかって限られた数しか作れない自信作であれば、そこはしっかりと希少性をアピールしたい。

優柔不断な客に買わせる魔法のフレーズ

買うか買わないか——。何を選んだらいいのか悩み出したら、いくら考えても堂々巡りになって決められなくなってしまうという経験は誰にでもあるのではないだろうか。

あるいは、販売などの仕事をしていたりすると、同じように堂々巡りに陥っている客を相手にすることも珍しくないだろう。

そんな迷いに迷っている人の背中をそっと押すことができる言葉が、「みなさん、お選びですが」である。

人は自分以外の人もそれを選んでいると知ると、自分の選択に間違いはなかったとお墨つきをもらったような気になる。すると、それまでの迷いが吹っ切れて、あっという間に買うという決断を下せるようになるのだ。

また、「当店の売れ筋です」などというセリフも同じような効果がある。いま、決断しなくてはもう買えなくなってしまうかもしれないという焦りも生じるので、迷いのスパイラルから抜け出すことができるのだ。

言葉の使い方ひとつで消費者の満足感を演出する

表現のしかたをちょっと工夫するだけで、「買わなきゃ損」と思わせる巧みな言葉遣いがある。これを「フレーミング効果」というが、じつは身の回りのいろいろな場面でも使われている。

たとえば、「0人にひとりがクレームをつけてくる」という商品でも、「お客様満足度90パーセント」といえば、多くの人が認めているような気になる。

「赤身80％」として売られているステーキ肉は、「脂身20％」ということでもある。

言葉の使い方ひとつで消費者の購買意欲を大きく左右できるのだ。

「モデリング」の心理で相手を刺激して乗り気にさせる

周りの人がみんなやっていると、それにつられて同じことをしてみたくなることを「モデリング」という。

このモデリングはビジネスにも応用できる。

たとえば、ある商品に関して「これはいま、希望者が多くて予約待ちですが、何とか取り計らいますよ」「この企画については他社からも引き合いが多いんです」といった営業トークは、取引先や客の気持ちに強く訴えかけ、好奇心を刺激する。

もちろん虚偽の情報ではいけないが、事実であれば積極的に利用するといい。「自分もほしい」と思わせれば、ビジネスにとって大きなプラスとなるだろう。

あれこれ聞いてくるウルサ型の客こそ〝上客〟

仮にあなたが対面販売をする店の店員だったとしよう。

誰でも仕事では楽をしたいという気持ちがあるので、よけいなことを言わずにさっさと買うものを買って店を後にしてくれるような客は大歓迎だ。

逆に、商品について「これはどうやって使うの？」「売れ筋は何色？」などとこと細かく質問してくるような客に対しては「面倒な客だな」と敬遠したくなる。

だが、じつはこういう人のほうがこちらの売りたい商品を素直に買ってくれるかもしれない〝いい客〟である可能性は高いということをご存じだろうか。

店員に多くの情報を求めるということは、他人に依存していることの裏返しである。いってみれば、この人は他人の影響を受けやすい、やや子供っぽい面を持った人なのである。

ということは、聞かれたことを丁寧に説明すれば大いに信頼してすんなり買ってくれるはずだ。

店側にすれば、ただ目当ての商品だけを買って帰る客よりも上客なのは間違いない。あれこれ聞く客が来たら、ビジネスチャンス到来と思って積極的に対応しよう。

「どちらにしますか？」と迫られて後者を選ぶ人間心理

人が最も誘導されやすいときは食事や買い物など、お金を使うときに多い。もともとこちらにも購買意欲はあるので、そこをうまくコントロールされると相手の思うがままにされてしまうのだ。

たとえば、定食屋に入り、焼き魚定食をオーダーしようと店員さんを呼んだとしよう。すると「肉じゃがか冷奴を１００円でつけられます。どちらになさいますか？」と聞いてきた。

本来、焼き魚が食べられればよかったが、勧められれば疑いもなく「じゃあ冷奴で」などとなりやすい。これこそが、店側のテクニックなのだ。

ふつうなら「どちらになさいますか？」ではなく、「おかずはおつけしますか？」と聞くのが筋だろう。だが、相手はそこを飛ばしていきなり2択で問いかけてきた。

こうなると、選択を迫られたほうは2択以外の選択肢を答えにくくなる。相手はこの心理をうまく利用したのである。

ちなみに二者択一の場合は、後から提示したほうが強調されるので、そちらに誘導されやすい。すなわち、ここで冷奴を頼んでしまったあなたは、完全に店の思惑にハマったというわけだ。

責任感の強い人が引っかかりやすいワナとは？

「簡単なアンケートに答えていただくと、サンプルを差し上げています」という言葉に誘われて、別室に連れていかれたら高額な商品を買わされた――。このような手口は、街頭のキャッチセールスなどで昔からよく使われている。

しかし、アンケートだけといった相手に高額な商品を売りつけられて、なぜ抵抗せずに買ってしまう人が少なくないのか。それは、一度要求を受け入れてしまうと後へは引けないという心理が働いてしまうからだ。

人は、一度承諾してしまうと、次に要求されたことを拒否しづらくなってしまう。内心では最初にいっていたことと違うじゃないかと思っていても、今さら断るのは恥ずかしいとかみっともないという気持ちが先立ってついOKしてしまうのだ。そのため、この手の手口には責任感の強い人ほど引っかかりやすいのである。

しかし、詐欺事件にはこれまでにもたくさんの例があるように、いわゆる〝おいしい話〟には必ず裏があると考えるのが鉄則だ。

もし、誰が聞いても手を出したくなるようなおいしい話を持ちかけられたら、その次には何らかの要求が必ずあるはずと疑うべきだ。のらりくらりと相手をかわしておいたほうが無難だろう。

Step7

男と女のカケヒキの心理術

1 学校では学べない恋愛心理のツボ

「スキーマ」で考える恋人とケンカにならない法

恋人と映画を楽しんだあとに感想を話していると、「面白い映画だった」「いやそうでもなかった」と、同じ作品なのに感想が食い違ってしまうことがある。

好みの問題といってしまえばそれまでだが、これを心理学の世界では「スキーマ」という。

正確には、人が何かを評価するときに用いる自己基準や枠組みのことで、知識や経験による記憶の積み重ねで形成されるため、個々で基準が異なるのは当然だ。

だが、人によってはステレオタイプなモノの見方に終始する人もいる。

もしも彼女にその片鱗が見え始めたら、おそらく意見を曲げることはないはずだ。適当に話を合わせておけば少なくともケンカにはならないだろう。

好きでもないのに助けるとどんな変化が起きる？

顔見知りの女性が困って助けを求めていたところ、たまたま通りがかって助けてあげたら深く感謝された。それ以来、その女性のことが気になってしまう。

ドラマなどでありがちな恋の始まりのパターンだが、ここにはある心理作用が潜んでいる。それは、「認知的不協和理論」というものだ。

人は自分の気持ちと行動が矛盾していると、なぜか不快な感情が呼び起こされることがわかっている。

たとえば、たばこを吸うと体に悪いということを知りながら、たばこをやめないのは気持ちと行動が矛盾している。

すると不快な気分になるので、タバコをやめるか、もしくはたばこを吸っていても長寿の人はいるなどと、体に悪いという情報をなかったことにしようという心理が働くのだ。

それと同じように、女性のことを好きでもないのに助けたとなると不協和が生じてしまう。だから、助けたという行動に合わせて「好き」のほうに気持ちを変化させて矛盾を解消しようとするのである。

眉の上げ方に込められたさまざまな思いとは？

よく両方の眉を同時に吊り上げた彼女の顔を見ると、なぜだか無性に守ってあげたくなると思うのは男性の本能のなせるワザらしい。

この表情には男性ホルモンを分泌させ、守ってあげなければという気持ちを沸き立たせる効果があるらしい。

しかも、両方とも上げられた眉

というのは、「あなたを脅かすつもりはありません」「服従します」という意味のサインでもある。もちろんこれは女性に限った話ではなく、男性についても同じことがいえる。

ところが、これが片方だけの眉を上げているパターンだと、まったく意味が違ってくる。

どういうことかというと、左右の眉の高さが段違いになるのは相手を疑っているときに出る表情だからだ。

ちなみに、両方の眉を上げるのとは反対に「嫌い」というメッセージを送っているのが、眉が中央に寄っている場合である。眉間にはシワもできているはずだ。

また、両方の眉を上げながら中央に寄せる表情もあるが、これは大きな心配や悩みごとを抱えていることを暗示していることがある。

不機嫌な顔を見せるのは心を許している証拠!?

今は恋人と呼べる間柄でも、出会ったばかりの頃には堅苦しさやぎこちなさがあるものだ。

緊張や不安でお互いの表情も硬かったはずだが、しだいに打ち解けていくなかで、それがリラックスした表情に変化していったに違いない。

ところが、仲良くなってきたと思っていた相手が不機嫌な顔を見せるようになったら、「嫌われたのかな」と不安を感じてしまうのではないだろうか。

しかし、この心配はまったくの杞憂だ。不機嫌な顔は拒絶のサインではなく、むしろ相手に心を許している証拠なのである。

よく知らない相手や親しくない人とは、当たり障りのない会話しかしないものだ。当然、そこではよそいきの顔しか見せない。たとえ、不愉快な話を聞かされたとしても、あからさまに表情に出すことはしないだろう。

だが、親しくなればなるほど本音での話も増えてくるし、ときにはケンカになることもある。そういう場合は、本心を出しても大丈夫な相手だと思えるからこそ不機嫌な顔も見せられるのだ。

不機嫌な顔は、お互いの遠慮がなくなってきたことを示すバロメーターなのである。

誰かをおだてるには、同じことを「3回」ほめ続けよう！

「君かわいいね」と言われたら、たいていの女性は「またお世辞なんか言っちゃって」と聞き流すかもしれない。

でも「本当にかわいいよ」と続けられたら「ずいぶんしつこいなあ」に変わり、さらに「いやあ、何度見てもやっぱりかわいい」とトドメを刺すと、今度は一転して「…もしかして、私、かわいいのかも？」と考え直すようになる。

自分は他人の言葉には絶対影響されない、と思い込んでいる人は多いだろう。ところが、こうして1回や2回では信じないことでも、3回繰り返されると「もしかして…」と信じやすくなる。

誰かをおだてるときに一度試してみるといい。

彼女の肩が下がり始めたら気をつけるべきこと

目の前の相手に好意を持たれているか、そうでないかは誰でも気になるところだ。それが、とりわけ密かに思いを寄せている異性だったりすれば、なおさら本心を知りたいと思うだろう。

正面切って聞ければ手っ取り早いが、それにはかなりの勇気が必要だ。そんなときには相手の肩に注目してみるといい。

女性の場合、好意を持っている相手の前ではどちらかの肩が下がるものである。もし、彼女の肩が片方だけ下がっていたら、言葉に出さなくてもあなたへの好意は明白だ。

逆に、肩が水平になっていたら要注意だ。あまり好意を持たれていないうえ、これは嫌悪のボディランゲージでもあるからだ。彼女の立ち姿に見とれる前に、肩のラインを観察してみるといいだろう。

ところが面白いことに、男性の場合はこのボディランゲージの意味することはまったく逆になる。

両肩が水平になっていたら好意のサインで、片方の肩が下がっていたら嫌悪のサインになるのである。

男性と女性では解釈が反対なので、間違えないようにしたい。

「いつも」と話を盛るタイプが抱えている不満とは？

あなたが恋人とのデートを残業を理由にドタキャンしたとしよう。

同じように仕事を理由にデートをキャンセルしたのは二度目だが、まあ、わかってくれるだろうとメールを送る。

すると彼女からは「いつも仕事が優先なのね！　私のことは大切じゃないの？」という厳しい返信がきた。

たしかにキャンセルしたのは申し訳ないが「いつも」とはいったいどういうことなのか。たったの二度目じゃないか。

そう憤慨するのは当然だが、じつは相手の真意は別のところにある。

この「いつも」はデートのキャンセル以外にも、常日頃あなたに何かしらの不満を抱いている証拠だ。

つまり「自分が大切にされていない」と思うことがほかにもあり、それが積もり積もっているため「いつも」という表現になったのである。

これに対し「いつもなんて言い方はおかしい。話を盛るなよ！」などと言い返すのは火に油を注ぐようなものだ。

彼女との関係を長続きさせたければ、「ああ、ほかにも何か不満があるのだな」と考えるべきなのである。

「何でもいい」と言われても信じてはいけないワケ

「今日はおごるよ。何が食べたい？」と女性にたずねたときに、「何でもいいわよ」と答えが返ってきた。こんなとき、自分の懐具合に気を使ってくれているのかもなどと早合点して喜んでいる場合ではない。

男性が「何でもいい」と言ったら額面どおりに受けとってもいいが、女性の場合には複雑な意味が隠されている可能性がある。

「何でもいいよ」と女性が言ったとき、その頭のなかにはいくつかの候補が並んでいる。

Aもいいけど Bもいい。でも、せっかくご馳走になるのだから、ふだんは行けないCにも行ってみたいし、だけどDも捨てがたい…といった具合だ。結局決められないから、何でもいいということになるのだ。

それを勘違いして「じゃあ、このラーメンでいいかな」などと決めてしまうと、かなりの確率でヘソを曲げられる。

だから、そういうタイプの相手が何でもいいと言ったときには、「たとえばどんなもの?」とその頭のなかの選択肢を聞き出してみるといい。

そのなかからふたりの意見を一致させれば、女性はこの選択は間違っていないと納得できるのだ。このひと手間が食事時間をより楽しくする秘訣なのである。

「大嫌い!」という言葉の裏にある人間心理

男性にとって女性の心理は複雑でわかりにくいといわれるが、そんななかでも最も理解しにくいのが心理学でいうところの「意識化」ではないだろうか。

これは、口に出しては言えない気持ちを察してほしいときなどに、まったく逆のことを言うことで自分に意識を向けさせることだ。

たとえば、話をしていた女性がちょっとしたことで不機嫌になり、挙げ句の果てに「あなたなんか大嫌い!」と捨て台詞を残して立ち去ってしまった。

こんなとき、多くの男性は自分の言動を振り返ることになるのだが、いくら考えても何も思い当たらないだろう。

この女性の場合、いくら好意を示しても気づいてくれない、相手の気を引きたいというところに本音があるからだ。

つまり、鈍感な相手へのイライラと、気持ちが伝わらない切なさと、気を引きたいという願望などがないまぜになって、思わず口から飛び出したのが「あなたなんか大嫌い!」なのである。

男性としては「そんなバカな。言ってくれなければわからない」と言いたいところだろう。だが、本当に嫌いだったら、ふつうはそれを口にする以前に近づかないものなのだ。

「よかったらメールして」は本当に誘ってる？

合コンで話が盛り上がった女性から、メールアドレスを渡されて「よかったらメールして」と言われたら、どこまで本気ととらえていいのだろうか。

せっかくアドレスをもらっても、「あのときは酒の勢いでくれただけで、真に受けてメールなんかしたら冷たくあしらわれるかもしれない…」などと不安になったり、プライドが邪魔をして結局一度も連絡を取らずに終わってしまったという経験をしている人も多いはずだ。

ところが、女性が特定の相手に「よかったらメールして」と言った場合は、本気度はかなり高い。

一般的に男性の場合は、メアド交換なんて〝数打ちゃ当たる〟くらいにしか思ってなかったりする。

ところが、女性の場合はまた会いたいけど自分からは誘えない。つまり、男性のほうから連絡してほしいという気持ちが込められているのだ。

「よかったらメールして」と言われたら、即行動あるのみである。

人混みで歩くペースを合わせてくるのは好意を持っているサイン

自分のことを本当はどう思っているのか、恋人の気持ちが気になりだしたら、人混みを一緒に歩くときの行動に気をつけてみてほしい。

ふたり並んで歩いているときに向こうから誰かが歩いてきたとしよう。一緒に避けようとするならふたりの親密度は高いといえる。

しかし、ふたりの間を開けて通そうとしたなら、あまりあなたに好意を持っていない可能性がある。

また、一緒に歩くペースを合わせてくれるならば好意を持ってくれていることを期待できる。1回で決めつけるのは早計だが、頻繁に同じような行動を取るとしたらそこには恋人の本心が表れているはずだ。

つき合う気がない相手には「あきらめフレーズ」でクギをさす

身近な異性からの交際の申し込

みを断ればそれまでどれほど仲がよかったとしても関係は気まずくなってしまう。

こういう場合、もっともいいのは告白される前にあきらめるように仕向けることだ。それにはふだんから「いい友だち」「恋愛対象にはならない」「男（女）だったらよかったのに」などとバリアを張っておくのである。

だいたい自分に対して特別な感情を持っているかどうかは、よほど鈍い人でない限り気づくものである。

何かの拍子に「これはもしや？」と感じたら、「友だちでよかった。恋人にしたら尻にしかれそうだから絶対カンベンだけど！」などと冗談まじりにけん制しておくに限るのだ。

悩みを打ち明けると なぜ親近感が 沸くのか？

恋人にフラれた異性の友人の悩みを聞いているうちに、その友人のことを好きになってしまったり、部下の悩みの相談にのっているうちに恋に落ちたりするというのは珍しくない。これは誰にでも起こりうることだ。

なぜかというと、悩みを打ち明けるということはその人の内面を知ることになる。すると「わかる、わかる」と、つい自分の体験したことも話したくなるからだ。

こうしてふだんはあまり人に話さない部分をさらけ出すと、互いに親近感が生まれ、男女なら恋愛関係に発展したりするのだ。

もし、悩みごとを打ち明けてきたのが友達の奥さんのような深い関係になっては困る相手だったら、熱心に話を聞くと厄介なことになりかねないので注意が必要だ。

友達の恋人と こっそりつき合う人の 深層心理

友達の恋人とこっそりつき合っていたのがバレて泥沼の修羅場に突入…。なんて恋愛ドラマさながらの状況に陥っている人は意外といるのではないだろうか。

友達の恋人を略奪するのは友情を台無しにするような行動だが、なぜそのようなことをしてしまうのか。

じつは、そういう人は無意識の

うちに自分と友だちのどちらが異性として魅力的かを比較しようとしている可能性がある。

人には「自分自身の評価を知りたい」という衝動がある。だが、職場での評価とは違って、恋愛についての自分の評価を知るのは難しい。

そこで、年齢や性別など自分と似た環境にいる他人と比べることで、自分にどれだけの評価があるのかを判断しようとしているのだ。

このように他人と比較することで自己評価を行うことについては「社会的比較理論」の研究があるが、友達の恋人を誘惑するのもこの心理が働いている場合がある。

たとえば、自分は友達よりも異性として魅力的だと思っているのに、友達には恋人ができて、自分には恋人がいないとする。

それなら友達の恋人を誘惑して自分になびかせるようにすれば、自分のほうがやはり魅力的だと判断できるというわけだ。

「プライミング効果」で相手の思考を誘導する

今日はデートだが、じつは給料日前で持ち合わせが少ない。夕飯はできるだけ安い店ですませたいと思っているが、そのことをそのまま彼女に言うのはちょっと格好が悪い。

こんなときは、夕方くらいから最近流行っているB級グルメの話題で盛り上がるといい。彼女の頭の中に「安くてうまいもの」のイメージを植えつけるのだ。

そうすれば「なんか中華料理屋でギョーザとか食べたくなっちゃったね」という展開に持ち込みやすい。

これは心理学では「プライミング効果」と呼ばれている。先に脳に入った情報はあとから入ってくる情報に大きな影響を与えるため、相手を誘導することは意外と簡単なのだ。

かつて流行った〝10回クイズ〟もこの心理の応用だ。

「笑いをとる」より「笑う側にまわる」ほうが好感度が高いのは？

女性が挙げる理想の男性像で、近年定番なのが「面白い人」である。

しかし、人を笑わせるのは意外と難しい。たしかにお笑い好きな人は多いが、だからといって芸人を気取ってふざけてみたり、ダジャレを連発したところで、冷たくあしらわれるのがオチだ。

こういうときは、無理矢理笑わせるのではなく、面白いことに対して思いっきり笑う側に徹するといい。なぜなら、そのほうが断然好感度が高いからである。

面白い話に、腹を抱えて笑い転げる姿に不快感を抱く人はいない。もっといえば、笑って聞くことができる人は、人の話を素直に受け入れられる人という印象にもつながる。

つまり、人柄に対する評価もアップするというわけだ。

自分のペースに相手を巻き込む「ダブルバインド」の秘密

デートの時間に遅れたのに彼女が笑顔で待っていたら、逆に不安をかき立てられるのではないだろうか。このように、内面と表面に表れる行動が一致しない人の本心は読み取りにくいものだ。

ところが、これを逆手にとれば、相手の心の内をうまくとらえることができる。

たとえば、笑いながら「この意見には賛成できないな」と言ったり、ムスッとしたまま「君と会えてうれしいよ」と告げてみるのだ。こうすることで、相手は「ダブルバインド」（二重拘束）と呼ばれる心境に陥ってしまい、判断力を失ってしまう。

こうしてひとたびペースを乱すことができれば、その後の展開は思惑通りに進められるというわけだ。

さりげなく忙しいふりをして自分を売り込む法

デートに誘って「その日は先約が…」と断られると誰でもがっかりする。だが、「いつでもＯＫ」とばかりにホイホイと誘いに乗ってこられるより、やっとの思いでデートにこぎつけるほうが満足感も高い。

きわめて単純だが、〝もったいぶる〟という行為ほど、人の価値を上げるのに効果的な作戦はないだろう。

仕事にしても「いつでも何でもやらせていただきます」というより、「火曜日までいっぱいなんですが、水曜日からなら2日だけ空いています。それでも間に合いますか？」という人のほうについ頼みたくなるものだ。

恋愛でも仕事でも、さも引っ張りだこであるというそぶりをみせるだけで、自分の価値はいやでも上がるのである。

黒目の動きで「7つの本心」が透けて見える！

「つき合ってほしい」と告白したら、イエスであれノーであれ、答えを聞くまでは落ち着いていられないものだ。

すぐにＯＫの返事をもらえればほっと胸をなで下ろすところだが、「そうねえ…」などとつぶやきながら、ちょっと考える素振りを見せられた場合には相手の気持ちをつかみにくいものである。このままプッシュしてもいいのか、それとも引いたほうがいいのか迷ってしまう。

このように重要な質問や難しい問いかけをした際には、答える前の黒目の動きに気をつけたい。どこを向いているかによって、本心が透けて見えるからだ。

方向別にその意味を解くと次のようになる。

真上は無心、右上は作為、左上は追憶、左右の場合は拒否、右下は理性的な当惑、左下は感情的な当惑、真下は服従や罪悪感だ。

右下と左下の差が少々わかりづらいかもしれないが、右下はきちんと説明できる理由があって困っている、左下は理屈抜きに戸惑っていると考えればいいだろう。

もしも相手の黒目が横を向いていたら残念ながら希望がかなう確率は低くなるといえそうだ。

2 達人に聞いた！恋愛心理のツボ

両手でグラスを持っている女性は惚れっぽい⁉

グラスを両手で包み込むように持ちながら酒を飲む――。合コンなどでそんなしぐさをしている女性には、さりげなく話しかけてみよう。

じつは、両手でしっかりとグラスを持っているのは、それほど「幸せ度」が高くない状態にあることを示している。

誰かと語り合いたいのに、話す相手がいなくてなんだか寂しい…。そんな気持ちのあらわれなので、どんな会話であっても楽しんでもらえるはずだ。

ただし、ずっと両手でグラスを持っている女性は根っからの寂しがり屋なので、声をかけただけでハートに火をつけてしまう可能性がある。

恋することに憧れて恋をしてしまうタイプなので、相手がどんな人かということはさほど重視していないのだ。

つまりは、惚れっぽい性格なのである。

だから、寂しそうにしているからといって気軽に声をかけてつき合うことになってしまったときには、一方的に振り回されてしまうかもしれない。

両手でグラスを持っている女性がいたら、ちょっと様子を確かめてから声をかけたほうが無難である。

微妙な女心を見逃さないためのちょっとしたコツ

女性にアプローチをするのはなかなか難しいものがある。せっかくいい雰囲気になりかけていたのに、急に彼女の態度が変わったなんてこともあるのではないだろうか。

これは、彼女が発するサインを読み間違えた可能性がある。

思わせぶりな素振りをしていても、すべてがＯＫのサインではない、逆に誘っていることに気づかなければ、彼女だってじれてしまうだろう。

お互いにいい仲になるためにも「お誘い」のサインだけは知っておきたいものだが、その意思は男性にクビを見せるというしぐさにあらわれる。

クビを傾げる、クビを回す、少しだけアゴを上げるといったしぐさがこれに当たる。ときにはクビに手や指を当てることもある。これは男性の視線を惹きつけると同時に、か弱さも強調できるしぐさだ。

クビは身体のなかでも弱い部分である。そこを無防備にさらすことで、「あなたを信用しているから、弱い部分も見せているのよ」とアピールしているのだ。

こうしたしぐさは自分でも無意識にしていることが多いという。この微妙な女心を見逃したくないものだ。

体のどの部分が好きかでオトコの本性がわかる⁉

好き嫌いの判断にその人の性格が表れるのは当然のことだろうが、どんな体型の女性を好むかによって男性の性格を分類するという面白い実験結果がある。

アメリカの心理学者ウィギンズが、女性のバスト、ヒップ、脚という3つのパーツを大小に分けてシルエットにしたものを使って、男性の性格を調べたのだ。

まず、バストに関しては、大きい女性が好みの男性は、外交的でスポーツマン、プレイボーイという傾向があり、小さい女性を好む場合は従順で、性的には抑圧的で猜疑心が強いケースが多かった。

ヒップに関しては、大きい女性を好む男性は罪悪感が強く、受け身で強迫観念を持ちやすいのだという。

ちなみに小さな女性を好む場合は、忍耐力が強いが、遊びやスポーツに興味がない。

また脚の細い女性が好みなら、社交的で自己顕示欲が強く、面倒見がいい性格で、逆に太い女性を好む男性は慎み深く内向的で、辛抱強い人に多かったという。

心理学者が行ったじつに真面目な実験なのだが、実際にこの結果がどれだけ当てはまるかどうかは、相手のことをよく観察してみてほしい。

スポーツをしている人がかっこよく見えるのは錯覚だった⁉

昔からクラスの人気者というのは、きまってスポーツができるものだ。同じ部活で活躍している姿を見たらドキドキして好きになってしまった、なんて経験のある人もいるだろう。ところが、このドキドキした気持ちは、ただの錯覚かもしれない。

好きな人と一緒にいるときにドキドキと心臓が高鳴る性的興奮と、スポーツをしたあとに心拍数が上がってドキドキする生理的興奮を取り違えて、「好きだ」と勘違いしている可能性がある。

これは心理学で「吊り橋効果」といわれ、別名「恋の吊り橋理論」とも呼ばれるものだ。渓谷に吊り橋と揺れない橋がかかっていて、その中央で異性とばったりと出会ったとする。

すると、吊り橋を渡って生理的にドキドキしていた人のほうが、揺れない橋を渡って平然としている人よりも、出会った相手に好意を抱きやすいという実験結果があるのだ。

スキー場や海水浴場で恋が芽生えやすいのも、このドキドキの錯覚がひと役買って、街中で出会った場合に比べてかっこよく思えてしまうのである。

相手によって態度をコロコロ変える女性は「自己呈示」に原因があった！

ふだんは言葉遣いも雑で気が利かないのに、男性の前に出たとたんかわいらしいしぐさで女らしさをアピールするような女性は、「裏表がある」などといって同性から非難されがちだ。

しかし、相手や状況によって見せる顔が違うのは、誰しもがやっているごく自然な行為なのだ。これは自分の印象を操作しようとする「自己呈示」という心理に基づいている。

自己呈示には、取り入り、自己宣伝、示範、威嚇、哀願というやり方がある。これがうまくいくと、好感、有能、立派、恐れ、同情という反応を得られ、失敗すると、卑屈、うぬぼれ、偽善者、空威張り、したたかという印象を与えてしまう。

いくつもの顔を使い分けるとい

うのは、人間関係を円滑にするうえでとても効果がある手法なのだが、やり過ぎや状況判断を誤ることで、かえって自分の評価を落とすということも覚えておきたい。

ペアウォッチをしたがる人の心のなかをのぞいてみると…

お揃いのものを身につけてお互いの絆を深めていたいと願う恋人は、いつの時代にもいるものである。

彼らがペアにしたがるものはTシャツからアクセサリーまでカップルによってそれぞれだが、なかでも彼女と「お揃いの腕時計をしたい」という男性がいたら要注意だ。このタイプは、彼女をやたらと束縛する可能性が高い。

なぜなら、心理学的にいえば腕時計は「束縛の象徴」だからである。その腕時計を恋人とペアでしたがるということは、お互いに束縛し合いたいという気持ちのあらわれなのである。

しかも、お揃いの腕時計をしていれば、周囲にも「自分たちは恋人同士です」とふたりの関係をアピールすることができる。

つまり、腕時計が結婚指輪の代用となって、自分以外の男性が恋人に近づくのをガードすることもできるわけだ。

このタイプは自らも進んで束縛されたいと望んでいるから、浮気をするリスクは低いといえる。しかし、嫉妬深いだけに、どちらかが心変わりをしたりすると大変だ。執着心を持たれて、別れるのに苦労することもあるかもしれない。

どんな相手も口説き落とせる「ミラーリング」の裏ワザ

男から見ると女心はパズルよりも複雑だが、そんな女性の心に寄り添いつつ、口説き落とせるテクニックがある。それが相手のしぐさを真似る「ミラーリング」だ。

たとえば、女性とカフェで一緒にいるとき、相手がカップを持ち上げたら自分も同じように持ち上げ、ほおづえをついたら同じようにほおづえをつく。相手が笑ったら自分も笑い、悲しい話題では悲しそうな表情をつくって聞き入るのである。

ウソだと思うかもしれないが、

たったこれだけで彼女はあなたのことを「自分に共感してくれる人」「自分を理解してくれる人」だと好意的に見てくれる。

ただし、露骨すぎると「バカにしてるの?」と反感を買う場合もあるので、あくまでさりげなくが基本だ。

相手の瞳孔が大きくなったら、積極的にアプローチせよ

意中の女性と話をしているとき、瞳孔が大きくなるのが見てとれたらそれは脈ありのサインだ。ここぞとばかりに積極的にアプローチすれば〝落ちる〟のは時間の問題だろう。

アメリカの心理学者ヘスの実験によれば、男性は女性のヌード写真を見たときに、女性は男性の裸や赤ちゃんを抱いた母親の写真を目にしたときに瞳孔が広がったという。つまり、興味や関心を抱いた対象を見た場合に瞳孔は開くのである。

眉がアーチ形に上がる、目を大きく見開くなども同じように対象に好印象を持っていることを表している。たとえそっけないそぶりをしていたとしても、瞳はウソをつかないのである。

Step8

効きすぎ注意！禁断の心理術

1 〝ワル〟の心理操縦術に学ぶ

「報酬は低めに伝えておくと最後は得する」の法則

結婚披露宴の司会を知り合いに頼むことになったとしよう。ただ、こういうときに言い出しにくいのは謝礼の話だ。好意で引き受けてくれるとはいえ、できれば〝お友だち価格〟でお願いしたい。

こんなとき「今回は3万円しか用意できないんだけど…」と自分が用意できる金額を最初から正直に伝えるのではなく、「1万円でお願いできるかな」と少な目の額でスタートするといい。

すると、頼まれたほうは「ずいぶん安いけど、今後のつき合いもあるし引き受けないわけにはいかない」と考える。そして披露宴が終わってから色をつけて「2万円」を渡すのだ。

その結果、予算よりも少なくすんだうえに司会者からも喜ばれることになる。

威厳がある人に思わせるちょっとした目の演出とは？

威厳や風格は一朝一夕に身につけることはできないが、さも威厳があるように見せることはできる。その方法はじつに簡単で、目をキュッと細めるだけでいい。

堂々としていて、何となく怖いと感じる人には近眼の人が多いという。近眼だと、焦点を合わせるために目を細めるが、それゆえに眼光の鋭さを印象づけることができるのだ。

ちなみに、同じ人間の顔をそのままの状態と、目を細めたように加工した2通りの写真を見せると、前者は「服従的」で、後者は「強気」という印象を与えるという実験結果もある。


また、目を細めると自然といかめしい表情になる。それを見たほうは不安になり、同時に弱気になるので、そこにつけ込めば優位に立つことができるだろう。

ピンチを乗り切るための「ポーカーフェイス」のつくり方

不測の事態が起こってピンチに追い込まれれば、誰でも慌てふためくものだ。だが、そういうときこそうろたえずに、平常心でいることをおすすめしたい。

たとえば彼女とドライブしていて、ほとんど車も通らないような山のなかでパンクしてしまったとする。こんなときオロオロすればするほど、彼女はどんどん不安になる。

しかし、「うわー、ハデにいったなあ。でも大丈夫、何とかなるって！」と冷静に構えていれば、彼女はそれだけで安心する。

そうすれば、彼女はあなたを「ピンチでも動じない器の大きい人」と評価し、ますます好感を持ってくれるだろう。

もちろん、この窮地をどう乗り切るかという問題は頭のなかで必死に考えるしかない。

苦手な相手を手玉に取る〝しっぺ返し作戦〟

社会に出れば、苦手な相手とも一緒に仕事をしなくてはならない。そんなときは、〝しっぺ返し作戦〟で乗り切ってみよう。

これは心理学では「テット・フォー・タット作戦」といわれるもので、やられたらやり返す、つまり相手の態度と同じ態度で応えるという方法だ。

たとえば、相手がライバル心をあらわにしてきたら、こちらも敵対的な態度をとる。一方、協調的な姿勢を見せたときには、同じように協調性をもって接するのだ。

これを続ければ、相手は自分の出方しだいで仕事がやりやすくなったり、やりにくくなったりすることに気づく。否が応にも慎重な態度をとらざるを得ないのだ。

他人を誘導するには自分の「土俵」に持ち込め！

人は何かを決めたり考えたりするときは、無意識に自分がつくった枠組み（既成概念）に縛られながら、その基準をもとにして物ごとの判断を下している。

ということは、これを逆手にとって意図的に枠組みをつくってしまえば、相手の下す判断を自分の思うがままに誘導することもできる。このような心理を利用して思い通りに誘導することを「フレーミング」という。

たとえば、「ボクの仕事は徹夜なんてザラだけど、結婚したら君のためにできるだけ早く帰ってくるよ」などと前もって婚約者に吹き込んでおけば、結婚後はたとえ遅く帰ってきても、「忙しいのに帰ってきてくれた」と、逆に感謝されるようになったりするのだ。

背後からの光を利用して威圧感を与える方法

人は光を背にして立つと、目の前にいる人により強い威圧感を与えることができる。これは、背後から光が差すことで顔が暗くなり、表情がはっきり見えなくなるからだ。そのぶん軽薄さが失せて、思慮深い人間に見えるのである。

このことを利用すれば、本来は対等な人間関係であっても自分のほうがやや優位に立つこともできる。

たとえばオフィスでは、役職の高い人の席の後ろには窓があることが多いが、これも〝後光効果〟のひとつだと思うと納得がいく。あるいは、背後に照明を置くケースもある。

室内でも野外でも、光がどこから差しているかを考えて自分の居場所を決めると、自分の立場を有利にすることができるのだ。

頑固者には一度引いてから説得する

一度こうと決めたらテコでも動かない頑固者の首をタテに振らせようと思ったら、とにかく説得をしないことだ。なぜなら、人は熱心に説得されればされるほど、自分の意見を変えたくないという気持ちが強くなるからである。

そんな逆効果を招いてしまうことを「ブーメラン効果」というのだが、これは単に相手に対する反発心から意固地になってしまうわけではない。自分の信念を貫きたい、自分の言動に責任を持ちたいという気持ちが強いために、それを曲げるように説得されると自分自身が攻撃されていると感じてしまうのだ。

また、相手の意見に従うことによって、自分の自由が奪われるように感じて反発する場合もある。そうなってしまったら、説得するのは至難の業といっていいだろう。

しかし仕事となれば、そんな気詰まりな雰囲気になった相手からOKを引き出さなくてはならないこともある。

そんなときには、とにかく一度相手を説得することをやめてみることだ。「押してもだめなら引いてみな」というように、グイグイ押してきていた相手がサッと引いた態度をとると、どれだけかたくなな態度をとっていた人でも何かあったのではないかと気になりはじめる。そのタイミングを逃さずに、再度交渉してみるとうまくいく確率は高まるはずだ。

無言のプレッシャーをかける「目」の使い方があった！

「目は口ほどにものをいう」とはいうが、目にはその人の本心が表れる。であれば、当然それを逆手にとることも可能である。

たとえば、明らかにウソをついている人を問い詰めたところで白状などしないだろうが、しかし、落ち着いた口調で「何か隠していることがあるでしょう？」と目をひたすら見ながらカマをかければ、プレッシャーに負けて口を割ることもある。

同じように、社内で問題が起こった場合などにキーマンの口を開かせたいなら、あなたがその人に視線を向けて話を進めていけばいい。そうすれば、これ以上黙っているのはムリだ…と観念して本当のことを話しはじめるにちがいない。

潜在意識に働きかけるには「右」にポジションをとれ！

打ち合わせや飲み会で同席するときは、座る位置で相手に影響を与えることできる。それはズバリ、その人の右側にポジションをとることだ。

「彼の右に出る者はいない」とか「～さんは社長の右腕だよね」というように、「右」は優れたものを表す。そして、なぜか人間は右側にいる人に従ってしまう傾向が強いのだ。

彼女や友人が何かに悩んでいるようなときも、さりげなく右側に座って話をリードすれば包容力をアピールできるかもしれない。

「うなずき」だけで簡単に相手より優位に立つコツ

話の最中に相手がうなずいているのを見ると、「話をちゃんと聞いてくれているんだな」と安心するものだ。人は誰でも他人に認められたいという欲求を持っているからだ。

つまり、うなずくというしぐさは「あなたを認めていますよ」というサインにもなる。この心理をうまく利用すれば、会話をコントロールすることもできるのだ。

たとえば素早くうなずけば、促されるように話の先を急ぐし、深くゆっくりとうなずけば、じっくり話を聞いていることを意図的にアピールできる。相手の信頼を勝ち得ることもできるのだ。

話の内容によって上手に使い分ければ、好感度をアップさせることなどたやすいというわけだ。

これを利用すれば、あなたは「親切な人」となって印象がよくなるうえ、恩返しまでされるだろう。

発言権を奪うには「間」を取って会話を遮断！

一方的に自分のことばかりを話す人は困りものだ。相槌を打つのが精一杯で、口をはさむ余地がまったくなかったりする。そんな人から発言権を奪いたいと思ったら、本人のおしゃべりをいったん遮断することだ。

人は有頂天で何かをやっているときは周囲のことが目に入らないが、一度でもそれが途切れてしまうと、すぐにもとのテンションに戻るのが難しくなる。その心理を利用するわけだ。

遮断する方法はいろいろある。わざとスマホのバイブを鳴らしたり、ボールペンや資料を床に落としてもいい。

ともかく、相手がどうしても口を閉じなければならない状況に追いやれば、もはやそれまでのテンションを維持することは不可能になるだろう。

時間にルーズな人が遅れなくなるちょいワザ

「3時に待ち合わせ」と約束していても、10分や15分は必ず遅刻してくる人がいる。このような遅刻魔を約束の場所に到着させるいい方法がある。

それは、約束する時間を半端な時間に設定する「端数効果」だ。

たとえば、本当なら3時に待ち合わせたところで何の問題もないとしても、わざと2時50分集合などと連絡をしておく。

すると、キリのいい時間であればだいたいそのくらいに行けばいいと大雑把にとらえる人でも、わざわざ時間を細かく指定してくるということは、何か特別な理由があるのではと勘ぐってしまうわけだ。

つまり、ふだんは時間を守ることに無頓着な人に、ちょっとした緊張感を与えて時間どおりに行動させる作戦である。

ただし、待ち合わせの時間をわざと半端な時間に設定している理由が相手に知られてしまったら、その時点で効果はなくなってしまう。端数効果は何度も使わず、いざというときのためにとっておくといいだろう。

「また会いたい人」になれる秘密のテクニック

異性に限らず、いろいろな人から「また会いたい」と思われるようになれば、仕事も恋愛も順調に進んでいくに違いない。

だが、そんな人になるにはかなり人間的な魅力が必要になる。こればかりは一朝一夕に身につくものではないので、そちらのほうは徐々に磨いていくしかないのだが、じつはちょっとしたテクニックで「また会いたい人」になれる方法がある。

それは、話がもっとも盛り上がったタイミングでその場を去るというものだ。

人と会っているうちに話が盛り上がってくると、ほかにやらなければならないことを後回しにしてでも、つい話し込んでしまうというのは誰にでもあることだ。

そんな話が弾んでいるところでわざと席を立つというのは少し勇気がいるが、「本当に残念」という気持ちを伝えつつ、その場から消えてしまうと余韻を残すことになる。すると、相手は「また次も会って話したい」という気分になるのだ。

これは、合コンなどではもちろん、仕事で取引先を訪問したときにも使える。

タイミングよく、程よい余韻を残して退席できるようになれば、しばらくすると相手から誘いの連絡がくるようになるだろう。

ひとつの強いイメージですべてが決まる

いつも一緒に遊んでいる友人が、じつは誰もが知っている大企業の経営者一族の御曹司だったとしたら、もしくは会社でデスクを並べている同僚がじつはハーバード大学卒だったら…。

ある日突然、そんな「すごい」事実を突きつけられたら、いままで同等につき合ってきた相手が急に自分よりも格上の存在に感じてしまうのではないだろうか。

これは「ポジティブ・ハロー（後光）効果」というのだが、人間は権威ある肩書きや生い立ちなどを知ってしまうと、その人からまるで後光でも差しているかのように実体以上にすごいと思い込んでしまうのだ。

もちろん、ポジティブがあればネガティブなハロー効果もある。たとえばデスクが散らかっている人を見て、きっとプライベートもだらしないはずだというようにすべてを低く評価してしまう現象である。

つまり、どちらとも目立つ1点のイメージに引っ張られたうえで評価を下していることになる。

このように、人間にはよく考えれば関係のない情報にもかかわらず、それを結びつけて他人を見てしまうところがあるのだ。

初対面の相手と仲よくなれる秘密の鉄則

自分は初対面の相手とでもすぐに仲よくなれると自認している人でも、相手がなかなか心を開かないタイプだと会話の糸口を見つけるのは難しいものだ。

だが、そんな相手でも互いの共通点が見つかったとたんに饒舌《じょうぜつ》になって、一気に心を開いてくれることがある。これは、「マッチング・セオリー」という効果によるものだ。

趣味が一緒とか出身地が近い、好きなプロスポーツの球団が同じなど、自分との共通点を見出すとそれだけで人は相手に親近感を覚えるようになる。それは、無意識のうちに自分と相手との関係にバランスがとれていると感じるからだ。

そのバランスがとれた状態というのは、心が安定していると感じる状態のことだ。そこで、このような対象に出会うと人間は自然と警戒心を解いてしまうものなのである。

だから、親しくなりたい人がいたらとりあえず趣味をリサーチして、それを会話の糸口にして話しかけてみよう。

以前から知り合いだったかのように話が弾めば、きっとマッチング・セオリー効果があったということだ。

逆に、共通の趣味があるのにもかかわらず、あまり心を開いてくれなかったら、残念ながらお互いに釣り合わない関係だということである。

相手の怒りを簡単に鎮める方法

約束していたことをすっかり忘れてしまい、相手を怒らせてしまった。そんなときに、「すみませんでした」と謝るだけでは相手との間にしこりを残す。相手にしても口では「今度からこのようなことがないように」と寛大なところをみせていても、心のなかでは不信感がくすぶり続けているはずだ。

きちんと許してもらうには、相手が納得する謝り方が必要になる。そんなときに使えるのが「嘆願ストラテジー」だ。

これは、たとえば約束していたことを忘れてしまうぐらいの激務に追われていたとか、突然信じられないようなトラブルが起きて早急な対応が迫られたなど、とにかく相手が思わず同情してしまうような言い訳で自分の非を許してもらおうという戦法だ。

もちろん、本当に申し訳ないという気持ちを前面に出して、心を込めて言い訳するのはいうまでもない。

相手からそれならしかたがないという気持ちを引き出すことができれば、すっぽかされたことをいつまでも根に持たれることもないだろう。

ガンコな人も思わずうなずく「クライマックス法」の極意

融通が利かないガンコなタイプはたまにいるが、こういう人は性格がマジメなぶん考え方が保守的になりがちで、自分の価値観以外のことをなかなか受け入れられない。

こんな人を崩したいなら、話の持っていき方を変えればいい。

話の展開としては、結論を先に話す「アンチクライマックス法」と、結論をあとに話す「クライマックス法」の2通りあるが、保守的な人間には断然後者のほうが効くのだ。

そんな保守的な人にアンチクライマックス法で話をすると、かえって警戒心を強めてしまい逆効果になる。それよりは世間話をしてからまず相手を和ませ、それから前置きに入り、順序だてて展開するほうがいいのだ。

味方を増やすには「同情」を買うのが一番⁉

意見の食い違いがあって仲間うちで孤立してしまった――。そんなときは、ひとりでも多くの味方がほしいものだが、こういう場合は、手っ取り早く〝同情票〟をかき集めるに限る。

スポーツで、一方的な試合であれば自然と負けている側を応援したくなるように、人間には誰しも弱者に対して温かい視線を投げかけ、判官びいきしたくなる習性がある。

これを応用すれば、離れていった仲間を味方につけることはそれほど難しくない。頭を垂れて「自分が悪かった」「力不足だった」と肩をすぼめてみせれば、周囲は「また次があるさ」とか、「いや、君の言い分だってそんなに悪くなかった」と自然とフォローしてくれるようになる。こうなればしめたものだ。

他人には親切にしておいたほうがいい本当の理由

コンビニエンスストアのトイレを借りてそのまま店を出るのは、何となく気が引けるものだ。そこで、お礼代わりに、ガムのひとつも買って出るという人は意外と多いのではないだろうか。

じつは、人間は困っているときに親切にしてもらったら、それに報いなければならないという心理が働くようにできている。

つまり、「お金」や「話し相手」、「知恵」など、いままさに欲しているものをタイミングよく差し出せば、受け取った人は反射的に「何か返そう」と考えるのである。

義理でほめるしかないときは、「可能性」を匂わせる！

友だちから子供の写真を見せられたが、たいしてかわいくない。どう感想をいえばいいのか困ってしまい、苦し紛れに口をついて出たのが「将来は美人になりそうだな」。

じつはこれ、もっとも賢い答え方なのである。義理でほめなければならないのにほめるところがない場合は、「可能性」について言及すれば間違いがない。

仕事関係の接待ゴルフなどでも同じだ。接待相手がいいスコアを出せないときには「後半に強いタイプとお見受けします。午後は爆発しそうですね」などと、勝負はまだこれからだとヨイショしておけばいいのだ。

こんなふうに声をかけられれば誰でも悪い気はしないし、自分の評価も下がらないはずだ。

まばたきに注意すれば切り上げどきがわかる！

まばたきは人間が意識をしないでする動作のひとつだが、瞳を乾燥状態から守るためでもある。

ふつうは3秒に1回程度するのだが、話している相手のまばたきが急にこれより多くなってきたら話題を変えるなり、話を切り上げたほうが無難だ。

というのも、まばたきの回数が増えるというのは、緊張が高まってきている証拠なのである。その話題を嫌がっている可能性があり、そのために緊張が高まり、まばたきが増えていると考えられるのだ。

交渉の最中なら断られる可能性が高いので、別の話にするなり、日を改めるなどして出直すことを検討してもいい。

天気の話は相手の気持ちを引きつける絶好のネタ！

天気の話には、初対面の人との距離を縮める効果がある。

というのは、いきなり核心に触れたり大事な話をはじめても、人はなかなか本音を出さない。その点、天気の話題は誰にとっても共通しているうえ、気安く話しやすいのだ。

このように心理的な距離を少しずつ縮めていくことを「スモールステップ（小さな階段の法則）」という。最初から階段の一番上、つまりごく親しい関係になれるわけではない。一歩ずつ階段を上るように親しくなることが必要なのだ。

その最初の一歩を踏み出すのに、天気の話題はふさわしいのである。

うわさ話好きな相手は自尊心をくすぐればイチコロ

根も葉もないうわさ話やゴシップが大好きな人は、じつは手玉に取りやすい性質を持っていることが多い。

人のうわさ話を好むのは、単なる好奇心だけでなく「自分を評価してもらいたい」という願望の表れでもある。

うわさ話をすることで「事情通だ」という評価をしてもらい、自分の株を上げたいという欲求が働いているのだ。

そこで、そんな人がうわさ話をはじめたら「すごいね、よく知っているね」と相槌を打ち、「評価されたい」という願望を満たしてあげよう。

自尊心をくすぐられていい気持ちになったときがチャンスだ。

そうすれば、いとも簡単に取り込むことができるはずだ。

一瞬のしぐさと「間」で誠実な印象を植えつける

交渉をしているときに誠実さをアピールしたいなら、軽くアゴに手を当てて、一瞬だけ間を置いてから返答するようにしてみよう。アゴに手を当てる姿は、「最善の答えを出そうとして考えている」ように見えるからだ。

この場合、一瞬だけ間を置くことがポイントで、その後の発言が注目されやすくなる。そこで、相手の顔を見ながら丁寧に自分の意見を述べていけば、より誠実さをアピールできるというわけだ。

ただしほんの一瞬だけ、さりげなくするのがコツで、やり過ぎは禁物だ。

「説得力」で10倍差がつく〝見た目〟の演出術

たとえば、ある投資のために身内を説得して資金を工面しなくてはならなくなったとしよう。

こんなとき、ただ「お金を貸してくれ」では通らない。まずは、その投資にまつわる資料をかき集めて目の前にドンと並べる。そして、ついでに直接関係のない他の資料も一緒に並べてみせるのだ。

もちろん中味の薄いウソはすぐに見透かされるが、この手の誇張や脚色は説得力を倍増させる効果がある。

同じように、プレゼンや交渉ごとでは枯れ木も山のにぎわいよろしく、資料は多ければ多いほうがいい。世の中をうまく渡りたいならば、こんなハッタリもときには必要というわけだ。

角を立てずに誘いを断る「困った」のひと言

誘いを断るときというのは気が引けるものだ。

そこで、角を立てずにやんわりと拒否したいなら、ひと言「困った」と言えばいい。それだけで相手を納得させることができるのだ。

「困ったな、行きたいんだけど…」などと言えば、具体的な理由に触れなくても「都合が悪いなら、無理に誘ってもしかたない」と、あっさり引いてくれるだろう。しかも「行きたいんだけど」と、前向きの姿勢を示しておくことで角が立つこともない。

これを「その日は出張があって」とか適当に言いつくろってしまうと、あとでバレて気まずい思いをすることがある。

断るのに適当な言い訳が見つからないときは「困った」「困った」と言って切り抜けるといい。

頼みごとを受け入れてもらうにはささいな理由をつける

何か頼みごとをしたいときは、どんなささいなことでもいいので何か理由をつけると了承してもらいやすくなる。

たとえば、休日出勤を代わってもらいたい場合、単に代わってほしいと言ってもなかなか聞き入れてもらえないだろう。ところが、「用事があるので」

とつけただけで受け入れてくれる確率はぐっと高くなる。

人は「〜ので」と理由をつけられると、それが不透明な内容であっても説明されたと思って了承する方向に無意識に心が動くことがある。

しかも、詳しい理由までは聞こうと思わない場合が多いから、とりあえず適当な理由を挙げて「〜ので」とつけておけばいいのだ。

予想外の話題で出鼻をくじいて説得する

「絶対に屈しない！」と身構えている人というのは、すでに理論武装をしているか、答えを準備しているはずだ。

そんなときは、真正面からまともにぶつかっていっても勝ち目はない。それよりも、予想をしていない話からはじめると効果的だ。

当の本人が予想もしていない内容であれば、まだ受け答えの準備ができていないはずで、答えに詰まって口ごもってしまうことがある。出鼻をくじくことで、あとはこちらのペースで進めることができるのだ。

そうなると、いつの間にか相手は押し切られてしまい、説得されやすくなる。

正攻法だけでなく、意表をついた攻め方も功を奏するのだ。

他人を暗示にかける「繰り返し」のテクニック

人は同じことを何度も繰り返して言われ続けると、暗示にかかってしまうことがある。たとえウソやお世辞でも、それが真実であるかのように錯覚してしまうのである。

たとえば、仕事のできる上司はそれをうまく利用して部下にやる気を出させることがあるが、この手法を駆使したのが、読売巨人軍の元監督である長嶋茂雄氏だ。

長嶋氏は監督時代、スランプに陥っている選手や、必ず芽が出ると睨んだ2軍の選手に、繰り返しポジティブな言葉をかけていたという。

それがミラクルを引き起こしたのはいうまでもない。

相手の理解度を高めるには「15分」がリミット

どうしてもわかってもらいたいことがあるときは、長々と話すのは逆効果になることがある。

そんなときには、15分を目安に切り上げるといいだろう。

人が集中して耳を傾けていられるのは、15分が限度である。15分以内に肝心なことを伝え、集中力の途切れないうちに自分の言いたいことのポイントを理解してもらうのがベストだ。

ちなみに、15分という短い時間を有効に使うためには、最初に大切なことを伝えて、それから段階的に補足説明をしていくと効果的だ。

選び方で印象を操る「言葉のマジック」

言葉というのは不思議なもので、同じことを言うにしても言い方しだいで相手に与える印象が変わるものだ。

たとえば「1時間ほどお待たせすることになります」と言うよりも、「60分ほどお待たせすることになります」のほうが、受け入れられやすい。

よく考えてみれば、1時間も60分も同じだということは誰にでもわかるが、「分」と「時間」では、分のほうが短い印象を与えられる。相手のイライラも軽くなるわけだ。

同じように、「この商品は、こちらのものより1キロほど重くなります」と言うよりも「1000グラムほど重くなります」と言ったほうが、「なんだ、その程度か」と軽く受け止めてくれるはずだ。

これもやはり言葉のマジックである。

結論を最初と最後に言うことで相手の理解度を上げる

話のどこに結論を持ってくるかで相手の理解度も変わってくるが、なかでももっとも効果的なのは最初に結論を述べ、そして話の最後にもう一度結論をつけ加えるというやり方だ。

その結論に至った根拠や考え方、過程を聞くときは、先に結論を知っておいたほうが理解してもらいやすい。

そのうえで、最後に再び「最初に述べましたように」「繰り返しになりますが」改めて、ポイントを整理しますと念を押して結論を述べる。すると、聞いているほうも頭のなかが整理できてわかりやすいのだ。

しかもこの話法は、「自分の考えを明確に持った知的な人間」という印象も与えられるので一石二鳥である。

頭の回転が速くて早口な人をやり込めるには？

相手にしゃべる隙を与えない、まさにマシンガントークで周囲を煙に巻くような人がいる。頭の回転が速くて仕事もどんどんこなせるし、周りからは〝デキる人〟と見られていることが多い。

しかし、もしもそんな人が職場にいたら「この人にはかなわない」と一歩引くよりも、むしろ堂々とやりあうべきだ。

早口な人は、一方で物ごとをじっくりとらえられていない場合が少なくない。人の話をちょっと聞いただけで、考えることなく理解したつもりになってしまうからだ。

しかも、何か意見を求められたときにボロを出しやすい。そこを狙って、「では、○○さんのご意見は？」と切り返してみるとひと泡吹かせることができる。

誇張した表現を使うといつの間にか記憶がすり替えられる

人の記憶は思いのほか曖昧だが、じつは、場合によってはその記憶を思うがままにすり替えることができる。

方法はいたって簡単で、ほんの少し誇張した表現を使えばいいだけだ。

たとえば、恋人とのデートがさほど盛り上がらなくても、「この間のデートはものすごく楽しかったね。キミの学生時代の話で大笑いしたりして」と言えば、それだけでそのデートは楽しかったものとして相手の記憶をすり替えることができる。

あるいは、実際には多少笑っただけだったとしても、「大笑い」という表現を使うだけで、あたかもふたりして笑いころげたような気になる。

言葉巧みに大げさな表現を使えば、黒歴史になりかねない記憶も、うまくすり替えることができるのである。

落ち込んでいる人の肩を叩けば近づける！

落ち込んでいる人を見かけたら軽く肩をポンと叩くことはよくあるが、じつはこれは心理学的にも効果のある行動だ。

落ち込んだり緊張したりしたときには前述したように「親和欲求」が高まって、無意識のうちに誰かに触ってほしいという気持ちになるからだ。

野球やサッカーなどの監督が選手たちをグランドに送り出すときに、彼らの背中を軽く叩いて押し出してあげるのも、緊張を和らげるためのスキンシップなのである。

また、しょげている相手が女性であれば好感を持ってくれることがある。

弱みにつけこむわけではないが、意中の相手が下を向いているときはさりげなく近づける絶好のチャンスなのである。

初対面なのに親近感を抱かせる「呼吸合わせ」の法則

初対面の人と手っ取り早く信頼関係を築きたいなら、相手の呼吸に注目しよう。

たとえば、緊張していれば誰でも呼吸は速く、浅くなる。もし、相手がそんな状態になっていたら、それとなく呼吸のタイミングを合わせてシンクロさせてみよう。

すると最初は呼吸を合わせているだけなのに、いつの間にか体全体のリズムが合ってくる。そうしたら、今度は自分の呼吸を徐々に深くゆっくりと、声のトーンを軽やかにしていく。すると今度は相手の呼吸と声が、逆にあなたにつられてゆったりとしてくるはずだ。

このようなシンクロ状態で会話をしていると、たいして深い話をしなくても、古くから知り合いだったような錯覚に陥る。気づけば、当たり前のように心を開いてくれるはずだ。

面倒な質問には、「カウンター・クエスチョン」で切り返す！

世の中には、いきなりぶしつけな質問をしてくる人が少なからずいる。そういう相手にまともに答えようとすると、ケンカ口調になったりして面倒なことになりがちだ。

そんなときには、「カウンター・クエスチョン」（逆質問）で応酬するに限る。

つまり、相手の質問に対して質問で返してやればいいのだ。

たとえば、親しくもない相手から「お前の年収っていくらなの？」といきなり聞かれたら、「えっ、そういう君の年収はいくらなの？」と白々しく返すのである。

あとは相手が答えるのを適当に聞いて「へぇ、そうなんだ」「オレも似たようなものだよ」などと、適当に相槌を打っておけばいい。

厳しいことを言うときに押さえておきたい意外なポイント

相手にとって耳の痛い話や反論をするときは、できるだけポジティブなことを絡めるといい。

たとえば「キミは誤解されやすいかもしれないね。一度ふたりで腹を割って話したほうがいいよ。セッティングしようか?」などと、具体的で前向きな提案をするのだ。

反対に「最近人間関係でトラブル続きでさ。自分に原因があるのかな…」などと言われたときに、「そんなことないよ!」と励ますだけでは問題は解決しない。

かといって、「性格が問題なんだよ」などと言えば、火に油を注ぐことになる。

原因究明も過ぎるとアラ探しになる恐れがある。嫌味になりそうな苦言であってもポジティブな内容とセットにすれば、相手に反感を持たれずにすむのである。

他人の意見に断固反対のときの一番カシコい説得術

意見が対立したときに、絶対にしてはいけないのが頭ごなしに反対の意思を表明するのはかしこい大人とは言えない。

反論すればするほど意固地になり、本来なら多少なりとも譲歩を導き出せるところを「もう一歩も譲らないぞ!」とかたくなにさせてしまう。

この現象は「説得のブーメラン効果」といわれるもので、何が何でも説得しようとするほど相手も強く反論してくる。そのうち鎧で自分を包んでしまい、挙句の果てには聞く耳さえ持たなくなってしまうのだ。

こういう場合は、同調する素振りを見せながら「でも、どっちかというとこっちの考え方もありかも…」と、多少譲歩をみせつつ説得をしていくといいだろう。

「先入観」を制する者がコミュニケーションを制す⁉

友人が異性を紹介してくれることになったら、あらかじめ「昔からスポーツ万能で、体育会系らしく礼儀正しい男だよ」などと、長所を吹き込んでもらうといい。

こうしておけば、最初からいい印象を持って接してもらえる可能性が高くなる。

つまり、第一印象で損をしたくなかったら、それとなく自分にプラスになる情報を事前に相手の耳に入るようにしておくといいのである。

けっして悪い人間というわけではないのに、いつも第一印象で損をしてしまうという人は意外と多い。

そんなとき、事前にこちらの印象を〝先入観〟として植えつけることができたら話は変わってくるはずだ。

コーヒーの香りのウソのような心理効果とは？

もしも頼みごとをしたい人がいるなら、高級なコーヒーでもてなすか、自家焙煎などがウリのカフェへ誘ってみよう。匂いによる心理的作用は意外と高いから、コーヒーの香りでリラックスして気分をよくしてくれればすんなり聞いてもらえるかもしれない。

実際、このことを証明する実験がアメリカで行われている。

あるショッピングモールのなかにある店先でわざとコーヒーを炒り、いい香りを漂わせる。そこで、前を通る客に「電話をかけたいので小銭を貸してください」と頼むと56パーセントの人が承諾してくれたのに対し、まったく匂いがない場所での承諾率は20パーセントだったたというのだ。

恐るべし、コーヒー効果である。

手っ取り早く好感度を上げるには、とにかく握手しまくれ！

初対面の人との距離を縮めたければ、手っ取り早いのが握手だ。

心理学では、ボディタッチをされた人に対しては好感度が上がるという実験データがある。握手の効用についてはすでに触れたが、握手は誰でもすぐにできるスキンシップのため、人気を得たい人ほど自ら進んで握手を求めてくる。

政治家やアイドルが選挙運動やサイン会などで行う握手は、単なるサービスではなく、ファン心理を利用した巧みなプロモーションなのだ。

同様に、彼らがあえて自分の失敗談や恥ずかしい話をするときも、同じように好感を得ることが目的であることが多い。誰もが共感できるエピソードを披露することで、庶民感覚をさりげなく演出するのである。

ちょっとしたメールで相手の心をつかむ「奇数回」の法則

メールのやり取りはどうしてもカジュアルになりがちだ。だからこそ、目上の人に送るときには悪い印象を与えないようにしたい。コツは奇数回で終わらせることだ。

たとえば、「明日、15時にお伺いしてよろしいでしょうか」というメールを送り、先方から「大丈夫です。その時間にお待ちしています」と返信があれば、これで終わりにする人も多いが、ここで「ありがとうございます。では、明日よろしくお願いします」と、もうひと押しするのである。

上役や目上の人は自分のメールに返事がなければ、何となく釈然としない気持ちになることがある。

最後にダメ押しをしておくだけで、礼儀をわきまえた人物に映るはずだ。

人を動かすには「後払い」より「前払い」のほうが効く！

「今度、食事をごちそうするから」「あとでお礼するから」といって頼みごとをすることはあるが、このフレーズは心理学的にみると必ずしも効果的とはいえない。

なぜなら、謝礼は頼みごとをしたあとにするよりも、事前にしたほうがぜん相手のやる気を引き出せるからだ。

頼まれた側にすれば、先にお礼をされると断りにくいということもある。

しかし、見方を変えれば謝礼の先払いは自分への信頼の証ともとることができる。そのために「この人のためにひと肌脱ごう」という気持ちが強くなるのだ。

ちなみに謝礼を現金にするなら、あらかじめ半金を渡しておくだけでも効果はあるだろう。

マズい状況を抜け出すための魔法の切り札

独身だろうが既婚者だろうが、浮気がバレればひと騒動起きるのは必至である。

だが、このピンチをひたすらとぼけて乗り越えようとするのは間違いだ。

より現実的で、なおかつ試す価値がある方法というのは、浮気そのものは否定せず、そのうえで「あなたは特別な存在」だということを強調することである。

誠実そうに謝ったうえで「君はボクにとって特別なんだ」などと言ってみよう。

人間は「特別」という言葉にとにかく弱いのである。

とくに、日頃から「先着○名」とか「限定販売」というフレーズに弱いような人には試してみる価値がある。

相手が選択せざるを得なくなる「誤前提提示」のトリック

「コーヒーと紅茶、どちらにしますか？」と聞かれたら、多くの人は、「じゃあ、コーヒーで」などとどちらか一方を選択するはずだ。

その場合、質問の主旨の前提となる「飲み物が必要か否か」という選択肢は無視されていることに気づく人は少ない。

人は2つの選択肢を提示されて「どちらにしますか」と聞かれると、必ずどちらか一方を選ばなくてはならない気持ちに誘導される。これを心理学では「誤前提提示」という。

これは「誘導して選択させる」ための暗示をかけるのに効果的な手法だ。

相手はいずれの選択肢を選んだ場合でも、自分の意思で選んだように錯覚する。つまり、「どちらも選ばない」という選択肢が意図的に省かれていることに気づかせずに話を進めることができるのである。

服従させたいときは、命令より「確認のフレーズ」を使う

命令口調にはそれだけで相手のやる気を削いだり、反感を抱かせるといったデメリットがある。イヤイヤやっていては結果はついてこないし、場合によっては意地でもやらないなどと、態度を硬化させてしまうこともある。

だから、自分の意に沿うように人を動かしたいなら命令口調は避けるべきで、その代わりに活用したいのが確認のフレーズである。

たとえば、「あの店、早く予約してくれよ」ではなく、「あの店の予約って、どうなってたっけ？」と柔らかいニュアンスの疑問形にするのだ。

これならあなたの意見を尊重しているという雰囲気を醸し出せるうえ、すんなりと指示に従ってくれるわけである。

相手に感動と驚きを伝えるには「倒置法」に限る

話をしているときに、相手が驚いたり感心してくれるとうれしいものだ。なぜかというと、自分はこの人が驚くようなことを教えているのだという自尊心を満たされるからである。

だから、反対に聞き手にまわるときには「いろいろなことにお詳しいんですね。勉強になります」とか、「驚いた。はじめて聞いたよ」などと、大げさに感心してみせるといい。相手の気分がよくなれば自然と口も滑らかになり、聞いてもいないウラ事情まで教えてくれるかもしれない。

ちなみに、もっと驚いている様子を演出したいなら、「素晴らしいアイデアです、とっても！」というように「倒置法」を使ってみよう。感情がよりいっそう強調されて、強いインパクトを与えられるはずだ。

わざとらしさが一発で消える「カモフラージュ言葉」とは？

誰かが自分のために何かをしてくれるというのはうれしいものだが、しかしやり過ぎるとたんに引かれてしまうことがある。このさじ加減はなかなか難しい。

プレッシャーを与えず、なおかつ好印象を残したいなら、たとえ意図的にやったことでもそんな素振りは見せてはいけない。

こんなときには「たまたま〜」という言葉を使おう。

「たまたま近くを通りかかったので…」とか「たまたまこのあたりに用事がありまして…」「たまたま気づいたもので…」というように言えば、さりげなく寄り添うことができる。

「たまたま」は「偶然に」と言い換えてももちろんかまわない。

心理的優位に立ちたいときは「否定語のワナ」を仕掛ける

人は「〜をしてはいけない」と言われると、よけいにそれをしたくなるものだ。

このトリックを応用すれば相手の心を意のままに操作することもできる。

自分がしてほしいと思うことを、あえて否定して伝えればいいのである。

たとえば、「これはできないだろう」とか「こんな話、聞きたくないだろうなあ」、「無理に話さなくていいんだよ」などと言うのである。

すると言われたほうは「だったらやってやる」となるし、話を聞きたくなる。そして話さずにはいられなくなってしまうのだ。

結果的にこちらの望むような行動をとることになるのである。

失敗を怖れる人に試してみたい「プラスの暗示」

何かよからぬことを企んでいるような人に対しては、「それ…絶対失敗すると思うよ」とか「あとで後悔しても知らないよ」などとネガティブな言葉をかけてみるといい。

口では「まさか」とバカにしつつも、最悪の結末が頭のなかをよぎり、本当に失敗してしまうことがあるのだ。

ただし、プレッシャーに弱い人に「頑張らなきゃ、もうあとがないよ！」などと声をかけるのは禁物である。

周囲からすれば叱咤激励のつもりでも、本人はかえって萎縮してしまい間違いなく失敗してしまうだろう。

どんなにツラの皮が厚くても、人間の心は一様にデリケートなのである。

相手が望む「心理的報酬」を与えれば信頼関係は続く

信頼関係を維持していくには、お互いが望む「心理的報酬」を与え合うことが欠かせない。たとえば、その報酬とは「愛情」や「サービス」、ときに「金銭」や「物品」、「地位」だったりする。

しかし、愛情が薄らいできたことに不満を感じている人に対して、高級品をプレゼントしたり食事をごちそうしたりしても効果がない。それは信頼関係の維持にはつながらないし、「ほしいのはこんなものじゃない」とかえってヘソを曲げられたりもするからだ。

また、対等なつき合いをしているはずなのに、自分ばかりが情報を与えて相手からは何も与えられないという関係も不公平だと感じるはずである。

報酬の中身にかかわらず、信頼関係は基本的にギブ&テイクなのだ。

連帯感を芽生えさせる「ないしょ話」の切り出し方

「ここだけの話…」「オフレコでお願いします」と言われると、つい身を乗り出して聞き入ってしまうものだ。

そこで、話をしている最中にどうしても聞いてほしいことがあるというときは、意図的に〝秘密〟をちらつかせるといい。

ふつう、秘密というのは信頼した人にしか明かさないものだ。つまり、これらのフレーズを使うことで、自分は口の堅い人間だと信用されていると思い込ませることができる。

しかも、秘密を共有することで連帯感を芽生えさせる効果もあるのだ。

もちろん、内容は聞く側にとって有益な情報でなければならないが、何も重大な秘密である必要はない。あくまでも貴重であるかのように思わせることができれば成功だ。

頼みごとをする相手に贈りものをするときのベスト・タイミング

日本には古くから「袖の下」という言い回しがあるが、頼みごとをするならつけ届けをするのが手っ取り早い。

ただし、この場合は切り出すタイミングが重要だ。

ある心理学者の実験によれば、対象者に商品の無料サンプルを配り、そのタイミングで別の人が頼みごとをすると、サンプルをもらった直後は引き受けてくれる確率が高いが、時間が経てば経つほど断る人が増えるという結果が出たという。

贈りものを渡した直後では「あからさま過ぎて気を悪くするのでは？」と思うかもしれないが、逆に、潔い正直者という印象を持たせることもできる。すんなり受け入れてもらえる可能性もグッと高くなるはずだ。

好感度をグッとあげる〝小さなイメージチェンジ〟の法則

少しでもよく思われたいとは誰でも思うものだが、残念ながら魅力というのは一朝一夕に備わるものではない。

では、あきらめるべきかというとそうでもない。ちょっとした心がけで、自分の印象をある程度コントロールすることはできる。

たとえば、いつもメガネをかけているなら、コンタクトレンズにしてみる。落ち着いたモノトーンの服が多いなら、明るい色を着てみる。いつもアップにしていた髪をおろしてみる。あるいは、ハードなジェルでセットしていた髪を少しナチュラルにしてみる――のだ。

こんな小さなイメチェンでも他人に与える印象は意外と大きい。同性だと小細工を見透かされて嫌われる場合もあるが、異性の場合はテキメンである。

表情に変化をつければ、自分の魅力を200%出せる!

いつもにこやかに微笑んでいる人には好感が持てるものだ。だが、特定の人と親密になりたいときは、あえてそれを止めてみるのもひとつの手である。

人は「静」よりも「動」に魅かれる傾向がある。そのため、いつも同じようにニコニコしている人よりも、喜怒哀楽に富んだ表情豊かな人のほうが魅力的に見えるものなのだ。

それに、誰に対しても微笑んでいると「いつも愛想はいいけど、じつは腹黒いのかも」などと邪推されることもある。

逆に、無愛想な人がふと無邪気な笑顔を見せたりすると、たったそれだけで「じつはいい人なのかも」などと好意的に受けとられたりする。

つまり、意図的にギャップを演出すれば、興味を持ってもらえるというわけだ。

じらせば相手の満足感は数倍も高くなる!

交渉ごとは、ときどき「じらし」を効果的に使うとうまくいくことがある。

たとえば、あえて「ちょっと上司に相談してみます」とか「それは前例がないので、少し考えさせてもらえますか」などと言って、少し返事を引き延ばすのだ。

そのあとでOKすれば、「自分のために無理難題を通してくれたのだ」「特別扱いしてくれたのだ」と感じとって、喜びや満足度が倍増するのである。

アメリカの認知心理学者マックス・ベイザーマンは、この感情を「勝者の呪縛」と名づけた。

人は自分の申し出が何の抵抗もなくすんなり受け入れられると、かえって嬉しさが半減する。それよりも、むしろ少しじらされたほうが手に入れたときの喜びは倍増するものなのだ。

ペン1本でアイコンタクトを格段に増やす心理テクニック

人を説得したいのなら相手の目を見て話すのが効果的だが、しかし資料を見せながらだと視線が下のほうに向くことになり、なかなか目を見て話すことができなくなってしまう。

こういうときにペンが1本あれば、資料のなかで強調したいところに相手の視線を集中させ、なおかつアイコンタクトも減らさずに交渉を続けることができる。

方法は簡単だ。まず、資料のなかで注目してほしい箇所をペンでなぞったり、丸で囲んだりしながら説明を続ける。

すると、相手はペンの先を目で追ってしまうので、頃合いを見てペンをゆっくりと上げてみよう。そうすればつられて顔を上げるのだ。そして、そのままペン先を自分の顔の近くまで持ち上げれば、お互いの視線が合うことになる。

心理戦を仕掛ける前に「顔の左側」をチェックせよ

お目当ての人に心理戦を仕掛けるならば、まず相手の心の状態を知っておく必要がある。

その際に注目したいのが、顔の左半分の表情だ。というのも、人間の顔は右半分よりも左半分に本当の感情が表れやすいからだ。

左脳が知的な働きをするのに対して、右脳は感情の動きに関わる働きをしている。人間の神経は体内で交差しているので、右脳の動きは左半身に、左脳の動きは右半身に出やすくなる。

つまり、人が無意識に抱いた感情は右脳の働きによるものが多く、それは左半身に表れやすいということだ。

そこで相手の顔色をうかがうときは、顔の左半分に注目すればいいのである。

うまい脅し文句、ダメな脅し文句の違いは何？

屈服させたいと思う人がいたら、まず「いうことをきかないとまずいな」と思わせることだ。それにはちょっとした〝脅し文句〟をまぜてから揺さぶるといい。

ある心理学者が、高校生を4つのグループに分け、虫歯に関するレクチャーをしたあとで、4つの情報を提示するという実験を行った。

その4つとは、①脅しはしない　②虫歯になると歯に穴があく　③虫歯になると歯に穴があいて口がただれる　④虫歯が悪化すると将来ガンになることもある。この結果、もっとも虫歯予防にまじめに取り組んだのは②のグループだった。

つまり、脅す内容が強すぎると、人は反発して拒否反応を示す。それよりは「ここで頑張らないと本当にヤバイぞ」くらいの、多少弱めのレベルにとどめるのがもっとも効果的なのだ。

わがままを通したいならわざとうやむやにする

あえて曖昧な態度をとることで、物ごとがうまく運ぶケースもある。たとえば、友人から飲み会の連絡メールがきたときにこう返信してみよう。

「誘ってくれてありがとう。まだわからないけど、行けるようだったら絶対行きます。でも、もし可能なら集合場所は渋谷より新宿のほうが助かります。勝手を言ってすみません。行けるかどうかはっきりした時点で改めて連絡します」。

ただ単に「飲み会には行けない」と答えたら次のお誘いはなくなってしまうかもしれない。「場所が新宿なら行ってもいいよ」と答えたら、わがままなヤツだと思われるかもしれない。

だが、こんなふうに持って回った言い方をするだけで、相手をうやむやのうちに取り込める確率は高くなるのだ。

弱い立場を逆転させるアピールの方法とは？

自分の言葉に説得力を持たせるにはどうしたらいいだろうか。

たとえばこんな実験がある。

ある事件が起きたという設定で、２人の目撃者に証言をさせた。

証人Aは「犯人の車はどちらに逃走したかわからない」と曖昧な表現をし、証人Bは「被疑者は青いシャツに、赤いスニーカーを身につけていた」と具体的に語った。

これを聞いた人たちは、Bの証言が正しいに違いないと判断した。つまり、人はより詳しく具体的に話せる人物を信用してしまうのである。

話の中身により具体性を持たせることで、自動的に信用できる人物に格上げされるということだ。

知的にみせたいときは、バカになるのが一番いいワケ

「頭が悪い」と他人に言えば、それは一般的には悪口になる。だが、自ら「頭が悪い」と宣言すれば、そこには正反対のイメージを相手に与えることができる。

聞き手は話の裏側を読みたがる。それに加え、日本人には謙虚さもある。「自分はバカだから」とか「愚かだから」と言う人のことは、「おそらく賢い人だからこそ、あえてそう言っているのではないか」ととらえる傾向にあるのだ。

たまに「私はバカだから理解できない。もっとわかりやすく説明してくれる？」などと嫌味を込めて突っ込む人がいるが、これもある意味では知性を感じさせる。

つまり、知的な印象を持たせたければ、このやり方で先手を打つのもひとつの手なのである。

話の口火を切って主導権を握るのが会話の裏ルール

対等な立場で話しているはずなのに、いつの間にか主導権を握られているという経験はないだろうか。このようなときは、話の端緒がたいてい相手から始まっていることが多い。

「話し上手は聞き上手」というように、たしかに相手の話を聞くことは大事だ。だが、いつも受け身ばかりでいると、話題はすべて相手から発信されるようになり、気がつけばアドバンテージを握られることになる。

こうならないためには、できるだけ会話の口火は自分が切るようにしたほうがいい。毎回ではなくても、心がけひとつで事態はずいぶんと改善できるはずだ。

とくに商談などでは、それがそのまま優位性を逆転させることになるので意識して損はないだろう。

自分を大きく見せたいときはまばたきを我慢する

人間が無意識のうちにしているまばたきの回数は3秒に1回程度が標準で、緊張すればするほど回数が増えるといわれている。

言い換えれば、まばたきが増えることは不利な状態に陥っていることを知らせるサインになるので、必然的に相手にアドバンテージを与えてしまうことになる。

もし、自分の心の内を悟られたくなければ、まばたきは意識的に我慢したほうがいい。

もちろん目を充血させるほど我慢する必要はないが、2回のところを1回に減らすだけでも、かなり効果はある。その状態でしっかり目線を合わせれば、相手は何となく気後れして、少なくともあなたを見下すことはなくなるだろう。

自分のペースに話を戻したいときは「沈黙」を使う

駆け引きをしている最中に、気がついたら相手のペースにまんまと乗せられていることがある。

このままでは相手の思うツボになってしまう、どうにかして自分のペースに引き戻したいと思うだろう。こんなときは、あえて沈黙を押し通すのがベストである。

話を途中で無理に変えようとしたところで、相手だって一度自分のペースになったからにはなかなか譲らないはずだ。

ところが、こちらが相手の目をじっと見据えたまま、ひと言もしゃべらなくなってしまったらどうだろう。あまりに自分ばかりが話をしていると、どうにも気まずい思いがしてくるのが人情というものだ。

相手は心のなかで「何かまずいことでもいったかな」などと勝手に動揺し始める。

このスキが狙い目だ。相手が困惑して会話が途切れたとき「そういえば、話はちょっとそれますが」などと言って巧みに話題を転換してしまえばいいのである。あとは、こちらのペースで会話を進めればいい。

借金の依頼など、気乗りのしない話題のときもこの方法は有効だ。思案するフリをして沈黙し、それとなく話をそらして切り抜けよう。

2 心理戦でスマートに勝つには？

罪悪感に訴えて頼みごとを聞いてもらう禁断の誘導術

もしもあなたが友だちに10万円を借りたい場合、まずは「5万円貸してくれ」と言って反応を確かめたうえで「あと5万円」をお願いしようなどと思ってはいけない。

この場合、まずは多めにふっかけるのだ。つまり、先に相手が絶対に断るような上積みした額を示しておいて、断られたら引き下げるという展開に持ち込むのである。

これは、過大な要求を踏み台にして本命の要求を通す「ドア・イン・ザ・フェイス」という交渉のテクニックだ。

途中で金額を引き下げれば、それが譲歩に映る。すると、あなたに借りができたような気分になり、「こちらも譲歩しなくては」という罪悪感が働く。その結果、しぶしぶでもお金を貸してくれるというわけだ。

杓子定規なタイプには「目には目を」で攻めろ！

「規則ですから」の一点張りで融通が利かない杓子定規な人は、職場や取引先にもいるものだ。

ところが、こういう人を攻略するのに感情論で攻めても無駄である。こちらが熱を帯びれば帯びるほど冷静になり、よりいっそう淡々と接してくるからだ。

理論で打ち負かそうとする人には、こちらも理論武装するのがベストである。「なぜイレギュラーはダメなのか」「本当にダメかどうか、過去の統計はあるのか？」などと、丁寧にねちねちと訴えるのだ。

最初は「とにかく規則なんですから！」などと騒

ぐかもしれないが、投げやりになることはない。ねちっこさに「負けた」と思った瞬間、意外とあっけなく降参するはずだ。

しつこい自慢にうんざりしたときのプロの対応術

他人の自慢話は、聞くほうにとっては苦痛以外のなにものでもない。

とはいえ、あからさまにうんざりした態度をとることはできない。相手が目上や上司ならなおさらである。

自分がどういう人間か判断する基準を「自己評価」というが、成功体験は往々にしてこの自己評価にゆがみが生じやすい。

また自慢するウラには、自己を演出する「セルフ・プレゼンテーション」も働いている。

そこで、自慢話を聞かされたときは「この人は自分を客観視できていないんだな」と思って、黙って聞き流すようにしよう。「よかったですね」「すごいなあ」と合いの手のひとつも入れれば満足するはずだ。

あえて相手を怒らせて本音を引き出す荒ワザ

口が堅い人はなかなか本音を見せないものだが、どんな頑固者でも、うっかり口を滑らせてしまうマル秘テクニックがある。それは、わざと怒らせるという方法だ。

人は怒ると感情的になって、理性をコントロールすることができなくなる。

ひとたび冷静さを失うと、つい思うがままに口を滑らせてしまうものだ。

たとえば、彼女ができたとウワサされている友達に「お前みたいな男とつきあうなんて、信じられないよ」と、わざと怒らせるようなことを言ってみる。

そうすれば、彼はムキになって彼女とのことをこれでもかと話してくれるだろう。

マジメな人ほどカッとなると我を忘れやすい。そこを利用させてもらえばいいのだ。

頭の回転が速い人だと思わせる「ひとりツッコミ」活用術

お笑い好きの人は多いだろうが、芸人の話術には一般の人たちが労せず世渡りをしていくためのヒントがいっぱい詰まっている。

たとえば、自分でボケて、そのボケに自分自身がツッコミを入れる「ひとりツッコミ」などは、平淡な会話に抑揚を生み出す効果がある。

聞いている相手を飽きさせないし、「こんなに面白おかしく会話ができるなんて、きっと頭の回転の速い人にちがいない」と思い込ませることもできる。

相手がにこやかに聞いてくれたらしめたもの。「コイツ使えそうだな」と評価してくれること間違いなしだ。

現実的な答えがほしいときは「最悪の事態」を突きつけろ!

納期を決めたり予算を立てるときは、読みが甘いとトラブルになりやすい。

しかし元来、人は自分に対して甘い生き物だ。見通しを立てる際も、つい「きっとこれくらいでできるだろう」という曖昧な根拠で判断を下してしまうことは少なくない。

しかも、資料もカレンダーも見ずに「50万円くらい」とか「3日後に」などと言ってくる相手はとくに要注意だ。

そこで、現実的で確実な答えを引き出すには「納品を遅らせたうえに、材料費がいまより値上がりすることを想定して再見積もりを…」と、最悪の事態が起こったケースを想定して聞いてみることだ。

すると面食らって再計算をするはずだが、これこそが現実に近い納期や予算である可能性が高い。見通しを疑ってかかれば、より確実な答えを引きずり出せるはずだ。

格上の相手にはいち早く「降参」するに限るワケ

将棋や囲碁では、投了の際に「参りました」とか「ありません」と降参を意思表示する。戦いに負けるのは屈辱的だが、頭を垂れて自ら負けを認める姿勢は潔い。

そこでアドバイスがある。それは、ときには白旗を上げて降参してしまうのも手の内だということだ。

たとえば経験や知識を披露し合うような場合、だいたい5分もすれば相手がどの程度の実力の持ち主かはわかるものだ。我を張り続けて最終的に惨敗…などというようでは、あまりにもカッコ悪い。

それよりも「これは相手のほうが上だ」と察知した時点で降参してしまったほうがいい。すると、逆に「謙虚」とか「正直」といったイメージを持たれ、あなたの評価が上がることだってある。

提案を覚えていてほしいなら話は未完のままにする

自分の提案を相手の記憶に留めさせたいときには、話を完全に終わらせず、未完のままにしておくといい。

というのは、目標を達成できずに中断したほうが、完了してしまった場合よりもはるかに記憶に残るからである。

ある目標を達成しようというときには緊張が持続して記憶が保持されやすいが、目標が達成されるとその緊張が解消して忘却が始まってしまうのだ。

たとえば、「お忙しいでしょうから、今日の説明はこの辺で終わりにしておきますよ」などと言って完結させないほうが、その内容は長く記憶されることになる。

同じ相手に何度も使える手ではないが、ここぞというときに試してみるといいだろう。

ローボールテクニックは冷静になってかわせ！

最初に得したように思わせて、相手がそれを承諾したあとに予想外の要求をしていく手法を「ローボールテクニック」という。

まずは、相手が受け止めやすい低めのボール（ローボール）を投げておき、心を許したあとに、もともと投げたかった高めの球（ハイボール）を投げるのだ。

これは、人が一度決めたことは最後まで貫きたいと考える傾向が強いことを利用したもので、一度、意思表示してしまったものは、予想外の変更を加えようとしても簡単にはひるがえせないという心理を巧みに突いている。

交渉の際に使うと有効なテクニックだが、もしローボールテクニックをしかけられる側になったら、まずは冷静に考えて、これはデメリットがあると判断したら当初の決定を覆してキッパリと断わりたい。

相手が不在のときには名刺よりメモで伝言が好印象なワケ

アポイントメントなしで取引先を訪れると、相手が不在ということはよくある。こういうとき、名刺の余白に「改めて伺います」とひと言添える営業マンは多いが、より相手の印象に残るようにするには、名刺ではなくメモ用紙に要件を書いて残すようにするといい。

たとえば、「先日お話した件ですが、最新の情報を入手することができました。改めてご連絡いたします」と書く。メモは名刺よりも面積が大きいから目に留まるし、要件が書いてあることで相手の興味をそそることもできる。

ポイントは要件は手短にして、親しみを込めて書くこと。「追伸。先日の風邪は治りましたか」など気配りを見せるのもいいだろう。折り返し連絡をもらえる確率も格段に高くなるはずだ。

あえて知識を隠すと「教養」を匂わせることができる

「能ある鷹は爪を隠す」ということわざの通り、本当に深い知識や教養を身につけている人は軽々しくそれらをひけらかさない謙虚さを持っている。

しかし、たいした知識がなくても教養があるように装うことができるテクニックがある。それは質問を受けたときに、あえて知性を隠すような素振りをするのである。

たとえば、「読書がお好きだそうですが、最近の本でおすすめはありますか?」と聞かれたら、「いやあ、僕は古典ばかりで、最近の本はそれほど読まないんです」などといかにも謙遜したように答えるのだ。

これなら古典という高尚なキーワードで教養を演出できるし、まさか煙に巻かれたとは思わないだろう。実際に読むのは漫画ばかりでも、だ。

大きな利益を得たいときは小さな利益に目をつぶる

どんなときでも自分にとって都合のいい状況というのは続かないものだ。予想もしない問題にブチ当たることもあるだろう。

そんなときには発想を転換して、わざと不利な立場に自分を置いてみるといいこともある。

たとえば、くだらない問題で相手と対立したときには、思い切ってその場を譲ってしまうのである。

仮に仲間うちで遊びに行ったとしよう。その行き先でモメたとしても、そんなことはたいした問題ではない。そこで「じゃあ、今回はキミの意見に従うよ」と、その場はいったん引いて相手の顔を立ててあげるのだ。

すると、広い心の持ち主だと思い込んで信頼してくれるし、おまけに恩まで売っておける。いうなれば、目先の利益よりその先の大きな利益を狙えということだ。

説得力が格段にアップする「ミスディレクション」の極意

「手の動き」が持つ信頼性や説得力は、ビジネスシーンでおおいに活用できる。

たとえば、プレゼンでは話すだけではなく、手の動きや指の使い方もリハーサルしておくといい。とくに力説したいところでは、説明をしているときに手を使ったほうが断然伝わりやすいからだ。

話をしているときに、顔以外でもっとも気になるのは手の動きだといわれている。たしかに会話の途中で指を指されながら「あの建物が…」などと言われれば、ほとんどの人がそっちの方向を向いてしまうだろう。

この理屈をうまく利用している職業がマジシャンだ。彼らは「ミスディレクション」と呼ばれる手の動きで観衆の注意を引きつけ、トリックをカムフラージュしているのだ。

食事、飲み会…好感度がアップするその道のプロの誘い方

年下の部下や後輩などを飲みに連れて行くときについ「おごってやるよ」「飲みに連れていってやるよ」といった物言いをしてしまいがちだ。

だが、「〜してやる」というと、どうしても上から目線になってしまう。人によってはこうした言い方をされて不愉快になることもあるだろう。

不快感を与えることなく、なおかつ自分の好感度もアップさせたいなら、「キミたちと飲みに行きたいんだけど、今夜どうかな?」と下手に出てみるのだ。

そんな弱腰なと思うかもしれないが、アフター5とはいえ同じ会社の仲間なのだから最低限の気遣いは必要だ。

ほんの少しの言い回しで細やかな気配りができる上司を演出できるのである。

「ダメな人」を演じて相手の心を引き寄せる

相手の心をわしづかみにしたいなら、たまには「ダメな人」を演じてみるといい。ふともらした弱音や落ち込んでいる姿は、驚くほどの効果を発揮するからだ。

たとえば、いつもバリバリと仕事をこなしている男性が、「じつはこの間の商談で大失敗しちゃってまいった」と愚痴をこぼしたり、「疲れて帰ってもひとり暮らしでさみしいものだよ」などと、孤独な一面を見せたりするのだ。

すると、女性は「私には本音を話してくれている」と感じ、支えてあげたいと強く意識するようになるのだ。

とはいえ、ここで注意したいのが、日頃は見せない弱さやダメな姿だからこそ効果的だということだ。使いすぎると、「本当にダメな人」と思われかねないので注意したい。

話の最中に高度なネタを仕込むと格が上がる

他人のおしゃべりを聞いていて、あんなささいな話題でよく長話ができるものだと感心することはないだろうか。しかし、こうした軽い会話は人間関係を円滑にするためには重要なのだ。

ところで、この手の会話でデキるヤツだという評価を得たいなら、俗っぽいネタばかりでなく少しだけ高尚なネタを差し込むといい。

タレントやテレビドラマの話題から入っても、そこに日本人論や環境問題などの話題が少しでも入っていれば知的な印象を与えられるのだ。

人は自分の知らない情報や知識を持っている人には、自然と尊敬の念を抱いてしまうものである。あまりに専門性の高い話はかえって引かれてしまうので、耳にしたことがある程度のネタでかまわない。そこに自分なりの考えをつけ加えれば完璧だ。

「鏡」が時間潰しをさせるのにもってこいなワケ

応接室や待合室など、人を待たせる可能性がある場所には鏡を置いておくといい。なぜなら、鏡はヒマつぶしの格好のアイテムになるからだ。

ひとりでいる場所に鏡があると、その鏡に映る自分の姿を見て髪を直したり服装を整えたりするだろう。そうやって気がつかないうちに時間をつぶすことができるからである。

実際にエレベーターの待ち時間の長さについてよくクレームを受けていたあるデパートでは、エレベーターホールに鏡を置くことでクレームの数が激減したという。

客が退屈してイライラしてしまっては、気持ちよく買い物をしてもらうことができない。さりげなく鏡を置くことで、客に少しでも気分よく過ごしてもらおうとしているわけだ。

あえて「ベストではない」と知らせて満足感を与える裏ワザ

相手にとって必ずしもベストな選択肢ではないにもかかわらず、それを選んだことを満足させる秘策がある。

それは、「これはAには劣りますが、それに負けないほどの○○があります」といった具合に、あえて「最高のものではない」と強調する方法だ。最高ではなくても標準よりかなりいい品物だという印象を植えつけるのである。

たとえば相手の要求に応じられないとき、代替品を「最高のものではないが」と事前に知らせておく。そして、だからこそ「お得である」ということを強調するのだ。

こうすれば、要求が満たされなかったことなど気にしないはず。それどころかに十分な満足感を抱いてくれるのである。

質問に何も答えなくても相手を納得させる方法

それほど親しくもないのに答えにくいことを根掘り葉掘り聞いてくる人がいるものだが、そういう人に静かに去ってもらう妙案がある。

質問されたら、しばらくじっと真剣に考えているふりをしてから「難しい質問ですね。どう考えたらよろしいでしょうか?」と、逆に質問を返すのだ。

そこで相手が自分の意見を口にしはじめたら、「なるほど、あなたの考えはよくわかりました」と煙に巻いてしまうのである。

相手は一応それで納得するし、そうでなくとも、それ以上その問題について追及しなくなるはずだ。

口達者の口を封じたいなら「答えにくい質問」を畳みかける

口達者で、ああ言えばこう言うタイプの口を封じたいと思ったら、答えに詰まらせるといい。答えに詰まらせ、思考停止をさせる質問を連発するのだ。

たとえば、「そういえば…」といままでの内容とまったく違う質問をしてみたり、あえてとんちんかんな質問を口走ってみるのだ。

話が急に変わると、人はすぐには考えがまとまらず答えにくくなる。

そこですかさず話を元に戻せば、「そうですね」と肯定するようになる。つまり、操縦しやすくなるわけだ。

頭をフルに働かせて、どんな質問をすると相手が即答できないかを瞬時に判断するのがミソである。

意中の人をしとめるには〝ギャップ〟に反応させる

一見、ワルそうな男子学生が電車のなかでお年寄りに席を譲っているところを見たりすると、人の善意に触れた気がしてうれしくなるものだが、そこには「見かけによらず」という意味合いが多分に含まれる。

人間の心理は、まさにこのギャップに対して敏感に反応するのである。

というのも、人は目の前で起きていることに対して自分の経験則で予測を立てる。それが予想通りであれば安心するが、ただ刺激としては物足りなく感じてしまう。

逆に、自分の予想を裏切る展開を目の当たりにすると、戸惑いを抱く一方で、強く心を惹かれるのだ。

たとえばいつもは冷たい人が、ときどきやさしい声をかけるだけで相手はありがたがる。意中の人がそのギャップに反応すればしめたものだ。

弱さをアピールして相手を動かす「アンダードッグ効果」の裏ワザ

味方を増やしたいと思ったときは、同情を引くのが手っ取り早い。

人間の基本的な心理として、かわいそうな人を見たらそれ以上は追い込むようなことはしないものだ。最初から立場の弱い人や負けが決まっているような人に対しては、むしろ手を差し伸べたくなるだろう。

これを心理学では「アンダードッグ効果」と呼び、劣勢になっている人につい肩入れしたくなる心理を利用した説得テクニックのひとつとしても知られている。

とりわけ、これは恋愛の謝罪の場面などでは効果的だ。

「デートに遅刻した」「浮気がバレた」など、最初から自分に非がある場合はしょぼくれた犬のようにふるまおう。そうすれば、相手は優越感を感じてしだいに戦闘意欲を失うのだ。

あえて判断をゆだねて問題解決するプロの裏ワザ

自分はデキると勘違いしている人ほど弱点を認めたがらないものだ。しかも、周囲は怒りをとおり越して、気の毒なヤツだと哀れんでいることを本人だけが知らなかったりする。

そんな〝裸の王様〟を相手にしなくてはならないときは、「それについてはお任せします」とキッパリと言い切るというのも手である。

一般的には、人まかせはよくないとされているが、状況しだいでは衝突を避けてあえてまかせてしまおう。

まかせていいかどうか見極めは必要だが、判断をゆだねてしまうというのも立派な世渡りテクニックのひとつなのである。

ほめてライバルを落ち込ませるスゴい心理テクニック

気に食わない相手をへこませたければ、「ほめ言葉」を上手に使うといい。ポイントは、本人ではなく相手のライバルや同じような立ち位置にいる人のことをほめることだ。

たとえば「先日紹介してもらったあなたのお友だちのAさん、すごく懐が深くて信頼できる人ですね」と、その場にいない第三者をほめてみる。

すると、相手は間接的に非難されているようで、正直面白くない。それでも直接非難されてはいないから反論もできず、歯がゆさを感じるはずだ。

結局ひとりで落ち込むしかないのだが、勝気でプライドの高い相手ほど効果が高い方法である。

とにかくなんでも丸く収める！プロのほめ方

絵画が趣味だという素人の作品を見せられて、言葉に詰まってしまうことがある。そんなとき、間違いがない対応としてはただ感心してみせることだ。「素敵ですねえ。私には絶対こんなふうに描けないなあ」。これで十分なのである。

玄人ぶって下手にわかったような口を利いてしまうと、かえって見当違いなところを突いてしまい機嫌を損ねることになる。相手が求めているのは、批評ではない。自分の才能や実力を見せつけたうえでの称賛なのだ。

わかったふりをして細かいことまで首を突っ込むと、相手はますます図に乗る可能性もある。誠実に理解しようと努力するより、とりあえずほめておけば八方丸く収まるのだ。

イヤな論客には論点をすり替えて対応する

議論が上手な人との交渉では、まともに組み合ったらこっちの負けだ。こんなときは、相手のペースを乱すことに力点を置こう。

具体的にいうと、言葉尻をとらえて、新たな論点とすり替えてしまえばいいのだ。すると相手は、その新たな論点に対しても論理的に対処しようとするはずで、その結果、話はどんどん逸れていってしまうのである。

たとえば、「だから、ポイントは原料費の高騰なんだよ。それを抑えるためには仕入先の検討も視野に入れないと」と熱っぽく語るなら、すかさず「仕入先といえば、先日お話したところでは工場の人員不足が深刻らしいですよ」と、しれっと切り返す。

すると相手は、今度はそのことに反論しようとしていつの間にか支離滅裂になる。こうなれば、ペースはこちらのものだ。

大勝負のときは、〝存在感〟を見せるのが効果的

伸るか反るかの大勝負をかけるときは、自分を必要以上に大きく見せることが求められる。

かつてアメリカにはクラレンス・ダロウ氏という伝説的ともいえる敏腕弁護士がいたが、彼は法廷でいつも強い態度をとったことで知られる。胸を大きくそらしたり、わざとサスペンダーを鳴らしながら相手を威圧し、法廷を乗り切ってきたのだ。

もし、あなたが日頃から穏やかな人物であれば、ときには彼を真似て態度を大きく見せるだけで、相手を圧倒できる。大きく頷いてみせたり、強い視線を投げかけたりするだけでもいつも以上に存在感は

増すはずだ。

相手も「普段とは何か違うな」と感じて、あなたの意見に従う可能性が高くなるだろう。

この人にはウソがつけないと思わせる「握手」のコツ

ある心理学者が電話ボックスにわざとコインを置き、被験者にこのコインを使って通話させるように仕向けた。

そして、ボックスから出てきたところで「コインを忘れたのですが、見ませんでしたか？」と質問すると、半数以上は「見なかった」とウソをついたが、握手を交わしてから質問をしてみるとウソをつく人は半分に減ったのだという。

日本人にはなじみのない握手だが、この実験結果をみても、握手をすることで「誠実でなければならない」という気持ちを芽生えやすくするのだ。

もしも信頼関係を築きたい人がいるなら、最初に握手を求めてみるのも手だ。

Step9

成功を手に入れる心理術

1 「やる気」を出すコツ

運を呼び込む「タイミング」がきたときにすべきこと

世の中には運のよさだけで世の中を渡っているように見える人がいるが、じつは、そこには成功するためのヒントが隠されている。

こういう人の話をよく聞いてみると、運を呼び込むタイミングをきちんと自分のものにしていることがわかる。

「たまたま勉強会で知り合った人にヘッドハンティングされた」

「結婚式の受付を引き受けたら、そこで運命の出会いがあった」など、人の誘いや頼み事に気軽な気持ちで乗った結果、幸運が転がり込むこともある。

もしも、あなたにこういう〝流れ〟がきたら、軽い気持ちで乗ってみよう。こうしたきっかけは「訪れるべくして訪れたタイミング」と解釈するといい。

脳に刺激を与えてマンネリから脱出

マンネリとは、同じ状態が続いた結果、独創性や新鮮さを失い、無気力や倦怠感を招くことをいう。ここから脱出するには、脳に新しい問題意識を持たせて刺激を与えてみるといい。

たとえば、新しい企画を考えてみたり、あえて高い目標を設定してトライしてみるのもひとつの手だ。

また、ときには生活空間や生活のペースを変えて部屋の模様替えをしたり、会社のデスクの上を片づけるだけでも効果がある。気分的にも違ってくるはずだ。

会社帰りに趣味の習い事をしてみるのもいいだろう。大切なのはこれまでの生活をがらっと変えること、それがマンネリ脱出の近道といえるのだ。

不安や恐怖心に打ち克つための自己能力開発法

社運がかかっているプレゼンの責任者に選ばれ、明日がいよいよ本番である。このプレッシャーからくる「不安感」や「恐怖心」に打ち克つにはどうしたらいいだろうか。

まず、理解したいのは、この場合の不安や恐怖の正体は「プレゼン」ではないということだ。

では何なのかというと、どう対応するかという「自己の対処能力」なのである。つまり、この能力を上げることによって、不安や恐怖といった感情を消すことができるというわけである。

こういう場合、経験と心を強く持つだけでなく、仲間の協力などの外的サポートを受けるのも有効だ。内的・外的不安を解消することで、対処法は見つけやすくなるのである。

自分を肯定して評価すればプラス思考になる！

どんな些細なことでも、他人からほめられればうれしいものだ。

では、もしも誰からもほめてもらえなかったらどうするか。自分で自分をほめてあげるのだ。

まず、自分の行動のよかった点をピックアップしてみる。朝一番に出社したことでも、部屋を片づけたことでも何でもいい。自分で自分の行為を肯定するのである。

そうしたら次に周囲の環境に感謝する心を持つ。人から認めてもらえないと感じていると、つい誰に対してもマイナスの感情で見てしまうからだ。

そして最後に自分を思い切りほめてやる。言葉にしてもいいし、手帳やカレンダーに◎をつけてもいい。自分をポジティブに評価すると、気持ちが満ち足りてくるはずだ。

続けられる人がやっている思考の秘密

「継続は力なり」とはもっともな言葉だが、多くの人にとっては継続自体が難しい。では、一度はじめたことを続けるためにはどうすればいいのだろう。

たとえば、ジョギングを趣味にした場合、いきなり目標を高く持ちすぎると、「苦しい」とか「つらい」という感情が芽生えてしまう。そうなると続けるのは難しい。

仕事もこれと同じで、あまりに厳しいノルマを自分に課してしまってはすぐに息切れしてしまう。

重要なのは、仕事も人生も短い期間で完結するものではない、と大局を見つめる思考を持つことだ。

たとえいまは負け越していても、最終的には勝ち越せるように自分のペースを守る。それがスキルアップするための近道なのだ。

自然と活力が増すしゃきしゃきした歩き方とは？

心にわだかまりを抱えているときは、あえて早足で歩いてみよう。顔をしっかりと上げ、背筋を伸ばし、大手を振ってテンポよく歩いていくうちに活力がみなぎり自信も湧いてくるはずだ。

なぜなら、心の動きというのは自然と表面に表れてくるものだからだ。仕事で失敗したり悩みごとがあると、つい足どりは重くうつむきがちになってしまうが、逆に、嬉しいことがあると顔は晴れやかになり、スキップしたくなるほど足どりは軽くなる。

言い換えれば、足どりでその人のいまの心理状態が読めるということだ。

明るくしゃきしゃきとした足取りを心がけていると、自然と心がそれに伴ってくるはずだ。

やりたいという気持ちを起こさせる3つのコツ

努力することは大事だが、「努力の質と内容」に意識を向ける3つのポイントがある。それは、すべての仕事において効率化を考える、具体的な目標を立てる、努力を目で確認できるようにする、ということだ。

努力は基本的に楽しいことではないが、この3つを続けていくと、なぜか「やらねばならない」という気持ちが「やりたい」という気持ちに変わる。

そうなると努力が苦にならないから、いいパフォーマンスが持続する。うまくいけば、自分の潜在能力がいま以上に引き出されることは確実なのだ。

自分自身を鼓舞することができる魔法の口グセ

思いついたことをなかなか実行に移せない人は、「○○に決めた！」を口グセにすることをおすすめする。

「ボランティアをやることに決めた！」「英会話を習うことに決めた！」と、あたかも決意したかのように言い切ることを口グセにするのだ。

しかも、できればまわりにいる多くの人間に知らせてしまうことが重要だ。その時点ではまだ迷っていたとしても、一度口に出したからには実行に移さなければただのウソつきになってしまう。自分の信頼を失わないためには、やるしかなくなるのである。

自分ひとりではなかなか実行に移せない人も、こんなふうに周囲の人の力を借りていけば、案外容易に行動できるようになる。

引くに引けない状況を自らつくり出すのである。

落ち込んでいる気分を無理なく切り替える

人の感情には波があるものだが、どうも自分の同僚やパートナーが最近ネガティブな心理状態に陥っているようだと感じたら、「投影」で気持ちを立て直すことをすすめてみてはどうだろうか。

心理学でいうところの投影とは、自分の心の状態や思考パターンを他人やモノに映し出すことだ。

とくにネガティブな精神状態に陥っている場合には、何の根拠もないのに「あの人は私のことが嫌いみたい…」などと勝手に思い込んでしまうことがある。これは、直視したくない自分自身の嫌な面を他人のなかに見ているのである。

つまり、自分が人に嫌われていると感じているのは、自分が自分の周りの人を嫌がっているということを映し出しているというわけだ。

このように自分の心理状態を第三者的に見ることができると、気分を切り替えやすくなる。ネガティブな感情に陥って苦しんでいる人がいたらぜひ教えてあげてほしい。

夢中になった〝あのころ〟を思い出してやる気スイッチをON

どんな仕事にも必要とされる能力のひとつに「発想力」があるが、もしも仕事がマンネリ化してアイデアに詰まったら、「子供心」に戻れる何かをやってみることだ。

たとえば、虫採りが大好きだった人は野山に出かけてみたり、野球少年だった人はキャッチボールをしたり、テーマパークなどに遊びに行ってみるのもいい。

子供の頃に夢中になって何かをしていたときの気持ちに戻ると、大人になった自分が上司の評価や、業界の常識などさまざまな壁にとらわれて柔軟な発想ができなくなっていることに気づくことができる。

〝あの頃〟の自分を思い出すことで、自分のなかのやる気のスイッチが入るというわけだ。

「自分は妥協しやすい人間だ」と自覚することで先が見える

何ごとも「まぁ、いいか」「こんなんでいいや」とすぐに妥協してしまう人がいるが、そんな人は、中途半端にあきらめてしまうクセを「メタ認知」してみてほしい。

ふだんは無意識に行っている「妥協」という行為をしっかりと認識して、客観的に考えてみると、妥協しがちな自分を制御するのに役立つのである。

次からは妥協してしまう自分を認識することが大切だ。そして「自分は妥協しがちだから、計画的に勉強しよう」と、思考を切り替えるのである。

どんどん鏡を見て「ナルシスト」になったほうがいい理由って?

どうにもやる気が起きないようなときには、自分を元気づけるためにあえて鏡を見るといい。いまの自分を鏡に写し出して客観的に見ることで、自分に喝を入れて自己意識を高めるのである。

また、ふだんあまり鏡を見ないような人が急に鏡を気にしはじめたら、それはモチベーションが高まってきた合図と考えていいだろう。

すでに触れたように、鏡を見て、何度も髪の毛を整えたり服装の乱れをチェックしたりするのは一見、自分自身が大好きなナルシストのように思われがちだが、逆に鏡をまったく見ないのは気持ちに余裕がなくなっているサインだ。

自分を鏡に映してそのときの状態を確認することは少しも悪いことではないのだ。

2 ポジティブ思考になるコツ

拒絶されて心がヘコみそうになったときに効く方法

仕事とはいえ、交渉などで面と向かってＮＯを突きつけられるのは心理的につらいものがある。やんわりと拒まれても心が落ち込むのに、「その条件に応じる気はまったくありません！」などとストレートに拒絶されたとなると、かなり図太い神経の持ち主であってもなかなか立ち直ることができないはずだ。

だが、落ち込む前に、相手の態度を緩める方法を試してみてほしい。

強い拒絶に出くわしたときは、「なるほど、じゃあもう一度考え直してみます」といったん手を引くと効果がある。

人は譲歩した相手には譲歩で応えようとする心理が働く。そちらに考え直す気があるのなら、こっちも考え直してみてもいいという気持ちになるはずだ。

セルフコントロールで脳をリラックスした状態にする

眠れないときは、「早く眠らなければ」と思わずに、むしろ「無」になるのが一番だが、人はなかなか無の状態になれるものではない。

「別れた彼女のことは忘れよう」と考えているうちは意識から消えていないのと同じように、「無になろう」と意識することは、「無」を意識しているのと同じなのである。

こんなときは、リラックスした状態をつくることに集中しよう。医学的には、副交感神経が交感神経よりも優位になることをリラックス状態という。

仰向けに寝て、お腹に手を当てて、呼吸するたびにお腹が膨らんだり、へこんだりするのを感じる。

この腹式呼吸を実践するだけで、リラックスしてしだいに眠くなるはずだ。

自己暗示をかけるなら「ポジティブワード」が断然いい理由

「言霊」という概念があるように、口から発した言葉には魂が宿ると考えられている。であれば、「どうせ」などというネガティブな言葉はできるだけ口にしないほうがいい。

医学的な観点からみても、ネガティブな言葉の自己暗示は、自律神経に影響が出るという説がある。

「どうせ間に合わない」と言えば、自律神経も「間に合わせよう」という方向へは働かない。つまり、ネガティブなことばかり言う人は、チャンスも逸しているといえるのだ。

まずは言葉の使い方を変えてみよう。「どうせ○○ない」と否定的な意味で使わず、「どうせ」のあとに「いまだけのことだ」などと、前向きなフレーズをくっつけるといい。

こうすることで、ネガティブな口グセもポジティブに変わり、思考そのものも前向きになるのだ。

自分への「問いかけ」を変えれば人生を方向転換できる

ビジネスで失敗が続いたときは、「なんで失敗ばかりするのか？」「どうやったらうまくいくのか？」などと自問自答するはずだ。

当然のことながら、その問いに対する明確な答えはない。それがわかるなら失敗などしないからだ。そこで、そんなときは考え方をガラッと変えるといい。

たとえば「いままで失敗した過程をチャートにすればどうなるか」と考えれば、具体的に問題点をチェックすることができる。

ひとつの失敗を分析すれば、少なくとも同じような失敗はしにくくなる。さらに、自己分析ができたことで少しずつ自信を取り戻すこともできる。

具体的な問いと答えを繰り返していけば、自分を客観的に見られるようになるはずだ。

ストレスを溜めやすい人の意外な共通点

現代はストレス社会といわれる

ものの、一人ひとりの性格によってストレスの感じ方は異なるものだ。

ところで、心理学では最もストレスを溜めやすい性格を「タイプA」と呼んでいる。これは、アメリカの研究者であるフリードマンとローゼンマンが心臓疾患にかかりやすい患者の特徴を調べて、その典型を導き出したものである。

それによると、タイプAに分類される人は完璧主義で、必要以上に他人に敵対心を持つ傾向にあるという。

何にでも完璧をめざそうとするので人のやることなすことにイライラしてしまい、つい手を出してしまう。さらに、誰かが自分よりもうまくことを進めていると負けん気がムクムクと湧いてきてムダにがんばってしまうのだ。とにかく四六時中、心が休まることがない性格なのである。

また困ったことに、何にでもクビを突っ込まなければ気がすまないのは自分の性格のせいであるにもかかわらず、自分ばかりが面倒なことを抱え込んで損をしていると感じているのも特徴のひとつだ。

このようなタイプの人は、まずは自分がストレスを溜めやすい性格であることを自覚することだ。そして、とにかくがんばり過ぎないことをおすすめしたい。

嫌な感情をバネにする方法と水に流す方法

世の中には、いろいろな人がいて、無責任な物言いをするものだ。だから、人の言うことをいちいち気にして落ち込む必要はないが、なかには根に持ったほうがいい場合もある。なぜなら、それが生きるうえでバネになる可能性があるからだ。

たとえば、「自分のやった仕事を上司がこっそりやり直していた」という場合などは、なぜ何も言わずにやり直すのか、自分のしたことはムダだったのか、むしろ感謝すべきなのか、などと不愉快になるが、こんな場合は根に持つといい。

そして「次は上司の鼻をあかしてやる」と、気持ちを切り替えて燃えれば、自分を成長させることができるのだ。

マイナスの憶測で苦しくなったときの奥の手とは？

人とのコミュニケーションを苦手とする人は想像以上に多い。しかもコンプレックスが高まると、「話下手だと思われてないだろうか」「これを言ったら相手はどう思う？」と相手のことばかり気になってしまう。

このような人は、心理学の世界では「自己受容が低いタイプ」と分類される。あるがままの自分を受け入れることができないために自分に自信が持てず、相手や周囲の反応や評価ばかりが気になってしまうのだ。

だが、たとえ会話を続けたところで、「自分は相手からどう思われているのか」などということがはっきりわかるものではない。

憶測でものを考えても意味がないと割り切れば、リラックスして意外とすらすらとしゃべれるものである。

過去のトラウマを払拭するために大事な視点

新しいことにチャレンジすることに慎重になっている人は、過去の失敗がトラウマになっていることが多い。過去に味わった苦い経験を思い出して「また失敗するのでは…」と、気持ちが萎縮してしまうのだ。

どうしても失敗することが恐くてあと一歩前に進めないという人は、足元ばかりを見ずに少し先にある目標に意識を集中させるといい。そして、目標を達成したときのことだけをイメージして足を踏み出すのだ。

それでもまだ不安だという人は、目標達成までのルートをA案、B案、C案と複数考えておくといい。「A案がダメでもB案がある」と自分の気持ちに余裕が持てるはずだ。

ツイてない時期は自分の時間をつくるチャンス

長い人生のなかでは運に恵まれない時期というのはある。だが、不遇はけっして嘆くなかれ。むしろ、逆境はチャンスだと心を切り替えよう。

たとえば、新しいプロジェクト

に自分だけ呼ばれない…などというときは、残念ながら現時点でのあなたはそこまで期待されてはいないということだ。

だが、そう思われているうちは比較的自由にトライできる。会議で少々思い切った発言をしてみてもいいし、早く帰れる利点を活かして英会話をはじめてみてもいい。

このようなチャレンジができるのも、責任や立場に縛られない時期の特権と考えればいい。そして、このときに自分に投資したぶんは必ず将来役に立ってくれるのだ。

「シンプルな表現」ができる人が結局強いのは？

「もう倒れるかと思ったよ」「つらすぎて死にそうだった」など、とかく大げさな表現をする人は、より強烈な言葉を使って自分が特別だと印象づけようとする傾向がある。

しかし多くの場合、これは逆効果になる。あまりに強烈な言葉を多用すると「オオカミ少年」ではないが、いつの間にか誰もその言葉に反応しなくなっていくからだ。

また、あまりマイナス感情を大げさに表現していると、自分自身がだまされてネガティブな気持ちになってしまいかねない。

もし心当たりがあるのなら、「面白い」「悲しい」「つらい」などと、感情表現は極力シンプルにすることをおすすめする。

「他人のせいにする」ことでイライラするよりいい方法

たとえば仕事上、チームで頭を下げなくてはならないとき、腹のなかでは「自分は悪くない、悪いのはあいつだ」と恨むことがある。

だが、うまくいかないことを他人や会社や世間のせいにしても結局は同じような事態が繰り返されて、その度に「自分は悪くない」とイライラするのだ。

そこでイライラを少しでも減らしたいなら、改善点を見つけなければならない。

「本当に自分は悪くないのか」「自分にできることはなかったのか」と思い直すのだ。「あいつのミスに、なぜもっと早く気づいてやれなかったんだろう」と自省できたら、それこそ器の大きな人と評価され、周囲から信頼を得ることもできる。

失敗することを必要以上に恐れる人の逃げ道

仕事でもスポーツでも、何かにチャレンジするときには失敗がつきものだが、一流とされる人はその失敗にきちんと向き合い、問題点を洗い出して次につなげることで成功を手にしている。

だが、多くの人は失敗と素直に向き合うことができず、つい逃げ道をつくって言い訳を用意してしまう。そんなときによく使われるのが「セルフ・ハンディキャッピング」だ。

これはたとえば、大事なプレゼンを前にさほど重要ではない仕事をして、うまくいかなかったら、「あのとき、あんなつまらない仕事を頼まれたのだから自分のせいではない」と言い訳できる状態を前もってつくっておくようなことだ。

自信があれば当然、このような逃げ道をつくっておく必要はない。つまり、セルフ・ハンディキャッピングに陥りやすい人というのは、失敗することを過剰に恐れ、現実から逃げたいと考えている人なのだ。

失敗を恐れてつい言い訳を用意してしまいそうになったら、「これは、セルフ・ハンディキャッピングだ」と振り切って、目の前の目標に全力投球するようにしよう。

"負のスパイラル"を止める意外な心理作戦とは？

いつも不満を口にしていたり、グチっぽかったりする人ほど、自分に対する自信のなさから似た者同士で徒党を組んでしまうから不思議だ。

ちょっとした不満から始まる負のスパイラルは、一度入ると抜け出すことは難しい。ところが、こんな人はじつは大きな勘違いをしていることに気づいてほしい。

ただ、不満を言っているだけで行動に移っていない状況はそれほど悪くはない。見方を変えれば、グチですんでいるのだからまだ満たされているともいえる。

人は本当に追い詰められたときには、本能的になんらかの行動に出る。まだその領域にいっていないと思えば、そこまで不満に思うこともないだろう。

ミスを棚上げすることで次に繋げる考え方

順調にいっていた仕事でたった一度のミスをして、いつまでも自分を責め続けてしまうことがある。

しかし、こうしたマイナス感情は即座に切り離してしまうのがいい。マイナス感情にとらわれるとよくない部分にしか目がいかなくなり、判断力も失われてしまうからだ。

といっても、もちろん無責任になれというわけではない。ぐずぐずと悩んだところで起こってしまった事実は変えようがないのだから、結果を冷静に受けとめるということだ

いきなり感情をシャットアウトさせるのが難しいなら、大きく深呼吸をする、お茶を飲む、いったんデスクを離れるなどのインターバルを入れると気持ちを切り替えやすくなる。

自分なりの〝儀式〟で心を落ち着かせて、とにかく失敗をマイナスの感情と結びつけないことだ。

「自分ではすぐに変えられないもの」に心をとらわれない

努力家で人一倍頑張るマジメ人間は尊敬に値するが、一方で、こういう人ほど不満が多いのもまた事実ではないだろうか。

だが、不満のタネは、一見みな同じように見えてじつは明確な違いがある。

それは、「自分ですぐに変えられるもの」と「自分ではその時点で変えることができないもの」の違いである。

「他人と過去は変えられないが、自分と未来は変えられる」という言葉がある。

変えられないものに対してイライラするのはエネルギーのムダ遣いだ。

自分が頑張ることで変えられることだけを心に持ち続ければいいのである。

悲観的なタイプだからこそリスクヘッジができる

楽観主義者は、おおらかで大胆。悲観主義者は、慎重で気が小さい。これが世間のイメージだろう。たしかに楽観的な人は一瞬のチャンスを逃さず、大きく飛躍する可能性は高い。

そのため、いつも無難な道を選んでしまう悲観的な人は勇気がない臆病者のようなマイナスイメージでとらえられてしまうことが多い。

ところが見方を変えれば、悲観的な性格にも大きなメリットがある。常に最悪の事態を想定し、安全を確認しながら行動できるので、リスクを低く抑えることができるのだ。

もしもあなたが悲観主義者でも、楽観主義者をうらやむことも張り合う必要もない。自分の長所を活かしていけばいいのである。

「怒るのはもっともだ」と怒りを肯定して次の手を探す

トラブルが発生したとき、怒りを覚えるタイプと落ち込むタイプがいる。いずれにせよ、こんな場合の感情のコントロールは難しいものだ。

怒りを感じるとき、人は怒っている自分に後ろめたさを感じて、感情そのものを無理に抑え込もうとする傾向がある。

だが、これは効果的ではない。「自分が怒るのはもっともだ」と自分を認めてあげれば、心を落ち着かせることができるのだ。

一方、落ち込むときは投げやりな気持ちになりやすいが、そんなときには、逃げ出さずに何とか手を打とうと考えている自分をとにかくほめてあげよう。そうしてある程度自信を取り戻してから、次の行動に移ればいいのである。

数字の力を借りて「怒り」や「悲しみ」を減らす方法

人の気持ちは数字で推し量ることはできないが、ストレスやプレッシャー、不安や怒りを感じたときには数字が役に立つことがある。

たとえば、親友に裏切られたら、その気持ちをそれぞれ「怒り

＝80、悲しみ＝90、失望＝75」のように数値で表してみるのだ。次に、できるだけポジティブな見方でそのできごとをとらえてみる。

「本当のことを私に言いづらかったのか」「私を気遣えないほど、焦っていたのか」などと考えることができたら、もう一度心のなかに浮かんだ感情を整理して書き出してみる。すると、最初の3つの感情は、程度の差こそあれ減少するはずだ。

書いて数値に表すことで心は癒されているのである。

強みを伸ばすことで能力全体を底上げする

誰にでも得意な分野と苦手な分野がある。「まずは弱みを克服しなければ」と焦っているなら、弱点を克服する努力をするより、強みを伸ばしていくことに力を注いだほうがいい。

ある教科の成績が上がった学生はほかの教科もできるようになるといわれるように、得意分野の強化は全体を底上げすることにつながるからだ。

まずは、自分の得意技を見極めることからはじめたい。強みなんてわからないというのであれば、自分の得意なことや好きなことを紙に書き出してみよう。

弱みばかりを見ていると「なんでこんなこともできないんだろう」と自分を責めてしまうが、強みに目を向ければ自信がもてるのである。

わざと笑顔をつくれば落ち込んだ気持ちも吹き飛ばせる⁉

気分が落ち込んだり、憂鬱な状態が続いているときには、笑顔をつくり、元気よく振舞ってみよう。

なぜなら、アメリカの心理学者ウィリアム・ジェイムズも、落ち込んでいるときにはいかにも元気そうに振舞い、笑顔で快活そうに話すことが最善の方法だと唱えているからだ。

これは、心と体は連動しているという理論に基づいたもので、努めて明るく振舞えば心のほうも自然と明るくなってくるという。

やはり、心と体は一体なのである。

紙一枚で怒りを鎮める手っ取り早い方法

自分に非がないのにこっぴどく上司に怒られた、同僚のあまりにもいい加減な仕事ぶりに腹が立ったなど、腹だたしい思いをしたときに即効で怒りを静めるうまい方法がある。

それは不平不満、怒りを紙に書きなぐることである。とにかく、胸の内にしまっていることすべてをぶちまけるつもりで片っ端から書きまくるのだ。

これでも怒りが治まらなかったら、ひと呼吸おいてから相手がなぜこんな言動や行動をしたのか考えてみる。

自分がこんな言い方をしたから相手は快く思わなかったのだろうなど、相手の立場に立って考えるのだ。紙に書いて図式化してもいいだろう。

ウソでもいいから、広い心の持ち主になったつもりで相手の気持ちをあれこれ書いてみれば怒りは治まり、逆に相手を思いやる気持ちまでもが生じてくるはずだ。

緊張状態を一瞬で解消できる「輪ゴムショック法」

人の前に立つと緊張して頭のなかが真っ白になるという人は多い。

しかし、そんな緊迫した状況から生まれるパニック状態を一瞬で解消する方法がある。それは「輪ゴムショック法」だ。

たとえば、今日は重要なプレゼンテーションや会議があるというときに、手首に輪ゴムを1本巻いていく。

そして、だんだんと緊張してきてこのままではまずいなと感じたときに、手首に巻いていた輪ゴムを引っ張ってパチッとはじいてみるのだ。

するとその痛みで、混乱しそうになっている脳の回路がリセットされ、ハッと我に返ることができる。

これは、パニックになったときに頬を張って正気になるのと同じ効果だ。

また、「この輪ゴムがあるから大丈夫」という自己暗示にもひと役買ってくれるはずだ。

顔の向きが上か下かで人の印象はどう変わる？

いつも顔を上に向けている印象がある人は、何でも前向きに考えられる人である。たとえどんな困難な問題にぶち当たってもくじけない明るさやポジティブ思考を持っているので、職場でも家庭でも重宝されるタイプだろう。

その一方で、いつも下を向いているイメージがある人は、謙虚ではあるものの自分に自信が持てず、引っ込み思案な一面がある。

好印象を与えるのはやはり前者なので、普段からなるべく上を向くように心がけてみよう。

ちなみに、顔の右側は「強さ」や「希望」といったイメージを打ち出しやすいので、ここぞというときの〝キメ顔〟には右側を見せるといい。

ダマされやすい人はおさえたい「バーナム効果」とは？

人は自分を理解してくれる相手に対しては信頼感を覚えるものだ。

では、「この人はわかってくれている」と思わせるにはどうしたらいいか。それは、曖昧な表現でほめるのがベストだ。

曖昧な表現とは「君ってやさしいから」「人から誤解されやすいタイプじゃない？」「大胆なところもあるけれど、繊細な部分もあるよね」のように、受け取るほうの気分しだいでどうにでも解釈できる抽象的なフレーズのことだ。

たとえ大勢の人に当てはまることを言われたとしても、自分の体験やそのときの心理状態に合わせて勝手に解釈してしまうのだ。これを「バーナム効果」と呼び、星占いなどはこの典型だ。

仕事を褒められて喜べないのはじつはトラウマが原因だった？

仕事で成果を上げて人から褒められたとき、素直に喜べる人とそうでない人がいる。

喜べない人も仕事で成功したいと思っているはずなのに、なぜ称賛されることを素直に受けとれないのだろうか。

それは無意識に成功することを恐れているからだ。このような成功への恐怖は、子供の頃に植えつけられることが多いという。

たとえば、子供の頃に勇気を持ってした行動を大人から批判されたりすると、大人の顔色をうかがいながら成長してしまい、その結果、褒められても手放しで喜べなくなってしまうのだ。

成功を恐れている人は、うまくいったときに「たまたまタイミングがよかっただけだ」と考えたり、休日を楽しめないワーカーホリックになってしまうなどの特徴がある。

このような子供の頃のトラウマを克服するためには、自分の得意とする分野でさらに力をつけたり、人生の目標についてきちんと考えてみるといい。

つまらない仕事を楽しくやる心の持ち方

ビジネスの場ではいつも希望どおりの仕事ばかりができるわけではない。しかし同じ仕事が面白くなるか、つまらなくなるかは心の持ち方しだいで変わってくる。

こんなとき、ゲーム感覚を取り入れるのも面白さを生み出すコツだ。「どうしたら3日で作業が完了するかに挑戦」といった目標を設定してもいいし、同僚とどちらが先に仕事を片づけられるかを競争してもいい。

そして「これが成功したら評価が高くなるかも」とか「新しい知識を身につけるチャンスだ」など、自分のモチベーションを上げる理由をつくり出すのだ。

そうしているうちに、つまらない仕事は楽しい仕事になり、周囲の評価も変わってくる。

悩んだら問題点を書き出すと解決できるワケ

サラリーマンなら誰でも一度や二度は壁にぶつかり、ひとりで悩んだことがあるはずだ。すでに触れたように、こういうときの効果的なやり方は腕を組んでよくよく考えるよりも、問題点を文字にして書き表すことである。

たとえば、商品が急に売れなくなって悩んでいる営業マンなら、原因を考えて自分なりに箇条書きにしてみるといい。

売れない理由は商品に欠陥があ

るのか、自分のセールストークが間違っているのか、問題となりそうな部分を納得がいくまで列挙してみるのだ。

じっと考えているよりも、文字で書き表すことで、はるかに早く問題の解決方法を見つけることができる。

「なるようにしかならない」という心持ちで焦りをコントロールする

仕事で壁にぶちあたったとき、焦りだけが募ってしまうものだ。そんなときには「為せばなる」から、「成るようにしかならない」と気持ちを切り替えてみるといい。

解決策も浮かばないまま強引に物事を進めようとすれば、かえって問題をこじらせるだけだ。するとよけいに落ち込み、自信を失ってしまう。答えが見つからないのなら、そのうち解決するだろうくらいに開き直ってしまえばいいのである。

また、いったんその問題から距離を置いてみるのもいい方法だ。問題点だけはメモして、あとは頭からすっかり締め出してしまうのだ。

こうして頭をリセットすると、思わぬところで名案がひらめいたりするかもしれない。

必要なモノ以外を排除すれば集中力をアップできる！

集中力を高めて仕事に気持ちを向けさせるには、注意力がほかに向かないようにすればいい。

そこでまず、デスクの上を見てみよう。ミニ植物、写真立て、癒し系グッズなど、仕事に必要でないものを置いていないだろうか。ときには必要かもしれないが、仕事に集中できないときにはそれらをきれいさっぱり片づけてしまうことだ。

また、デスクのすぐ横をひっきりなしに人が往来するなど、動くものが視界に入るというのも集中できない要因のひとつである。

電話や周囲のおしゃべりによって仕事が中断されるというのもよくあることだ。できるだけ静かな環境に身を置くことが望ましい。

3 目標設定のコツ

心の健康をキープするためにときには「信念」を捨ててみる

些細なことをやたらと深刻にとらえてうまくいかない人がいる。こういうタイプには「信念を持ちすぎるな」というアドバイスを送ろう。

たしかに、生きていくうえでは自分なりの「信念」や「信条」みたいなものが必要になってくる。しかし、そこにこだわりすぎると、それが結果的に自分を苦しめることになる。

もしも結果がすべてと考える人が仕事で失敗をすれば、心を病むほどのダメージを受け、会社を辞めたいと思うまでに追い込まれてしまうだろう。

揺れない橋よりも揺れる橋のほうが強度があるように、毎日ピンと張り詰めているよりも、多少なりとも〝あそび〟や妥協があるほうがしなやかで強いのだ。

周囲の期待がプレッシャーになったら自己暗示で乗り切る

人は周囲から過度に期待をされるとプレッシャーを感じるものである。そんなときは、期待は飛躍への〝原動力〟だと考えてみよう。

というのも、人は無意識のうちに周囲の期待に応えようとし、結果として期待通りの言動をする傾向があるからである。

これは「自己成就予言」といわれる現象で、たとえば上司から「君は聞き上手だから、お客様が君にはつい本音を話してしまうみたいだな」とほめられたとしよう。

すると、それを期待されていると感じてしまい、いままで以上に聞き上手になろうと行動する。つまり、無意識に自分に暗示をかけるのと同じ効果が得られるのだ。

現状を見直して〝青い鳥〟探しをやめる方法

もっといい会社はないかと転職

を繰り返す人がいる。こういう人の心理状態を、〝幸せの青い鳥〟を探す『青い鳥』の童話にかけて「青い鳥症候群」と呼ぶことがある。

しかし、転職を繰り返していることからわかるように、次の職場に行っても自分が求めているものが見つかるとは限らない。それよりも、いまの環境で仕事を楽しめるように努力したほうが転職するよりもメリットが大きいこともあるのだ。

辞める前に、まずは自分なりにやり方を工夫するなど、楽しく働く努力をしてみよう。そうすると「仕事力」を磨くことにつながるし、転職の理由としてよくあげられる人間関係も、コミュニケーションのトレーニングのうちだと考えることができるようになる。

たくさん悩めば「ブレイクスルー」は必ず訪れる

努力を続けてもいっこうに成果が見えない仕事がある。こんなときは、停滞期の先には必ず「ブレイクスルー」、すなわち突破の瞬間が訪れることを覚えておこう。

ある一線を突破するときには停滞期にぶつかるものである。

だが、スムーズに解けなかった数学の問題が、練習問題をやり続けていたらある日突然、解き方のパターンが見えて答えを導き出せるように、ブレイクスルーは必ず訪れる。そして、一段階成長した自分になれるのだ。

この法則を知っているのと知らないのとでは大違いだ。コツコツと続けていればいつか突破のときが来ると理解している人は、停滞期でも腐らずに粘れるのである。

本当にやりたいことは紙に書き出す

本当はやりたいことがあるのに、「大人だから」とガマンしている人は多いだろう。

人の心理では、思うがままに何かをしたいという「行動欲求」と、その一方で万が一失敗したときに自分が傷つくことを恐れる「自己愛」との葛藤が日々行われている。

ところが、多くの場合は自己愛のほうが上回ってしまうため、無意識のうちに自分にストップをかけてあきらめてしまうことになる。

ましてや、以前に失敗して苦い思いをしたことがあると、なおさら臆病になってしまうのだ。

前述した方法だが、そんなときは、やりたいことを紙に書いて、何度も声に出してそれを読み上げるようにしよう。

これを繰り返すことで目標は身近なものとなり、現実味を帯びてくるのだ。

「80点」をめざして十分に力を発揮する方法

「絶対にミスをしないぞ」と気負い込むあまり、「つまらないミスをしたらどうしよう」と不安になり、緊張でふだん持っている力すら十分に発揮できないことがある。

不安が適度の緊張感となって仕事にプラスに働けばいいが、このように不安が勝りそうなときには、あえて１００点満点の仕事をめざさず、80点もできれば成功だと思うようにすればいい。

「人間は誰でも些細なミスは犯すもの」だから、「80点とれれば十分なのだ」と自分に言い聞かせるのだ。

そうすれば、心にゆとりが生まれ、自信を持って仕事をこなすことができるはずである。

周囲の期待という〝足かせ〟は他人と真正面からつき合うことで外れる

期待に応えようと頑張れば頑張るほど、周囲との溝ができて、結局誰にも受け入れてもらえないまま孤立する…。

こんな悲しい状況に陥りやすいのは、幼い頃に親から満足な愛情を与えられないまま成長したタイプの人に多いとされる。

常に「親から見捨てられる不安」にさいなまれてきたために、他人の評価ばかりを気にするようになってしまい、その結果、自分本来の欲求を押し殺すようになるのだ。

このような人は、他の人とひざをつき合わせて話をすることで、他人からの期待という〝足かせ〟が外れていくことに気づくことがあることを覚えておきたい。

子供の頃とは状況が違うことがわかれば、そこから自分の足で歩みはじめることができるかもしれない。

大ぶろしきを広げるよりも効果的な目標の立て方

「夢は大きく持とう！」といわれる。たしかに、せせこましい夢より、大きな夢を持ったほうが人生が豊かになる気がする。

しかし、これが「目標」になると話は別だ。大きすぎる目標を立ててしまうと、何から手をつけていいのかわからなくなってしまうからだ。これでは目標の達成どころか、初めの一歩すら踏み出すことができなくなってしまう。

たとえば年初に立てる目標は、「禁煙する」「絶対痩せる」など、多くの人が大ぶろしきを広げがちだが、千里の道も一歩から、ということわざもある。

まずは手近な目標を立て、それを積み重ねることこそが大きな目標を達成するための唯一絶対の方法なのである。

「レコーディング」で達成感を可視化する

何をどれだけ食べたかを記録していく「レコーディング・ダイエット」なるものが話題になったことがある。

たしかにダイエットに限らず、記録するという行為は、客観的に分析したり、視覚的にも達成感を得ることにひと役買ってくれる。

つまり、何かを続けようと思ったら、必要なのは決意ではない。記録するための紙とペンなのである。

その記録の方法は、できるだけ簡単なほうがいい。やるべきこと、やったことを書き出して、○×をつける程度でいいのだ。

簡単な記録でも毎日積み重ねることで、見返したときの達成感が得られる。その記録を眺めることが、継続への原動力になるのだ。

ときには「ビッグマウス」が追い風に！

将来有望なアスリートや、やる気まんまんの起業家などは必要以上のビッグマウスでアピールするタイプが多い。彼らが必要以上に自己主張するのは、第三者に向けて大きな目標を宣言するためだ。

じつは、彼らはこうすることで

自らを追い込み、あえてあとには引けない状況にしている。

目標は、他人に話した時点でそれは周知の事実となる。いわばこのプレッシャーが目標達成への追い風となっているのだ。

とくに不安が大きければ大きいほど、この宣言には効果がある。どっちに転ぶかわからないような契約や、とうてい達成できないようなノルマなど、自分で難しいと思ったときこそ高らかに勝利宣言してしまえば、未知なる潜在能力が発揮できるかもしれない。

上手なスケジュール管理は「時間の先取り」が秘訣

やりたいことが山ほどあるものの、なかなか実行に移せないという人は、あらかじめそのやりたいことをスケジュールに組み込んでしまおう。暇ができたらやるのではなく、先取りしておくのだ。

そして大切なのは、それを必ず実行に移すこと。スケジュールを組んでもそのとおりに行動しなければ、組んだ意味がなくなってしまう。

こうした時間の先取りを繰り返していくうちに、いつのまにかスケジュールを組まなくても自分で時間の調整ができるようになるはずだ。

そうなれば1日のなかで、あるいは1週間や1カ月という単位のなかでメリハリのある生活を送れるようになり、ストレスがたまることもなくなるはずである。

重い腰を持ち上げるためには「締め切り」を設ける

転職したいが、次を探してからじゃないと…と思っているうちに、結局ずるずると会社に居残ってしまう。迷っているだけで一歩も動けないときには、「期限」を決めるといい。

「○○までにできなかったらあきらめる」といったん決めてしまうと、それまで漠然としていた思いにスイッチが入るからである。

いつでもできると思っていると、なかなかはじめるきっかけがつかめない。それが面倒なことを伴うならなおさらだが、「期限」や「締め切り」を決めると、自然とそこから逆算していまやるべきことが具体的に見えてくる。
のんびりしている人でも、いやでもお尻に火がつくというわけだ。

嫉妬心をよく分析すれば自分が渇望しているものが見えてくる!

嫉妬というと、どちらかといえばネガティブな響きに聞こえるが、じつはこの嫉妬心は使い方ひとつで毒にも薬にもなる。

嫉妬したり、うらやましかったりする相手とは、あなたがほしいと思っているものをすでに手にしている人物ではないだろうか。それは相手の名声や経済力、あるいは仕事のスキルや理想的な恋人などかもしれない。

つまり、嫉妬心によって自分が本当に欲しているものや、さらに言うなら人生における目的が照らし出されるのである。

こうして自分の目的を見つけることができれば、あとはその目的を達成するためにどうすればいいいかを考えて進めばいいのだ。

4 自己アピールのコツ

どんな人にも「内気な部分」と「外向的な部分」がある

世の中には外向的な人間と内向的な人間がいるが、内向的なタイプには「暗い」、「引っ込み思案」などのマイナスイメージがつきまとうことが多い。

そのため内気を自覚している人間からすると、外向的な性格のほうが何ごとにつけても得をするように感じてしまうものだが、けっしてそんなことはない。「自分は内向的だから…」という人でも、得意分野なら臆することなく行動しているはずだ。

そもそも人間のなかには内向的、外向的の両方が存在しており、ふだんはどちらかが前面に強く出ているだけである。

場面に応じて内向性と外向性を上手に使い分けられるようになれば、もっと生き生きと活躍できるだろう。

自分の印象は一瞬でいいほうに操作できる！

面接や合コン、お見合いの席などで自分の長所と短所を尋ねられることがある。

「おおらか」とか「短気」、「几帳面」、「責任感が強い」などと自分なりに評価をしていると思うが、しかし、よく考えてみると長所も短所もじつは本質は同じで、表現の違いだけという気はしてこないだろうか。

「おおらか」といえば聞こえはいいが、その本質は「ずぼら」にも近い。

また、「短気」といえばたしかに短所に聞こえるが、その本質は「てきぱきしている」のかもしれない。

つまり、長所と短所は常に表裏が一体なのだ。

世渡り上手に見える人は、このトリックで自分の印象を操作している人もいる。発想を転換すれば、短所は自分の武器に化けるのである。

「生理的に嫌いな相手」から隠された自分を知る

理由はとくにないのに「生理的に嫌い」という人に出会うことがある。

だが、たいていの場合、その理由は自分のなかにあるものだ。他人の言動で目につく部分は、じつは自分も持っている嫌な部分であることが多いからである。

しかも、その相手を見ることで、自分が直視したくない〝共通部分〟をいやでも目にしてしまう。だから、理由を考えることもなく瞬間的にその人を拒否したくなるのだ。

もしも生理的に嫌いな人と出会ったら、距離を置くのではなく、自分の弱点を見つめ直す絶好のチャンスであることを強く意識してみよう。

相手のどこが嫌いなのかを冷静に洗い出してみると、これまで避けてきた自分の短所が嫌でも明らかになるはずだ。

選択肢がたくさんあって迷ったときのベストな考え方

嫌なことばかりが連続して起こると、過去の自分を振り返り「もしも別の道に進んでいたら…」など、いまさら悩んでもしかたのないことばかりを思い浮かべてしまうものだ。

進学や就職、結婚など人生の岐路に立ったとき、何を選択するのがベストなのか誰しも悩むところだろう。

しかし、人生の選択には残念ながら「正解」はない。

では、どちらかひとつの道を選ばなくてはならないときにどうすればいいのかというと、それはただひとつ、「覚悟」を決めることだ。

どのような選択方法であっても「これ」と決めたら覚悟を決めて、その道を邁進する。覚悟したのだからと思えば、思うようにいかない状況にも納得できるはずだ。

自分のなかにマイナス思考を植えつけているのは〝自分〟だった！

ある心理学の実験で、被験グループ内の一部の人に「しわ、白髪、老ける」などの言葉を含んだフレーズを使わせて、「老いている」という概念を刷り込んだ。

その後、実験が終わったと言われた人たちは、部屋を出てエレベーターに向かうのだが、それぞれの移動時間を計ってみると、「老いている」という概念を刷り込まれた人たちは、そうでない人たちと比べると歩幅が狭く、移動にずっと時間がかかったという。

何が言いたいかというと、ステレオタイプな固定概念は知らず知らずのうちに自分のなかに植えつけられ判断や行動、ときには肉体にさえもマイナスを及ぼすのだ。

自分の可能性を狭めているのが自分自身のステレオタイプ思考だとしたら、もったいない話なのである。

「体を鍛えています」というアピールはこんなにも有効だった!

水泳でもサッカーでも、スポーツをしている人はそれを周囲にアピールしなければ損である。

なぜかというと、同じようなタイプの人が2~3人いたら、そのなかでスポーツをやっている人が「一番強い」人という印象を持たれる確率が高いからだ。

たいていの人は、スポーツをしている人や体格のいい人にはどこか一目置いてしまうところがある。ボクシングやラグビーといったハードなスポーツでなくても、「体を鍛えている」という事実がすでに一定の威力を持つのだ。

これは、忙しく働きながらなおも自分を鍛え続ける人に対して、本能的にその努力と精神力に脅威を感じるからだといわれている。

「緊張」を遠ざけるのに最も効果的な「開き直り」

人の前でのプレゼンや結婚式のスピーチなどは、「あがらないように」と思えば思うほど、緊張は高まってくる。案の定、いざ本番ではしどろもどろ…という経験がある人もいるだろう。

じつは、たいていの人は「~しないように」と念じれば念じるほど、かえって反対の結果を招いてしまうものなのだ。これを心理学では「努力逆転の法則」という。

これを打ち破るには、まず「誰でも緊張して当たり前」と開き直ることである。さらに、あがらないためにも準備はできる限り念入りにしておくことだ。

話す内容をあらかじめまとめておくのはもちろん、プレゼンなら質疑応答を想定するのもいい。あとはイメージ・トレーニングを積み重ねれば、本番の成功率は格段に高くなる。

苦手意識を減らす心の持ちようとは何か？

言うべきときに自分の意見をはっきりと言えなければ損をするのは自分だが、人の前で話すのがとにかく苦手だという人はいる。

そんな苦手意識を払拭するには、なぜ自分が人の前で話すことに消極的になるのかを冷静に分析する必要がある。

まず、大勢の人の前に出ると緊張するという引っ込み思案タイプの人に有効なのは、身近な人と話をする機会を多く持つことだ。複数で話すことに慣れると苦手意識がどんどん減ってくる。

また、自分の意見に自信がなくて発言できないというタイプの場合は、心の持ちようが重要だ。とるに足らない意見のように思えても、自分の言葉で発言することが大きな意味を持つことを覚えておこう。

落ち込みのモトを探れば「ダメ人間」をサヨナラできる

他人と比べて「自分はダメだ」と落ち込むと、自分の人格を丸ごと否定しまうことになりかねない。実際は、できなかったことはひとつだけなのに、すべてのことが人よりも劣っているように思えてしまい、自分はダメな人間なのだと勝手に結論づけてしまうのだ。

だが、自分をダメだと思う裏側には「一番になりたい」「もっと上にいきたい」という強い向上心が隠れているといえるだろう。この心理をうまく利用すれば、否定的な自分から抜け出すことができる。

たとえば「一番でありたい」といった過度な期待を少し修正して、「いまより一歩上がりたい」という目標を掲げる。低いハードルをひとつずつクリアして自信につなげたいものである。

いい人ぶらなくても楽に生きられる印象の修正法

いい人と思われたいがために、つい「いい顔」をしてしまうことがある。

だが、本当はそんな人間ではないのに、最初のうちにいい顔をしてしまうと、本性を出したら嫌われると思い、我慢をしてそれを続けることになる。

もしも、初めにいい顔をしてしまったなら、対処法は「本音を小出し」にすることがベストだ。

相手の期待に応えてばかりいないで、本当に無理なときは「いまさらそう言われてもそれはちょっと…」とか「今日はできそうにないのですが…」と、自分の限界をわかってもらえるように促すのだ。

自分の印象を少しずつ修正し、それで嫌われるのならしかたないと割り切ればいい。

言い訳を封印すれば弱さが克服できる！

締め切りが迫らないとなかなか仕事にとりかかれない。そればかりか「自分は追い詰められてからのほうが実力を発揮できる！」と吹聴している——。

自分もこのタイプかもしれないと思った人に、ひとつ忠告しておきたいことがある。こうしたセリフは、裏を返すと単に自分に自信がないことを言いふらしているだけだ。

たとえば、仮に100パーセントの仕上がりにならなかったとしても、「なかなか手をつけられずに時間がなかった」と言い訳が立つ。

自信がない人ほど、気がつかないうちにこんな算段をしているのである。

仕事をはじめるタイミングを前倒すなどして、自分の弱さを克服するメンタルトレーニングをしよう。

面の皮を厚くしたいなら「子供」に戻ってみる

話下手で自分の思っていることを上手く表現できないと悩んでいる人には、「幼児化」がおすすめだ。

とはいえ、赤ちゃん言葉を使えといっているのではない。幼児のように素直に感情を出そうという意味である。

話がぎこちなくなってしまうのは、筋道を立ててちゃんと話そうとするからである。年齢や立場にふさわしく、失礼のないようにと思っているから何も言えなくなるのだ。

恥をかくことを恐れていては、表現はうまくならない。

たとえば、家電量販店で「安くなりませんか」と言うなど、少々ストレートな物言いを増やしてみるといい。嫌でも面の皮が厚くなり、言いたいことをそのまま口に出して言える人間になれるはずだ。

相手によって態度を変えるのは不安な気持ちの表れ

相手によって極端に態度を変える人はどこにでもいるものだが、その理由はなぜか。それは、単に自信がないからだろう。

その不安な心を埋めるために、自分より力のある相手には取り入って、自分に足りないものを得ようとしているのだ。

そこで、もし自分がそのタイプだと思ったら、ときには客観的に自分を見つめ直してみることをおすすめする。

たとえば、録音した自分の声を聞いたり、自分の姿を撮影した映像を見たりすることもその方法のひとつだ。

すると、自分では気がつかないクセや態度に気づいたりして、日頃の自分を振り返るいいきっかけになるのである。

コンプレックスを持つことにはメリットがあると知る

「優柔不断で何を決めるにも人より時間がかかってしまう」「いつも思っていることの半分くらいしか話せない」――。

こうした誰もが持っているようなコンプレックスの多くは、周囲からの期待に応えられないジレンマが原因だったり、自分が思い描く理想の自分像と現実の自分との間にギャップがありすぎることで生じてしまうものだ。

だが、コンプレックスを感じる

ということは、それだけ自分の短所を把握できている証拠でもある。

人は自分の短所からは目をそらしがちだが、「自分は逃げることなく、短所と立ち向かうことができている」とわかれば自信を持つことができるし、コンプレックスはたちまちプラスの方向に転じる。

あとはその短所をどう修正していくかを考えて行動するだけだ。

強がって素直になれない自分を徹底的に分析する

会社の同僚に仕事のアドバイスを受けたとする。心の中では「たしかにそのとおりだ…」と思い当たるフシがあるのに、なぜか強がってしまい素直に受け入れることができない。

そんな人はまず、「どうして素直な態度がとれないのか」と自分の心理を分析してみるといい。

自分のプライドが高いからか、もともと気に食わない相手からの忠告だったからなのか。

そして、同時に相手の心理も推測してみると、「自分の心理」と「相手の心理」を客観的に考えたことで、アドバイスを素直に聞けなかった理由が見えてくるのである。

もちろん、納得がいかないことまで相手に合わせる必要はない。ただ、かたくなに自分の意見に固執するのではなく、聞く耳を持てれば視野は格段に広がる。得をするのは自分なのだ。

「動いている自分」を客観的に見れば〝自分磨き〟ができる

自分が写った動画を見て、「私ってこんなにスタイルが悪いのか…」と落ち込んでしまう女性は少なくない。

これは、ふだんから自分の外見に対して思い描いているイメージと、実際の映像や写真のなかの自分にギャップを感じているからである。

このように自分を他者の視点から客観的に見ることを心理学では「客観的自己注視」というが、この自己注視は〝自分磨き〟に活かすことも可能だ。

「恋をすると女性は美しくなる」というが、どう見られているのかを気にすると、少しでも自分をよく見せようという意識が働く。その結果、どんどん美しく輝いていくのだ。

言葉は一度心で唱えてから声に出すと相手に届く

たとえば「A」の状況下では「B」の言動をとるというように習慣化していると、スムーズに物ごとを運べるメリットがある反面、〝慣れ〟によって思わぬ誤算を招くこともある。

たとえば、クレーム対応や営業で、頻繁に口にしている「申し訳ありません」や「ありがとうございます」の言葉もそのひとつ。気持ちが伴っていないのに、つい発してしまうことがある。

しかし、口先だけの対応というのは相手に案外伝わるものだ。気持ちが伴っていなければ、〝表面的なやつだ〟と思われてしまい、信頼を失いかねない。

だから、言葉を発する前に「申し訳ありません」「ありがとうございます」とまず心のなかで考えるといい。

そうやって自分に一度言い聞かせてから声に出すだけで、それが相手にも伝わるようになるのである。

自分自身に高い評価を下す人の深層心理とは？

「他人が理解してくれなくても、オレに能力があるのは自分自身でよくわかっている」と勝手に納得している人がいたら、その考え方は改めたほうがいい。

なぜなら、仕事では上司や取引先などの「他人の評価」が何より重視されるからである。

自分の仕事ぶりに納得して、自分自身に高い「自己評価」を下していても、周囲がそう認めていなかったら何の意味もないことになってしまう。

それに他人が理解してくれなくてもオレだけがわかっていれば、と考えて自己評価ばかり下しているのは、じつは自分に自信がないことの裏返しでもある。

他人が評価してくれないから、自己評価することで足りない自信を補っているのである。

イザというときに強さを発揮する「格上意識」の持ち方

他人のいいところばかりが目につき、自信を喪失しそうになったときは、わざと自分は周りの人間よりも格上であるという自負を持ってみてはどうだろうか。

よく、できるタイプほど嫌味で陰険な性格だったり、自分の才能や成功を恥ずかしげもなく吹聴したりするものだが、それは無意識に抱く「格上意識」によるものである。

一説によると、アップル社の創設者であるスティーブ・ジョブズですら、ライバル企業の製品を常に「趣味が悪い」とか「ヤツらは死んだ魚だ」などとこき下ろしていたという。

ところかまわず格上意識を振りかざしては人間関係に支障をきたすが、絶対に負けられない勝負に出るときなどは、意識的に相手を低く見なすことで心を強く持てるのである。

自分の心のなかに「ギャップ」があるほどプレッシャーは大きくなる！

ストレスだらけの現代社会では、ストレスの原因が自分を取り巻く周囲の状況や対人関係にあると思いがちだ。

しかし、突き詰めていくと、自分自身の心のなかにこそストレスをつくり出す要因があることも多い。

そのストレスを生み出す大きな原因のひとつが「ギャップ」だ。

たとえば周囲からの期待に応えたいとか、自分はもっと成功したいなどという気持ちは、現実とのギャップがあるほど大きなプレッシャーとなる。

しかし、そこにあるのは、「自分はこうあるべき」とか「こう見られたい」という他人に対する虚栄心なのである。

まずは、自分のありのままを受け入れる必要がある。無理なものは無理、自分の実力は現状ではこの程度なのだとしっかりと認識したい。

周囲の人によく思われたいという気持ちに気づいてその虚栄心を捨てることが、ストレスから解放される近道なのである。

自分に高い値段をつければおのずと高値で売れる！

「自分を安売りしてはいけない」という戒めは、一度は耳にしたことがあるだろう。じつはこのフレーズに、自分の価値を高める心理が隠されている。

たとえば上司に、本当は引き受けたくないような仕事まで押しつけられて、無理をして引き受けているとしよう。

「あいつはどんな雑用でも頼まれれば断らない」というイメージを与えてしまえば、いいようにこき使われる存在になってしまう。

そこで、思い切って「つまらない雑用はお断り」という姿勢で断る勇気を持つと、かえっていい仕事が増える。つまり、自分に高い値段をつければ、高く売れるようになるのだ。

とはいえ、自分の実力を冷静に見極めることも必要だ。入社したばかりの新入社員が「雑用はお断り」などという態度をとるのは論外である。

自分を高く売るためには、「高い値段に見合うだけの実力」がついていることが大前提なのである。

「いい友だち」と言われるにはまず自分がいい友だちになる

年齢を重ねれば重ねるほど、真の友人をつくるのは難しいと感じる人が多いのではないだろうか。

仮にSNSなどを利用して膨大な人数とネットでつながっていたとしても、そのなかに心から打ち解けて話せる相手を見つけるのは至難の業だ。

友人ができにくいと感じたら、まず自分自身を見つめ直す必要がある。振り返ってみて、人から相談をされたりアドバイスを求められることが少ないとしたら、とっつきにくい雰囲気を出している可能性がある。

その場合は、自分から心を開いて悩みを打ち明けたり、相談事を持ちかけてみよう。親しくなりたいというサインが伝わり、相手との距離を縮めることができるはずだ。

アメリカの思想家であるエマーソンの言葉に「よき友人を得る唯一の方法は、まず自分が人のよき友人になることである」というものがある。

自分を取り巻く人間関係を変えたければ、まず自分自身が変わらなければならないのだ。

「なりたい自分」になるには理想の人物を演じてみる

自分の性格に対して完璧に満足している人は少ないものだ。多くの人が、こうだったら…、ああだったら…などと、他人を見て羨んだりする。

しかし、「自分がなりたい自分」になる方法は案外簡単だ。それは、理想の姿を演じることだ。

人間は、何か役割を与えられてそのとおりに振る舞ううちに自己暗示にかかり、精神面まで変化するということが心理学実験の結果でもわかっている。

たとえば、くよくよ考え過ぎる性格が嫌で、もっと楽観的でポジティブな人間になりたいと思ったら、そのように振る舞うだけでいいのだ。俳優になったつもりで理想の人物を演じてみよう。

なりたい自分を演じているうちに、いつの間にかなりたい自分に近づくことができるのである。

会えば会うほど好きになるというこれだけの理由

職場の同僚や学校の同級生と恋愛関係に発展する人は多いが、これは心理学的にいえば自然の成り行きである。

というのも、人は会えば会うほど相手に好意を抱くからだ。これは前述の通り「熟知性の原則」といわれ、会うたびに相手への警戒心が溶け、慣れていくうちに親しみを抱くようになるのだ。

「単純接触の原理」とも呼ばれ、対人だけでなくモノに対しても同じ効果がある。何度も見たり聞いたりするモノには、知らず知らずのうちに親しみを覚える。

スーパーの棚にまったく見たこともない商品と、CMで頻繁に目にする商品が並んでいたとしたら、CMでよく見る商品を手に取ってしまうのはこの効果のためなのである。

だから、気になる相手がいたら、まずは会う機会を増やしたい。何度も顔を合わせているうちに、親近感を抱いてくれるだろう。

特集２

自分の心と向きあう100の技術〈応用編〉

結果を出している人だけがたどりつける場所

001

人生でやりたいことを101個考えてみよう

「人は少なくとも人生における101個の目標を立てなくてはならない」と言ったのは、世界で1億部以上売れた『こころのチキンスープ』の著者マーク・ビクター・ハンセンです。

100という数字は「満了」を意味するのでそれ以上はありませんが、101だと限りなくその先があります。

「まだある」と思えば、努力は続けられます。**生きている限り「おしまい」はない**のです。

002

うまくいったときこそもっと大胆に攻める

仕事がうまくいくと、ホッとするせいか気を抜いてしまいがちです。でも、そこで安堵《あんど》してはいけません。

うまくいったときこそ、次はもっと大胆に、そして勇猛果敢に攻めていくのです。そうでないと、さらにステップを駆け上がったり、現状を打破したりすることはできないからです。

「これくらいでいいか」と思ったら、成長はそこでストップしてしまいます。どんどんアグレッシブにいきましょう。

003

「自分自身」と「自分がやったこと」はあくまで分けて考える

仕事でミスをして叱責されたら、誰しも落ち込むものでしょう。

しかし、忘れてはいけないのが、とがめられたのはあくまでも「自分がした仕事」であって、自分自身が否定されたわけではないということです。

世の中にはミスをしない人というのはいませんし、**成功している人ほど失敗の経験も多い**ものです。その都度、自分自身が否定されたと感じてしまったら疲れ切ってしまいます。

「自分自身」と「自分がやったこと」を客観的に区別することができれば回復するのも早くなるはずです。

004

「過去」は変えられなくても、「未来」は変えられる

気分がイラついているときというのは、どんな些細なことでも癇《かん》に障《さわ》ってよけいにイラついてしまいます。仕事が思いどおりに進まない、部下が勝手なことをする、電車が遅れている、スマホが見当たらないなど、さまざまなことが重なったときにはイライラは頂点に達します。

でも、このなかには**自分ではどうにもならないものと、工夫しだいで何とか改善できるものがあります**。自分ではどうにもならない電車の遅れなどは、本来、腹を立ててもしかたがないものです。

変えられないものに対して怒ったところでエネルギーをムダ遣いするだけです。

005

やりがいのある仕事は、いまの仕事が生んでくれる

やりたい仕事があったからこの会社に入ったのに、その仕事がめぐってこない。となると、「転職」の2文字が頭に浮かんでくるものです。

とはいえ、**やりたい仕事が与えられるなどというのは、かなり稀なこと**です。それでも、やりがいをもって仕事をしている人がいるのは、**与えられた仕事のなかにおもしろさを見出しているから**です。

自分に課せられた役割をいかに果たすか、その仕事が社会をどのように動かしているのかなど、**広い視野で仕事を見てみるとやりがいを感じることができる**のです。

つまらないからといって何の工夫もせずに次から次へと仕事を変えているようでは、充実した人生など手に入れることはできません。

006

できる大人は「自分の儀式」をもっている

屈伸をする、バットを立てる、ユニフォームの袖を触る…。元大リーガーのイチロー選手がバッターボックスでバットを構えるまでには一連のルーティンがありました。**毎回、同じ動きをすることで一定のリズムが生まれ、集中力が高まる**のです。

これはスポーツ選手だけに限ったことではありません。ジャンルにかかわらずいい仕事をしている人は、**自分なりの〝儀式〟のようなもの**をもっています。それは、気がつけばルーティンになっていたりするものです。

あなたにはいま、儀式といえるルーティンがありますか?

007

次につながる必勝パターンはプロセスをストックすること

成功したときというのはどうしてもうれしさが先に立ってしまい、途中のプロセスを振り返ることは少ないものです。

しかし失敗した場合には、その原因は何だったのか、どこをどう変えればうまくいったのかといった**〝次〟につながる何通りもの必勝パターンを考える**ことになります。

つまり、そのうまくいかなかったプランを再び実行に移す際には、**いくつものブラッシュアップされたプロセスのストックができあがっているということです。**

失敗という経験から学んだ者だけが、大いなる成功を手にすることができるのです。

008

経験を上手につめば、不安と恐怖心に打ち克てる

はじめてのことにチャレンジし、しかもそれを成功させなければならないとなると、不安や恐怖でいっぱいになるものです。このどうにもならない**不安や恐怖に打ち克つためには、やはり心の強さが必要**です。

では、どうすれば心は強くなるのでしょう。

それは**「経験」を積むこと**以外にありません。

つまり、それは**不安や恐怖に勝負を挑む**ということです。

怖いからといって逃げていては、いつまでたっても打ち克つことはできません。勇気を出して真っ向から勝負あるのみです。

009

自分で自分をほめると人生は好転しはじめる

自分で自分をほめるなんて恥ずかしいと思っていないでしょうか。そんなことはありません。どんな些細なことでも自分をほめてみましょう。そうすることで、**人生は好転させることができる**のです。

たとえば毎日、きちんと身だしなみを整えて遅刻せずに出勤している自分をほめる、誰にでも笑顔であいさつできる自分をほめる…。

こうして自分で自分をほめ続けていると、しだいに「自己肯定感」が高まってきます。するといつの間にか自信がついてきて、**さまざまなことにチャレンジしようという意欲も高まる**のです。

自分をほめれば、好循環のスパイラルに巻き込まれていくのです。

010

大成功する人は、「失敗は成功の母」と知っている

一度や二度ならまだしも、失敗を頻繁に繰り返すのはほめられたことではありません。しかし、**大成功をおさめている人というのは過去に数え切れないほどの失敗を積み重ねている**ものです。

では、なぜ失敗を経験して成功する人と、失敗だけで終わる人がいるのでしょうか。それは**失敗をポジティブにとらえているか、ネガティブにとらえているかの違い**ということがあります。

かのエジソンも「わたしは、いままでに、一度も失敗をしたことがない。電球が光らないという発見を、今まで2万回したのだ」と言っています。

011

後半生のロードマップをおおまかに描いておく

ある程度の年齢に差しかかってくると、先行きに不安を覚えることもあるでしょう。若いころは勢いでどうにかなっていたことも、人生の折り返し地点を過ぎるころになるとたった一度の失敗がその先の人生設計を大きく狂わせることもあります。

それを回避するためにも、**後半生のロードマップを考えておくといい**でしょう。

目指す目的地や、そこに至る過程を大まかにでも描いておけば、たとえハプニングに見舞われても落ち着いて軌道修正することができるはずです。

無計画に生きると、人生を台無しにしかねないのです。

012

道筋を「数値化」するだけで、夢は近づく

目標にしていたことを成し遂げて喜んでいる自分をはっきりとイメージできたら、目標は半ば達成できたも同じといえます。

ただ、目標はあちらから歩いてやってくることはありません。自分から歩み寄っていくものです。そのためには、**目標達成までの道筋を数値化して考えてみる**ことです。

たとえば、「やせたい」ではなく「3か月で3キロやせたい」というように、期間や目標にする数値を具体的にはじき出します。すると、そのためにはいま、どうすればいいのかがはっきりと見えてくるはずです。

夢を叶える最良の方法は、ズバリ目覚めることです。

013

落ち込んでいるときに、大事な決断をしてはいけない

　職場で嫌なことがあったり、失敗したりすれば誰でも気持ちは沈むものです。こんなとき、ナイーブな人ほど「**もうやめちゃおうかな**」と短絡的になりがちですが、**こういう精神状態のときに、会社を辞めるかどうかなどの大事な決断はすべきではありません。**

　気持ちが沈んでいるときは、心が電池切れ寸前のようなものです。充電という大きなエネルギーを要する時期を前にして、一時的に逃避しているにすぎません。

　こういうマイナスの思考回路に陥ったら結論はいったん先送りにして、充電が終わってからもう一度考えるべきです。それでも「辞めたい」と思うなら、そのときこそ辞めどきかもしれません。

014

思考パターンを真逆にして負のプレッシャーに勝つ

　プレッシャーに負けやすい人というのは、どうしてもプレッシャーから逃げることばかりを考えてしまいます。そのため、**よけいに緊張して自分の力を十分に発揮できなくなる**のです。

　そこでプレッシャーに勝つには、この**思考パターンを真逆に変えてみる**ことです。つまり、プレッシャーから逃げようと考えず、それをうまく利用すればいいのです。

　たとえば、一流のスポーツ選手の多くは逆境になるほど燃えるといいます。彼らがここぞという大事な場面で活躍できるのは、「**負**」の**プレッシャーを**「**プラスの原動力**」**に変えている**からなのです。

015

見返りを期待しないほうが幸せ度は高くなる

相手によかれと思ってやったことなのにお礼の言葉ひとつなかった、といって腹を立てるのはよく考えればおかしな話です。

もちろん感謝をされれば、いいことをしてよかったと思えます。でも、それは**相手からの見返りを期待していたからではない**はずです。自分が手を差し伸べたかったたから声をかけてみた、それが一番大事なのです。

そう考えれば、「喜ぶ顔が見たかったから」といってプレゼントを買うのも自己満足のような気がします。

喜んでもらえなかったからといって**不機嫌になってしまうのは、自分の好意を自ら台なしにしてしまうことになる**ということを忘れないでください。

016

お腹の底から湧きあがる怒りこそ、人生を変えるターニングポイント

人はとかく言いたいことを言うものです。だから、**何を言われたからといっていちいち気にしてもしかたのないこと**です。ましてやそれを根にもつことに意味はありません。

しかし、なかには腹を立てたほうがいい場合もあります。たとえば、自分のやった仕事を先輩が横どりして自分の手柄にしたというような場合です。

こんなときこそ、怒ることを忘れてはいけません。「絶対にあの先輩よりもいい仕事をして見返してやる！」という怒りはむしろ、自分を成長させるバネになります。

じわじわと、腹の底から湧きあがる怒りこそが人生を変えるターニングポイントだったりするのです。

017

あせりを感じるときこそ、成長が見込めるチャンス

自分は「出世が遅いのではないか」とか「結婚できないのではないか」などとあせる気持ちというのは、他人と比較して自分が劣っていると感じたときに表れます。

でも、あせったり心がはやるのはけっして悪いことではありません。**あせるということは、それだけ自分の人生を真剣に考えているということ**です。

もしもそれをまったく感じなかったら、競争心も芽生えないばかりか充実感も得ることができません。ただ毎日を漠然と生きることになるでしょう。

あせりを感じるときこそ、人間的な成長を見込めるチャンスなのです。

018

やりたいことは、片っ端から手帳につけておく

寝ているときに見た夢は、よほど強烈なものでない限りすぐに忘れてしまいます。将来の夢も同じように、毎日の生活に忙殺されて、いつの間にか忘れてしまうものです。

これから叶えたい**夢や希望を忘れないためには、やりたいことを片っ端から手帳につけておくこと**です。

「やりたいこと」を書き出し、それを常に眺めていると、その意識はいつしか当たり前の感情となり、頭の中ではそれを叶える術を見つけようと動き出します。

そうすれば、**自分の人生を自分でコントロールできるようになり、夢はやがて現実のもの**となるのです。

019

「怖い」と感じた瞬間が、人生大逆転のチャンス

最愛の人と別れたり、会社を辞めたり、友人を失ったり、つまらない意見の食い違いで長年の友人を失ったり…。大切なものを失うということは心が引き裂かれそうになるほど苦しいものです。そっと目を閉じると、どん底に落ちていく自分を垣間見るような錯覚にも襲われます。

たしかに、**落ちていくのは誰でも怖いもの**です。だからこそ、このときに感じる「嫌だ」「これ以上落ちたくない!」という、**すがりつくような気持ちはそのまま上昇する原動力**になります。

「怖い」と思った瞬間が、人生逆転の大チャンス。そこから心と体は上昇気流を見つけて必死に這い上がろうと動き出していきます。

020

「強み」を伸ばせば、オンリーワンも夢ではない

自分の苦手分野を克服してそこそこ何でもできるようになる、というのは受験勉強的な考え方です。

たしかに偏差値を上げるためには、弱点の克服は不可欠ですが、社会人になればそれは必要ありません。むしろ、やるべきことは**自分の得意分野を伸ばす**ことです。

他の誰にも負けないくらい得意な分野や特技を伸ばせば、オンリーワンになることも夢ではありません。

何でも100パーセントうまくやれる人間なんていません。**苦手な分野は思いきって人に任せる**というくらいの気持ちで、強みをさらに磨いたほうが仕事のしがいがあるというものです。

021

自分にダメ出しすると、理想の自分に近づける

人からどう見えているかを気にするあまり、「自分がどうありたいか」ということを忘れてしまうことがあります。

理想の自分に近づきたいのなら、**自分に思い切りダメ出し**をしてみましょう。とことん欠点を洗い出すことで、こうなりたいという本来の姿が見えてくるはずです。

ゲーテは**「現実を直視する心に、本当の理想は生まれる」**と言いました。まず、ありのままの自分を分析することが理想へ旅立つ第一歩なのです。

022

もっとみんなで無責任に夢を語ろう

現実が厳しいと、夢を語れなくなってしまいます。ましてや、それを聞いてくれる人に余裕がないと、こんなことをしたい、あんなふうになりたいと言ったところで、「夢みたいなことを言うな！」「夢は寝て見ろ！」などとからかわれるのがオチです。

でも、**夢を語ってバカにされるのもおかしなこと**です。本来、夢は無責任に語ったところで誰からも批判をされることもないし、話せば話すほど楽しくもなります。その結果、「実現」の二文字が待っていることもあるのです。

もっと、もっとみんなで無責任に夢を語り合おうというスタンスのほうが、自分も周囲もきっと楽しいはずです。

023

認められたいなら、真剣に打ち込むしかない

他人から認められたいというのは、人間が生まれながらにしてもっている欲求です。だから、がんばっているのに認められないと不満はどんどん高まります。だからといって〝認めてほしいオーラ〟を周囲に振りまくのはマイナスです。**認めるとは「気づく」ということ**でもあります。ひとつのことに真剣に打ち込んでいたら、周りの人は自然とそれに気づきます。

認めてほしいという思いが大きくなればなるほど、それは邪心になってしまいます。人の評価を気にする前に、まずは**やるべきことに真剣に打ち込んでみる**ことです。

024

常識を疑うところから次の時代の真実が生まれる

「コペルニクス的転回」とは、天動説が主流の時代に地動説を唱えたコペルニクスになぞらえ、それまでの常識が１８０度変わってしまうことを意味しています。

たとえば、あとに引けないような瀬戸際では、思いきって開き直った人が勝負強かったりします。そう思うと、この「コペルニクス的転回」は開き直りに一役買ってくれそうな気がします。

それまでの**常識を疑い、自分のやり方で突破する。常識はあくまで多数が支持している**というだけで、けっして正解ではないのだと自分を勇気づけましょう。

025

最後に「踏み込む力」が、幸運を引き寄せる

いいイメージをもつのはポジティブ思考の基本ですが、たいていの人は〝踏み込み〟が足りません。

「お金持ちになりたい」ときは「お金持ちになった自分」の姿をイメージするのではなく、それを前提として**「お金持ちになるために必要な〇〇」を願う**のが正解です。

たとえば、〇〇が高所得を得る仕事だとしましょう。世の中にはお金を恵んでくれる人はいませんが、高所得の仕事につながる人はたくさんいると考えたらどうでしょうか。

ここまで願ってはじめて、**金運を引き寄せる**ことができるのです。

026

プラスのパワーは貯めることができる

人のなかに宿るパワーには、**プラスのパワーとマイナスのパワー**があります。

なかでも**マイナスのパワーは溜め込みやすい**ものです。心配性で行動を起こす前から悪いことが起こるのではないかとよけいなことを考えていたり、人の粗《あら》ばかりを探していると、着実にマイナスのパワーが溜まっていきます。

しかし、これでは「いいこと」が寄りつかなくなってしまいます。

「いいこと」に恵まれたかったら、プラスのパワーをなるべく多く充電しておくことです。

この力は、グチを言わない、人を思いやる、周囲を温かい目で見守る、身の回りを整えることなどで貯めることができます。

027

ワクワクしない目標は立てても意味がない

「次の試験に向けて目標を立てなさい」と言われて、とりあえず「学年で○位までに入る」と目標を立てたとします。はたして、この目標に向かってやる気が出たり、情熱を燃やすことができるでしょうか。

目標はワクワクできるものでないと長続きはしません。ましてや、それを達成させるには困難が伴います。

「医者になって人々の役に立ちたい」という夢があれば、成績を上げることにその意義と価値を見出せます。しかし、**夢もないのに先に目標ありきでは、人はどうあがいてもがんばることができない**のです。

いま、あなたが抱いている目標の先にはそんなワクワク感がありますか？

028

自分を主人公にした映画をつくったら…と想像する

いま、まさに苦しさと闘っているという人はこう考えてみてください。**もし、いまの自分を主人公にした映画をつくったらどうなるか**、と。

映画の中に登場するヒロインやヒーローは、さまざまな困難を乗り越えて力強く生きていくものです。それが人々の心を惹きつけてやまないのです。

ときには周囲の人たちを巻き込み、行く先々で助けてもらい、運も手伝って最後には勝者として生き残るのです。

「自分の物語は絶対にハッピーエンドだ！」と独りよがりになるのも悪くはありません。

029

「ナイナイ人生」にならないためには群れないのが大事

集団で行動するときには協調性が求められます。**自分勝手なことをしない、よけいなことは言わない、求めない**。みんながうまくつき合っていける配慮が必要です。

しかし、それをずっと続けていたら、しだいに自分を見失ってしまいます。**自分の考えがわからない、言いたいこともわからない、どう生きたいのかもわからない**、となるでしょう。

そんな「**ナイナイ人生」にしないためは、ひとりになって世の中を俯瞰する時間をつくる**ことです。

いつでもどこでも群れていないと気がすまないのは、けっして幸せなことではありません。

030

他人の成功には、心の底から祝福しよう

「ノーベル賞受賞！」「ワールドカップ優勝！」などという華々しいニュースが飛び込んできたとき、**素直に共鳴できている**でしょうか。

子供のころなら手放しに感動できたことでも、大人になってさまざまな〝事情〟に明るくなってくると、「あの人は特別だ」とか、「きっといろんなことを犠牲にしたんだろう」、「頂点をとったら最後、次が大変だ」などとどうしてもやっかんでしまいます。

こうなると、まだ見ぬ自分の未来をワクワクしながら想像することなどとうていできなくなります。そうなれば、待っているのはつまらなく味気ない明日です。

031

腹を決めて立ち向かえば、自分が成長する糧になる

難問が目の前に立ちふさがったとき、それを避けようとするのは当然の反応です。

しかし、逃げ出すことがさらなる不運を生み出すこともあります。ここはひとつ、腹を決めて逃げずに立ち向かってみてください。

たとえば、好きではない人と仕事をしなければならないとしたら、その人と積極的にかかわることで相手のいい面が見えてくるかもしれません。そのことで意外な人間関係が広がり、それが**やがて自分を成長させてくれる糧になる**のです。

「人間の驚嘆すべき特質のひとつは、マイナスをプラスに変える能力である」（心理学者アルフレッド・アドラー）ように、**ピンチは努力しだいでチャンスに変えられる**のです。

032

写真のなかに映った自分は、〝自分磨き〟に活かせる

自分の写真を見て、「これが自分…？」と愕《がく》然《ぜん》としてしまったことはないでしょうか。

それは、ふだんから**思い描いている自分のイメージと、写真の中の自分にあまりにもギャップが生じてしまう**からです。

しかし、この**衝撃を〝自分磨き〟に活かす**ことができます。

よく、恋をすると女性は美しくなるといわれるように、もっと自分をよく見せたいという意識が強く働けば、その人はどんどん美しくなれるからです。

033

「やっておきたいこと」があるときは、〝心のストッパー〟を外す

子供のころには大人の懐事情などおかまいなくほしいものは「ほしい！」と言えたものですが、いざ自分が大人になるとさすがにそうはいきません。

人の心のなかには、**思うがままに何かをしたいという「行動欲求」と、その一方で万が一失敗したときに自分が傷つくことを恐れる「自己愛」**が日々、葛藤しています。これが、酸いも甘いも嚙み分けた大人になると自己愛のほうが上回ってしまうため、人は無意識のうちに欲望にストップをかけてしまうのです。

大人は何もかもが思いどおりにならないことは知っています。それでも、これだけはやっておきたいということがあれば、**ときには自己愛を捨ててみる**ことです。

034

一歩踏み出した先には、大きな変化が待っている

子供のころの自分を思い出してみてください。野球選手やアイドル歌手になりたいなど、夢がたくさんあったはずです。

夢やあこがれだけで成功できるほど世の中は甘くないと知っていても、いまの自分にも何かしらの夢や希望があるのではないでしょうか。

毎日を味気なく感じているのなら、**その夢や希望に向かって一歩踏み出してみるべき**です。たとえ実現することが難しいと思えることでも、そのために努力をすることが無意味とはいい切れません。

小さな一歩が大きな変化を招くことがあります。自分がいま、望んでいることに真摯に耳を傾けてみましょう。

035

夢を実現できるかどうかは、信じられるかどうかにかかっている

たとえば「モデルになりたい」という夢があるとしても、ただ夢見るだけでは叶えることができません。

夢を叶えるためには、それを**具体的にイメージしてみることが大切**なのです。

モデルになるにはスタイルがよくなければいけないし、健康にも気をつけなければなりません。すると、食事に気をつけるとか、適度な運動や十分な睡眠を心掛けるというように、自然とその**イメージに沿った行動ができるようになる**でしょう。

ウォルト・ディズニーの言うように「夢見ることができれば、それは実現できる」のです。

036

小さなステップが続けば、大きなステップを上がれる

大きな目標を立てたけれどなかなか達成できそうもなくて、もう挫折寸前というときには、その目標までのルートを具体的に設定してみましょう。

ゴールが最上段にあるとしたら、そこまでの階段の高さは一定である必要はありません。**小さなステップが続いた後、何年かに一度は間にある階段をすっ飛ばして大きなステップを踏む**のです。

つまり、**実現可能なプロセスを自分で考えながら設計する**のです。

大事なのは、こつこつ取り組むのと同時に大胆な戦略をたてることです。

037

思い込みを捨てれば、可能性が無限に広がる

成功している人とそうでない人の差は何でしょうか。生まれつきの才能だったり、運や人脈などさまざまな要因がありますが、それよりもモノの考え方において決定的に大きな違いがあります。それは、**成功者は自分の枠や限界を決めていない**ということです。

よく人は「自分のことは自分が一番知っている」などと言いますが、はたしてそうでしょうか。未知の世界に挑戦したとき、いままで自分でも知らなかった自分の適性を再発見したということは珍しくありません。

「自分のことは自分が一番知っている」という思い込みは、自らの可能性を狭めるだけです。この幻想を捨てるだけで人は大きくステップアップできるのです。

038

不満を自分の成長につなげるにはコツがいる

不満に対する反応には、**外罰的反応、内罰的反応、無罰的反応の3つのパターン**があります。「ミスをしたのは相手の理解不足のせい」などという外罰的反応をする人は、他人を責めたり八つ当たりをするタイプです。

一方、「ミスをしたのは全部自分が悪い」と内罰的反応をするのは、何でも自分のせいにしてしまうタイプで、「そもそもしくみがよくない」などと、相手も自分も責めない無罰的反応を示すのは楽観的な反面、無責任な人でもあります。

西洋の格言に**「不満は進歩の第一歩」**というのがあります。自分の反応を見つめ直して、問題点を見つけるヒントにしてしまいましょう。

039

妥協ばかりでは、達成感が味わえない

何事も「まぁ、いいか」で終わらせれば、必要以上にがんばらなくてもいいし、思いどおりにいかないからといって葛藤が生じることもありません。

しかし残念なのは、**妥協ばかりしていると「やったぁー!」という心地よい達成感がいつまでたっても味わえない**ことです。

自分はいつも中途半端だ、もっと何かに熱くなりたいと思ったら、山登りでも何でもかまいません。まずは**全力でやり遂げる経験をしてみる**ことです。

一度、成し遂げた喜びを感じるようになると、何事にも踏ん張りが出てきます。自分を甘やかすことよりも、もっと楽しい世界があることを知ってください。

040

「信念」は持ちすぎなければかえってうまくいく

信念をもって生きるなどというと、恰好ばかりつけてといわれそうですが、あまりに**些細なことにこだわると逆に自分を苦しめる**ことになってしまいます。

たとえば、小さなミスをした自分を執拗に責めたり、人の手助けに対して「情けは受けない」とばかりに虚勢を張ってみたり…。

自分にも思い当たるフシがあると思ったら、まずは**信念を持ちすぎない**ことです。そして、多少無理があっても「しかたがないな」とつぶやいてみましょう。

「許す」ことができるようになると、**自然に窮屈さから解放**されます。

041

自分はどこへ行こうとしているのかと不安に思うのは悪いことじゃない

漠然と毎日を過ごしていて、「あれ？　自分はどこへ行こうとしているのだろう」と不安になることはないでしょうか。

そんな不安が脳裏をよぎったら、「ああ、よかった」と思ってください。なぜなら、**あらぬ方向に進もうとしていたかもしれない人生を軌道修正できる**からです。

進むべき方向がわからなくなったときは、**まず自分が今どこにいて、どっちに進もうとしているのかを把握**し、そして進むべき道をじっくりと考えましょう。

孟子は、「道邇《ちか》きに在り、而《しか》るに諸《これ》を遠きに求む」と言いました。人は**求めすぎると近くにある真理を見落としてしまいます。**

042

いちばん苦しいときは、出口が近いという合図

1日で最も気温が低い時間帯は、いままさに朝日が昇ろうとしている直前です。夜の寒さの上にさらに冷気がかぶさって、とくに真冬の空気は凍えるようです。

しかし、そのあとには必ず朝日が昇ってきて、陽の光が大地をあたためてくれます。同じように、**一番つらいときというのは、もうすぐ出口が見えてくるという合図**でもあるのです。

「つらくて何もかも放り出したい」という考えが頭をよぎったとき、本当に投げ出してしまったら、たしかに一時期は楽にはなりますが朝日を見ることはできません。

ずっと先の闇の中から一筋の暖かい光が漏れているのをイメージして、もう少しだけがんばってみることです。

043

小さなイメージチェンジで印象は大きく変わる

気が弱そうに見られるから少し強そうに見せたいとか、よく冷たそうな感じだといわれるのをどうにかしたいなどという**第一印象に関する悩みは、小さなイメージチェンジで解消**できます。

たとえば、着ている服の色やトーンを変えてみたり、メガネの形やフレームの素材を変えてみる。たったこれだけの**さりげない見た目の変化で第一印象を大きく変えることができる**のです。

ポイントは**ムリをしすぎないこと**。「ちょっと雰囲気変わりましたね」と言われるくらいの変化にとどめておくのがコツです。

044

自分で動かなければ、最後まで「いつか」はやってこない

夢はあるけど実現する気がしない。

こんなあきらめの言葉を口にする人に共通して欠けているものがあります。それは、具体性です。

たとえば、夢を登山にたとえるなら、難しい山の登頂に成功している人は、けっして天才的な登山家ばかりではありません。どちらかといえば、**山を登るための靴を買いに行く**ことに躊躇しない人なのです。

「いつか夢を叶える」といっても、**動かなければ「いつか」はやってきません**。

いつか、が決まったらそれをすぐに手帳に書き込んで、初めてその夢ははじまるのです。

045

空気を読めないほうが、「大きいこと」を成し遂げられる

日本人は人の和を大切にするせいか、その場にそぐわない調子っぱずれなことを言うと「場の空気を感じろ」などと怒られたりします。そんな人にとって、空気を読める人というのは、それだけで大人のように感じます。

しかし、空気が読めるというのも善し悪しで、**読み過ぎると安定志向にはまってしまい、自分の意見を強く主張できなく**なります。何をやらせても現状維持、もしくはマイナーチェンジくらいの変化しか起こせず、その結果、**器が小さいなどと評価されてしまう**のです。

安定志向の人には仕事に革命を起こすことができません。できるのは、案外空気の読めないタイプだったりするのです。

046

何事もはじめてしまえば、半分終わったも同じ

気乗りがしない仕事を棚上げにしたところで、仕事は消えてなくなりません。いずれやらなければならないのなら、**やる気がどうのこうのと言う前に、とにかく手をつけてしまう**ことです。

何事も、はじめてしまえば半分終わったも同じといいます。嫌いな食べ物も、「えいっ!」とかじって一気に呑み込めば、半分くらいすぐなくなります。

とりあえず、だましだましでも始めてみてください。あとは時間が解決してくれます。

047

どんなことでも道はひとつではないと考える

生き馬の目を抜く現代社会を生き抜くには、自分の信念を貫くことが大切だという考え方はあながち間違いではありません。

しかし、**信念を貫こうとするあまり、周囲との関係が釣り合わなくなったり、仕事で成果を出せない**ことがあるとすれば、やはりその考え方には改善の余地があります。

かの松下幸之助は**「山は西からも東からでも登れる」**という言葉を遺しています。

どんなことでも道はひとつではありません。自分のやり方でうまくいかなければ、**別のアプローチを探せばいい**のです。

048

「できる人」のマネをすることで、「できる人」になれる

まわりの人がみんな、自分より優秀に思えて引け目を感じることがあります。劣等感を抱いて悲観的になってしまうところですが、ここはあえて**できる人をじっくりと観察**してみることです。

「この人のようになりたい」という人が見つかったら、まずその人のマネをすることから始めます。たとえば、モノの考え方をマネしたいときには話し方をそっくりマネするのです。言葉遣いや口調をマネると、自然と思考パターンが似てきます。

哲学者ヴォルテールが**「上手な模倣は最も完全な独創である」**というように、**尊敬できる相手をマネる**ことができる人になる近道なのです。

049

昔の「成功体験」に頼ってはいけない

過去の成功体験を思い出して、自分を鼓舞するというやり方は間違いではありません。仕事でもスポーツでも、**挑戦するときはいいイメージを持ち続ける**というのはとても大切なことです。

ただし、その成功体験にとらわれすぎると足元をすくわれてしまいます。

成功体験はあくまで過去のこと。いまの自分はそのときの自分より経験を積んでいます。「あのときはこのやり方で成功したから、今回もこれでいこう」ではなく、まずは**いまの自分の判断力を信じるべき**です。

ひと昔前の成功体験を持ち出したところで必ずしもうまくいくとも限らないのです。

050

正しい人生の目標は3つの基準で立てる

目標には正しい立て方があります。

まず、**心から興奮できることを選ぶこと**です。「うわー！　これは楽しそうだ！」とか「絶対にやりたい！」と思えることを目標にします。

次に**期限がある目標**を立てます。いつまでにやるか、それを明確にします。

そして、それを**数字に表す**ことです。ゴールに旗が立っていなければ、どこまでがんばればいいのかわかりません。

この**3つがすべてそろったら、それはあなたの人生の正しい指標**になります。

巻末付録

心をきちんと読むためのキーワード図鑑

□メラビアンの法則

外見と動作が相手に与える心理的影響のカラクリ

視覚は人の判断に大きな影響を与える

人は誰かと話をするとき、相手の表情や言葉、声色でその人の本音を読み取ろうとするものだが、では、これらのなかでもっとも影響力を持つものはどれか——。

この疑問に対して実験を行った人物が、アメリカの心理学者アルバート・メラビアンだ。

実験の内容は、好意・中立・嫌悪という3つの感情を軸に、それぞれの意味を持つ言葉、それぞれを連想する表情、それぞれを印象づける話し方を用意して、矛盾した組み合わせにして反応をみた。

その結果、被験者の判断に影響を与えたのは表情が55パーセントで、話し方が38パーセント、言葉が7パーセントだった。

つまり、心地よい表情をしながらふつうの話し方で不快な言葉を言ったという場合、「心地よい表情」の印象が強いと感じる人のほうが多いという結果が出たのである。

これは「メラビアンの法則」と呼ばれ、視覚、聴覚、言語がおよぼす心理的効果の分野ではよく知られている。

メラビアンが行った実験とその結果

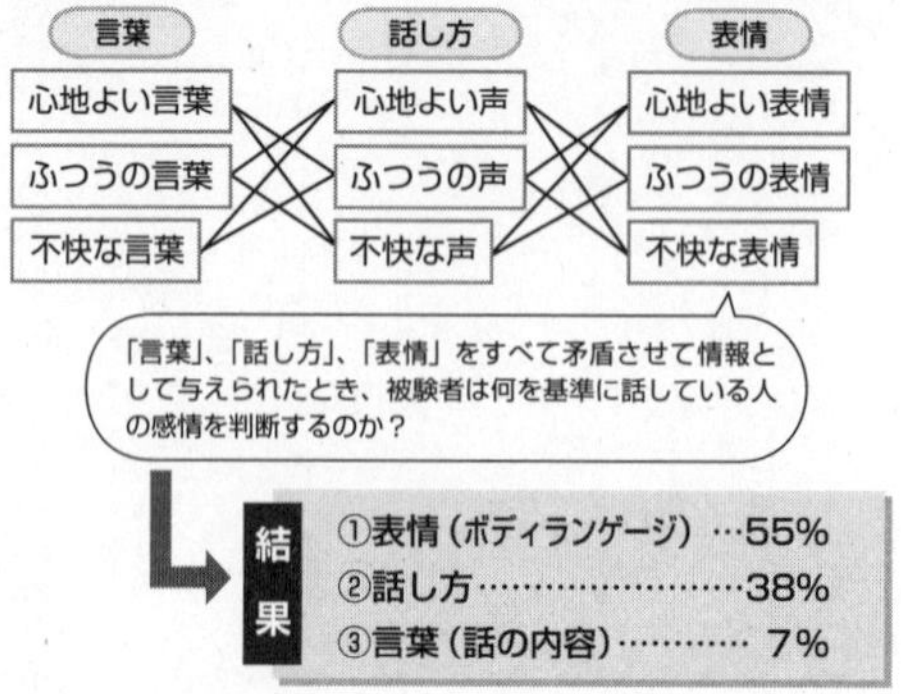

□スリーパー効果

説得効果が200%アップするコツ

不利な立場なら時間をかけて、有利な立場なら短期決着を！

恋人の両親に結婚の申し込みに行ったが、どこの馬の骨ともわからぬ男との結婚に彼女の親は大反対。1年ほど待ってようやくお許しが出た…。

さて、こんなエピソードはさほど珍しくないが、この経緯のなかで影響をおよぼしたのは「スリーパー効果」かもしれない。スリーパー効果とは、情報の信憑性《しんぴょうせい》と時間の経過の関係による心の変化を表したものだ。

それによれば、最初は信用度の低い情報でも時間の経過とともに高くなり、その逆もあり得る。

先のエピソードに当てはめれば、結婚の申し込みをしたときにはなかった男性の信用が、1年という時間の経過によって高まった。

したがって、手持ちのカードに自信がない場合の説得は時間をかけるのが正解だし、逆に説得に有利な材料があるのなら短期決着が得策ということになる。

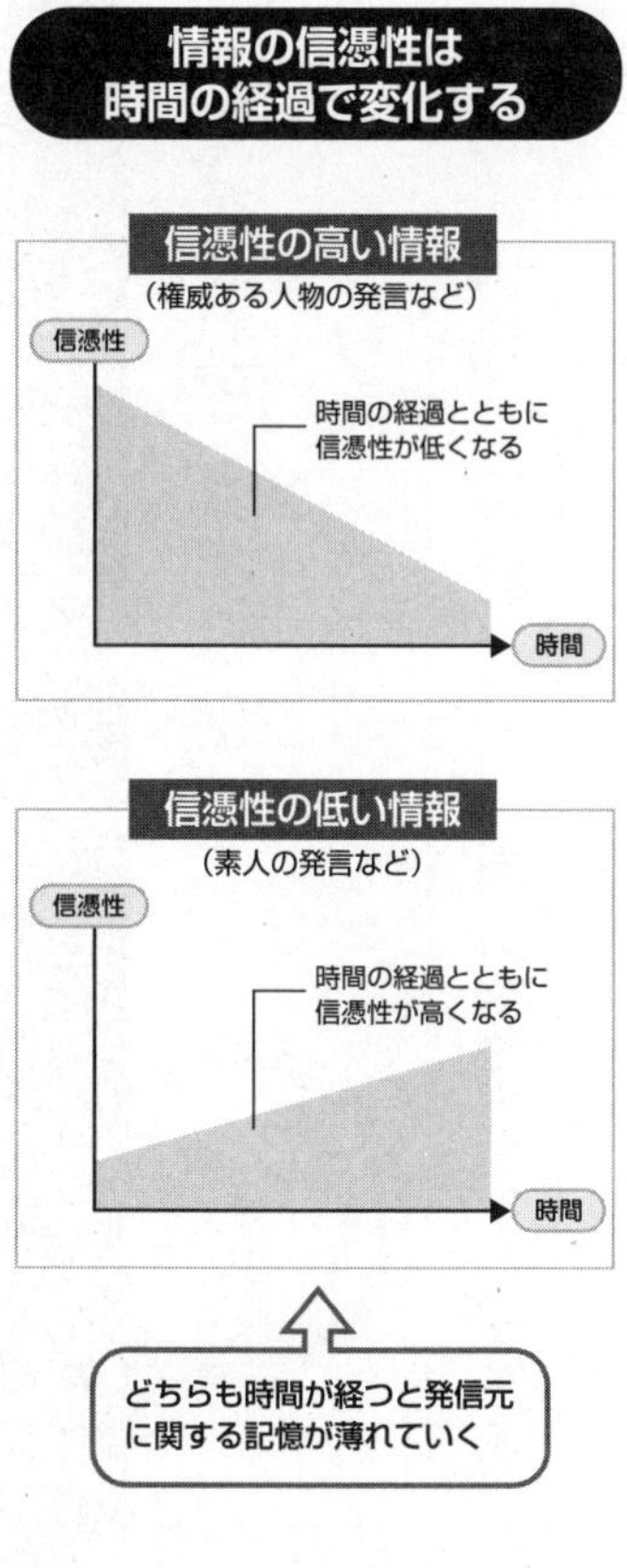

□フレーミング効果

微妙な表現の違いで選択が替わる「フレーミング効果」

人は絶対的な価値よりも、自分の基準を重視する

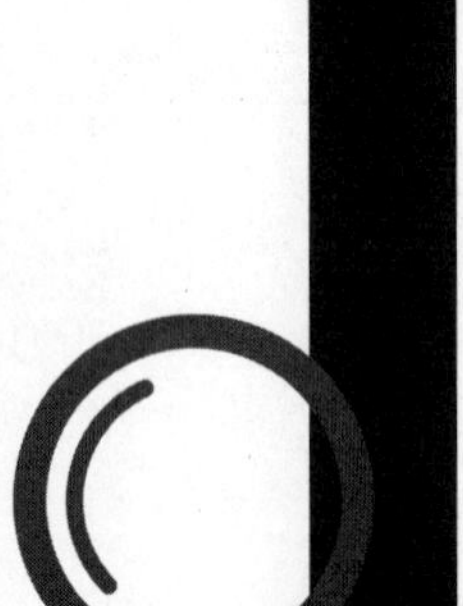

新聞の折り込みチラシに以前から欲しいと思っていたスニーカーの広告が出ていた。

A店のチラシでは「50パーセントオフ」、B店のチラシでは「半額」と書かれている――。

さて、あなたはどちらの店のほうがよりお買い得に感じるだろうか。

もちろん、どちらも同じ価格であることは説明するまでもないが、どちらがよりお買い得と感じるかは人によって差がある。この心理を表したのが「フレーミング効果」だ。

フレーミング効果は、人が何らかの枠組み（フレーム）にのっとって物事を理解していることを指す。

冒頭の例のように、ある選択肢におけるわずかな表現の違いによって、絶対的評価ではなく自己の基準点を採用してしまうような不合理な心理のことだ。

実際、アンケート調査では「50パーセントオフ」よりも「半額」のほうが、より購買意欲をそそられてしまうというデータが出ている。

同じ選択肢でも個人のフレーミングが異なれば結論も変わるというわけだ。

とくにフレーミング効果は、数字や確率の問題に直面したときに出現しやすい。

◆ 損か得かの基準は値段で決まるわけではない

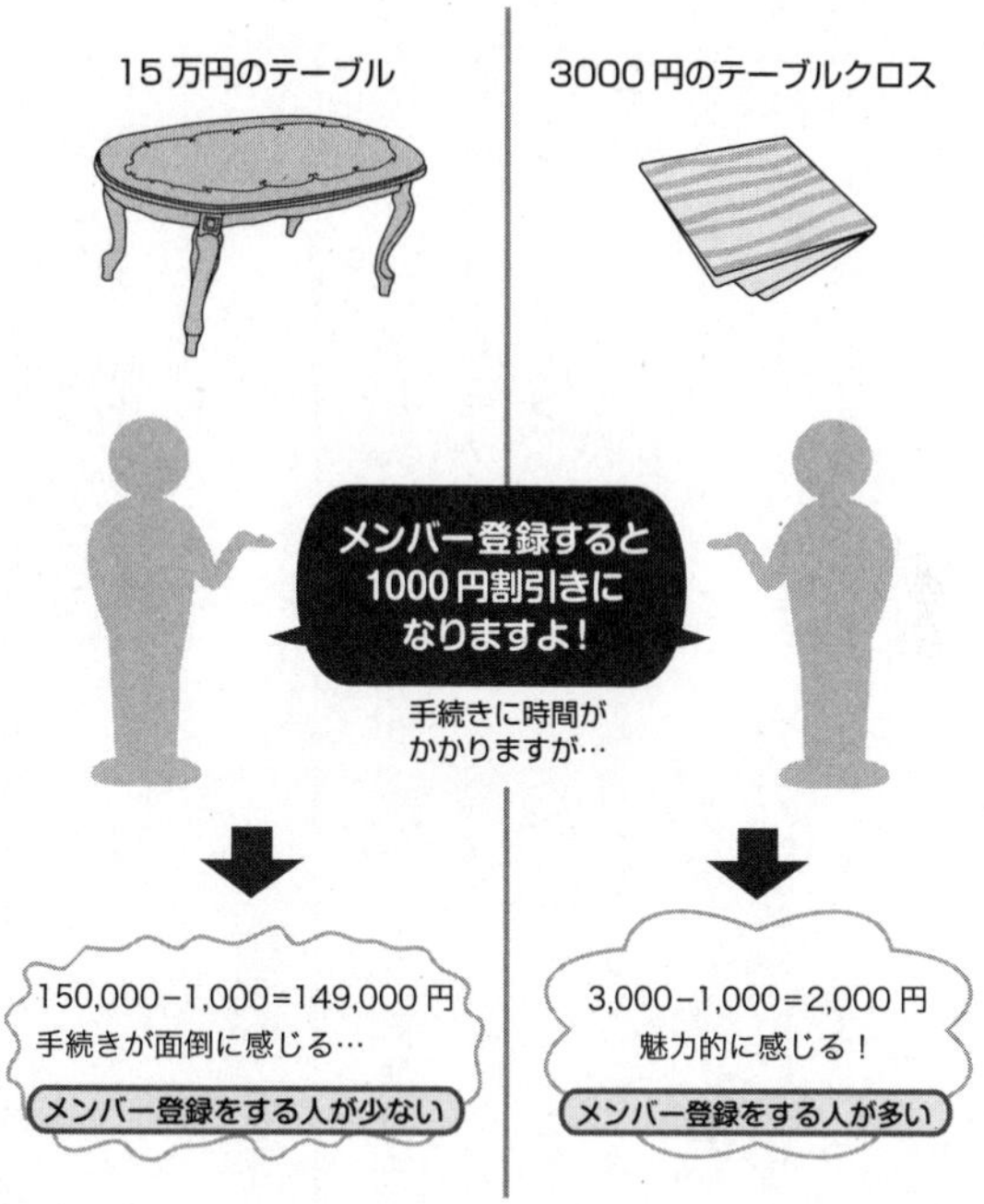

たとえば、同じ肉でも赤身80パーセントと脂身20パーセントと異なる表記で売られていれば、赤身80パーセントのほうがおいしそうだと感じる人のほうが多かったりする。

また最近では、何かを購入する際に「メンバー登録をすれば割引きになる」という販売戦術が多いが、この場合は割引きになる価格だけで比較するのではなく、そこにメンバー登録の手間を換算して自分の基準で得だと感じれば加入するのだ。

この効果は、視点の置きどころが意思決定に影響をおよぼすことにある。

わずかな表現の違いで目先の損得にとらわれてしまう危険もあるので注意が必要だろう。

□確認バイアス

自分に都合のいい解釈をしてしまう「バイアス」の仕組み

事実を都合よくねじ曲げる人間心理を見抜く

物ごとに対してはニュートラルな視点を持ちたいと思っている人は多いだろうが、人の心はそう思いどおりにはならない。

先入観や思い込み、固定観念という言葉があるように、人が物事をある特定の方向に見ようとすることはごく当たり前にあり得るからだ。

こうした心理は専門的には「認知のバイアス」と呼ばれ、ここにはさまざまな心理的効果が含まれる。

とりわけ日常生活で多く見られるのが「確証バイアス」だが、これは、自分に都合のいい事実のみを集めようとする心理のことである。

たとえば「末っ子は甘えん坊」だと思い込んでいる人は、末っ子のしっかりした行動は見落とし、甘えた行動にはすぐに気がつくはずだ。

そして「やっぱりそうだった」と事実を認識するといった具合になる。

認知のバイアスは災害や事故といった異常事態に直面したときにも働く。

ひとつは、目の前の出来事がそこまで深刻ではないと考えたがる「正常性バイアス」だ。たとえば、台風が接近しているのに外出して

◆「自分はわかっている」という思い込みが
現実とのズレを生じさせる

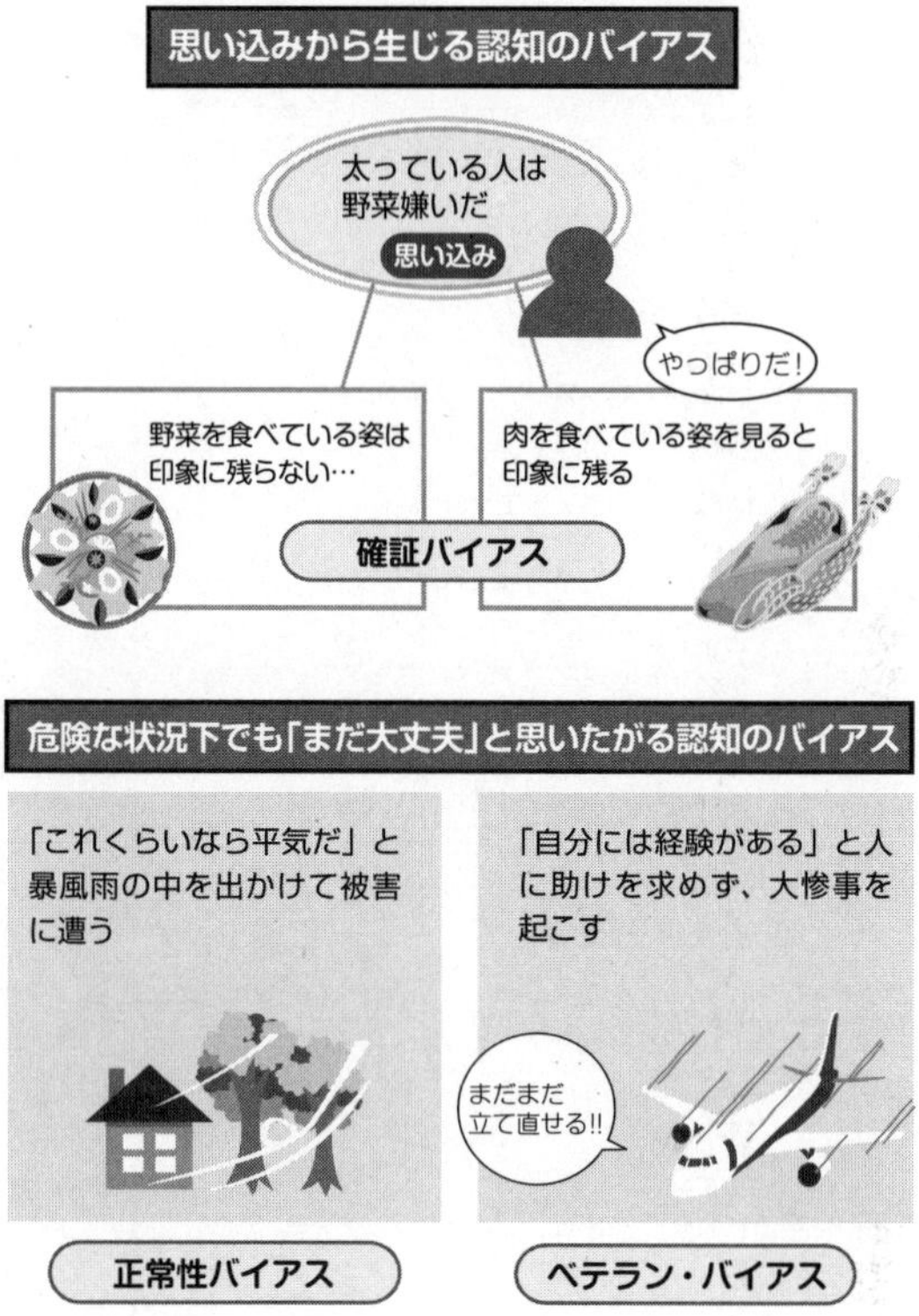

しまい被害に遭ったり、高熱が出ているのに出勤して救急車で運ばれたりする。

どちらも共通しているのは「これくらいたいしたことないだろう」という思い込みだ。

また、「ベテラン・バイアス」は、パイロットや運転手が自らの経験と能力を過信したことによって大事故を引き起こすようなケースでよく使われる。

都合のいい思い込みをすることで、現実を正しく認知できないのがこの心理の最大の特徴だ。自分の心理状態を客観的に観察することが大切だ。

□ブーメラン効果

最後は自分にはねかえる「ブーメラン効果」

他人からの抑圧を感じると、人は反発したくなる

相手から何かを強要されると、ムキになって反発したくなることがある。

たとえば「いまから勉強しよう」と思った矢先に親から「勉強しなさい！」と怒られるときなどがいい例だ。

人間は、何かにつけ自分で決めたいと考える生き物だ。

だから、外部からの抑圧を受けそうになると危機意識が働いて反発する。

説得する側からしてみれば、熱心に話せば話すほど相手をかたくなにさせるという逆効果になり、その負の効果が自分にかえってくることから、この心理は「ブーメラン効果」と呼ばれている。

この法則の特徴は、両者の目指す方向が一致しているのにうまくいかないことだ。

「勉強したい」「恋人がほしい」という気持ちは自分も同じなのに、他人に強制させられると態度を硬化させてしまう、天《あま》の邪鬼《じゃく》な一面を持っているのである。

どんな人間にもこの現象は起こり得るので、心得ておくといい。

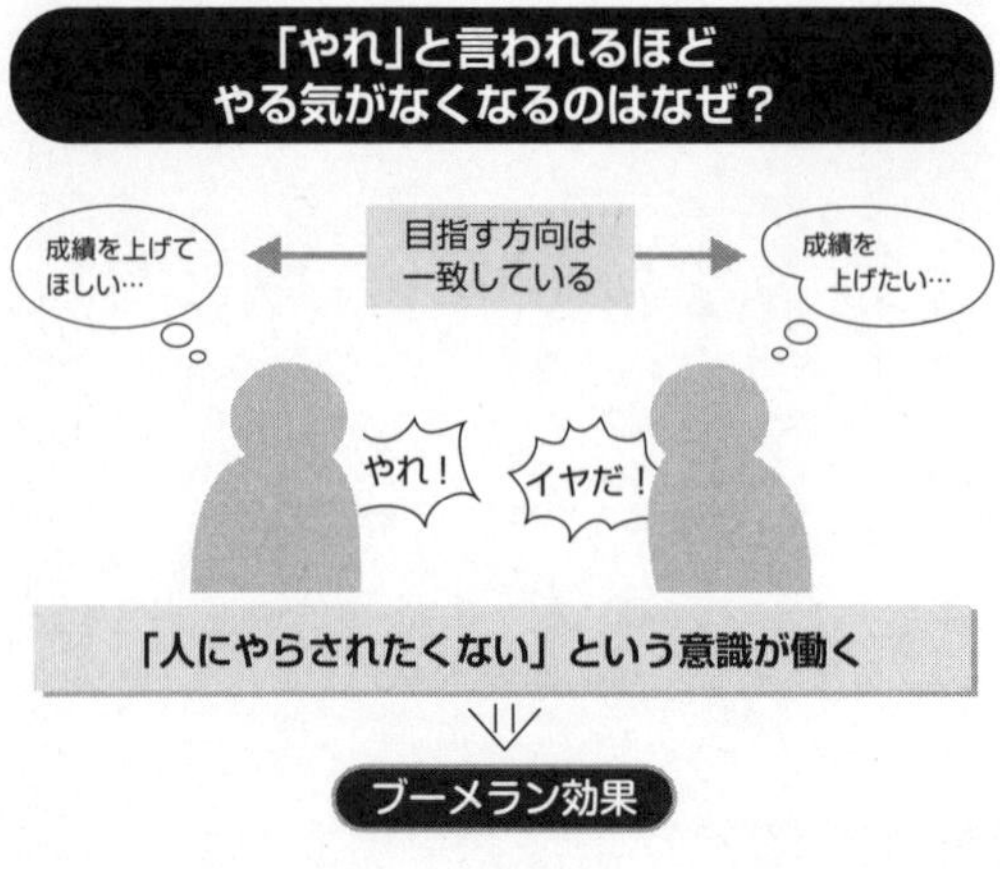

「やれ」と言われるほど
やる気がなくなるのはなぜ？
成績を上げてほしい…
目指す方向は一致している
成績を上げたい…
やれ！
イヤだ！
「人にやらされたくない」という意識が働く
ブーメラン効果

□前提暗示

なぜ人は強い「前提暗示」になびいてしまうのか

社会常識から外れる不安を煽り、情報の真実味を高める

人間の心は複雑なようでいて、シンプルな一面も持ち合わせている。

とくに言葉がおよぼす影響は大きく、意外なほど簡単なトリックにあっさり引っかかってしまうこともある。

たとえば「みなさんすでにご存じでしょうが、女性の間ではいま焼酎が空前のブームです！」という情報を目にしたら、即座に「そうなのか。世間的には常識なのか」と信じてしまうのではないだろうか。

じつは、これは「前提暗示」と呼ばれるもので、相手の心を誘導するという説得テクニックの一種なのである。

ここで利用されているのは、社会常識から外れたり、知らないことで世間から取り残されることを恐れる人間の心理だ。

当然「知る人ぞ知る」「一部ではおなじみ」といった言い回しよりも、「周知の事実」「いまさら説明するまでもないが」といった表現を使ったほうが効果はより高くなる。

強い前提暗示をつけると説得力が増す

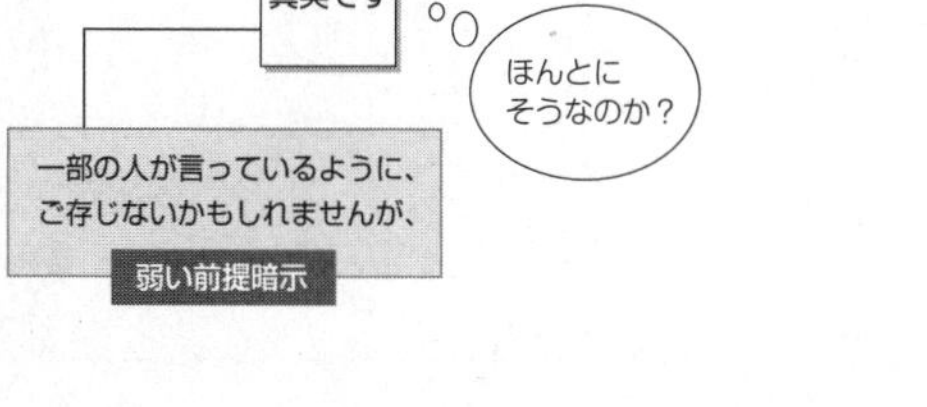
強い前提暗示
周知の通りですが、
みなさんご存じのように、
「社会常識から外れるのが恐い」という心理を刺激している
なるほど そうなのか
○○は 真実です

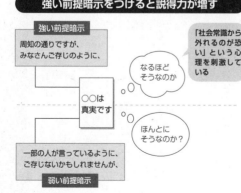

□ラベリング効果

第一印象をコントロールする「ラベリング効果」

人間はよくも悪くも相手にレッテルを貼りたがる

一般的に人間関係は年月が経つにつれてだんだんと深まっていくものだ。

したがって、お互いにプライベートな話題に踏み込めるような間柄になるまでは、相手の発する言葉をヒントにして、自分の頭のなかでその人の〝人物像〟をつくり上げるというパターンがどうしても多くなる。

これを心理学に当てはめたとき、浮かび上がってくるのが「ラベリング効果」だ。

ラベリング効果とは、ある特定の物事をラベル（名称）化することによって、それがその対象全体に影響をおよぼすということを意味する。

たとえば、ある女性の出身校が有名なお嬢様学校であれば、その女性には「お金持ちの娘」のイメージを勝手に抱くし、同僚の趣味がサッカーだと聞けば、何となく他のスポーツも万能なイメージを抱く。

人間は数少ない情報を手がかりに、全体をイメージする習性があるのだ。

もちろん、この効果は第一印象がその後の評価に影響することにも関係している。

たとえば、初対面の人の靴が汚れていると、それだけで性格もだらしないのではないかと関連づけ

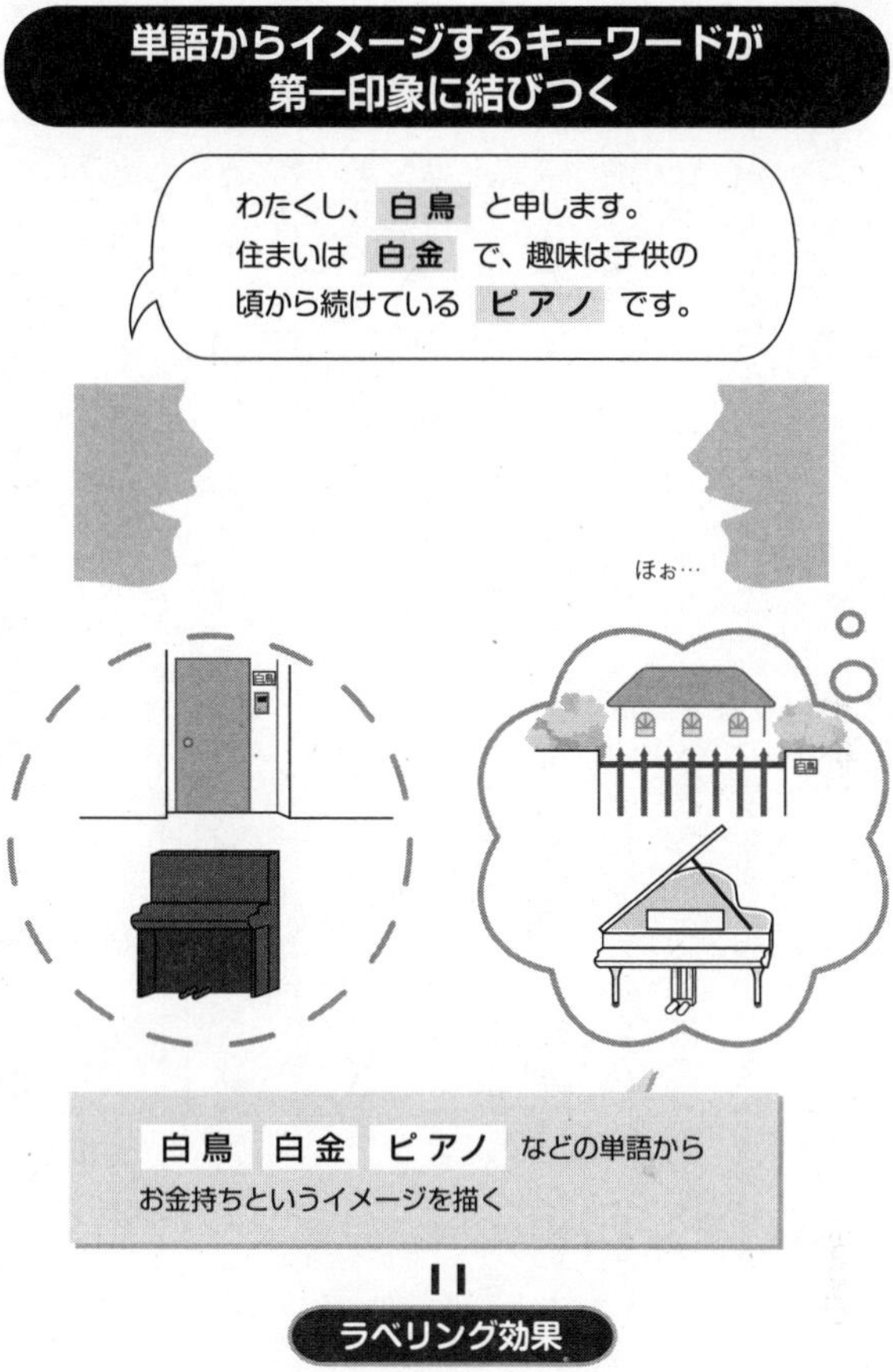
単語からイメージするキーワードが
第一印象に結びつく
わたくし、白鳥と申します。
住まいは白金で、趣味は子供の
頃から続けているピアノです。
ほぉ…
白鳥 白金 ピアノ などの単語から
お金持ちというイメージを描く
||
ラベリング効果

てしまう。

悪い意味でよく使われる「レッテルを貼る」もラベリング効果と同じなのだ。

ということは、逆にこの心理を利用すれば第一印象を良くすることも十分可能だという理論が成り立つ。

几帳面だと思われたければ四隅にきっちりアイロンがかかったハンカチを持つなどすればいいし、優秀だと思われたければ難解な哲学書でも小脇に抱えてみるといい。

おそらく相手は、あなたの意に沿った人物像を描いてくれるはずだ。

□循環論法

もっともらしく聞こえる「循環論法」で人は動く

具体性のあるメッセージは心理的効果が高い

あなたが駅の券売機で切符を買おうとしているときに、横から見知らぬ人が割り込んできて「すみませんが、どうしてもきっぷを買わなくてはいけないので、先に買わせてもらえませんか？」と一方的に言ってきたらどうするだろうか。

突然の出来事に戸惑いつつも譲ってしまうのではないだろうか。

しかし、相手の言い分はもっともらしいようで、じつは譲らなければならない理由は何も述べていない。

「きっぷを買わなければいけないから、きっぷを買いたい」というのは、前提と結論が堂々巡りする「循環論法」である。

ところが、このようなとっさのケースでは勢いに押されてこの矛盾に気がつかず、もっともらしい理由に聞こえてしまうのである。

そうなると頭のなかは思考停止状態になり、相手の意のままに行動してしまうのだ。

どこの世界にも弁が立つ人はいる。高齢者を狙った詐欺の手口に通ずるテクニックでもある。

結論が理由を支えていれば「理由っぽく」聞こえる

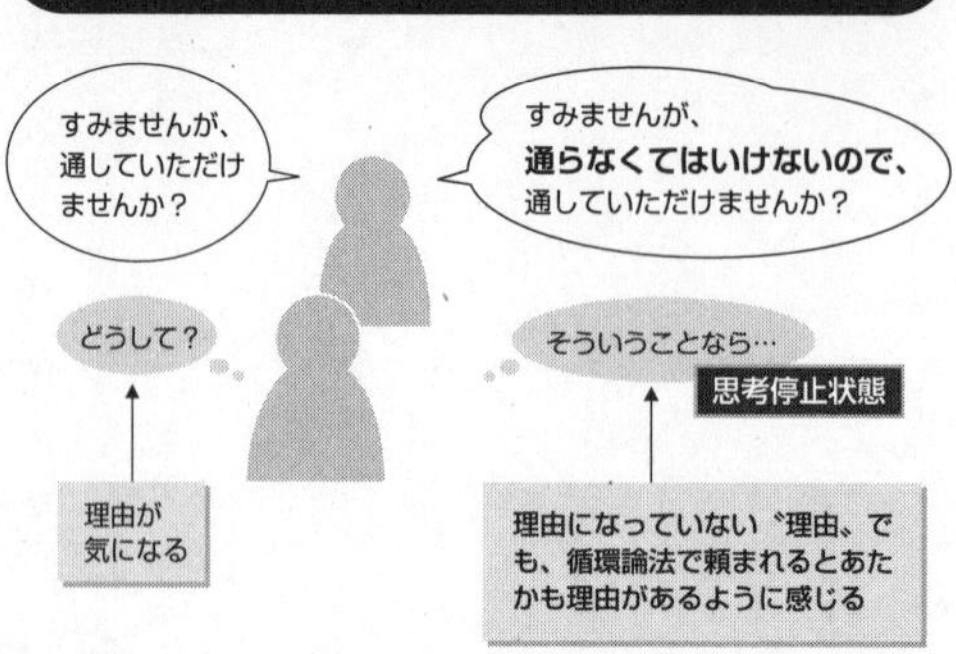
すみませんが、通していただけませんか？
どうして？
理由が気になる
すみませんが、通らなくてはいけないので、通していただけませんか？
そういうことなら…
思考停止状態
理由になっていない"理由"でも、循環論法で頼まれるとあたかも理由があるように感じる

□イーブン・ア・ペニー

「イーブン・ア・ペニー」で譲歩を引き出す

依頼のハードルを下げれば相手の善意を引き出せる

見知らぬ人に頼みごとをするのは気が引けるものだが、ちょっとしたテクニックで自発的に協力してくれる方法がある。それが「イーブン・ア・ペニー」だ。

これは、ただ「寄付をお願いします」と頼むよりも「1ペニー（少額）でもいいので寄付をお願いします」と頼んだほうが、結果的に多くの寄付をもらえるという人間心理に由来した言葉である。

つまり、最初の段階で「そのくらいなら」と思えるところまで依頼のハードルを下げて断りにくい状況をつくる。そうなるとその相手は「どうせだから」という心境になりやすくなり、そこから善意を引き出すという手法だ。

たとえば、営業の電話なら「1分でいいから」と言えば話を聞いてくれるかもしれない。

他人の心理につけ込むというと聞こえは悪いが、ここぞという場面での価値はあるだろう。

まずは低い条件を提示する

営業「そうおっしゃらずに、お願いします！」

店主「ダメダメ」

営業「じゃあ、せめて1つだけ試しに置いてみてください！」

店主「う～ん、1つぐらいなら…」

営業「ありがとうございます！」

店主「でも、たった1つというのも…よし、10個置いていけ！」

＝

「1つだけでも…」という切実さに押されて、つい自発的に譲歩してしまう

↓

イーブン・ア・ペニー

□外的な理由

相手の反論を未然に防ぐ「言い訳」の技術

自分でどうにもできない問題に持ち込む

自分に非があるときは謝罪をするのが当たり前ではあるものの、謝罪したからといって相手の腹の虫がおさまる保証はない。そんなときの言い訳のために知っておいてほしいのが「内的な理由」と「外的な理由」の違いである。

仮にあなたが、恋人とのデートをすっぽかしてしまったとしよう。

そこで、このときの言い訳が「うっかり忘れてしまった」とか「昼寝していて気がついたら夜だった」では、おそらく彼女の怒りはおさまらない。これらはどちらも内的な理由、すなわち個人の問題なので、彼女にしてみればよけいに怒りが湧いてきたりするのだ。

ところが「実家の親が入院することになって連絡しようにもできなかった」のような言い訳だと話は変わってくる。

これらは、自分にはどうにもできない外的な理由なので、彼女も怒りをおさめて引き下がるしかなくなるのだ。

手っ取り早く相手を納得させたいなら、内的な理由より外的な理由と覚えておこう。

外的な言い訳なら納得させることができる

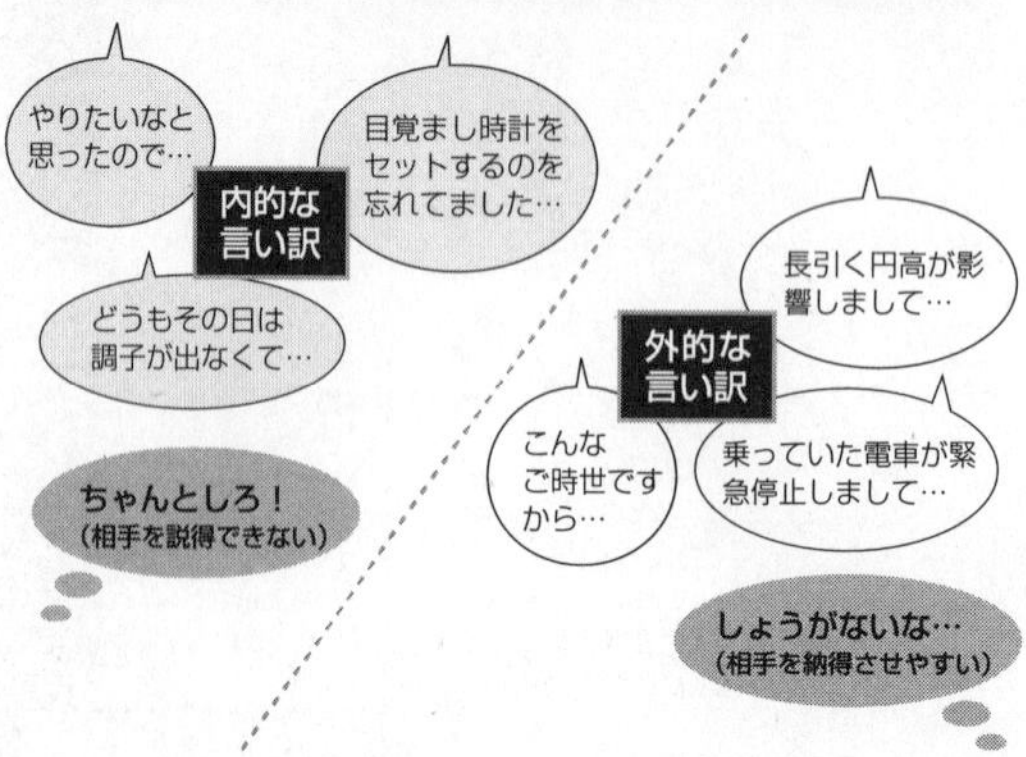

やりたいなと思ったので…
目覚まし時計をセットするのを忘れてました…
内的な言い訳
どうもその日は調子が出なくて…
ちゃんとしろ！（相手を説得できない）
長引く円高が影響しまして…
外的な言い訳
こんなご時世ですから…
乗っていた電車が緊急停止しまして…
しょうがないな…（相手を納得させやすい）

□他者への投影

さりげなく本音を聞き出したいときの質問の心得

他者の存在を借りると本音を聞き出せる

「あの人の本心はどうなんだろう?」と気になることはあっても、本人から本音を聞き出すのはそうたやすいことではない。

面と向かって「本当はどう思っているの?」と聞いたところで、その質問が相手にとって答えにくい内容であれば無難な回答でかわされてしまうだろう。

こういう場合は、他者の存在を借りて質問をすると意外と本音が引き出しやすい。

たとえば、ある特定の人物の評判を聞くときなどがいい例だ。

「Aさんのことをどう思う?」と聞けば、相手はよほどのことがない限り「まじめでいい人ですよ」のように当たり障りのない言葉を並べるだろう。

だが、「同僚のみんなはAさんのことをどう思っているの?」と質問を変えると、「一部の人からはあまり評判はよくない」とか「煙たがられている」といった答えが出てきたりするものだ。

もちろん、この言葉に質問した相手の本音が隠されているのはいうまでもない。

他人のこととして質問すれば本心が見える

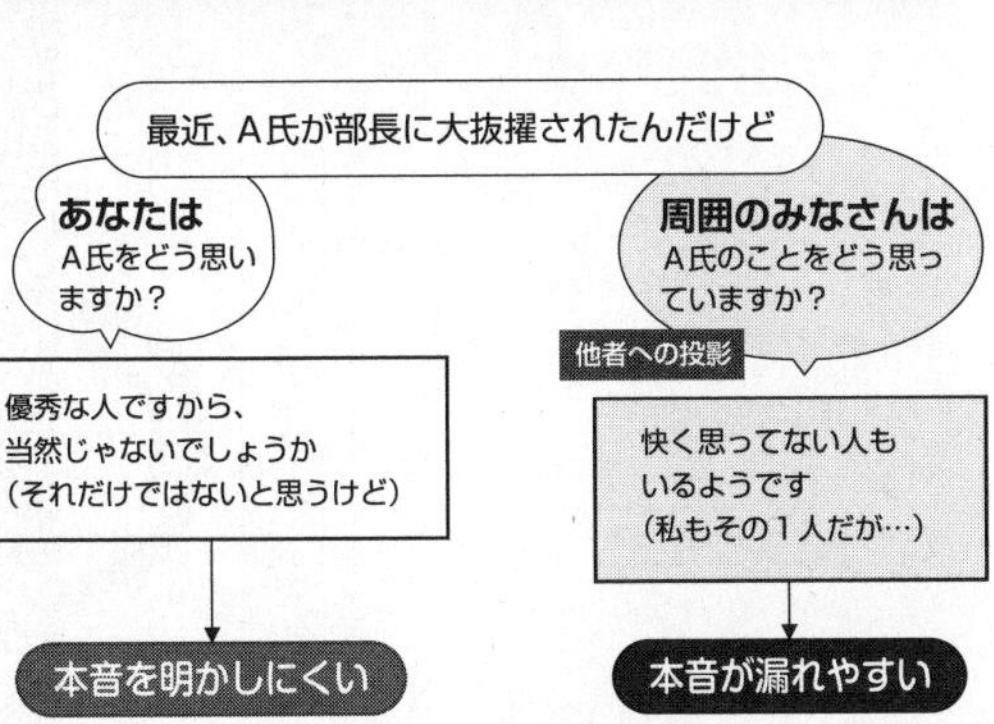
最近、A氏が部長に大抜擢されたんだけど
あなたは
A氏をどう思いますか?
優秀な人ですから、
当然じゃないでしょうか
(それだけではないと思うけど)
本音を明かしにくい
周囲のみなさんは
A氏のことをどう思っていますか?
他者への投影
快く思ってない人もいるようです
(私もその1人だが…)
本音が漏れやすい

□プライミング

ちょっとした言葉で相手の心を動かす「プライミング」

気分を向上させてから頼むと成功率が高くなる

日本語には「相手のご機嫌をうかがう」という言い回しがある。

この言葉からは、上司の顔色をみて有給休暇を申請したり、妻の様子を探りながら小遣いをねだるようなシーンを想像してしまうかもしれないが、それはある意味、間違いではない。

というのも、頼みごとは相手の気分のいいときにするのは、心理学的観点に基づいた人間関係の鉄則だからだ。

これに関連するのが「プライミング」と呼ばれる心理的効果である。

プライミングは、最初に受けた刺激が次の出来事に影響する心の動きのことだ。

たとえば、ひいきの野球チームが勝っていい気分になっているところへ、妻から「悪いけど買い物に行ってきて」と頼まれたら、足取りも軽く引き受けてしまうはずである。

ということは、頼みごとをするときは、先に相手の自慢話を聞くなどしてご機嫌をとっておけば快諾をしてくれる確率が高くなる。

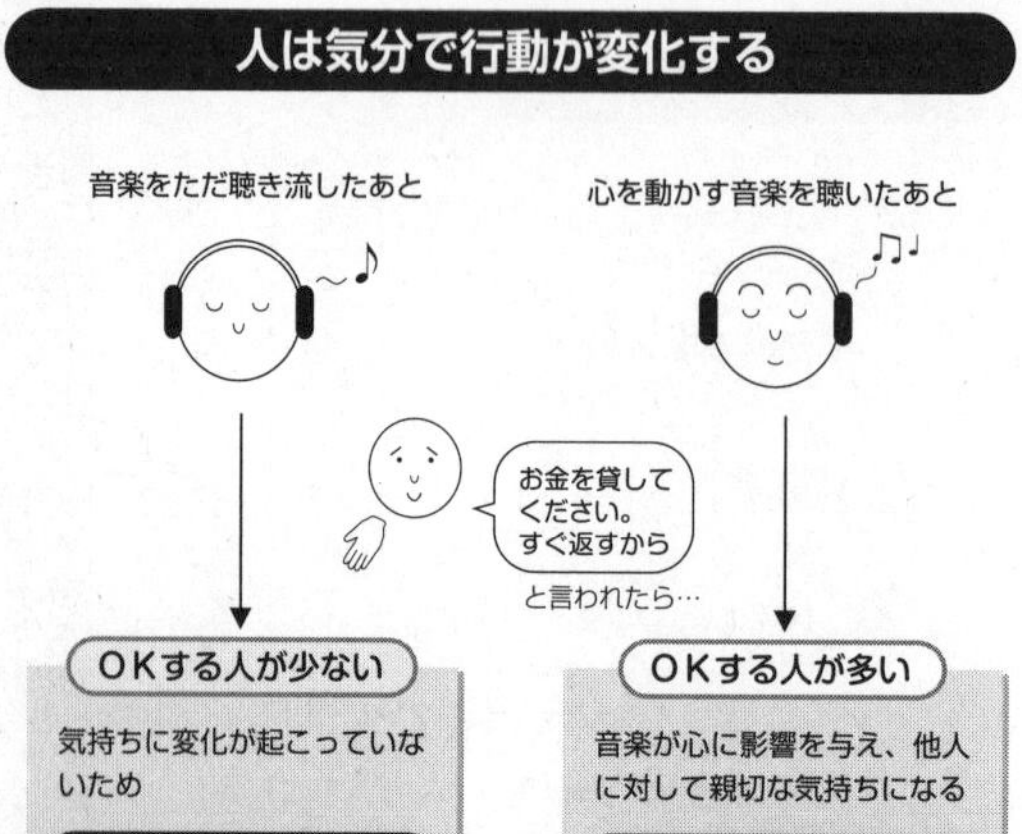
人は気分で行動が変化する
音楽をただ聴き流したあと
心を動かす音楽を聴いたあと
お金を貸してください。すぐ返すから
と言われたら…
OKする人が少ない
気持ちに変化が起こっていないため
プライミング効果なし
OKする人が多い
音楽が心に影響を与え、他人に対して親切な気持ちになる
プライミング効果あり

□集団とオピニオンリーダー

周囲から影響を受ける人の深層心理

クチコミや流行を生み出す集団の影響力をおさえる

子供の頃、友だちが持っているオモチャを「みんなが持っているから」という理由で親にねだったことはないだろうか。

この「みんな」は心理学においては「準拠集団」という言葉で表される。そして、この準拠集団が人間心理におよぼす効果は、子供のときに限らず大人の社会にもたしかに存在しているのだ。

準拠集団とは価値観やライフスタイル、文化などを同一とみなせる集団のことだ。ビジネスマン、女子高生、アイドルのファンクラブ、あるいは同郷の出身者、同期入社組もこれに当てはまる。

この準拠集団には強い影響力を持つオピニオンリーダー的存在がいるのが特徴で、そこから評価や流行が生まれる。

だからこそ「あの人が持っている○○」という形でモノが流行したりするのだ。

当然のことながら、異なる準拠集団であれば、それがたとえオピニオンリーダーの言葉でも心に響かない。あくまで同一だからこそ影響を与え合うのである。

◆ **準拠集団＝価値観やライフスタイル、文化が同一の集団**

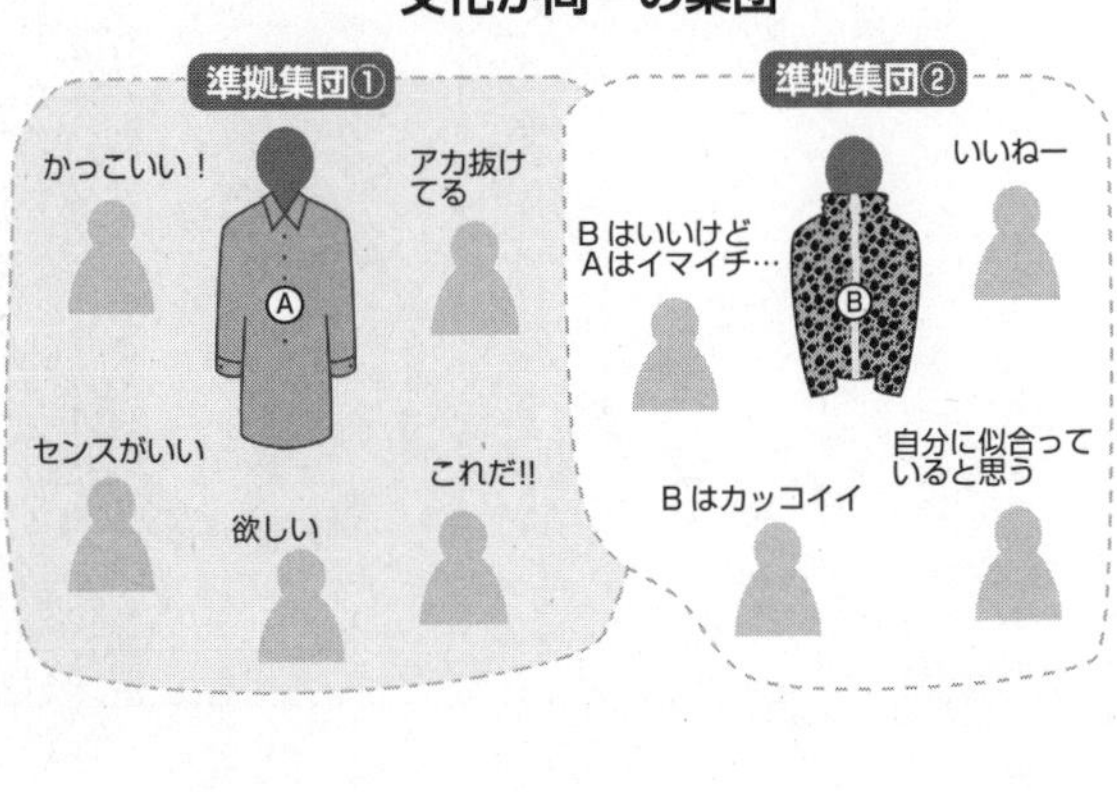

「ヤマアラシ・ジレンマ」に学ぶ居心地のいい関係とは？

ジレンマを克服すると人間関係が変化する

会議中や食事中でも、携帯が気になってしかたがないという人はかなり多いだろうが、ずばり、こういう人は心理学的には「ヤマアラシ・ジレンマ」に陥っているといえる。

この言葉は、ドイツの哲学者ショーペン・ハウエルが描いた寓話に由来したものだ。

ある寒い冬、ヤマアラシのカップルが暖まろうと身を寄せ合う。だが、近づきすぎると針が刺さり、離れすぎると寒くなるため互いの距離感に悩む。

そして、くっついたり離れたりを繰り返しながら、ついに互いが居心地のいい距離を見つけるという話である。

心理学者のベラックはこの2匹のヤマアラシの様子を、同じように他人との距離感に悩む人間関係になぞらえた。

この誰もが感じる心の葛藤こそが「ヤマアラシ・ジレンマ」なのである。

この情況の心理が表している葛藤は、ヤマアラシのカップルを人間に当てはめてみれば一目瞭然だろう。

たとえば、恋人同士が相手の領域に踏み込みすぎると、お互いにいやな思いをしたり傷つくことが多くなる。

だからといって離れすぎると孤

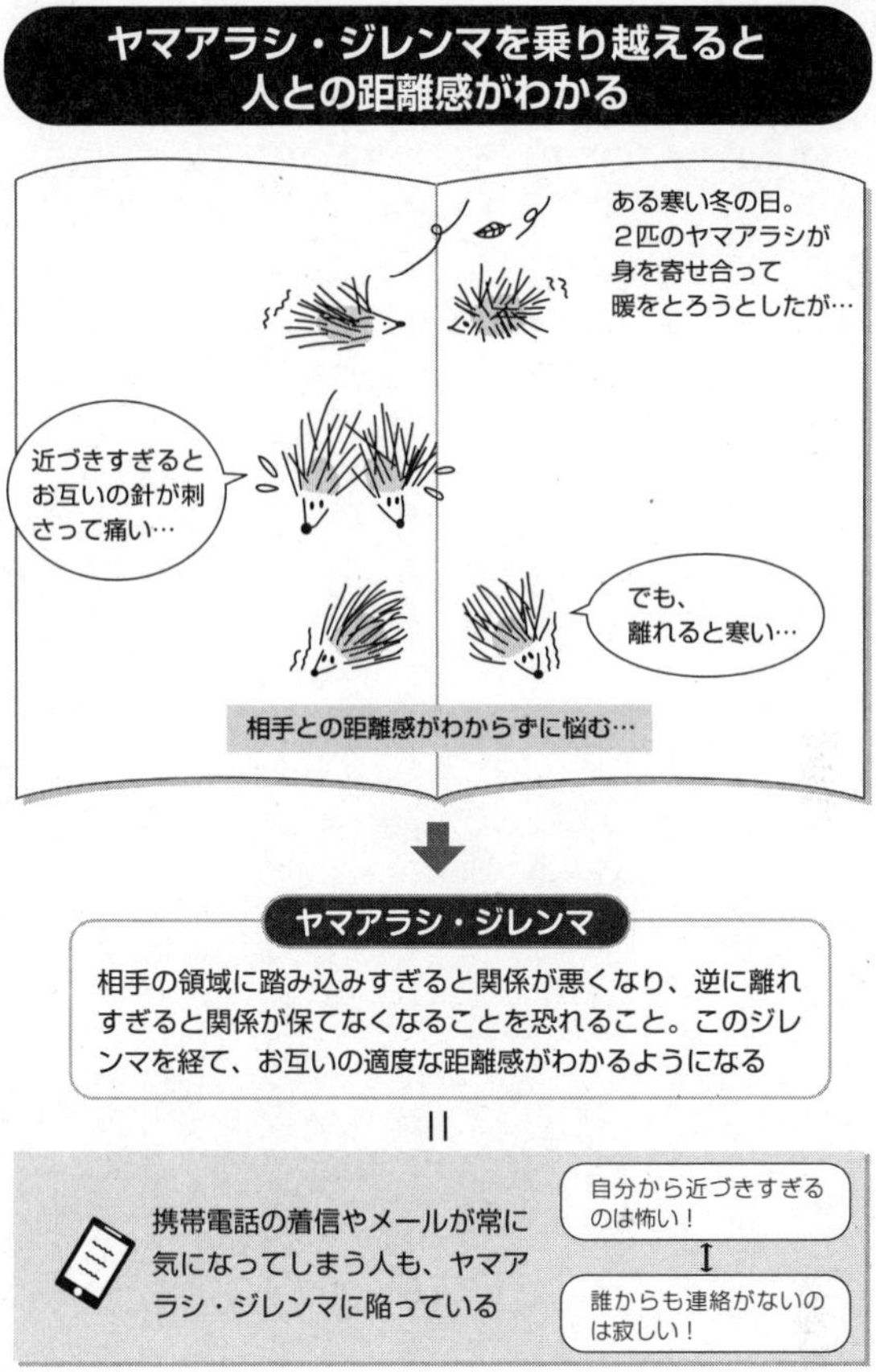
ヤマアラシ・ジレンマを乗り越えると
人との距離感がわかる
ある寒い冬の日。
２匹のヤマアラシが
身を寄せ合って
暖をとろうとしたが…
近づきすぎると
お互いの針が刺
さって痛い…
でも、
離れると寒い…
相手との距離感がわからずに悩む…
ヤマアラシ・ジレンマ
相手の領域に踏み込みすぎると関係が悪くなり、逆に離れすぎると関係が保てなくなることを恐れること。このジレンマを経て、お互いの適度な距離感がわかるようになる
携帯電話の着信やメールが常に気になってしまう人も、ヤマアラシ・ジレンマに陥っている
自分から近づきすぎるのは怖い！
誰からも連絡がないのは寂しい！

独感にさいなまれ不安が増してくる。

そして、このジレンマを克服したカップルだけが、お互いの適度な距離を見出すことができるのである。

恋人に限らず、友人とのつき合いにおいても同様だ。

携帯の着信が気になるのは、自分から距離を縮めることには抵抗があるが、誰からも連絡がないことにも強い不安を感じている証拠にほかならない。

とくに最近は「近づきたい」という欲求より「傷つきたくない」という防衛心理が強いという専門家の指摘もある。

現代人にとってこのジレンマの根っこは深そうだ。

□脳内イメージ

頭の中でイメージできるかどうかで勝負は決まる

具体性のあるメッセージは心理的効果が高い

真剣に話を聞いていても、いまひとつ内容が頭に残らないということがある。

体調が悪くて頭が冴えないとか、そもそも話をしている相手が嫌いで話すのが苦痛になっているなど、いくつか原因は思いつくが、そういう事情がないのであれば相手の話し方に問題があるかもしれない。

人に何らかのメッセージを発信するときは、聞き手がその内容をイメージできるかどうかが重要である。

たとえば「野菜は体にいいらしいよ」とただ言われても、漠然としすぎていて相手は話に入り込めない。

だが「肉と一緒に野菜を食べると、メタボ対策にいいらしい。とくにキャベツはおすすめだよ」と説明すれば、相手には具体的なイメージが伝わるのだ。

こうなると話の内容に対する理解度がグンとアップする。

相手をその気にさせるには、いかに具体的にイメージを膨らませるかに重きを置いて話せばいいのである。

◆ 相手がイメージできない言葉では説得できない

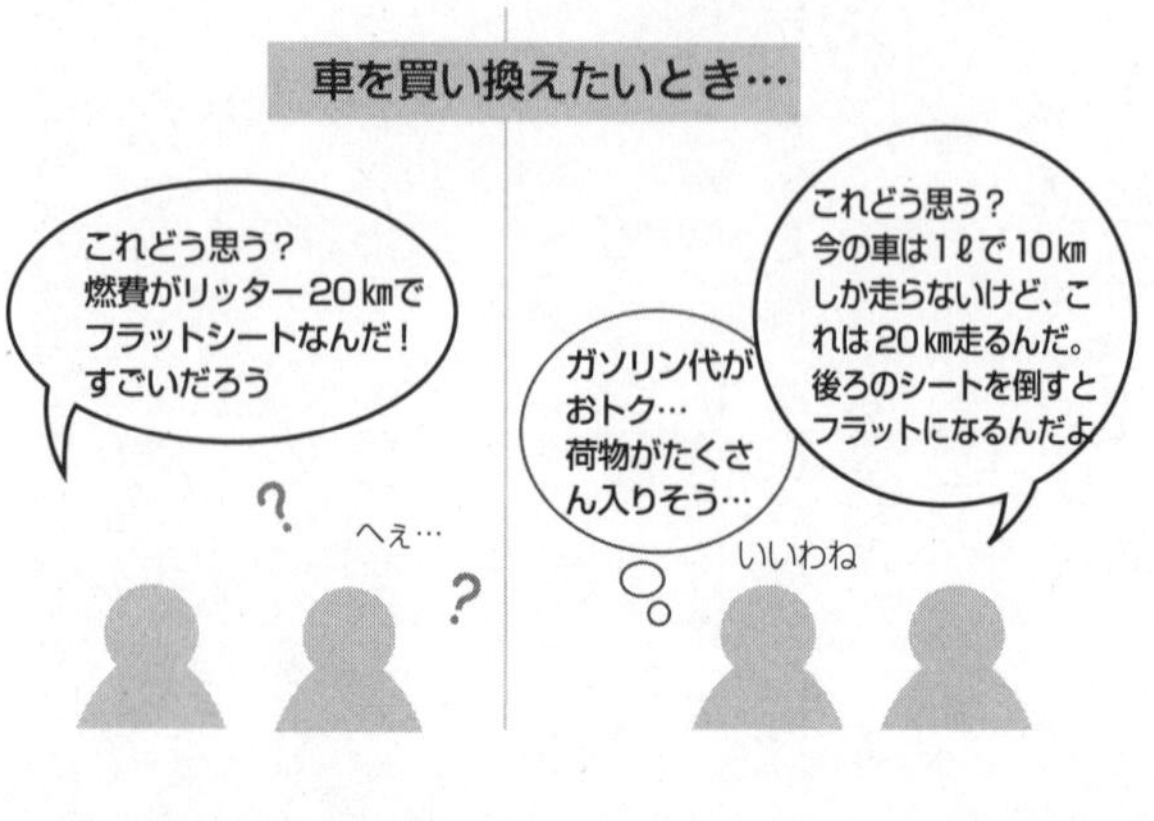

車を買い換えたいとき…
これどう思う？
燃費がリッター20㎞で
フラットシートなんだ！
すごいだろう
？
へぇ…
？
これどう思う？
今の車は1ℓで10㎞
しか走らないけど、こ
れは20㎞走るんだ。
後ろのシートを倒すと
フラットになるんだよ
ガソリン代が
おトク…
荷物がたくさ
ん入りそう…
いいわね

□大きくて低い声

相手の心を動かし信用させる声の出し方

声がおよぼす心理的効果を侮ってはいけない

他人と話をしていて、意外と印象に残りやすいのが声ではないだろうか。声質や話し方もそうだが、聞いているほうとしては声のボリュームもその人の個性のひとつとして記憶したりする。

それに関連する実験としてジャネット・ロビンソンという心理学者は、2人の男性が会話をしている音声を録音して被験者に聞かせた。

このとき、音の大きさを70デシベルと75デシベルに分けたところ、被験者は75デシベルのほうが「声に説得力がある」と答えている。

5デシベルという差は、人間の耳ではほぼ聞き分けられないにもかかわらず、である。

また、心理学者のウィリアム・アップルは学生の協力を得て声の高さについて実験しているが、こちらは高い声より低い声のほうが信頼性が高いという結果が出た。

これら2つの実験結果を踏まえると、大きくて低い声ほど言葉の信頼度が高いといえる。相手に何かを訴えたり説得したい場合などに応用すれば効果がある。

同じ内容でも声の大きさや高さで信頼度が変わる

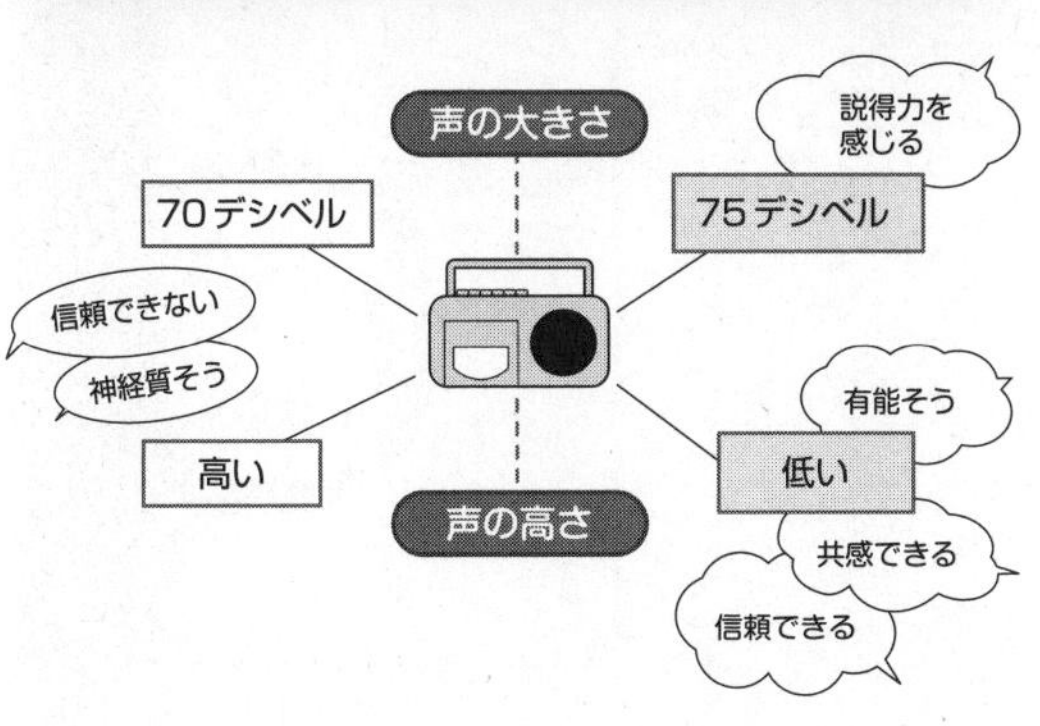

□バランス理論

自分と相手との距離感をはかる「バランス理論」とは？

自分と相手とモノの関係がプラスになるのが理想

類は友を呼ぶということわざがあるように、趣味や考え方が似通った人とはすんなり友好を深めることができる。

一方で、自分が嫌いな分野を趣味にしている人や、考え方がまるで異なる人のことは、何となくその人自身をも否定的な目で見てしまうものだ。

このような心理をわかりやすく説明してくれるのが、フリッツ・ハイダーの「バランス理論」である。

この理論は、自分と相手、および特定のあるモノがかかわったときの均衡で、その関係性が変化することを説いたものだ。

たとえば、自分はスポーツが好きで相手も好きだとすれば、この関係は均衡がとれている状態となる。

だが、自分はスポーツが好きなのに相手が嫌いであれば、この関係は不均衡になりストレスが発生する。

こうなると、自分と相手の関係を良好に保つのは難しくなるというわけだ。

ハイダーによれば、こうした3者間の均衡は全部で8パターン考えられる。

そして、両者間の良好な関係を＋（プラス）とし、反対に敵対関係を－（マイナス）とした場合、

人の心はバランスのとれた状態を望んでいる

P＝自分　O＝相手　X＝対象

たとえば　あの人（＝相手）　サッカー（＝対象）　とすると…

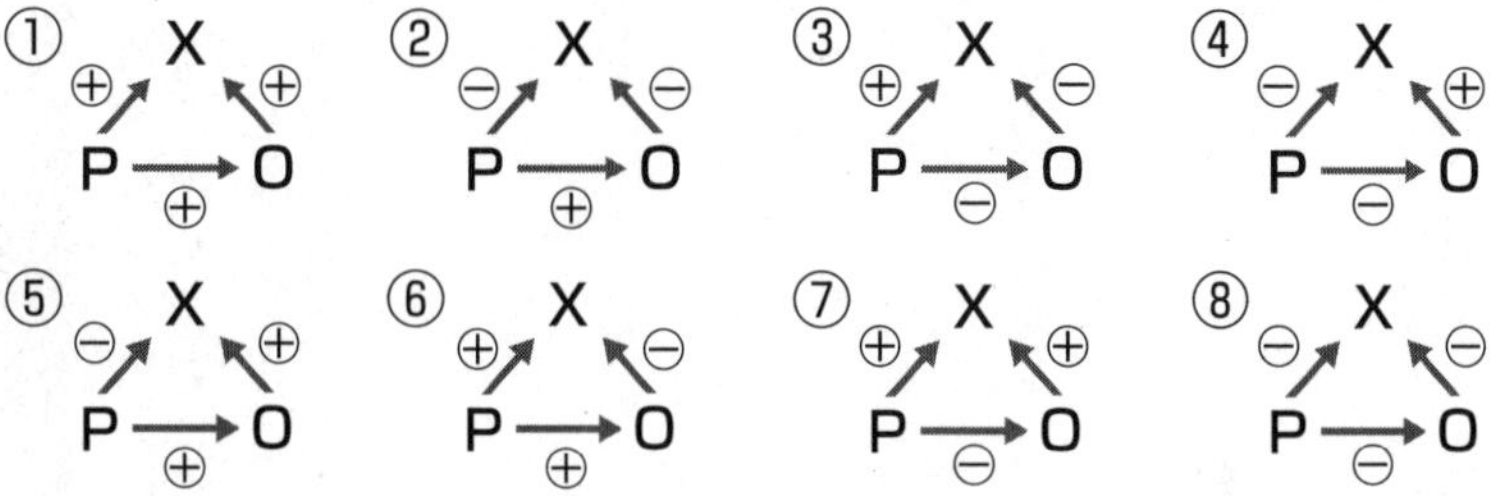

①自分はサッカーが好きで、自分が好きなあの人もサッカーが好き
②自分はサッカーが嫌いで、自分が好きなあの人もサッカーが嫌い
③自分はサッカーが好きで、自分が嫌いなあの人はサッカーが嫌い
④自分がサッカーが嫌いで、自分が嫌いなあの人はサッカーが好き
⑤自分はあの人が好きだけど、あの人が好きなサッカーは嫌い
⑥自分はサッカーが好きだけど、自分が好きなあの人はサッカーが嫌い
⑦自分はあの人が嫌いなのに、あの人は自分が好きなサッカーが好き
⑧自分はサッカーもあの人も嫌いだが、あの人もサッカーが嫌い
※①～④はバランスがとれている。⑤～⑧はバランスがとれていない。

3者の関係のプラス・マイナスを掛け算して＋になれば均衡がとれた状態になると結論づけた。

この理論の根底にあるのは、人間が自分の考えを一貫させたいという心理による。

だから「自分は○○だけど」という気持ちが生まれる関係性になると居心地が悪くなってしまうのだ。

こういう関係に陥ったら、自分が相手に対する態度を変えるか、相手が自分に対する態度を変えるか、さもなくば関係を絶つしかない。

もしも、あなたの身の回りにストレスを感じるような人間がいるなら、これを参考にして改善することをオススメする。

□ＰＭ理論

「よいリーダー」「ダメなリーダー」を一瞬で見極める方法

「目的達成」と「人間関係」のバランスを保つ

日本だけでなく世界の政治を見ていると、信頼できるリーダーを見つけることがいかに難しいかがわかる。

社会にはさまざまな場面でリーダーの存在が必要になるわけだが、ではリーダーに向いている人とはいったいどんな人なのか。

そこで紹介したいのが、日本の社会心理学者である三隅二不二《みすみじゅうじ》氏が唱えた「ＰＭ理論」である。

この理論はリーダーシップに必要な二大要素である「目的達成機能」をＰ、「集団維持機能」をＭとして、その強弱によって能力を類型化したものだ。

Ｐ機能とは、チームのプランを立てたりメンバーに指示を出したりと、集団の生産性を高めるための機能だ。

一方のＭ機能は、チームワークを高めるなど人間関係を良好にするための機能である。

そして、その機能が強ければ大文字、弱ければ小文字で表現したとき、４タイプのリーダー像が浮かび上がってくる。

たとえばｐＭ型を表す「Ｍ型」は、目的達成機能よりも集団維持を重視するタイプで、具体的にいえば成果よりもチームの和を尊重するリーダーである。

また、その逆がＰｍ型を表す「Ｐ型」で、こちらは集団維持機

最も理想的なリーダーの見分け方

- **P機能**（目的達成機能）
　　=チームのメンバーに指示する働き
- **M機能**（集団維持機能）
　　=チームの良好な雰囲気をつくる働き

※大文字は機能が強く、小文字は機能が弱いことを示す

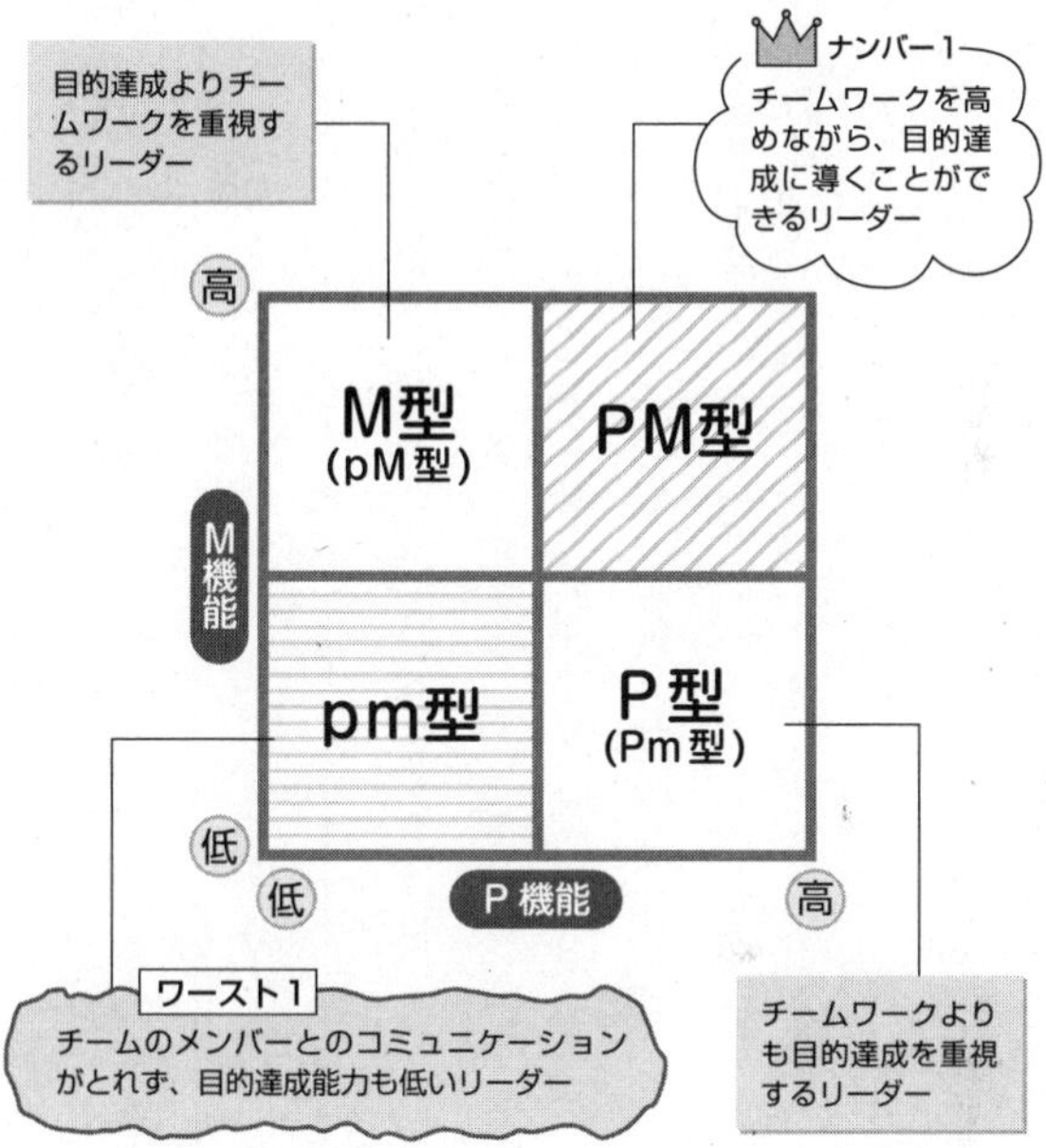

能よりも目的達成を重視する、いわば人間関係より成果を重視するリーダーとなる。

そして、もっとも理想的なのは「PM型」だ。良好な人間関係を保ちつつ成果も出す。つまり、こうした抜群のバランス感覚を持つ人間こそが優秀なリーダーといえるのだ。

とはいえ、その集団の目的によってはP型やM型が適している場合もあるだろう。

いずれにせよ、どちらの機能も低いpm型はどんな集団でもリーダーには向いていないと断言できるかもしれない。

「自分のことは自分が一番よくわかっている」のウソ

自分の"見せ方"と"隠し方"が一目でわかる

就職などで新しい環境に身をおいたとき、緊張してなかなか馴染めないという人がいるかと思うと、すぐにでも順応する人もいる。

このような差がどこで生まれるのかは、アメリカの心理学者ジョセフ・ルフトとハリー・インガムがまとめた『ジョハリの窓』に当てはめてみるとわかりやすい。

それによると、人間は自分の心に4つの窓を持っていて、その窓の大きさで人とのコミュニケーション能力に差が出るというのだ。

4つの窓とは、「明るい窓」（自分も他人も知っている自分）、「盲点の窓」（他人だけが知っていて自分は気づいていない自分）、「隠された窓」（自分だけが知っている自分）、そして「未知の窓」（まだ誰も気づいていない自分）だ。

このなかで「明るい窓」が大きいのが、いわゆるオープンな性格といわれる人だ。こういうタイプは、初対面の人に対しても失敗談でも何でも包み隠さず話すから、自然と会話が盛り上がる。だから、新しい環境にもすぐに馴染むことができるわけだ。

逆に、「隠された窓」が大きいと、周囲には本心が見えづらい人だという印象を与える。

そうなると、人と打ち解けるのにも時間がかかってしまう。

自分というものを少し意識的にとらえると、人間関係はうまくまわり出すようになるだろう。

◆ 人間は４つの窓（自分）を持っている

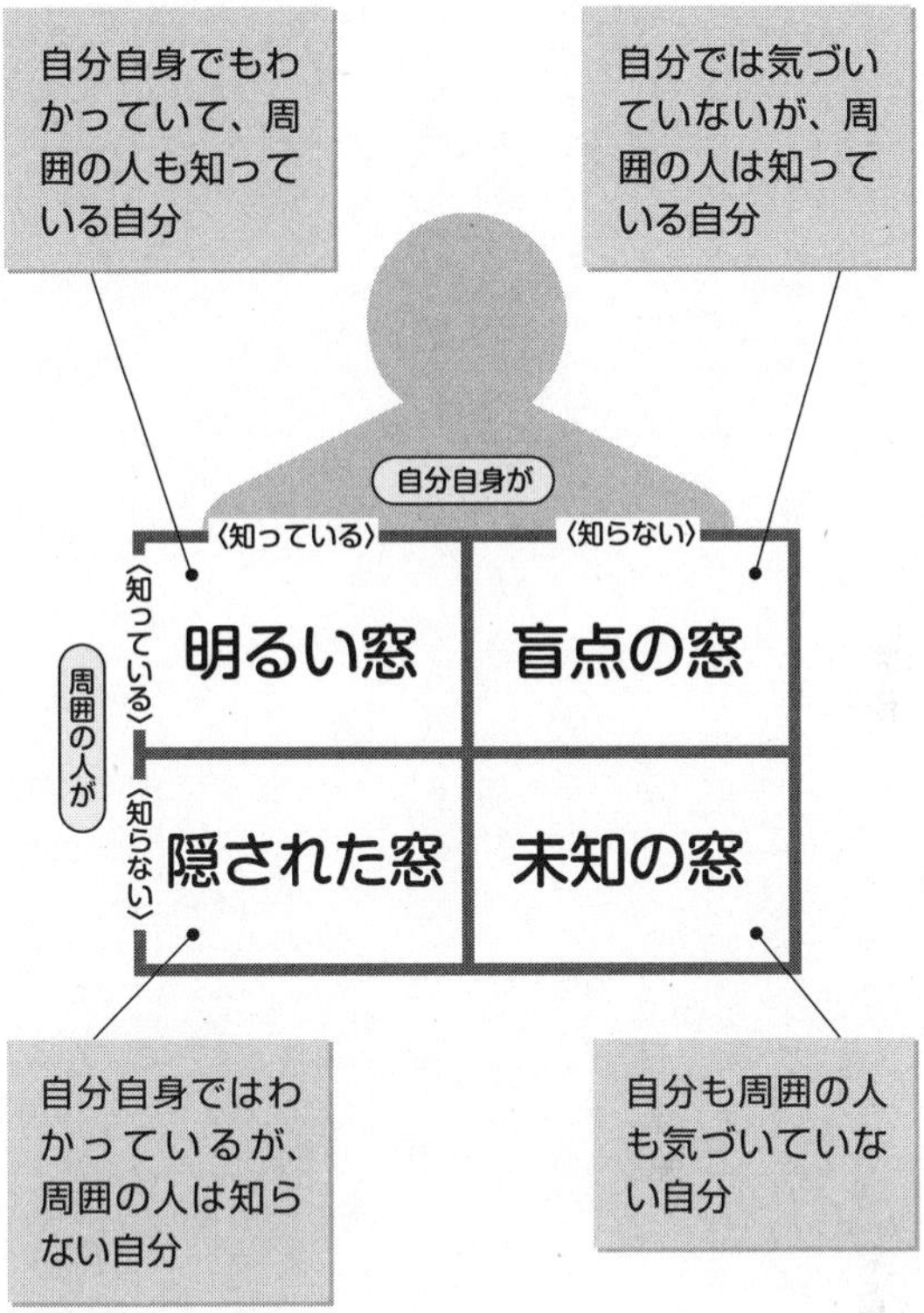

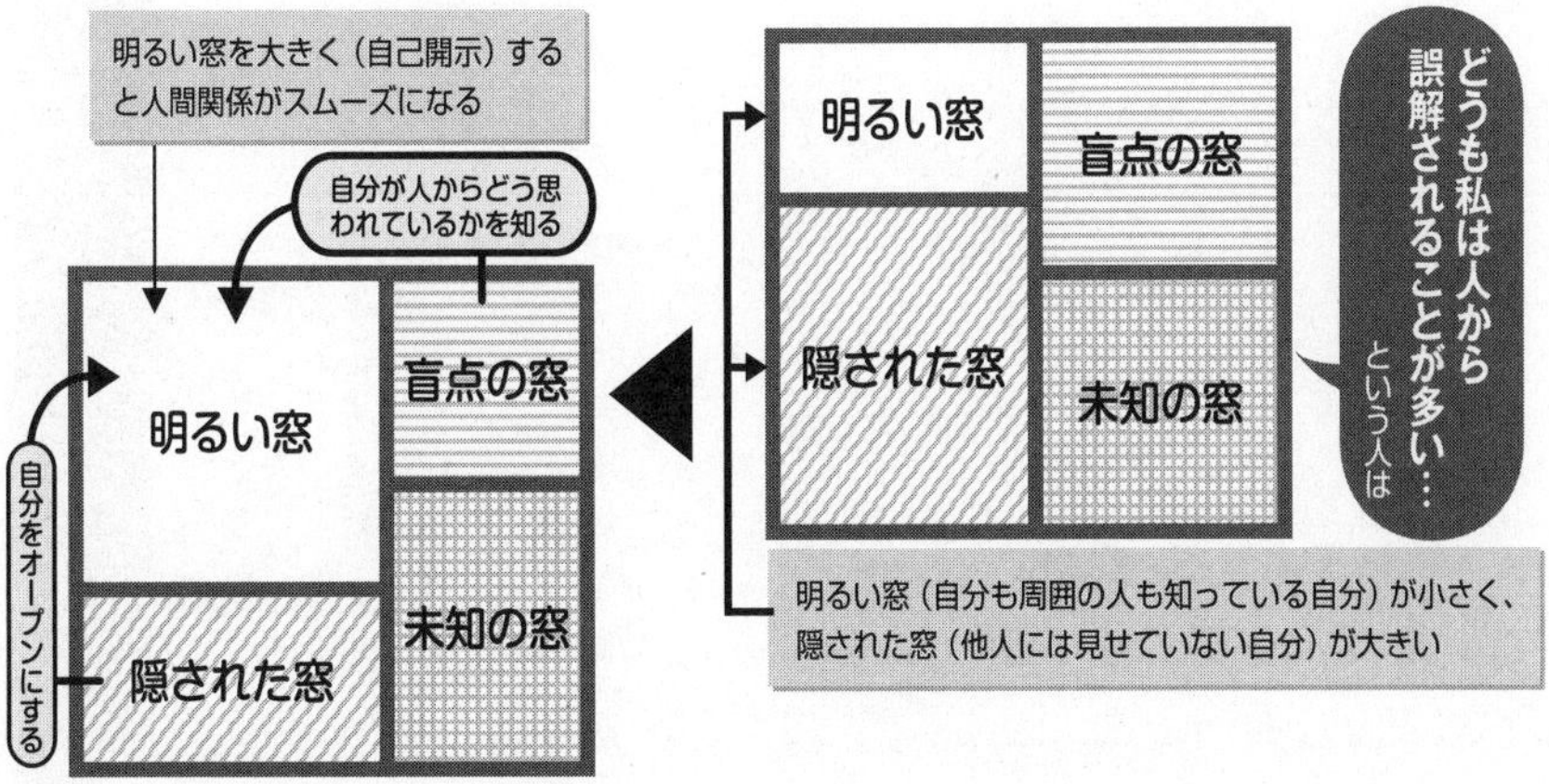

□5つの性格

自分の性格を自分で客観的に位置づけるコツ

人の性格は5つのタイプに分類できる

一般に人間の性格は「おとなしい」「頼りがいがある」「変わっている」などいくつかのタイプに分かれる。これを因子分析という統計手法で、科学的に研究したのが心理学者のアイゼンクである。

それによれば、人間の性格は「外向か内向か」と「情緒の安定の度合い」の2つの構成要素の組み合わせにより、5つのタイプに分類できる。

ここでいう「外向」とは、社交性がある外向とは異なり、物ごとの興味や判断基準を自分の外側に持っていることを指している。

言い換えれば、自分の価値観よりも他人の事情や世間の常識といった、他者の価値観を重視する傾向にあるということだ。

たとえば、外向的で情緒が安定している人はリーダー気質だが、同じ外向的な人でも気分の浮き沈みが激しい情緒不安定型ならば、想像力がたくましく傷つきやすい危険なタイプとなる。

苦手な人の性格をこれに当てはめて理解することで関係性が改善することもある。

◆ あなたはどんな性格？

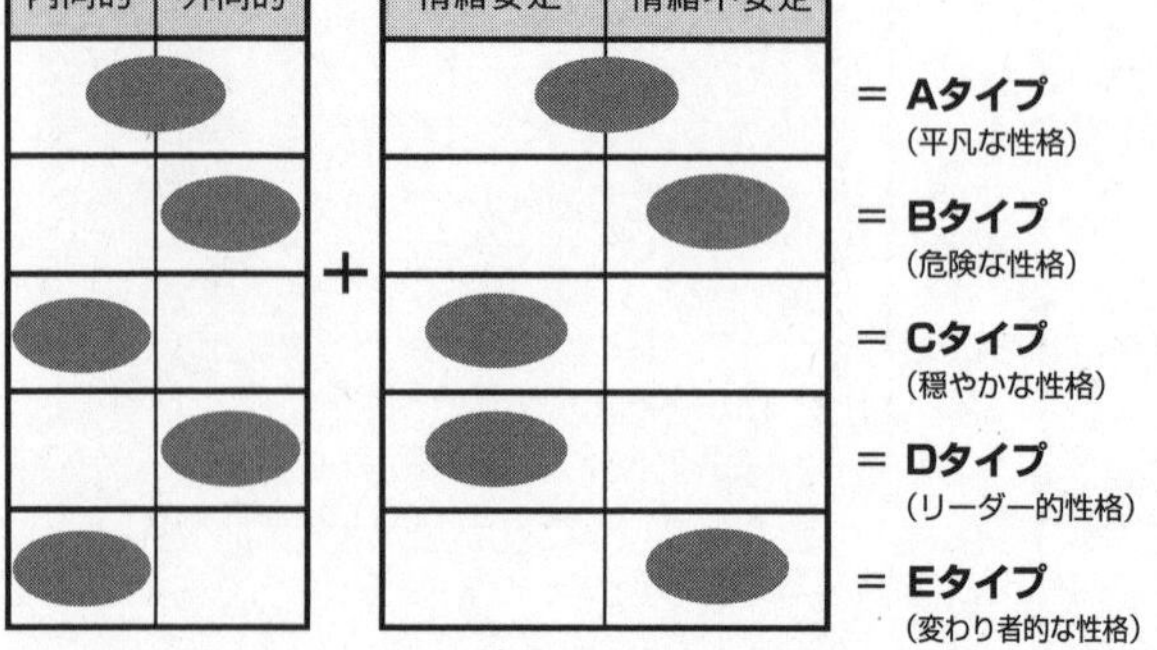

□外罰・内罰・無罰

3つの反応パターンを知れば、簡単に自己分析できる！

問題が起きた時の反応は3つある

職場や家庭でうまくいかないことがあったとき、人は心に不満を溜め込むものだが、心理学ではこのフラストレーションに対する反応が3タイプあるとしている。

ひとつめは、その矛先を外に向ける外罰的反応である。

「ミスをしたのは取引先の理解不足のせい」「遅刻したのは課長に呼ばれたせい」というように、原因を自分以外に求める。他人をひどく責めたり、八つ当たりするタイプといってもいいだろう。

逆に、原因をすべて自分のなかに向けるのが内罰的反応である。

原因が外、つまり自分以外にあるのが明白だったとしても、「それを招いたのは自分」で「私がしっかりしていれば」と、何でも自分のせいにする。

そして、そのどちらにも当てはまらないのが無罰的反応だ。「天気が悪かったから仕方がない」「仕組みがよくない」などと、当事者以外の部分を問題視するきらいがある。とにかく、いずれかの反応が突出しすぎるのは性格的に偏りがあるので改善が必要だろう。

◆ 不満をぶつける先は？

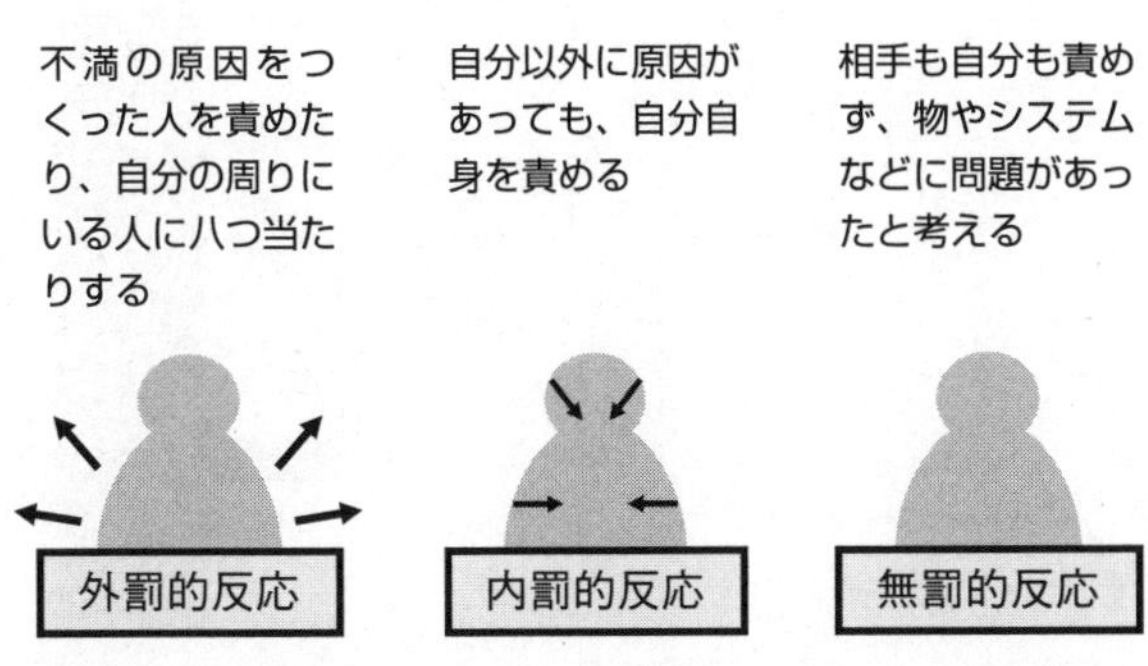
不満の原因をつくった人を責めたり、自分の周りにいる人に八つ当たりする
外罰的反応
自分以外に原因があっても、自分自身を責める
内罰的反応
相手も自分も責めず、物やシステムなどに問題があったと考える
無罰的反応

□上方比較と下方比較

傷ついた心を修復する人間心理のメカニズム

他人を引き合いに出すか、心をコントロールするか

人間は誰しも自分の人格や価値観を大切にしたいと思う「自尊心」を抱いている。人前で他人に叱責されるとひどくショックを受けたりするのも、自尊心が傷つけられるからだ。

しかし、ケガをすれば自己治癒力が働くように、人は傷ついた自尊心を本能的に守って回復しようとする。

その代表的な心理である、

①上方比較

②下方比較

③セルフ・ハンディキャッピング

を紹介しよう。

「下方比較」とは自分よりもさらに悪い状態の人を引き合いにして安心を得るという方法だ。

それとは逆に、自分よりもいい状態の人を引き合いに出す「上方比較」もある。

こちらは「いつかはあの人のように幸せになれる」「私も上達できるはず」といった感情で負った傷を修復しようとする。

心理学においては、自尊心が高ければ高いほどこうした前向きな思考ができると考えられているのだ。

また、自分の心を自分でコントロールすることで自尊心を守る方法もある。

たとえば、ゴルフのラウンド前に「夕べ寝不足で体が重いんだよなあ」などと言い放つ人がいるが、これは、先に自分を不利な状況に

◆ 自尊心を傷つけられた時の心の動き

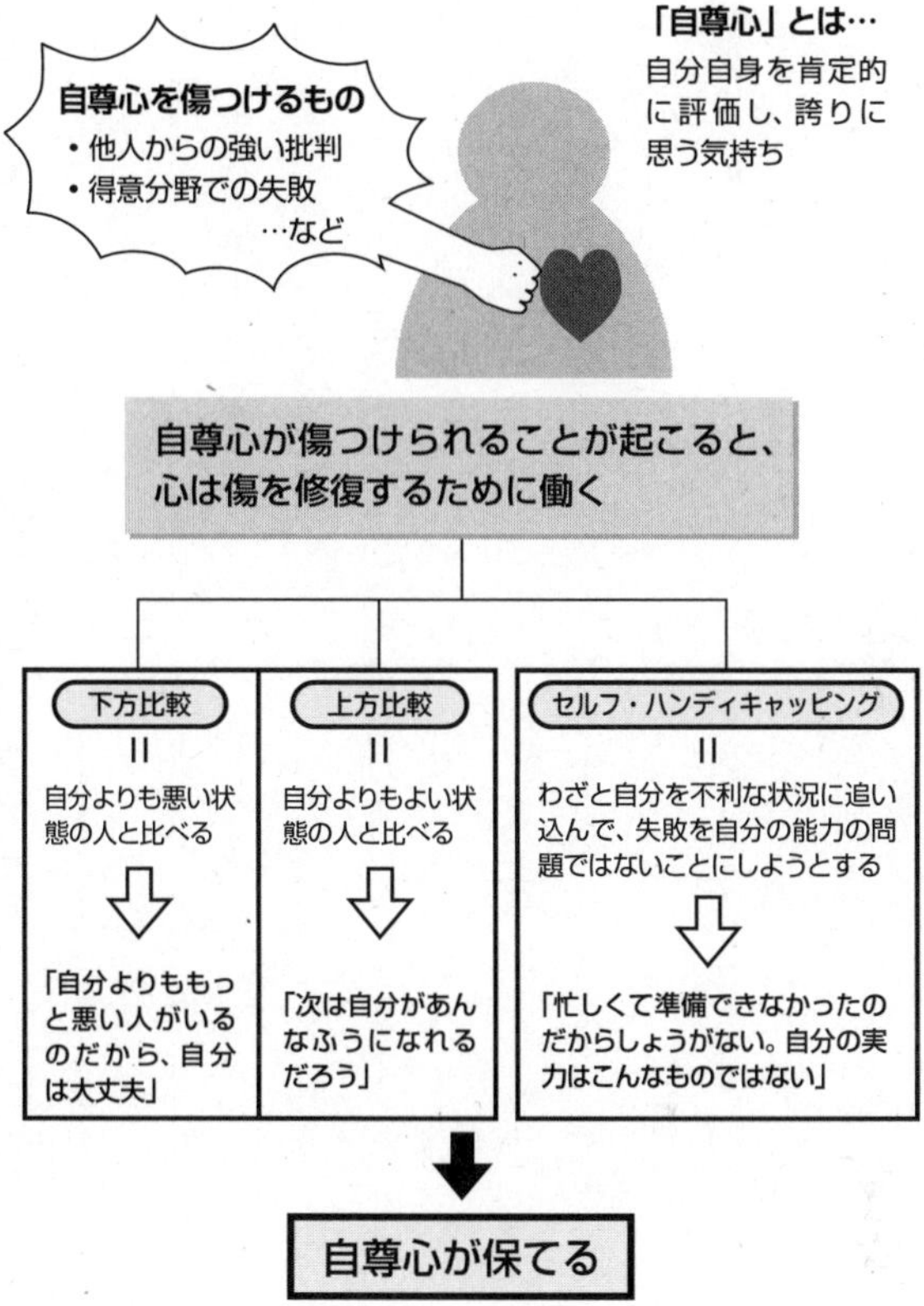

追い込むことで、スコアが悪くても自尊心を保てるようにする「セルフ・ハンディキャッピング」と呼ばれる方法だ。

これなら失敗しても傷つかないし、逆に不利な状況でも良いスコアが出せたとなれば、むしろ自尊心が高まる。

ただし、言い訳がましい印象を持たれやすい。

ちなみに後ろ向きの思考が強いと、他人と比べる下方比較や上方比較では、かえって劣等感に苛まれる場合もある。

自尊心を保つのは大事だが、高すぎても低すぎてもよくないというわけだ。

□逃避と置き換えと投影

無意識のうちに作動する心の安全装置とは？

心にダメージを受けたときはこう対処する

どんなに順風満帆な人生を歩んでいても、長い人生、一度や二度は心に大きなダメージを負うような苦い経験をするものである。

こういう場合、人はそれぞれのやり方で何らかの対処法を施すことになるが、これを心理学では「防衛機制」と呼ぶ。

わかりやすいのは、いやなことがあると酒を飲んだり、パチンコに興じたりする心理である。この行動は「逃避」と呼ばれ、文字通り、現実から目をそむけることで心が壊れるのを防ごうとするものだ。

また、失恋のダメージをほかの異性を好きになることで防御するのを「置き換え」という。

上司に言えない文句を部下に当たり散らしてしまう行為もこの典型だろう。

さらに、自分に不都合な感情を、同じく相手も自分に対して思っていると考える「投影」もある。

これらはいずれも心が壊れるのを無意識に回避する心理で、細かく分ければ10以上のパターンがある。

◆ **精神的ダメージを受けたときの行動と意味**

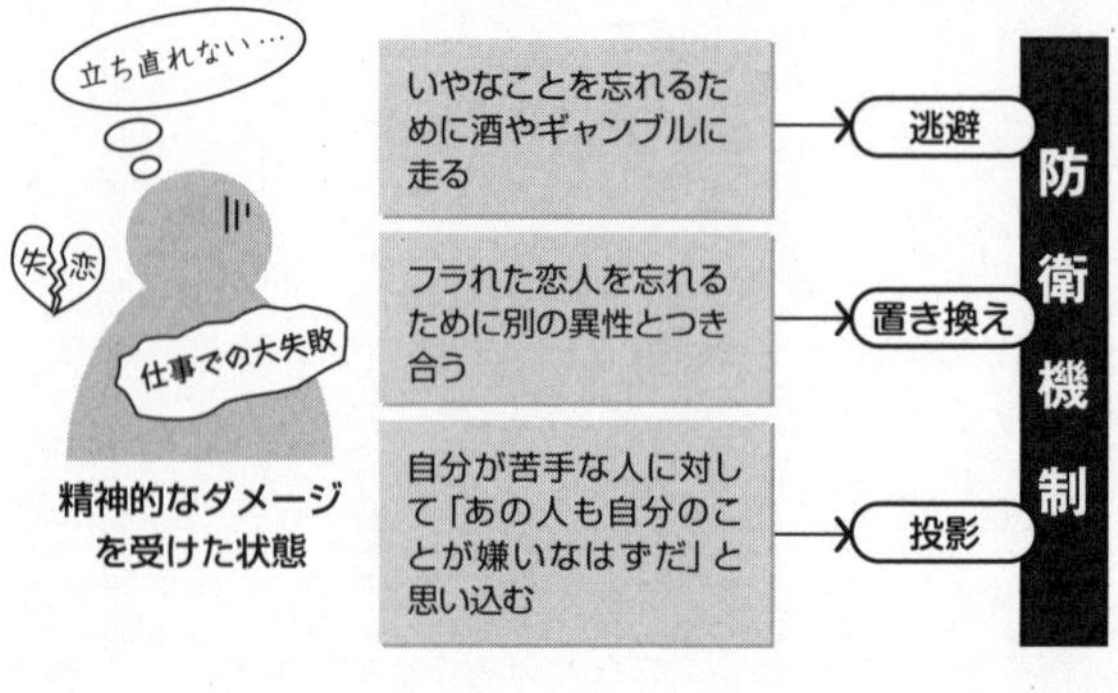

□怒りのセルフコントロール

怒りの感情をコントロールする「向き合い＋整理」の法則

怒りのメカニズムを知っておこう

物ごとがうまくいかないとき、私たちは「怒り」の感情を持つものだが、この感情が生まれる背景には、こんな心の動きがある。

人間は物ごとに対して、ある程度の予測を立てる。そして、その期待が裏切られて不安を覚えると、そこに自己防衛が働く。その自己防衛こそが怒りの感情なのだ。

たとえば、相手が約束の時間に現れなかった場合だと、「もうすぐ来るはずだ」（期待）→「忘れられたのかな」（不安）→「何時間待たせるんだ！」（怒り）…となるわけである。

だが、この怒りをストレートに相手にぶつければ、人間関係がこじれるのは必至だ。そこで、意図的に感情をコントロールして怒りを鎮める術が必要になってくる。

それには、原因を客観的に見直したり、逆に考えないようにしたりするなどの方法がある。

怒りを外に出すか、内に秘めるかで性格の印象は大きく変わる。

そこで、感情をコントロールすれば、少なくとも負の感情に支配されるようなことはないだろう。

◆「怒り」が起こるメカニズム

人は「行動」と「結末」をある程度予測して生きているため、予測と異なる結末になりそうになると不安になり、怒りが起こる

〈怒りを鎮めるためには…〉

- 自分がなぜ怒っているのか、その原因を考える
- 第三者に話を聞いてもらう
- 怒っていることを考えないようにする

□2つの自己観

日本人が知らない日本人の「幸福感」の謎

「自分とは何か」という問いにどう答えるか

外国人に接すると、人の考え方や行動パターンの違いを痛感することがある。

そのヒントになりそうなのが、心理学者の北山忍とヘーゼル・マーカスの両氏が唱えた「文化的自己観」の違いだ。

文化的自己観とは、平たくいえば特定の地域やグループで培われた文化のなかで生まれた「自分」に対する考え方のことで、これには大きく2タイプあるという。

ひとつは、欧米人に多くみられる「相互独立的自己観」で、「自分」はあくまでも独立した存在であり、他人や世の中の出来事とは区別するという考え方である。

そして、もうひとつがアジア人に多くみられる「相互協調的自己観」である。

こちらは「自分」は他者や社会とのかかわりがあって存在していると考えるというものだ。

つまりこの両者は、自己に対する考え方が正反対であるともいえる。

考え方の違いは、たとえば「あなたはどういう人ですか？」という質問に対する答えにも現れたりする。

相互独立的自己観を持つ人は、自分の属性は自分の内部にあると考えているため「私は頭がいい」「面倒見がいい」というように、

◆「自分の定義」は文化圏によって異なる

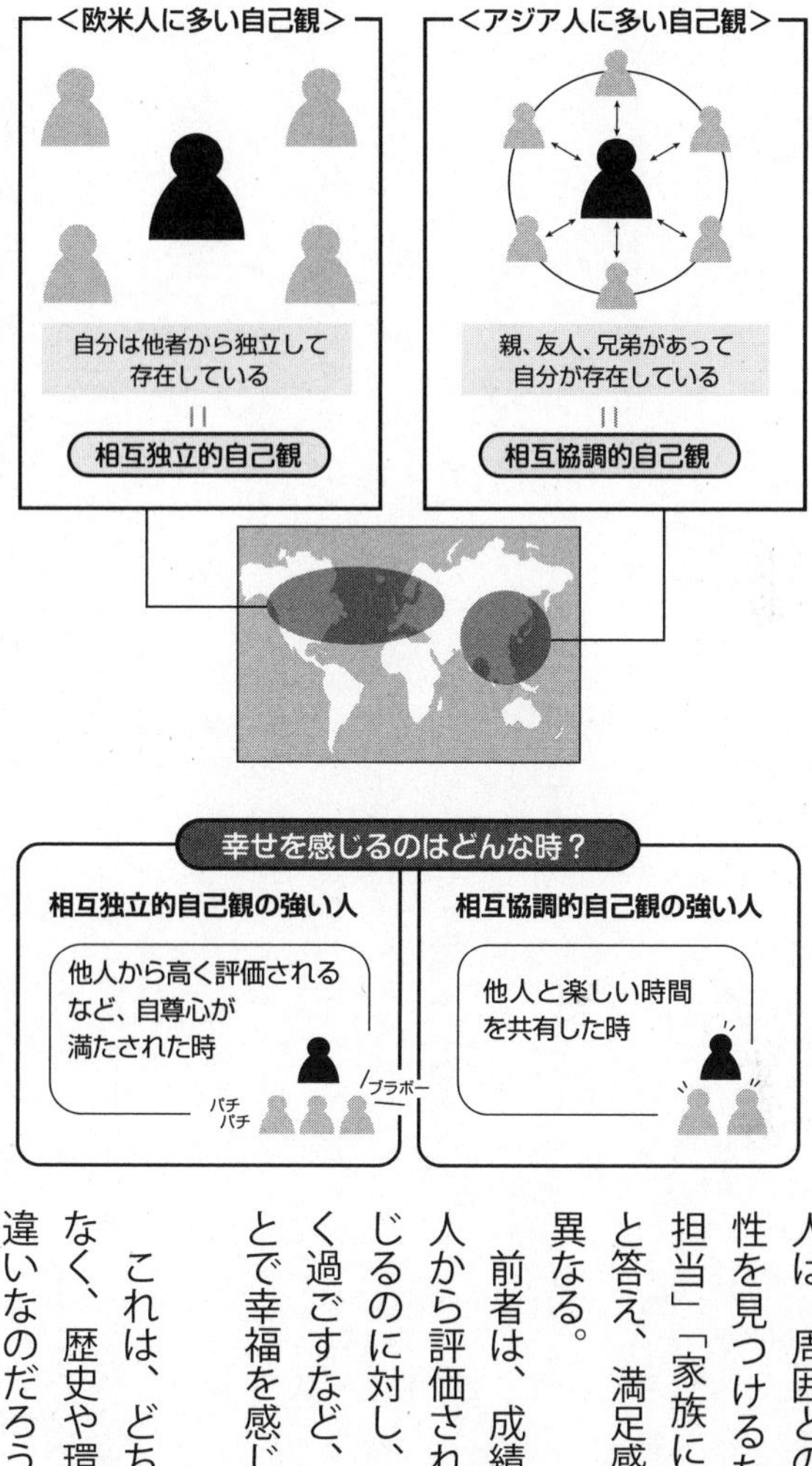

自分の長所や特性を答える傾向がある。

一方、相互協調的自己観を持つ人は、周囲との関係性のなかに属性を見つけるため、「A社の営業担当」「家族にはやさしい」などと答え、満足感を得るポイントも異なる。

前者は、成績や能力を社会や他人から評価されることに喜びを感じるのに対し、後者は他人と楽しく過ごすなど、仲間と調和することで幸福を感じるのである。

これは、どちらがいい悪いではなく、歴史や環境による考え方の違いなのだろう。

□欲求の5段階

「こうなりたい」という10年後の自分を想像してみる

自分の成長を促す「欲求」を持ち続ける

人間は欲をかいて生きるものだが、心理学には、そうした欲求こそがじつは人間を成長させてくれるという考え方がある。

それが、心理学者マズローによる「欲求5段階説」だ。この説は、人間の欲求は5段階に分けられ、ひとつの階層の欲求がある程度満たされると、また次の欲求が生まれるという心理を説いており、ピラミッド構造になっている。

第1段階から順に、生理的欲求、安全欲求、親和欲求、自尊欲求と続くが、この4段階までは基本的欲求で、もしもこれらが足りなければ満たされない欲求を意味するので欠乏欲求とも表現される。

そして、それらがすべて満たされると第5段階の「自己実現欲求」が出現する。これは自分の可能性を引き出し、さらに人間として成長したいという欲求で、基本的欲求とは異なる性格を持つために「成長欲求」に区分される。

◆ 欲求５段階説

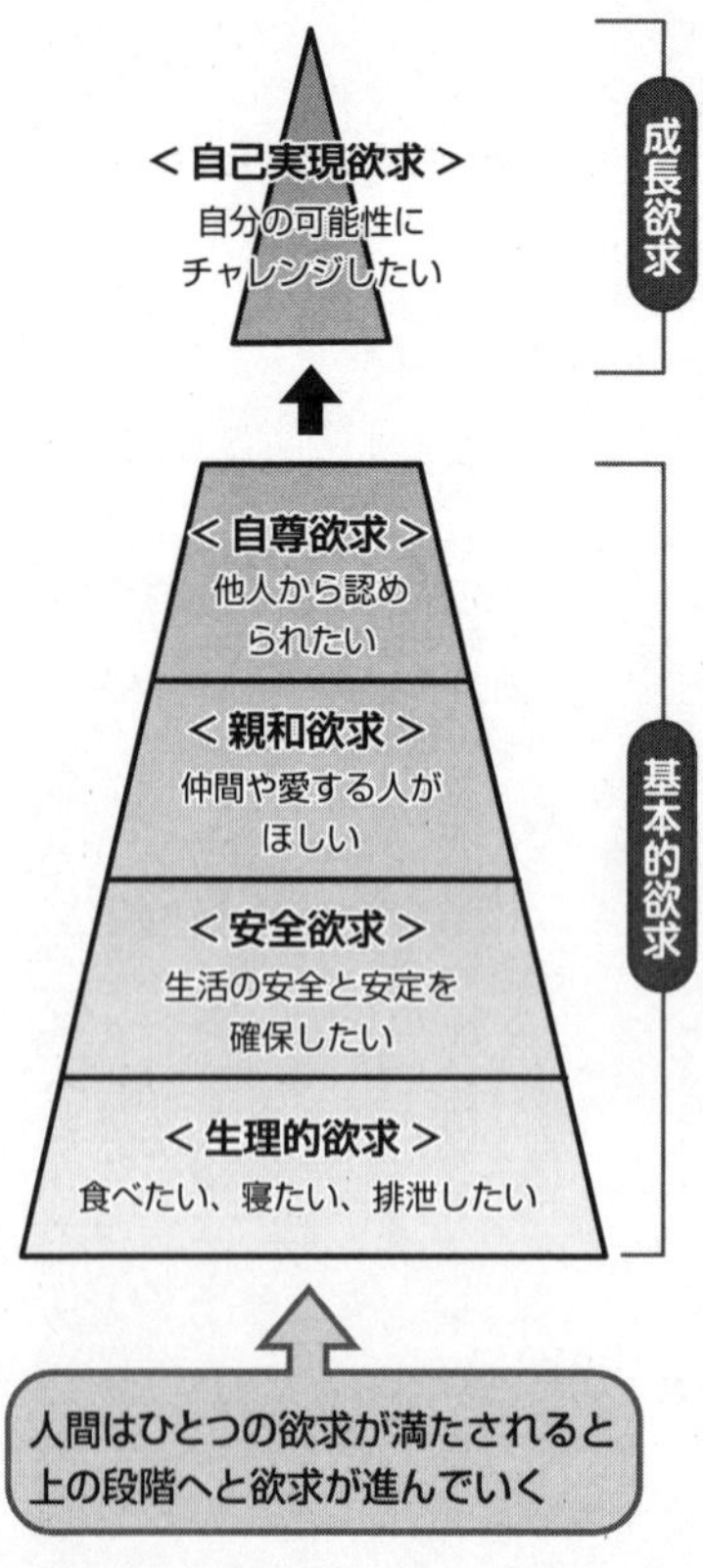

□原因の見つけ方

いつも結果を出せる人は「原因」の考え方がひと味違う

頑張ってもうまくいかないときの考え方

どんなに頑張っても物ごとがうまくいかないときは、「何が悪いのだろう?」と原因を探るものだが、この考えはその後の行動や結果にも大きな違いをもたらす。これが「原因帰属理論」だ。

たとえば「うまくいかないのは自分に能力がないせいかもしれない」という考え方をすると、気持ちは自然と落ち込み「どうせこのまま続けていても無駄だ」という勝手な思い込みへと発展する。

ところが、「うまくいかないのは方法が間違っているからかもしれない」と考えれば、話は変わってくる。

やり方を試行錯誤することで気分は前向きになり、意欲もみなぎってくる。こうなると、いい結果を招く確率もぐんと上がるのだ。

もちろん、この原因帰属は自分のことやうまくいかなかったときだけでなく、他人の行動や身の回りの出来事にも当てはまる。

ただ、原因を考えるうえでの思考の違いが、その後の行動に違いをもたらすという点では共通しているといえるだろう。

◆ 結果を出す人、出せない人の「原因」の考え方の違い

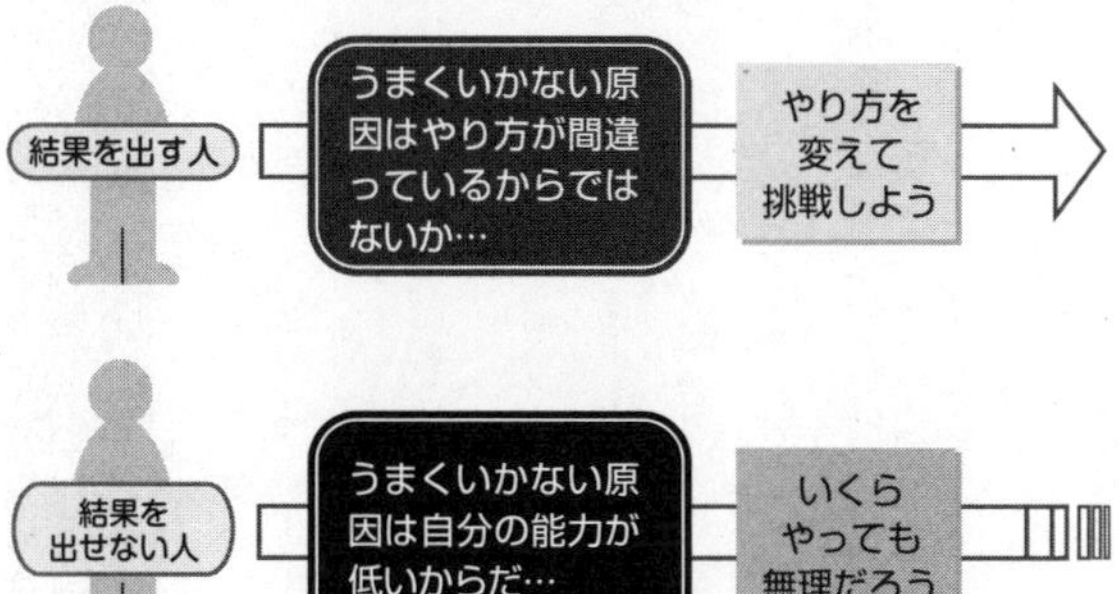
結果を出す人
うまくいかない原因はやり方が間違っているからではないか…
やり方を変えて挑戦しよう
結果を出せない人
うまくいかない原因は自分の能力が低いからだ…
いくらやっても無理だろう

□効力期待と結果期待

自分ならできるという確信が生まれる「自己効力感」とは？

「意欲」を保つには「期待」の持ち方にコツがいる

何をやっても長続きしない三日坊主タイプはどこにでもいるが、そういう人が全員飽きっぽい性格なのかといえば、必ずしもそうとは限らない。

新しいことに取り組む意欲はあるのに、目標の立て方を間違えているというケースもあるからだ。

たとえば、ダイエットのために毎朝1時間のジョギングを始めることにしたとする。半年後には体重が10キログラム痩せる計算だとしても多くの人はやる前から挫折してしまうだろう。

なぜなら、目標が高すぎて、やる気よりも不安が大きくなってしまうからだ。何かを成就するには「私はこれを絶対やり遂げる」という自信が不可欠だ。

心理学ではこれを「自己効力感」と呼んでおり、この効果についてはカナダの心理学者バンデューラが「自己効力感理論」のなかで唱えている。

この理論では、意欲を保ち続けるには「効力期待」と「結果期待」の2つがそろわなければならないとしている。効力期待は「このくらいならやれそうだ」という自身の見込みで、結果期待は「これを続ければ望みが叶うはずだ」という結果の見込みである。

「週3回30分も走れば、3か月で5キログラム痩せる」のように現実的な目標に改めれば、効力期待も結果期待も高まる。

◆自分はこの目標を達成できるという確信が持てる「自己効力感」

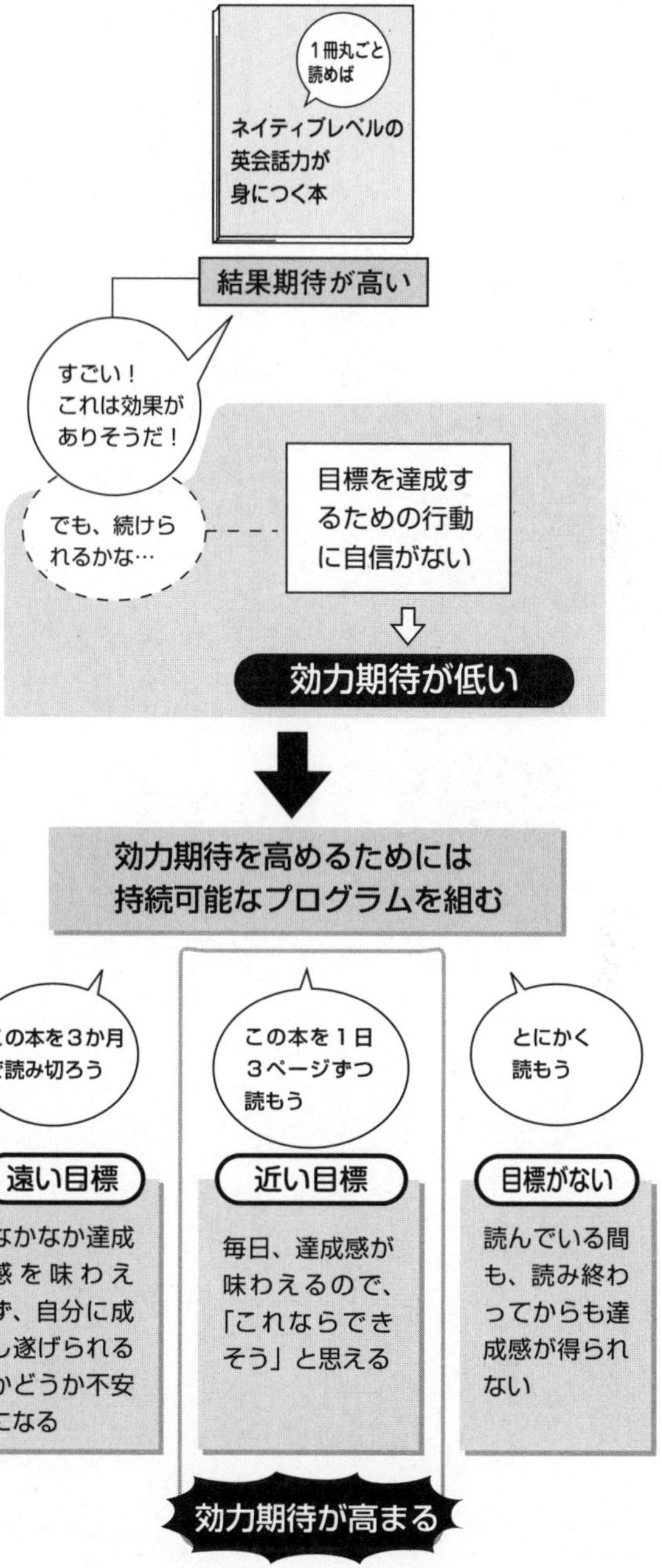

□ABC理論

物ごとの見方をガラリと変える「ABC理論」の秘密

思考のプロセスを点検してみる

仮にデートをすっぽかされたとする。だが、同じ目に遭っても怒る人、許す人、平然としている人とさまざまだ。

こういうとき、怒りを感じるのは「デートをすっぽかされたから」だと我々は考えがちだが、じつはそうではなく、「デートをすっぽかされた＝出来事（A）」と「怒る＝結果（C）」の間には「信念や考え方＝（B）」が存在すると説いたのが「ABC理論」である。

Bにはもちろん個人差が出る。デートをすっぽかされたことで、Bが「自尊心を傷つけられた」となる人は、Cは「怒り」になるが、Bで「相手にも事情があったのだろう」などと考える寛容な人は、Cの結果は「許す」となる。

つまり、受け止め方の違いによって感じ方は異なってくるのだ。ピンチをチャンスに変えられる人は、Bの思考が凝り固まっていない柔軟な人である。

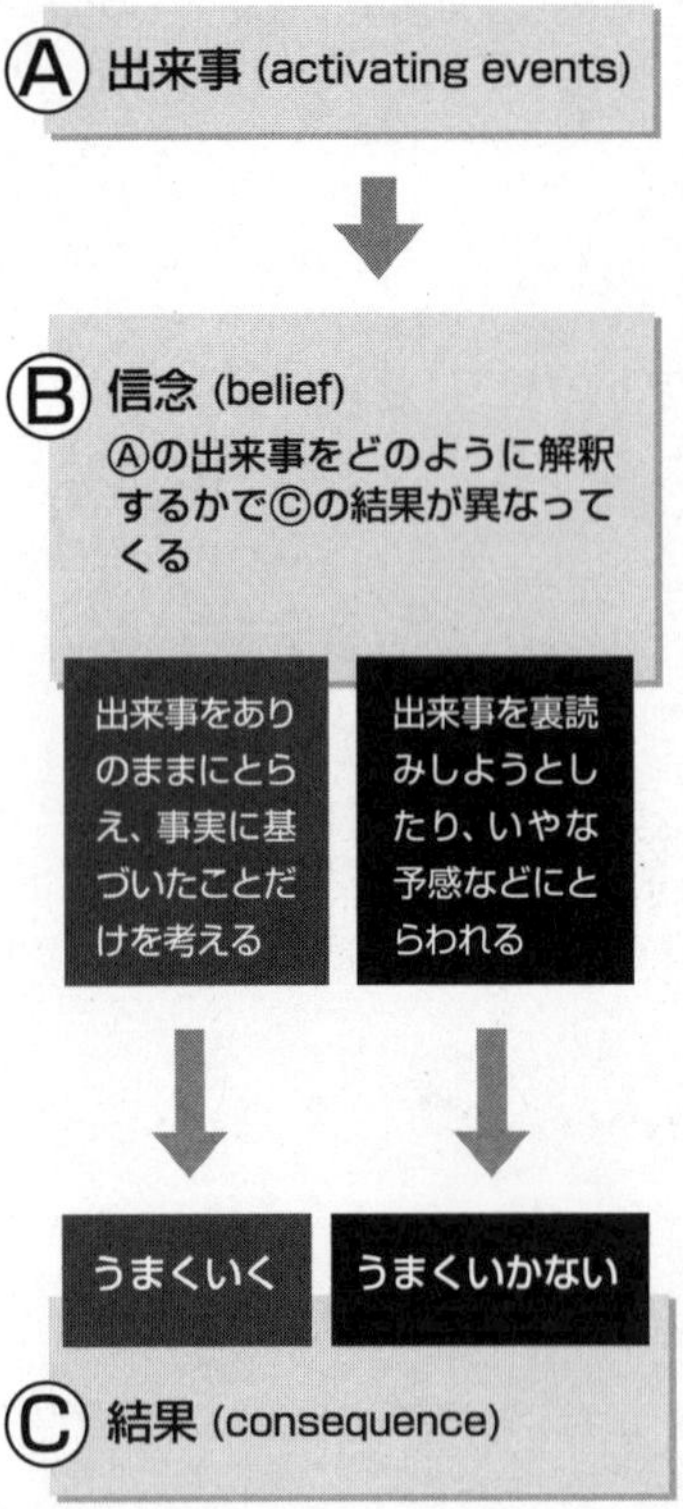

Ⓐ 出来事 (activating events)
Ⓑ 信念 (belief)
Ⓐの出来事をどのように解釈するかでⓒの結果が異なってくる
出来事をありのままにとらえ、事実に基づいたことだけを考える
出来事を裏読みしようとしたり、いやな予感などにとらわれる
うまくいく
うまくいかない
Ⓒ 結果 (consequence)

□結論の先送り

結論を出さないほうがうまくいく「先送りの理論」とは？

見通しを甘くして「できない」思考を引っ込める

「結論を先送りにする」という表現は、何かとネガティブにとらえがちだが、じつはあながちそうともいえない。

たとえば、現在年収５００万円のあなたの目標が「年収１０００万円」だとしよう。

仮に、その達成の期限を1年後と設定すると、この目標は現実的に考えて無理だと判断してあきらめてしまうが、これを10年後に変更したらはたしてどうだろうか。

そこであなたは、「10年後という遠い未来であれば、その頃には達成できているかもしれない」と考えるだろう。

そして、ある程度見通しが立ったところで、キャリアアップに関するあらゆる選択肢や可能性を考えられるようになるのだ。

つまり、人間は近い将来のことには現実的になり、合理的な判断をして選択肢を減らしてしまうが、結論を先送りにすることでそれを防ぐことができるのである。

これを逆手にとれば、相手を説得したり反対派を減らすといったことにも応用できる。

◆ 先送りをするとどうなるか

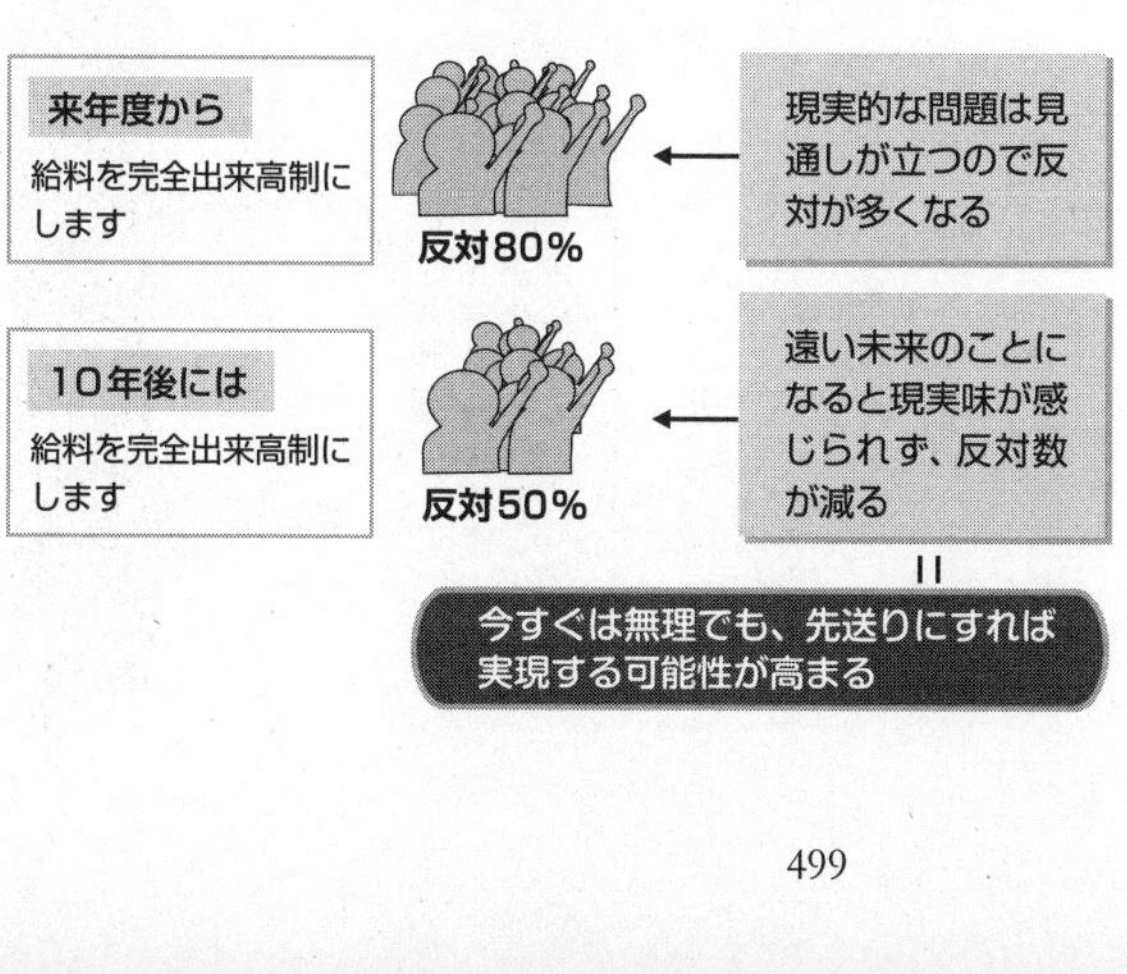
来年度から
給料を完全出来高制にします
反対80％
現実的な問題は見通しが立つので反対が多くなる
10年後には
給料を完全出来高制にします
反対50％
遠い未来のことになると現実味が感じられず、反対数が減る
||
今すぐは無理でも、先送りにすれば実現する可能性が高まる

□計画的行動理論

「言うこと」と「やること」が一致しない人の共通点

何が人の行動に影響するのか

マーケティングの世界などではよくいわれることだが、消費者がモノを買うまでのプロセスには「認知」「感情」「行動」がある。

心理学においては行動に至るまでのこの一連の要素を「態度」と呼ぶのだが、たとえば、新発売のお菓子があったとすれば、「新しい商品が出た」という認知があり、次に「おいしそうだな、食べてみたいな」という感情が起こり、最後に「よし、買おう」となって行動につながる。

①新しい商品が出た（認知）
②おいしそう（感情）
③よし、買おう（行動）

これが新商品に対する「態度」だ。

しかも、これは消費行動だけに限らず「食べる」「歩く」といった人間の行動すべてに当てはまる。

そうなると、人間の行動はおおむね態度によって決まるといえそうだが、ときには態度と行動が一致しないケースもある。

太るとわかっているのに夜食のラーメンがやめられない…。

このような行動と態度のアンマッチを説明しているのが、フィッシュバインとエイゼンが提唱した「計画的行動理論」だ。

これによれば、行動を決めるのは態度よりも意図で、そこには他

◆ 態度と行動を一致させるためには
どうすればいいか

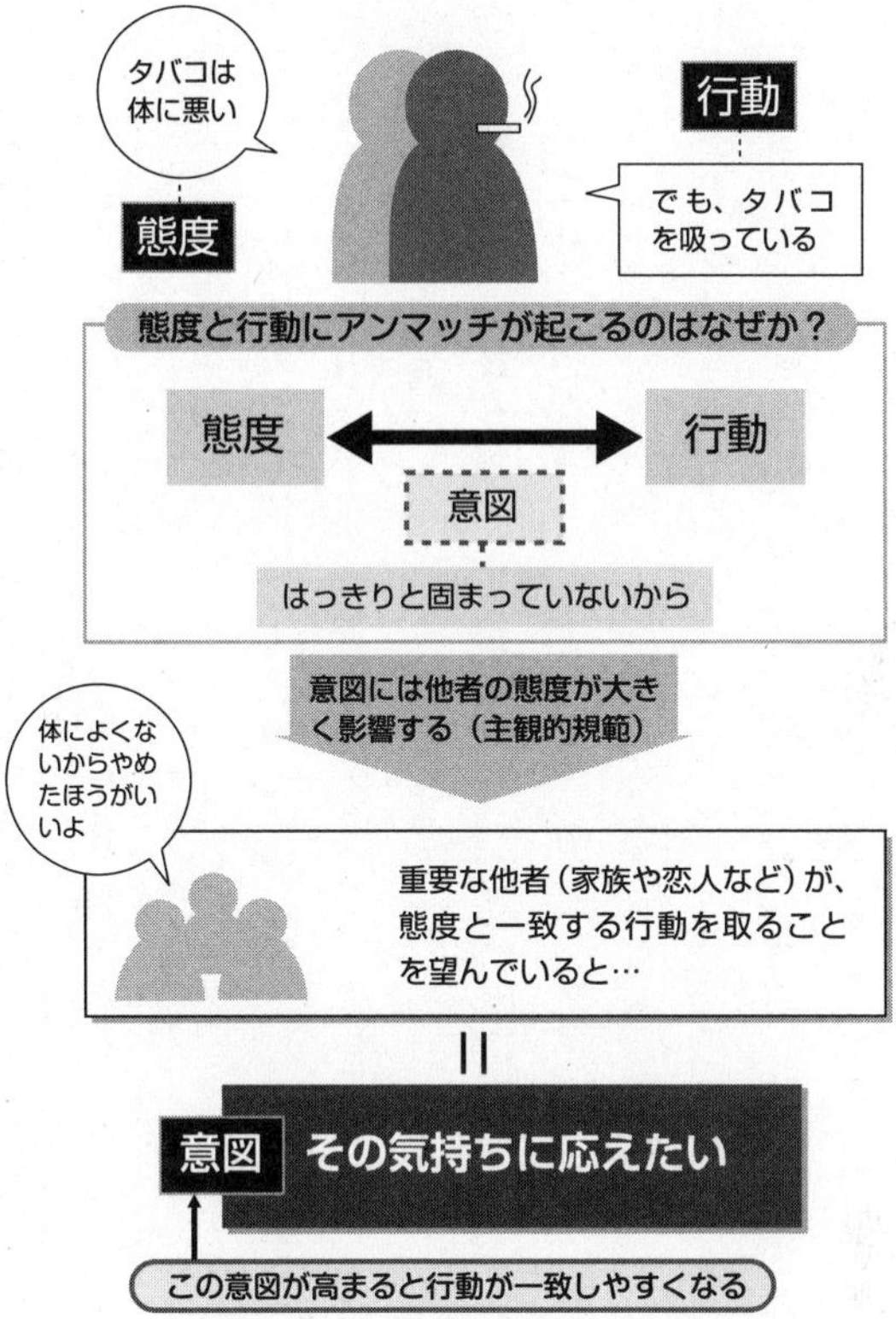

者の態度が大きく影響する。これを「主観的規範」と呼ぶ。

「深夜のラーメンは体によくない」ということは本人はわかっている。

そこへ親しい人が「体によくないからやめたほうがいい」と助言したとしよう。こうなると食べないという意志が固まり、「よし、やめよう」と実際の行動が促される。

このとき、心のなかでは「親しい人の期待に応えたい」という心理が働くのである。

つまり、自分がしようとしている行動が周囲からも求められていると感じると、人の言動は一致しやすいというわけだ。

□記憶の仕組み1

「繰り返し」で強化される記憶のメカニズムとは？

記憶の鮮度を保つには、変化をつけたリピートが必要

何かを覚えるために「反復」という手がある。たとえば歴史の年号や化学記号、役者のセリフなどを覚えるときに使うものだ。

だが、この繰り返し作業が常に記憶の強化につながるとは限らない。じつは、それを説明する代表的な例にテレビコマーシャルがある。同じ内容を繰り返すCMはそれなりにインパクトがあるが、見慣れると鮮度が失われて記憶はしだいに薄れていってしまう。

ところが、同じ商品でも少しずつ表現方法を変えてCMのバリエーションを増やすと、それに対する記憶の鮮度が保たれ、より印象に残るのだ。

これは実際に、オハイオ州立大学のマッコロー博士の調査でも証明されている。

つまり、人の記憶は同じ言葉やイメージをただ繰り返すだけでなく、変化をつけてリピートすることで強化されるということなのだ。

これを理解しておけば、たとえば相手を説得したい場合など、どのようにアプローチすればいいかのヒントになるだろう。

◆ バリエーションのある繰り返しに効果がある

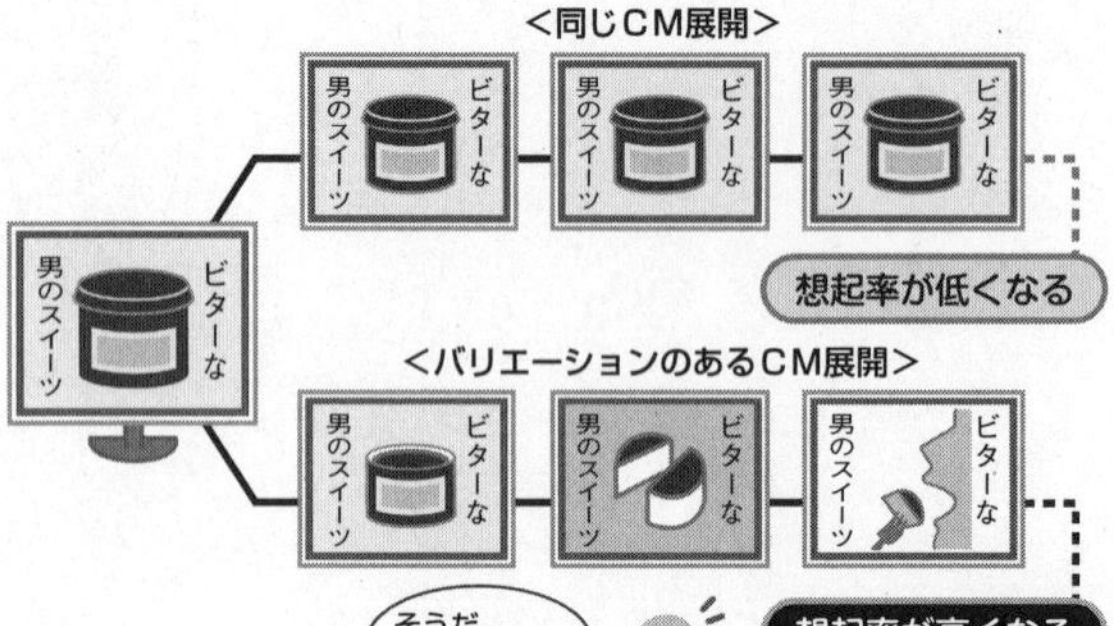

□記憶の仕組み2

3回繰り返せば記憶は書き換えられるというのは本当か

暗示にかかれば間違った情報が簡単に刻まれる

人間の記憶力は意外と曖昧なものである。古い知り合いと昔話をしていて、「こんなことあったよね」と言われて「あれ？　そうだっけ？」と首をひねることもけっして珍しいことではない。

記憶の正確性に関しては、イギリスのある大学で行われた実験が興味深い。

その内容は、255人の大学生を対象に5分間の強盗シーンのビデオを上映するというもの。そして、その後で実際にはビデオに映っていないが、わざと「犬が吠えてましたよね」と問いかけるのである。

すると、1回だけの問いかけでも記憶は曖昧になり、このことを3回吹き込むと、相手は暗示をかけられたかのように「犬が吠えていた」というウソの情報にも疑問を感じなくなったというのである。

日常生活でもこうした記憶の歪みが利用されるケースがある。

たとえば、仕事で「今日が締め切りって伝えてありましたよね」と強気に出れば、相手はあわてて仕上げてくれるかもしれない。

◆３回繰り返されると記憶は曖昧になる

黒い野球帽
ビデオの中で少年は赤い野球帽をかぶっていましたが…
その赤い野球帽は…
赤い野球帽が飛んでいったとき…
フムフム…
あの少年がかぶっていた野球帽は「赤」だった！
記憶の書き換え

□記憶の仕組み3

感動を伴った体験が記憶に深く刻まれる理由

「感動的な記憶」は脳に刻まれる経路が違う

自分が見聞きしたものをすべて記憶しているという人はまずいない。

ふつうは、どうでもいいことはものの数日で忘れてしまい、よほど印象が強い出来事だけを覚えているものである。

では、この記憶という網に引っかかる「よほど印象が強いこと」とは具体的に何か。たとえば、感動を伴う出来事などはその代表といっていいだろう。

学生時代は日本史の授業が苦手だったのに、好きな時代劇や小説では歴史の流れや人物の相関図をしっかり把握できるという人はけっこう多いはずだ。

どんな気持ちで向きあったか、ということが記憶力に影響するというのは誰でも実感できるだろう。

また、初めてのデートで一緒に観た映画の内容や食事のメニューや、着ていた洋服なども鮮明に思い出せたりする。

これらの記憶が強烈なのは、そこにドキドキやワクワクといった感情が伴っているからなのである。

脳内の話をすると、記憶は神経細胞をつなぐシナプスなどさまざまな経路を辿って海馬へと辿り着き、そこで初めて記憶として刻まれる。

ところが、そこに喜怒哀楽の感情が伴うと最短経路で海馬へとつ

◆ どんな気持ちで情報をインプットしたかで記憶力は変わる

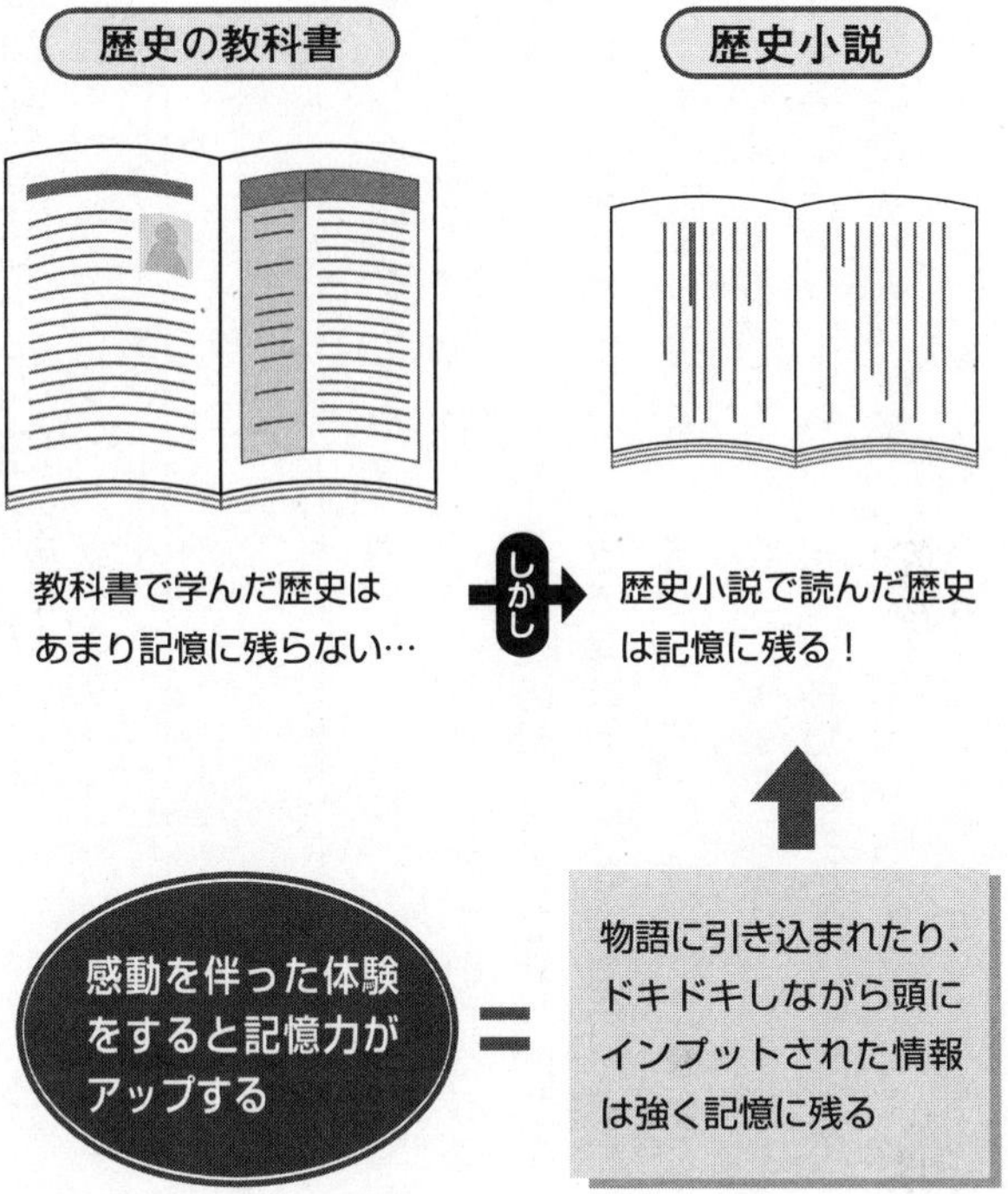
歴史の教科書
歴史小説
教科書で学んだ歴史はあまり記憶に残らない…
しかし
歴史小説で読んだ歴史は記憶に残る！
感動を伴った体験をすると記憶力がアップする
＝
物語に引き込まれたり、ドキドキしながら頭にインプットされた情報は強く記憶に残る

ながるので、記憶はより強く刻まれる。

結果としていつまでも脳内にとどまっているのである。

もちろん、楽しい思い出だけでなく何日も泣き明かしたような悲しい体験や、激しい怒りを覚えたような出来事なども、同じように強烈な記憶として刻まれているはずだ。

2人が同じできごとを体験しているのに、片や記憶が鮮明で、一方でほとんど記憶がないというケースがあるが、これは両者の心の動きにかなりの温度差があった証拠なのだ。

したがって記憶がないことを責めても無駄なのである。

□フォールス・メモリ

歪んだ記憶が定着してしまう「フォールス・メモリ」とは？

記憶のエラーは誰にでも起こり得る

ある日突然、身に覚えもないのに、いきなり友人から「そういえば昔、おまえに金を貸したことがあったよな」などと言われたら誰だって驚くはずだ。

この友人をただの妄想家だと思うかもしれないが、じつは一概にそうともいえないところがある。

心理学には「実際にはないにもかかわらず、あったかのように錯覚する記憶」を意味する「フォールス・メモリ」（偽りの記憶）があるからだ。

これは、たとえばイヤな事件を取り上げたニュースを目にしたときに、「そういえば私も同じ目に遭ったかもしれない」という間違ってとらえた過去を無理やり掘り起こし、そのうえで記憶を膨らませてしまうような心理のことである。

こうした記憶のエラーは、記憶する力に障害があるかどうかではなく、誰にでも起こり得る。

とくに海外ではカウンセリングでのセラピストの誘導によってフォールス・メモリが引き起こされトラブルへと発展した例も多い。

◆フォールス・メモリ＝「偽りの記憶」

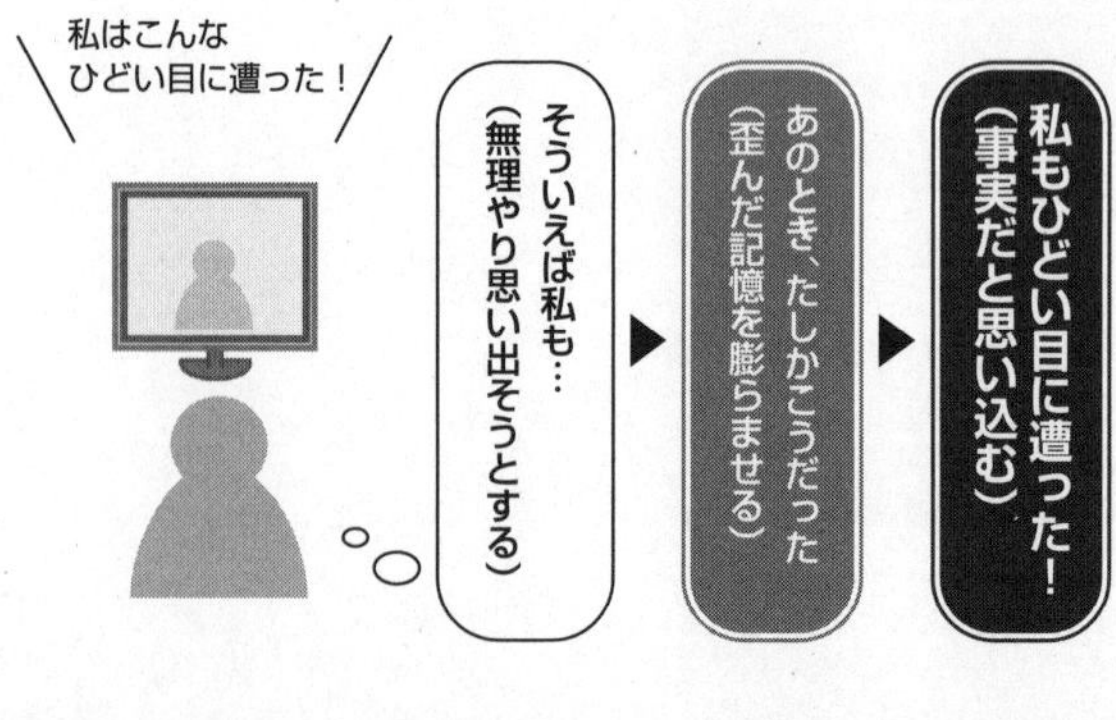
私はこんな
ひどい目に遭った！
そういえば私も…
（無理やり思い出そうとする）
あのとき、たしかこうだった
（歪んだ記憶を膨らませる）
私もひどい目に遭った！
（事実だと思い込む）

◆参考文献

『つい、そうしてしまう心理学』（深堀元文／日本実業出版社）、『会った瞬間にその人がわかる本』（田村正晨／経済界）、『言葉のくせで説得する』（三村侑弘／自由国民社）、『説得の達人』（多湖輝／ごま書房）、『男は女に何を隠したがるか』（櫻井秀勲／青春出版社）、『得するしぐさダメなしぐさ』（渋谷昌三／新講社）、『「動きの癖」で人間がわかる』（馬渕哲、南條恵／日本経済新聞社）、『外見だけで人を判断する技術』（渋谷昌三／PHP研究所）、『会話のパターンで性格を見抜く』（篠木満／日本実業出版社）、『「しぐさ」を見れば心の9割がわかる！』（渋谷昌三／三笠書房）、『FBI捜査官が教える「しぐさ」の心理学』（ジョー・ナヴァロ、マーヴィン・カーリンズ著、西田美緒子訳／河出書房新社）、『いままで解らなかった相手がわかる心理学練習帳』（匠英一／東京書籍）、『日米ボディートーク―身ぶり・表情・しぐさの辞典』（東山安子、ローラ・フォード／三省堂）、『うなずく人ほど、うわの空―しぐさで本音があばかれる』（ピーター・コレット著、古川奈々子訳／ソニーマガジンズ）、『図解雑学 見た目でわかる外見心理学』（齊藤勇／ナツメ社）、『しぐさで心理を読む方法―ココロと動作の不思議を解く人間観察学』（山辺徹／河出書房新社）、『「あの人は何を考えているのか」が面白いほど分かる本』（内藤誼人／光文社）、『しぐさや表情で9割見抜く心理術―外見だけでホンネを見抜くワザ』（樺旦純／日本文芸社）、『本音は顔に書いてある』（アラン・ピーズ、バーバラ・ピーズ著、藤井留美訳／主婦の友社）、『その人の性格を一目で知る方法―「しぐさ」で見抜く1分間人間診断』（田村正晨／河出書房新社）、『しぐさと表情の心理分析』（工藤力／福村出版）、『怖いくらいわかる男の性格診断』（小池惠子／三笠書房）、『「しぐさ」の人間診断―相手のココロを見ぬく』（志賀貢／廣済堂出版）、『上手なウソの作法―人間関係を温かくする』（内藤誼人／日本経済新聞社）、『外見だけで性格を見抜く技術』（渋谷昌三／幻冬舎）、『底の底まで「相手の心」がわかる本』（樺旦純／大和書房）、『一瞬の表情で人を見抜く法』（佐藤綾子／PHP研究所）、『図解心理分析ができる本』（齊藤勇／三笠書房）、『しぐさで勝つ！ ビジネス心理術』（内藤誼人／ソフトバンククリエイティブ）、『らくらく入門塾心理学講義』（渋谷昌三／ナツメ社）、『なぜ、あの人は〝人付き合い〟が上手いのか』（和田秀樹／ゴマブックス）、『なかなか決められない！損な人たちの心理分析』（齊藤勇／大和書房）、『幸運をつかむ人の心理学』（渋谷昌三／文香社）、『人間関係がラクになる心理学（愛蔵版）』（國分康孝／PHP研究所）、『イヤな気分をうまく手放す気持ちの切り替え方 落ち込み・不安・怒りとつきあう心理テクニック』（最上悠／PHP研究所）、『人の心がこわいほどわかる深層心理トリック』（樺旦純／日本文芸社）、『面白いほどうまくいく心理戦術』（渋谷昌三／東洋経済新報社）、『相手をどう読み自分をどう見せるか』（齊藤勇／日本実業出版社）、『おもしろくてためになる心理学雑学事典』（渋谷昌三／日本実業出版社）、『これだけは知っておきたい「心理学」の基本と実践テクニック』（匠英一／フォレスト出版）、『大事なときに緊張しないですむ方法 肩の力がフッと抜けるリラックス術』（松本桂樹／大和書房）、『齋藤式潜在力開発メソッド』（齋藤孝／マガジンハウス）、『やる気の育て方』（海原悠雲／インフォトップ出版）、『「仕事がイヤ！」を楽にするための本』（笹氣健治／秀和システム）、『自分は評価されていないと思ったら読む本』（小笹芳央／幻冬舎）、『「行動力」で成功する人の7つの習慣』（植西聰／KKロングセラーズ）、『ビジネスセンス10倍アップ土曜日力の鍛え方』（小石雄一／明日香出版社）、『自分に気づく心理学（愛憎版）』（加藤諦三／PHP研究所）、『他人は変えられないけど、自分は変われる！』（丸屋真也／リヨン社）、『急いでいるときにかぎって信号が赤になるのはなぜ？』（セルジュ・シコッティ著、神田順子・田島葉子訳／東京書籍）、『「こころのピンチ」を救うシンプルな考え方』（和田秀樹／新講社）、『人生を好転させる「新・陽転思考」事実はひとつ考え方はふたつ』（和田裕美／ポプラ社）、『「こころ」の発見〝本当の自分〟はどんな人間か？』（渋谷昌三／文香社）、『こころが軽くなる気分転換のコツ』（大野裕／大和書房）、『説得・交渉に役立つ話し言葉のウラ読み術』（三村侑弘／日本経営協会総合研究所）、『必ず！「プラス思考」になる7つの法則』（和田秀樹／新講社）、『「プラス思考の習慣」で道は開ける』（阿奈靖雄／PHP研究所）、『心理学がイッキにわかる本』（渋谷省三／西東社）、『心理操作で人は9割動く！「こんなことだけで!?」なぜ、相手の心が動くのか？』（樺旦純／三笠書房）、『経済は感情で動く』（マッテオ・モッテルリーニ、泉典子訳／紀伊国屋書店）、『日常の疑問を経済学で考える』（ロバート・H・フランク、月沢李歌子訳／日本経済新聞出版社）、『ビジネス《最強》の心理術』（樺旦純／三笠書房）、『心理操作ができる本』（渋谷昌三／三笠書房）、『あんぱんはなぜ売れ続けるのか』（井上昭正／清流出版）、『行動経済学経済は「感情」で動いている』（友野典男／光文社）、『おまけより割引してほしい』（徳田賢二／筑摩書房）、『人はカネで9割動く』（向谷匡史／ダイヤモンド社）、『心理学を知る事典』（和田秀樹／日本実業出版社）、『なぜ、そのとき人は買ってしまうのか？』（山本将嗣／同文館出版）、『予想どおりに不合理』（ダン・アリエリー著／熊谷淳子訳／早川書房）、『3分でわかる心理学』（渋谷昌三／大和書房）、『あなたはなぜ値札にダマされるのか？』（オリ・ブラフマン、ロム・ブラフマン著／高橋則明訳／日本放送出版協会）、『うわさの科学』（松田美佐／河出書房新社）、『行動経済学入門』（多田洋介／日本経済新聞社）、『売れる色とパッケージデザインの法則』（高坂美紀／ソシム）、『今日からできるウェザーマーチャンダイジング入門』（常磐勝美／商業界）、『女たちはなぜ「口コミ」の魔力にハマるのか』（黒川伊保子／KKベストセラーズ）、『自信をもって生きられる77の心理法則』（齊藤勇／河出書房新社）、『よくわかる心理学こころの謎にせまる』（尾形佳晃／池田書店）、『「しぐさと心理」のウラ読み事典』（匠英一／PHP研究所）、『色の理由』（木下代理子／廣済堂出版）、『好かれる技術』（植木理恵／新潮社）、『ウマが合う人、合わない人』（樺旦純／PHP研究所）、『なぜか相手が説得されてしまう対話術』（中島孝志／大和出版）、『イケズ美人』（入江敦彦／新潮社）、『やる気を引き出す！ほめ言葉ハンドブック』（本間正人、祐川京子／PHP研究所）、『悪の交渉術』（向谷匡史／幻冬舎）、『他人を動かす質問』（内藤誼人／大和書房）、『断る力』（勝間和代／文藝春秋）、『仕事は〝要領〟！和田式超ダンドリ術で仕事のムダを一気に解消』（和田秀樹／KKベストセラーズ）、『カリスマ人を動かす12の方法』（石井裕之／三笠書房）、『考えないヒント―アイデアはこうして生まれる』（小山薫堂／幻冬舎）、『大人養成講座』（石原壮一郎／扶桑社）、『職場の嫌いな人の取り扱い方法』（小林惠智／主婦の友社）、『「心理戦」で絶対に負けない本 実戦編』（伊東明、内藤誼人／アスペクト）、『脳を活かす勉強法』（茂木健一郎／PHP研究所）、『手にとるように心理学がわかる本』（渋谷昌三、小野寺敦子／かんき出版）、『「聞く技術」が人を動かす』（伊東明／光文社）、『口説く技術』（内藤誼人／ソフトバンククリエイティブ）、『面白くてよくわかる！　社会心理学』（齊藤勇／アスペクト）、『「説得上手」の科学』（内藤誼人／日本経済新聞社）、『人は「暗示」で9割動く！』（内藤誼人／すばる舎）、『イラッとくる人』（渋谷昌三／PHP研究所）、『超具体化コミュニケーション実践講座』（小宮一慶／プレジデント社）、『権力者の心理学』（小田晋／悠飛社）、『「つかみ」の大研究』（近藤勝重／毎日新聞社）、『人は見た目が9割』（竹内一郎／新潮社）、『なぜか「人が集まる人」の共通点』（鴨下一郎／新講社）、『一緒に仕事をしたくない「あの人」の心理分析』（ジェームズ・ウォルドループ＋ティモシー・バトラー、藤井留美訳／飛鳥新社）、『社会心理学キーワード』（山岸俊男編／有斐閣）、『「他人が読める」と面白い』（渋谷昌三／新講社）、『悩まない技術』（辻裕美子／主婦の友社）、『あなたの意見はなぜ通らないのか』（島田士郎／日本文芸社）、『仕事の心理法則』（多湖輝／ごま書房）、『人を動かすほめ方、叱り方、励まし方』（小貫隆／ぱる出版）、『絶対相手にNOと言わせない心理交渉術』（内藤誼人／オーエス出版社）、『「きっと芽が出る人」の法則』（江口克彦／PHP研究所）、『最後に思わずYESと言わせる最強の交渉術』（橋下徹／日本文芸社）、『営業マンは心理学者！』（高城幸司／PHP研究所）、『心を上手に透視する方法』（トルステン・ハーフェナー著、福原美穂子訳／サンマーク出版）、『暗示で「ダメな自分」を騙しなさい！』（樺旦純／ぶんか社）、『小心者でもサラリとかわせる「断る」心理テクニック』（内藤誼人／ゴマブックス）、『人が、つい とらわれる心の錯覚』（安野光雅、河合隼雄／講談社）、『人を動かす心理マジック』（樺旦純／成美堂出版）、『本当は怖い心理学』（齊藤勇／イースト・プレス）、『男と女の心理学』（渋谷昌三／西東社）、『図解　心理トリック』（多湖輝／大和書房）、『［図解］他人を動かすのが上手な人の「心理術」』（伊東明／PHP研究所）、『絶対相手にYESと言わせる心理作戦』（内藤誼人／オーエス出版）、『対人関係で度胸をつける技術』（渋谷昌三／PHP研究所）、『成功率100％の説得術』（樺旦純／PHP研究所）、『あたりまえだけどなかなかできない質問のルール』（木戸一敏／明日香出版社）、『「すべてお見通し！」の説得術』（多湖輝／イーグルパブリッシング）、『図解入門ビジネス　最新　交渉術の基本と実践がよーくわかる本』（宇治川裕／秀和システム）、『クーリエ・ジャポン2011年10月号』（講談社）、『プレジデント　2003年6月30日号、2005年2月14日号、3月7日号、10月3日号、2008年6月30日号、2009年1月12日号、2009年5月18日号、2009年6月1日号、2009年7月13日号』（プレジデント社）、『Associé　2009年7月21日号』（日経BP社）、『THE21　2006年11月号、2008年12月号、2010年4・7・8・10月号』（PHP研究所）、『週刊ダイヤモンド　2008年10月18日号、2009年6月27日号』（ダイヤモンド社）、『週刊東洋経済　2007年12月15日号』（東洋経済新報社）、『SPA!　2005年4月12日号、2008年11月11日号』（扶桑社）、『STORY　2009年5月号』（講談社）、『ダーナ2010夏号』（佼成出版社）、『PHP増刊号　2008・8月』（PHP研究所）、ほか

〈ホームページ〉ヨミウリオンライン、MONEYzine、オールアバウト、エキサイトニュース、ほか

※本書は『気になる「本音」をズバリ見抜く心理の技法大全』（2013年／小社刊）、『1日1分でいい！　できる大人の心の習慣』（2015年／同）、『なぜか人はダマされる心理のタブー大全』（2016年／同）、『手に取るようによくわかる！　他人の心理と自分の心理』（2017年／同）に新たな情報を加え、改題の上再編集したものです。

編者紹介

おもしろ心理学会
人間心理の謎と秘密を解き明かすことを目的に結成された研究グループ。不可思議な心のメカニズムを探るとともに、その研究成果を実生活に活かすため、日々努力を重ねている。
本書では、心理学をベースとして、あらゆる人間のタイプ別の“傾向と対策”を徹底解説。
他人が発する心のサインを正しく観察、分析する技術が身につく、新しい対人関係の教科書。

大人《おとな》の人間関係《にんげんかんけい》 心理《しんり》の迷宮大事典《めいきゅうだいじてん》

2019年5月1日 第1刷

編　者　おもしろ心理学会《しんりがっかい》

発行者　小 澤 源 太 郎

責任編集　株式会社 プライム涌光
電話　編集部　03(3203)2850

発行所　株式会社 青春出版社
東京都新宿区若松町12番1号〒162-0056
振替番号　00190-7-98602
電話　営業部　03(3207)1916

印刷・大日本印刷　製本・大口製本

万一、落丁、乱丁がありました節は、お取りかえします

ISBN978-4-413-11290-1 C0011

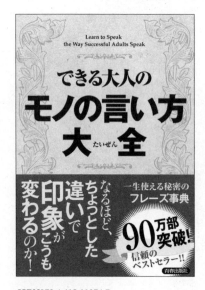